现代大学德育创新研究丛书

张耀灿思想政治教育学术研究基金资助

国家社科基金项目"价值多元背景下大学生价值观引导研究"

(项目编号:11CKS031)成果

现代大学德育创新研究丛书

张耀灿　主编

价值多元背景下
大学生价值观引导研究

曹清燕　著

人民出版社

总　序

　　大学德育是个常研常新的领域。这是因为大学是培养中国特色社会主义事业合格建设者和可靠接班人的摇篮,是为各行各业输送专门人才的阵地;学校教育必须坚持贯彻党和国家的教育方针,在德智体美劳诸育中坚持德育的主导地位,才能顺利完成立德树人的根本任务。随着国内外形势的发展变化,党和国家中心任务的与时俱进,随着大学生一届届毕业走向社会一级级新生又入学,都必然要求大学德育适应新形势,研究新情况,解决新问题。为此,对大学德育理论和实践的研究,从来都受到学界的高度关注。

　　新中国成立以来,大学为国家社会主义建设各条战线培养输送了大批人才,许多大学毕业生在实践磨练中成长为各行各业的精英或各级各地的骨干。在社会主义高等教育发展史上,大学德育作出了应有的贡献,也积累了丰富的经验。认真总结大学德育的历史经验和新鲜经验,能促进我们更好地认识和掌握客观规律,不断地加强和改进工作,从而也推进大学德育的实践创新和理论创新。

　　思想政治教育学是一门应用学科,在重点开展应用研究的同时,也要注意加强基础研究。大学德育就是对大学生开展的思想政治教育,即对大学生开展的思想教育、政治教育、道德教育和心理健康教育的总称。正是由于大学德育的突出地位,所以,在思想政治教育研究中长期受到重点关注。本套丛书专题开展新中国成立以来大学德育创新发展的研究,专题开展我国高等教育走向现代化的过程中的大学德育面临的新课题研究,其中《新中国高校德育史论》、《现代大学德育创新论》、《现代大学德育方法论》侧重于德育基础理论研究,《大众文化影响下大学生生命价值观教育研究》、《文化多样化背景下大学生志愿服务育人功能研究》、《价值多元背景下大学生价值观引导研究》、《大学生生态德育新论》、《大学生道德认同与培育研究》、《非意识形态化思潮对社会主义核心价值体系的影响及其对策研究》等则侧重于应用研究。

本套丛书的各位作者长期在思想政治教育工作的第一线,坚持以马列主义、毛泽东思想和中国特色社会主义理论体系指导研究,特别注重以习近平总书记系列重要讲话精神指导新的实践和研究。习近平总书记高举中国特色社会主义伟大旗帜,在治国理政中提出了许多新理念新思想新战略,如"以人民为中心"、"敢于担当"、"创新、协调、绿色、开放、共享"的发展理念,"两个一百年"的奋斗目标和中华民族伟大复兴的中国梦,"五位一体"的总体布局和"四个全面"的战略布局等。习近平总书记特别关怀大学生的成长,对大学生培育和弘扬社会主义核心价值观等也有直接的教导和深刻的论述。这一系列新理念新思想新论述既是我国高校德育创新发展的指导思想,也是现代大学德育重要的时代内容。在五大发展新理念中,创新居于首要和核心的地位。习近平在 2013 年 8 月 19 日中央宣传思想工作会议上的重要讲话强调了理念创新、手段创新、基层工作创新;2015 年 2 月 19 日在新闻舆论工作座谈会上的重要讲话中指出要以创新为要,实现理念、内容、方法、手段、体制机制等的全面创新。之所以如此强调创新,是因为我国的改革、发展进入了深水区和攻坚期,发展已从主要靠资源投入转向主要靠创新驱动转变。高校的改革、发展同样要适应和顺应经济新常态;在经过世纪之交大学扩招的规模急速拓展之后,同样需要通过全面深化教育改革,重点抓好结构优化调整和质量效益提升的工作,因此,同样应当重视创新,主要要靠创新驱动发展。创新从来就是事物发展的不竭动力,在大众创业、万众创新的时代更加如此。因此,大学德育及其研究也要以创新为要,推进理念创新、手段创新和基层工作创新,适应新常态,引领新常态,推进新常态。本套丛书便是为此而作的一次新尝试。

当今在校就读的大学生基本上是成长于新的世纪,在新的时代进入大学学习,面临着新的使命和新的考验。在国内外复杂多变的形势下,在国家仍将处在社会主义初级阶段,仍要坚持基本经济制度的背景下,公有制为主体、多种所有制共同发展,必然反映到观念上层建筑领域,思想文化、价值取向也必然呈现"一元主导,多元并存"的态势,大学生也不例外。因此,以社会主义核心价值体系和核心价值观引领现代大学德育创新发展就显得十分重要;提高德育的实效性也势必对德育创新提出了新要求。相信本套丛书的出版,将会对高校干部、教师有所启迪。

"现代大学德育创新研究丛书"的编撰出版,是我所在的华中师范大学思想政治教育研究所加强思想政治教育学科建设的又一个重点项目。研究所自1994年成立以来,为社会培养了一大批思想政治教育专门人才,有的已经成为各级思想政治教育管理部门的领导,有的已经成为思想政治教育学科领域的中青年专家,更多的成为了思想政治教育实践领域中的优秀工作者。学校110周年校庆之时,我的学生罗爱平捐资设立"张耀灿思想政治教育学术研究基金",让我感到十分欣慰。正是因为有了该基金的资助,"现代大学德育创新研究丛书"才能得以顺利出版。当然,该丛书的出版也得到了学校和马克思主义学院领导的大力支持,得到了出版社诸多朋友的无私帮助,这是我们全体丛书作者不会忘记的。

张耀灿

2016 年 3 月

目　　录

序

　　大学生是民族的希望、国家的未来,他们的价值取向既是社会价值取向的晴雨表,也是未来社会价值取向的预测器。因此,关注大学生的价值观,摸清大学生价值观现状、探究其存在的问题并有针对性地进行引导,不仅关系到大学生的健康成长和全面发展,而且关系到中国特色社会主义的前途和国家命运。

　　该书是作者承担的国家社科基金青年项目"价值多元背景下大学生价值观引导研究"的结项成果。该成果不仅论证了价值多元背景下大学生价值观引导的合理性,而且通过实证研究对大学生的价值观现状以及高校价值观引导工作现状进行具体分析,在考察西方学校价值观教育实践及中国高校价值观教育基本经验基础上,提出了改进大学生价值观引导的思路和对策,具有重要的学术价值和较强的应用价值。

　　该成果具有几个突出特色。

　　一是研究问题抓得比较准确和扎实。通过实证研究对大学生价值观现状进行了分析,并通过质性访谈对当前高校价值观引导工作进行考察,总体把握了当代大学生价值观的样态和高校价值观引导工作实景。尤其在调查研究中,将大学生价值观具体分为自然价值观、历史价值观、社会价值观和人生价值观,并进一步分为不同维度,避免了笼而统之和大而化之。而且将大学生群体分为理学、工学、社会科学、人文学科等不同类别,并按不同年级、地域生源、政治面貌等进行细分并分析群组间的差异,使研究更具真实性和针对性。充分、科学的实证研究,为得出正确的研究结果打下坚实基础。

二是研究视野全面开阔,资料翔实。通过对比研究,充分考量价值多元背景下西方学校价值观教育的做法和我国改革开放以来高校价值观教育的基本经验,对优化大学生价值观引导工作提供了较好的参考依据。其中对国外原始文献资料的分析使用为开展相关研究提供了比较好的原始资料和参考。对改革开放以来我国高校价值观教育基本经验的总结比较全面准确和深刻,把握住了我国高校价值观教育的根本问题。对如何针对中国国情优化高校价值观引导方式提出了"引导图景、引导原则和重要环节"等方面的独立思考,这些对我国高校大学生价值观培育具有启发性。

三是研究方法得当。该研究坚持理论与实际的结合、定量分析与定性分析的结合、两点论与重点论的统一,其综合运用的多种研究方法发挥了较好的协同作用,研究中多处反映出较强的系统思维和辩证思维。

今天我们已经进入中国特色社会主义新时代,如何进一步培育和践行社会主义核心价值观,如何进一步提振大学生的精神风貌、导航大学生的价值取向依然是高校需要承担的重要使命。也希望作者能够结合新时代的新要求,进一步加深问题挖掘深度和理论研究深度,为高校价值观教育工作贡献智慧和力量。

由于我是作者攻读博士学位期间的导师,对该书的出版十分欣喜,既期盼作者在学术之路上继续攀登、多出精品,又希望同行多指教、多交流、多切磋,故写了上面意欲推荐的话,是为序。

张耀灿

2019 年 11 月于武汉桂子山

前　言

第一节　研究缘起

一、迷茫中的探索：价值观在教育中如何安放？

在这个蔚蓝色的星球上，自从有了人类，如何生存、怎样繁衍即已成为一个价值性命题，虽然彼时人类的祖先在此问题上或许并不自觉，从而使其仅仅成为一个自发的命题。在人类早期，或潜或显的价值观曾一度天然地蕴含在教育性的实践活动中，依靠一种天经地义的合法性不言而喻地进行着，如同日月经天。随着人类主体性的发展和成熟，人类的价值自觉性开始提升，教育从人类整体的实践活动中分离出来，成为一种独立的实践形式，开始有计划地导引人生的意义、建构生活的价值。然而随着科技的进步和人类自身力量的增长，曾经位居人的精神生活之上的神圣价值（或上帝、绝对精神或天理、良知）被解构，随之被解构的是世俗社会的核心价值、终极关怀和生活意义。韦伯所谓的这个祛神除魅的时代最终造成了工具理性的日益膨胀，随之而来的是价值理性被挤压、被放逐。当人们的思考与行动不再追求终极价值与意义而执着于如何适应世俗生活中的现实需求时，大学培育文化、形塑价值观的职责被渐渐遗忘。

Kirby Donald J. 在 20 世纪 80 年代指出,长期以来的教育研究向我们描绘了聪明、健谈、渊博的大学毕业生形象,他们可以娴熟地将理性、知识和技能运用于职业领域。"但是难道没有其他重要素质应该为大学生所掌握吗?一个依然不明了的事实是:接受大学教育的这一经历是否造就了对价值问题敏感的或者认为价值问题至少应和技术问题同等重要的大学生?"①在 20 世纪 80 年代的美国,不少高校仍然不确定"让学生认识到价值问题和技术、专业问题同等重要"是否正当。Lewis 曾著《缺乏灵魂的优秀:大学是如何忘记教育的》②,揭示了美国大学对价值观问题的忽视,意在唤起人们在价值观问题上的自觉。

教育中对价值观的忽视现象同样在中国存在。相较于价值和意义层面,教育更执着于满足人们肤浅的名与利的需求,"提供给人们在生物界竞争与强大的本事,但却难以赋予人精神上的寄托,让人的灵魂得以安顿;它给人以种种'武器',却没有使人树立起做人的理想、理念与境界"③。改革开放后几十年浓缩时空式的飞速发展中,我国经济建设取得了举世瞩目的成就,国民的物质生活得到了很大提升,但社会也呈现出世俗化、物质化的弊端,随之衍生出消费主义、物欲主义等意识形态,民众的精神生活也呈现出物质化的典型特征④,人们通过消费获得精神的满足。更有甚者,神圣(宗教信仰)也被世俗化、功利化。在经济发达地区,庙火尤其兴旺,人们祈求神灵赐予的祸福寿夭大都与物欲相关。同时,改革开放带来的经济、政治、文化等方面的巨大变化,使社会同质化程度降低,发展中的不均衡又造成了社会阶层和社会文化的断

---

① J.Kirby Donald, *Compass For Uncharted Lives:a Model for Values Education*, NewYork:Syracuse University Press,2007,p. 13.

② Lewis,R. Harry, *Excellence Without a Soul:How a Great University Forgot Education*, New York:Public Affairs,2006.

③ 郝德永:《人的存在方式与教育的乌托邦品质》,《高等教育研究》2004 年第 4 期,第 7—11 页。

④ 许纪霖:《当代中国人的精神生活.唐晋.高端讲坛·大国软实力》,华文出版社 2009 年版。

裂,作为整个社会基本精神依托的一统价值观被解构,人们的价值世界开始分崩离析,整个社会的价值次序也一度杂乱无章。全球化、信息化的发展进一步加剧了文化多元化的程度,传统的、现代的、后现代的,中国的、西方的,主流的、非主流的,精英的、大众的、草根的,乡土的、城市的,地区的、国家的、世界的纵横交错,作为文化核心的价值观也错综复杂地纠缠,价值相对主义、价值虚无主义等主张以一种看似"时尚""超脱"实则回避的姿态开始流行,拒绝传授任何实质价值观的价值中立立场在教育领域兴起并被部分老师奉若圭臬并以此宣称、显示着教育所谓的科学性。

　　教学中价值中立甚至虚无的立场在某种程度上也是对青年学生高度自主性的迎合。青年学生作为新新人类,有着挑战传统的天然本能。而从人的发展阶段看,当前我国人的发展摆脱了"人的依赖关系"①,但存在"以物的依赖为基础的人的独立性"②特征,在这样的社会历史发展阶段,个体在社会中隆重出场且个性彰显,这更加使得青年学生们从内心拒斥外部灌输或教诲的一切。他们诉诸个人的努力,坚信"我的未来我打拼";他们有着很强的自我效能感,似乎觉得完全可以依靠自身内在成长达到自我成熟;他们崇尚"我的地盘我做主",渴望自己判断黑白对错、善恶是非、好坏美丑,同时对异于自身的价值观呈现出更为宽容的姿态;他们更具创造性但也更追求刺激;更加务实,但也更追求享乐;更追求成就,但也更加自我。于是,我们在教育中疑惑了:我们还需不需要对他们的价值观进行引导? 我们又能不能对大学生进行有效的价值观引导? 如果答案是肯定的,那么又该对大学生进行哪些方面的价值观引导,是只需关注基本的个体价值观(如诚实、勤奋、自尊、乐观等)还是也要关涉价值观中的意识形态成分? 面对大学生重自我的"小而美"与"小确幸",我们在教育中彷徨了:他们对国家发展、社会发展等宏大议题是否感兴趣? 我们还要不要针对主流意识形态开展宏大叙事? 要不要关注他们的社会态度、

----

① 《马克思恩格斯全集》第46卷(上),人民出版社1979年版,第104页。
② 《马克思恩格斯全集》第46卷(上),人民出版社1979年版,第104页。

政治认同与国家立场？这些犹豫、彷徨和困惑摆在专业课教师面前、摆在思想政治理论课教师面前、也同样摆在党团干部和辅导员、班主任面前。

专业课老师或用价值无涉标榜自身所传授知识和技能的科学性并用略带鄙视的眼光看待专门从事价值观教育的其他老师，或用"价值观引导工作专人专职"的教育分工撇清自己进行价值引导的责任，或用"引导无用"的边际效应和较低的自我效能为由放弃引导。

而明确承担着主流价值观引导责任的高校思想政治理论课教师在这一问题上也形成了四个不同的群体：一部分殚精竭虑、苦口婆心，抱着"为天地立心、为生民立命、为往圣继绝学、为万世开太平"的胸襟和担当热情地进行价值观的引导和培育；而相当一部分则是在官方期待与"自我赋权"间采取折中策略，在一些无太多争议的基本价值观如勤奋、进取、乐观、坚强、自立、规则等方面着力，而对于树立中国特色社会主义共同理想和共产主义远大理想、坚持中国共产党的领导、坚持马克思主义理论的指导等方面避重就轻，课堂中要么给出（念出）官方结论不作任何解释和论证，要么干脆略过不作表态；还有一部分则秉持价值无涉的主张，只介绍或讲解各门课程的知识，不传授任何特定的价值观而只是让学生自己去判断；还有极个别但不得不提的一部分教师则公然反对主流意识形态，在课堂上流露出强烈的贬中褒西、抑中扬西的谄媚和自贱，充当西方和平演变的"第五纵队"。

高校团委、辅导员、班主任等学工干部等则更多地采取实用策略，他们或秉持"理论无用"的立场，针对敏感话题、社会热点、认识误区等，他们不讲理论、不去阐释、不去辨析，而热衷或过分依赖学生的微小生活和现实案例"具体问题具体分析"；或由于工作负担过重陷于管理学生、服务学生的烦琐日常；或秉持价值中立立场置身事外。他们着力开展社会实践但却将实践主题更多定为专业性选题，对实践育人（价值观涵养）的功能未能充分重视。

值得注意的是，价值中立和价值相对曾在 20 世纪 60—70 年代的美国流行，当时不少学校教师秉持价值观相对的理念，认为价值观既在个体间相对，也在历史中相对。因此教育者不能将自己的价值观传递给学生,否则是对人权的干涉;当下的教育也无须传递价值观供学生在未来生活中选择或珍视,因为未来变动不居。虽然这种主张注意到了价值多元背景下的道德困惑并试图去化解,但并未达到预期的效果,反而加剧了学生的冷漠、自私、分歧等。该主张立足"学生有足够的能力、善意去做出足够负责任的选择"的假设,却忽略掉了学生的这种善意、这种能有效澄清自身价值的能力和是非善恶美丑判断却是学生业已在传统的道德训练(带有明确价值观指向)中习得的。

20世纪80年代以来,包括美国在内的众多西方国家重拾有明确价值导向的价值观教育①。不少人意识到:文化多元具有一定的分裂性和破坏性,面对文化多元,今天的孩子比以往任何时候都更需要一个扎实的伦理基础和适当的价值观指导。因此,学校唤醒学生价值敏感和道德敏感非常重要。价值观是否有力量、价值观是否可教、价值观是否应该教、该教授哪些价值观、该怎样教授价值观等问题被广泛讨论。不少学者如Tate②撰文抨击了价值相对主义,认为其"破坏了我们生存的道德语言",并声称道德真理是存在的,那些普遍的道德真理应成为核心价值观,教师的部分工作是向年轻一代传递核心价值观。在政府层面,美国大多数州和地区已经制定或正在实施价值观教育方案。英国学校课程和评价局(SCAA)早在1995年就专门列出应该教授给学生的道德价值观条目③,澳大利亚政府教育科学与培训部(DEST)致力于实施国家价值观教育框架,价值观教育也在加拿大、德国、瑞典、丹麦等国家出现了复兴。

进入21世纪,随着西方国家青年的政治参与下降与政治信任滑落,不少国家为了解决青年群体的政治冷漠和政治疏离现象,把价值观教育的重点转

---

① William K. Cummingsand, S. Gopinathan, eds., *The Revival of Values Education in Asia and the West*, Oxford: Pergamon, 2014.

② Tate, *Spiritual and Moral Aspects of the Curriculum*, London: SCAA, 1996.

③ SCAA, *Spiritual and Moral Development*, London: SCAA, 1995; SCAA, *Consultation of Values in Education and the Community*, London: SCAA, 1996.

向公民素质的培养,致力于培育忠诚、积极、负责任的公民。在欧洲以及世界上其他国家,如何促进公民对国家的忠诚又一次成为重要性不断增长的议题。[①] 美国成立了公民教育中心(Center for civic education),并由该机构制定价值观教育标准,其中被学者和高校认同的基本价值观包括生活权利、追求幸福、公正、机会平等、爱国和责任等[②]。个人权利、公共善、多样性、科学、责任、避免冲突、民主、宽容是美国社会科学课程(social science)中强调最多的价值观[③]。国际公民与公民教育研究项目(ICCS)长期从事公民教育研究并发布报告呈现美国和欧洲国家的公民教育状况[④],为西方国家的公民教育提供观念和实践指导。综观西方国家的现代公民教育,能清晰地看出其鲜明的培养适合西方民主社会的积极的、负责任的社会公民的价值指向,如澳大利亚的国家价值观教育框架为"发现民主"(Discovering Democracy Project),英国自 2014 年要求全国范围内所有小学和中学实施的"英国价值观"教育中的英国价值观为宽容、公正、尊重、法治和民主(tolerance, fairness, respect for other faiths, and the rule of law and democracy),这种指向同时也在欧洲社会调查(ESS)和世界价值观调查(WVS)中可窥见,自由、民主、宽容、文化多样性、爱国成为现代西方国家公民价值观中的主要成分。

反观中国,我们有着道德教化、价值涵育的优良又悠久的传统。在中国的甲骨文中,教字意在引导、启发蒙童的心智,通过对孩子的外在规范引导其走正道。《说文解字》中则指出:教,上所施,下所效也;育,养子使作善也。教育

---

① Haljasorg, Heiki, Lilleoja, Laur, "How Could Students Become Loyal Citizens? Basic Values, Value Education, and National Attitudes Among 10th-GRADERS in Estonia", *A Journal of the Humanities & Social Sciences*, 2016, vol. 20, no. 2, pp. 99-114.

② J.R.Chapin, *Elementary Social Studies: a Practical Guide*, New Jersey: Perason Education, Inc, 2009.

③ Zihni Merey and Zafer Kuş, Kadir Karatek, "Comparison of Elementary Social Studies Curricula of Turkey and the United States on Values Education", *Educational Sciences: Theory and Practice*, 2012, vol. 12, no. 2, pp. 1627-1632.

④ John Ainley, Wolfram Schulz, Tim Friedman, *ICCS 2009 Encyclopedia: Approaches to Civic and Citizenship Education Around the World*, IEA, 2013.

作为一种外部力量对下一代的成长发挥正向效应。如今价值多样的现实并不意味着我们就应该没有了自己的价值主张或放弃我们的价值追求,也并不意味着教育就该价值无涉而置身事外。面对教育实践中的种种误区,澄清价值观教育尤其是其中的意识形态性教育的合法性将成为一个首要性问题。

二、探索中的聚焦:大学生的价值观及其引导

20世纪世纪80年代,化名"潘晓"的青年女工给《中国青年》杂志写信,发出"人生的路啊,为什么越走越窄"的感慨。潘晓将其已走过的23年人生总结为"一段由紫红到灰白的历程;一段由希望到失望、绝望的历程;一段思想长河起于无私的源头,而终以自我为归宿的历程",并最终得出人都是"主观为自己,客观为别人"的伦理结论。其对"时代在前进,可我触不到它有力的臂膀;世上有一种宽广的、伟大的事业,可我不知道它在哪里"的感叹,反映出作为"50后"和"60后"的青年在80年代的中国所遭遇的人生意义上的痛苦、迷茫与彷徨。随后,怎样认识人生的意义、怎样找到前进的路标、如何应对理想的人生之梦与现实的人生之路间的矛盾等问题在全国范围内引发以青年为主、社会各界踊跃参与的持久讨论,集中思考和回答着"人为什么活着"这一人生哲学命题。

1991年,化名"梅晓"的上海大学生也写信给《中国青年报》,围绕"我该怎样选择生活"提出他的困惑:现代人注定要捧着灵魂生活,既不愿把它交给天使,因为这太吃亏;也不愿把它交给撒旦,因为这太卑鄙。有没有既不吃亏又不卑鄙,既完善人格又不碰得头破血流,既有价值又不失感官生活快乐的道路可走?梅晓的困惑代表了一代大学生选择生活时的心境。作为伴随着改革开放成长起来的"70后"大学生,当社会的变迁带来了种种不确定性,当统一的价值体系和伦理体系被消解,多元纷杂让他们在道德坚守上犹疑彷徨,物质与精神的矛盾、自我与社会的冲突、奋斗与享受的取舍让他们的青春之路格外迷茫和纠结。

时光流转到 21 世纪。2012 年,江西农业大学大三学生杜克海同样给《中国青年报》去信,追问"为什么我的大学越上越迷茫"①。信中既流露出对"什么是我想要的"的迷茫与焦虑,也流露出对"能不能坚守自己想要的"的犹疑与担忧。虽然他最终在自由独立的自我精神追求与考证、工作、评奖等现实功利间作出了意向性的抉择,但仍担忧于"这样的坚持会带来什么",仍困惑于"该怎样去坚持自己的抉择"。不得不说,杜克海道出了"90 后"青年大学生的成长困惑。伴随着改革开放的持续推进,个体的人的自主性和独立性愈加彰显,青年向往人生的自我导向,希望"我的地盘我做主"。然而时代浪潮中的巨大竞争压力又使他们在自我选择时战战兢兢,生怕一着不慎满盘皆输,于是"跟风"、"从众",力求"人有我有"。同时,社会经济发展中的物质导向和消费主义的风生水起,使得富不富有成为判断人生成功与否、幸福与否的标准,使得"有用""没用"成为判断事物有无价值的标准。于是,杜克海式的大学生在个人发展上,面对自主与从众、物质与精神、超越与功利的抉择时疑团重重、左右摇摆。他们"既不想跟风,又不知往哪里走"②,既不愿放弃奋斗目标与人生追求,又不得不在现实的裹挟下"心为形役,形为名驱,体为利使"。

循着"形而上"的哲学思考到"形而下"的现实关怀之逻辑,循着国家社会情怀到个人自我成长的关注理路,今天的大学生在价值观层面更加务实,也更注重自我。他们有超越的价值情怀和理想信仰,但也更注重现实需求的满足;他们会考虑利及他人、兼济天下,但更注重舒服地释放自我、独善其身。他们用自己的方式"刷"着存在感,用自己的方式体味"蓝瘦"、"香菇",用属于他们的"小确幸"慰藉着他们的付出,用属于他们的信仰安顿着内心的灵魂。然而,青春注定带有几许迷茫,探索自我、探索社会的过程注定会有一些不确定。处在青年早期的大学生们在价值取向上出现一些偏离、在价值信仰上出现一些偏差、在价值标准上出现一些物化、在价值实现方式上出现一些依赖都是正

---

① 《为什么我的大学越上越迷茫》,《中国青年报》2012 年 1 月 7 日,第 3 版。
② 陈强:《一个大学生的忙与盲》,《中国青年报》2012 年 1 月 7 日,第 3 版。

常的。但是,大学生又处在价值观形成发展的关键时期,倘若第一粒扣子歪了,后面就会跟着错。因此我们有责任引导他们多一点对星空的仰望、少一点于自我的拘泥,多一点远大梦想、少一点现实裹挟,多一点清醒自觉、少一些随波逐流,多一些脚踏实地、少一些顾影自怜,多一些"惜春"、少一些"叹老",多一些"撸起袖子加油干"的精气神、少一些"葛优躺"的"丧"。

在媒体的报道中,被寄托高期望值的大学生群体较高概率地被赋予低评价。"90后"常常被贴上"脑残"、"非主流"、自私、个性等标签。"成人社会'描绘'青少年所使用的方式,都是让青少年的形象能最好地满足成人的需要的方式"①。这些标签集中关注着"90后"的叛逆、另类与自我,反映出的则是成人社会对"90后"群体价值观所存在问题的担忧。近年来,"空心病"、"空巢青年"、"90后"中年危机等又成为媒体建构"90后"青年形象的又一个议程设置和框架安排,折射出的则是对"90后"青年群体中存在的信仰缺失、形单影只、朝气不存等现象的隐忧,其实质则是引发学校、社会等对"90后"青年价值观和精神生活的关注和引导。

"90后"也成为学者们的一个重点研究对象,社会学、伦理学、教育学、心理学等学科都对"90后"青年学生的价值观产生了浓厚的兴趣和持续的理论关注。探究他们价值观的实然状态、分析他们价值观中的偏离甚至扭曲、剖析可能的原因、提出矫正的对策等都注入了学者们的热情和汗水。

中国共产党历来高度重视青年尤其是大学生的价值观。进入21世纪以来,官方发布一系列重要文件对大学生的价值观教育予以顶层设计,以2004年发布的《中共中央国务院关于进一步加强和改进大学生思想政治教育的意见》、2016年习近平总书记在全国高校思想政治工作会议上的重要讲话、2017年发布的《中共中央、国务院关于加强和改进新形势下高校思想政治工作的意见》为代表。这些文件和讲话精神从官方角度呈现了当前一些大学生在价

---

①　[英]劳伦斯·斯滕伯格:《青春期青少年的心理发展和健康成长》,戴俊毅译,上海社会科学院出版社2007年版。

值观领域不同程度存在的问题。从建设什么样的大学、怎样建大学,培养什么人、怎样培养人、为谁培养人的高度强调高校要强化思想理论教育和价值引领,把理想信念教育放在首位,以立德树人为根本,培育和践行社会主义核心价值观。

如今全球化、网络化和信息化的进一步发展促成了文明的交锋和文化的碰撞,价值观之间的冲突和争夺已成为国际范围内一场"无硝烟的战争",树立起中华民族的核心价值观、用社会主义核心价值观去引领青年学生越发凸显出迫切性。今天,我们"要教育引导学生正确认识世界和中国发展大势……正确认识中国特色和国际比较……正确认识时代责任和历史使命……正确认识远大抱负和脚踏实地……"①。然而,在保持"一"的前提下,如何使多元的价值资源成为引领学生道德健康成长的力量? 如何通过一元对多样的统摄去滋养、引领大学生的价值观从而为其照亮前行的路,这些均成为需要探究的重大课题。

第二节　国内外相关研究

在国际范围内,价值、价值观因其重要性成为众多学科研究的对象,价值和价值观概念被广泛应用于人文社会科学的多个领域。综观国内外已有研究,价值观研究基本形成两种研究进路:一为理论思辨研究,二为经验(empirical)的量化或质性研究。国外以量化研究为主,国内则以思辨研究为主(虽然在心理学领域也出现一些实证研究)。

一、国外价值观研究

国外价值观研究始于 20 世纪 30 年代,从最初的哲学、人类学领域拓展到

---

① 《习近平在全国高校思想政治工作会议上强调把思想政治工作贯穿教育教学全过程开创我国高等教育事业发展新局面》,《人民日报》2016 年 12 月 9 日,第 1 版。

心理学、教育学、社会学、政治学等领域。

（一）西方代表性的价值观学说

在价值观学说中，西方比较有代表性的人物有斯普兰格、克拉克洪和斯乔贝克、罗克奇、霍夫斯坦德、施瓦茨以及英格尔哈特等。

1. 斯普兰格的价值类型学说

德国教育学家和哲学家（E.Spranger）认为社会生活有六个基本领域：理论、经济、审美、社会、权力和宗教，人会对其中的一个领域产生特殊的兴趣，进而形成自己的独特人格。基于此，他提出六种理想的价值倾向[①]，分别为理论型（theoretical）、经济型（economical）、审美型（aesthetic）、社会型（social）、政治型（political）和宗教型（religious）。这六种取向依次表现出对真理的追求（discovery of truth）、注重实用和功利（what is useful）、看重自我实现和和谐（form and harmony）、对他人的爱（love of people）、追求权力和支配（power）和对神圣、信仰的皈依（unity）。他根据人们对"有意义"的价值取向的选择，将人格划分为六种类型。这一学说与较早涉入价值观研究领域的哲学家佩里（Ralph Barton Perry，1926）的思想具有某种相似性，佩里曾将价值观按照要素划分为认知、道德、经济、理论、审美和宗教六个层面[②]。

斯普兰格的价值倾向和价值类型理论在当时西方社会产生了很大的影响，著名的心理学家奥尔波特和费农（Allport & Vernon）1961 年出版的 *A Study of Values* 一书，就以斯普兰格的这六种理想价值类型为依据编制了价值观量表[③]。他们的研究验证了斯普兰格六种价值取向的存在。

---

① Eduard Spranger, *Types of Men*: *The psychology and ethics of personality*. Florida: M. Niemeyer, 1928.

② B.R.Perry, *General Theory of Value*. Mass: Harvard University Press, 1926, pp. 21-24.

③ Allport G.W., Vernon P.E.& Lindzey G., *A Study of Values*, Boston: Houghton Mifflin, 1960, p. 89.

2. 克拉克洪和斯乔贝克的价值取向模式

人类学家克拉克洪（Florence Kluckhohn）成为人类学领域涉足价值观研究的代表人物，她认为，价值观是一种有关什么是"值得"的外显或内隐的看法，它是个体或群体的特征，影响着人们在行为方式和目标方面的选择。她关于价值观的这一界定在西方影响深远，时至今日仍被视为价值观的经典定义。1961 年，她与弗雷德·斯乔贝克（Fred Strodtbeck）提出价值取向模式①。在他们的视野里，价值取向是"与解决普通的人类问题相联系的一套复杂但确定的模式化原则，这些模式化原则对人类行为和思想具有导向和指示作用"②。他们认为，人类面临一些共同问题：人性本身是恶还是善？人与自然的关系是征服、顺从还是和谐？是注重过去、现在还是未来？是否会倾向于不断行动？与他人之间的关系是自我的、附属的还是等级的？他们认为任何时代、任何民族都必须为某些人类所面临的共同问题提供解决的方法，不同社会给出的解决方法不同，而这些解决方法植根于这个社会和文化中的价值取向及其偏好，因此，可以从某一社会所青睐的解决这些问题的方法捕捉到这个社会的价值观。

根据不同文化的人对问题解决方式的不同，他们指出人类共有 5 种价值取向：人性取向（the nature of people）（人性善或恶）、人与自然的关系取向（the relationship with nature）（征服、顺从或和谐）、时间取向（temporal orientation）（注重过去、现在还是未来）、人类活动模式取向（mode of activity）（存在 being、成为或做 doing）、责任取向（duty towards others）或关系取向（是个体的（individualistic）、附属的（collateral）或等级的（hierarchical）。克拉克洪和斯乔贝克的价值取向模式重在探究不同文化的差异，关注的是不同文化的价值观。

① Kluckhohn and Strodtbeck, *Variations in Value Orientations*, Evanston, IL: Row, Peterson, 1961.

② Kluckhohn and Strodtbeck, *Variations in Value Orientations*, Evanston, IL: Row, Peterson, 1961, p. 4.

3. 罗克奇的两维价值学说

不同于克拉克洪等在群体文化层面对价值观的关注，波兰社会心理学家罗克奇（Rokeach）则聚焦个体的价值观。他指出，价值观是一个可以将众多对人类行为感兴趣的学科集中起来的概念。众多社会学家、人类学家、心理学家倾向于将价值观看作人们评价和选择人、事、物的标准。在他看来①，价值观是（一套）信念（系统），与人的情感相联系，并非纯客观、冷冰冰的观点；价值观是一个动机性的结构体系，通常指人们极力（努力）追求的令人向往的目标；价值观超越具体的行为和情境，他们是抽象的目标，与态度和规范（标准）相区别，因为后者通常与特定的、具体的行为、事务和情境相联系；价值观引领对人、政策、行为的选择和评价，他们作为衡量标准和尺度而存在；价值观以重要性排列，人们的价值形成一个优先性的体系，这种优先性体系的不同将不同的个体区分开来。

罗克奇认为各种价值观以一定的结构层次而存在，价值系统是沿着价值观的重要性程度而形成的层次序列。他于1973年编制了罗克奇价值观调查表（Rokeach Values Survey，RVS），将价值观划分为"终极性价值观"（terminal values）和"工具性价值观"（instrumental values）两大维度，前者重在表征个人追求的理想化的终极状态或结果如和平的世界、国家的安全、真挚的友谊、成熟的爱、舒适的生活、内在的和谐、自尊睿智等共计18项价值信念，后者重在表征达到理想化终极状态所采用的行为方式或手段如博爱、正直、助人为乐、独立、自我控制等共计18项价值信念。测量中要求个体分别对18种终极性价值和18种工具性价值的重要性进行排序。

罗克奇首次从目的——工具两个维度对价值观进行分类研究，其编制的价值观量表对西方心理学实证研究产生了积极而深远的影响，时至今日，世界范围内部分学者仍在采用这一量表进行价值观研究，中国（大陆、港台）早期

① 　M.Rokeach,*The Nature of Human Values*,New York：Free Press,1973.

的价值观实证研究也借鉴这一调查工具,从而促进了价值观研究的国际比较,拓展了价值观领域的国际对话。

4.霍夫斯坦德的价值理论

荷兰学者霍夫斯坦德(Geert Hofstede)是一个在文化领域深耕的大师,在其代表作《文化之重:价值、行为、体制和组织的跨国比较》(*Culture's Consequences*: *Comparing Values*, *Behaviors*, *Institutions and Organizations Across Nations*)中,指出"价值观是一种偏爱某种情形胜过其他情形的普遍倾向"。他在对文化尤其是企业文化的研究中发现,文化的核心是价值观,不同文化的差异缘于其价值观不同。根据其实证调查,他总结出文化差异的五个维度,这五个维度实质是5种不同的价值观:权力距离(差距)(Power distance),人与人之间关系不平等的程度,处于弱势地位的成员对权力不平等的接受度、预期度;个人主义(Individualism)和集体主义(Collectivism);男性主义(Masculinity)和女性主义(Femininity);不确定性规避(Uncertainty Avoidance);长期取向(Long-term orientation)和短期取向(Short-term orientation)。霍夫斯坦德的价值理论更多地用于揭示企业文化的差异、国家文化的差异,较多地被用于管理学等领域。

5.施瓦茨的人类基本价值观理论(Theory of Basic Human Values)

同样作为社会心理学家的以色列学者施瓦茨(Shalom H.Schwartz)提出了一个被广泛引用的价值观定义:令人向往的(值得追求的)、超越具体情境的目标,它们在重要性上有差异,是指导人们生活的原则。① 他认为将价值观区分开来的是不同价值观所表达的动机目标,而人类有三种基本的、普遍的需求:生理需要(needs of individuals as biological organisms)、社会交往合作需要(requisites of coordinated social interaction)和群体需要(survival and welfare needs of groups),这三类需要决定了十种基本的、普遍的、彼此相互区别、动

---

① S.H.Schwartz and W.Bilsky,"Toward a Universal Psychological Structure of Human Values", *Journal of Personality and Social Psychology*,1987,53,3,pp. 550–562.

机性的价值观。依据价值观所含有的核心动机目标,他将价值观分为十种:自主(self direction)、刺激(stimulation)、享乐(hedonism)、成就(achievement)、权力(power)、安全(security),服从(conformity)、传统(tradition)、友善(benevolence)和博爱(universalism)。施瓦茨试图用这十种价值提供一个世界性的价值观地图。

施瓦茨对罗克奇的价值观量表提出质疑,他认为要求人对价值观进行重要性的区分并不合理,因为不同价值观间存在横向的相互联系,有些价值观的指向具有一致性①。因此,他设计了施瓦茨价值观量表(Schwartz Values Survey),既允许个体将不同的价值观赋予同等重要的程度,也允许赋予负值以表示自己对此类价值观的反对态度,这更符合现实生活中个体所持有的价值观结构。施瓦茨进行了大范围的实证研究,揭示了十种价值观之间的关系结构②。他认为十种价值观之间存在相互冲突或相互一致关系,例如对成就(achievement)价值观的追求可能与对友善(benevolence)价值观的追求相冲突,因为追求个人成功很可能阻碍对需要帮助的他者利益的促进和推进。然而,对成就(achievement)价值观的追求可能与对权力(power)价值观的追求相一致,因为追求个人成功很可能促进个人对个人社会地位和权威的追求,或者被后者所促进。又如,对刺激(stimulation)价值观的追求(如创新、改变)可能毁坏世代受推崇的习俗,从而伤害传统(tradition)价值观,而对传统价值观的追求与对顺从价值观的追求相一致,两者均激发旨在满足外部期望的行为的发生。

---

①　S.H.Schwartz and W.Bilsky, "*Toward a Universal Psychological Structure of Human Values*", *Journal of Personality and Social Psychology*, 1987, 53, 3, pp. 550−562.

②　S.H.Schwartz, "Universals in the content and structure of values:Theory and empirical tests in 20 countries", in M.Zanna, ed., *Advances in experimental social psychology*, Vol. 25, pp. 1−65, New York:Academic Press, 1992; S.H.Schwartz, (1994). "Are there universal aspects in the content and structure of values?" *Journal of Social Issues*, vol. 50, pp. 19−45; S.H.Schwartz and W.Bilsky, "Toward a theory of the universal content and structure of values:Extensions and cross-cultural replications", *Journal of Personality and Social Psychology*, vol. 58, 1990, pp. 878−891.

下图反映了十种价值观之间的结构关系,显示了价值观之间矛盾冲突和(统一)一致的类型。

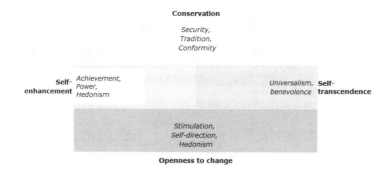

其中圆形的安排为了表明动机是一个连续体。在圆的任一方向上,两个价值观越靠近,它们的基本动机就越相似,两个价值观距离越远,其潜在动机越对立。价值观间的冲突与一致产生了一个整合的价值观结构,可以将其概括为两个正交维度,自我增强—自我超越(Self-enhancement vs. self-transcendence)(egoism vs. altrusim,自我与利他,强调自身利益与考虑他人利益)和开放—保守(Openness to change vs. conservation)(接受改变、风险、不确定性与保持现状)。在自我增强—自我超越(Self-enhancement vs. self-transcendence)维度,权力(power)价值观和成就(achievement)价值观与博爱(universalism)价值观和友善(benevolence)价值观相对立,前两者均指向对自身利益的追求而后两者均指向对他者利益的关切。在开放—保守(Openness to change vs. con-servation)维度上,自主(self-direction)价值观和刺激(stimulation)价值观与安全价值观、服从价值观和传统(security,conformity and tradition)价值观对立,前两者均强调独立行动、思想和感觉以及随时准备接受新经验,后者则均强调自我制约、秩序和对变化的抵制。享乐(hedonism)价值观则既具有开放(openness)价值观的动机特点,也具有自我增强(self-enhancement)价值观的动机特点。

这一理论结构被来自多个国家的样本所证实,虽然不同国家的人赋予某种基本价值观的重要性可能不同,但这些基本价值观在动机层面(矛盾和一致)的结构与施瓦茨的理论假设相同,这就为研究价值观的整体系统提供了方便,而不是像以往那样只能研究单一价值观与相关变量的关系。

后期研究中,施瓦茨将价值观种类拓展为 19 种,增加了一些亚种(如下图所示,新增"面子"face 和谦逊 humility 维度,拆分自主、权力、安全、遵从、友善、博爱等价值种类),并在个人维度与社会维度间、成长和自我保护维度间作了区分,并发现这 19 种价值观间具有与之前的 10 种价值观间类似的结构关系。

Definitions of the Motivational Types of Values in Terms of Its Motivational Goal.①

施瓦茨的人类基本价值观理论成为当前世界上影响最大、范围最广的价值学说,众多学者运用其价值观量表进行研究,欧洲社会调查(ESS)(2002—2016 年间开展共计 8 轮调查,主要为欧洲国家参与)和世界价值观调查(WVS)(1981—2017 年开展共计七波调查,参与国家数为 100 多个,覆盖全

---

① S.H.Schwartz, J.Cieciuch, M.Vecchione, E.Davidov, R.Fischer, C.Beierlein, et al. "Refining the theory of basic individual values", *Journal of Personality and Social Psychology*, 2012, vol. 103, pp. 663-688.

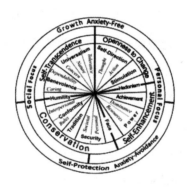

	Value	Conceptual definitions in terms of motivational goals
SDT	Self-direction-thought	Freedom to cultivate one's own ideas and abilities
SDA	Self-direction-action	Freedom to determine one's own actions
ST	Stimulation	Excitement, novelty, and change
HE	Hedonism	Pleasure and sensuous gratification
AC	Achievement	Success according to social standards
POD	Power-dominance	Power through exercising control over people
POR	Power-resources	Power through control of material and social resources
FAC	Face	Security and power through maintaining one's public image and avoiding humiliation
SEP	Security-personal	Safety in one's immediate environment
SES	Security-societal	Safety and stability in the wider society
TR	Tradition	Maintaining and preserving cultural, family, or religious traditions
COR	Conformity-rules	Compliance with rules, laws, and formal obligations
COI	Conformity-interpersonal	Avoidance of upsetting or harming other people
HUM	Humility	Recognizing one's insignificance in the larger scheme of things
BED	Benevolence-dependability	Being a reliable and trustworthy member of the in-group
BEC	Benevolence-caring	Devotion to the welfare of in-group members
UNC	Universalism-concern	Commitment to equality, justice, and protection for all people
UNN	Universalism-nature	Preservation of the natural environment
UNT	Universalism-tolerance	Acceptance and understanding of those who are different from oneself

Circular structure of the refined values theory of Schwartz (Schwartz et al. 2012).

球 90%的人口）等世界范围内的大型、纵向调查均聘请施瓦茨为专家并将其价值观量表作为价值观的调查工具，其 2012 年修订的 SVS 和 PVQ 价值观量表已经被不少学者运用。

6.英格尔哈特的价值观代际转型理论

美国学者英格尔哈特（Ronald Inglehart）在政治文化研究领域颇有建树，被誉为政治文化研究大师，也是世界价值观调查（WVS）的主持者，其政治文化领域的代表性成果是代际价值观转型理论。从 1970 年开始，英格尔哈特对西欧六个国家进行了价值观调查，发现年轻群体和年老群体之间在优先性的价值观方面存在巨大差异。1971 年他在《价值优先顺序的变迁和欧洲整合》

一文中第一次公开提出发达国家可能正在经历价值观的代际变迁。他把强调经济和人身安全的价值取向称为物质主义（materialism）价值观，而把强调自主、自我表现、生活质量胜过经济和人身安全的价值观称为后物质主义（post-materialism）价值观。他指出工业化、现代化的发展使得越来越多的年轻人持有后物质主义价值观，随着较年轻群体在成年人口中替代较年老的群体（赋予物质主义价值观以优先性），会有一个"从物质主义价值观到后物质主义价值观的逐渐转变"①。1997年，他出版了《现代化与后现代化》，这时候他调查的范围扩大到了大批的非西方国家，共计43个国家的调查数据证明代际价值观念的变迁不仅发生在西方发达国家，而且只要具备同样的社会经济条件，也会在其他国家发生。

英格尔哈特的代际价值观转型理论不仅揭示了工业化、社会化对年轻群体价值观的影响，"条件的变化影响着他们的基本社会化过程"②，工业化和现代化进程这一社会变迁带来价值变迁，促使人们从传统权威（traditional authority）价值观向世俗理性（secular-rational authority）价值观转变，从生存价值观（survival values）到自我表现价值观（self-expression values）的转变。③　同时又指出这种代际价值观的转变重塑着工业国家的政治和社会生活，促使政治文化发生变化、社会发展呈现新的发展主题和趋势。

英格尔哈特在2005年与维尔泽（Christian Welzel）出版了《现代化、文化变迁和民主：人类发展时序》（*Modernization*，*Cultural Change and Democracy*：*The Human Development Sequence*），进一步修正了相关理论，指出"社会和文化的变迁存在路径依赖，一个社会的价值体系反映了现代化的驱动力与维持传

---

① ［美］英格尔哈特：《西方和中国民众的价值观转变：后物质主义价值观的崛起（1970—2007）》，《发达工业社会的转型》，张秀琴译，社会科学文献出版社2013年版，第1页。

② ［美］英格尔哈特：《西方和中国民众的价值观转变：后物质主义价值观的崛起（1970—2007）》，《发达工业社会的转型》，张秀琴译，社会科学文献出版社2013年版，第2页。

③ 卢春龙：《英格尔哈特：政治文化复兴运动的主要推动者》，罗纳德·英格尔哈特：《发达工业社会的转型》，张秀琴译，社会科学文献出版社2013年版，"序"，第19页。

统的影响力之间的互动"①,而且"现代化不是西方化"②。

英格尔哈特揭示出了社会价值观变迁的一个具体机制——代际价值变迁,这点无疑具有重要意义。其所运用的时间序列研究(历时性研究)有助于确立变量间的因果关系,对于探究价值观的转变具有方法论意义。

(二)国外"价值观教育"研究议题

国外不少学者或教学人员展开了价值观教育(values education)方面的研究,这种研究更多集中在教育学领域,大多建立在上述价值观理论基础上,并且多采用量化研究,揭示价值观教育实践中存在的问题,诸如学生的态度、教师的技能、方法的局限、内容的选取等。

自20世纪60年代以来,西方以价值观教育为主题的研究总体呈现上升趋势。在历史的变迁中,教育性的改变、文化、可持续发展、教育政策、教育项目和活动方案、网络等逐步成为西方价值观教育研究的核心议题。

在历史变迁中,社会、政治、经济、文化、技术等方面的变化带来的教育性改变被学者们普遍注意到③④,教育的理念、教育中传授的价值观等也随之发生变化,学者们不断结合自己国家的国情进行探究。有的围绕可持续发展进行探究,如 Dasho Karma Ura 立足于将价值观看作世界观的重要组成部分,看作影响人的行为的潜在信念,认为价值观关系到人的积极未来的创造,应是可持续发展概念中不可缺少的元素。为了教育和社会的可持续发展,教育不应仅仅为了

---

① 卢春龙:《英格尔哈特:政治文化复兴运动的主要推动者》,罗纳德·英格尔哈特:《发达工业社会的转型》,张秀琴译,社会科学文献出版社,2013年版,"序",第19页。

② 卢春龙:《英格尔哈特:政治文化复兴运动的主要推动者》,罗纳德·英格尔哈特:《发达工业社会的转型》,张秀琴译,社会科学文献出版社,2013年版,"序",第19页。

③ Karin Sporre, Jan Mannberg, *Values, Religions and Education in Changing Societies*, Springer Netherlands, 2010.

④ Musiał, Kazimierz, "On Some Trends of the Nordic Higher Education Facing the Contemporary Social Change", *Contributions to Humanities*, 2011, vol. 1, pp. 11–22.

GDP,应把追求国民幸福(GNP)纳入进去并将其作为一种重要的价值观。[1]
Matthew Davidson 等则从个人可持续性发展角度论述了价值观教育[2]。

　　Deveci 则探究了互联网发展给教育尤其是价值观教育带来的影响,提倡
在远程学习中进行价值观教育[3],他认为为了让个体能正确理解诸如爱、尊
重、容忍、诚实等价值观,需要对社会中的个体进行系统的价值观教育,互联网
中的远程学习为此提供了便利。通过经验研究,他发现参加了网上社会科学
课程的学生普遍认为远程学习中需要渗透价值观教育,因为这将大大有利于
促进社会的秩序和有效公民的培养。

　　学者们除了探索价值观教育面临的改变和价值观教育的应然理念,也对各
国展开的价值观教育实践进行考察,以期推进价值观教育。Lovat 和 Terence 曾
就澳大利亚政府推行的价值观教育项目(Values Education Good Practice Schools
Project,VEGPSP)进行研究,聚焦这一项目对学生价值观和学校氛围产生的影
响,指出如果被正确实施,价值观教育能积极影响一系列教育目标,包括情感、社
会、道德和学术,价值观教育具有建构良好的行动教育学的潜力。[4]

　　儿童、小学生、中学生、大学生是价值观教育重点关注的对象,因为他们是
未来社会的公民,其价值观取向和素养直接影响到社会和国家未来发展的价值
取向。价值观教育对学龄前孩子社会心理、社会问题处理技能等方面的影响[5]、

---

[1]　Dasho Karma Ura,"Gross National Happiness,Values Education and Schooling for Sustainability in Bhutan",*Reorienting Educational Efforts for Sustainable Development*,2017,pp. 71-88.

[2]　Matthew Davidson,Vladimir Khmelkov,Kyle Baker,Thomas Lickona,"Values education:The Power2Achieve Approach For Building Sustainability And Enduring Impact",*International Journal of Educational Research*,2011,vol. 50,no. 3,pp. 190-197.

[3]　DEVECI,Handan,"Value Education Through Distance Learning:Opinions of Students Who Already Completed Value Education",*Turkish Online Journal of Distance Education*,2015,vol. 16,no. 1,pp. 112-126.

[4]　Lovat and Terence,"Values Education As Good Practice Pedagogy:Evidence From Australian Empirical Research",*Journal of Moral Education*,2017,vol. 46,no. 1,pp. 88-96.

[5]　E.Dereli-Iman,"The Effect of the Values Education Programme on 5. 5-6 Year old Children's Social Development:Social Skills, Psycho-social Development and Social Problem Solving Skills",*Kuram Ve Uygulamada Egitim Bilimleri*,2014,vol. 14,no. 1,pp. 262-268.

中小学社会科学课程中的价值观教育①、大学的价值观教育②等被学者探究。与此相适应，教师的认识论③、教师作为价值观教育者的角色认知④、教师对价值观优先性的选择⑤，教师采取的价值观教育策略⑥、教师与孩子的互动模式⑦、给教师的价值观教育建议⑧等也被大量讨论。作为孩子价值观教育重要场域的家庭以及父母对孩子的价值观影响（内化价值观，外化行为）也被研究⑨，价值观教育中的同辈群体作用⑩、价值观教育中的自我规制策略⑪等都被讨论。

文化在 1980—1999 年成为价值观教育领域的研究热点，这与当时价值观教育领域对价值相对主义和价值中立立场的反思有关，这一热点凸显出文化

---

① Samta P. Pandya, "Spirituality and Values Education in Elementary School: Understanding Views of Teachers", *Children & Schools*, 2017, vol. 39, no. 1, pp. 33-42; Dr. Verma Snehlata, Ms Kaur Harminder, "Value Education: Reflections Through Social Studies Textbooks Of Secondary Schools", *International Journal of Physical and Social Sciences*, 2014, vol. 4, no. 12, pp. 373-393.

② Miriam Iglesias León, Manuel Cortés Cortés, "Norma Mur Villar, Coralia Perez Maya, María José Aguilar Cordero", *Values Education in Higher Education*, MediSur, 2011, vol. 8, no. 6, pp. 1-5.

③ Lunn Brownlee, L. Joanne, "Critical Values Education In The Early Years: Alignment Of Teachers's Personal Epistemologies And Practices For Active Citizenship", *Teaching and Teacher Education*, 2016, vol. 59, pp. 261-273.

④ Celikkaya, Tekin and Filoglu, Simge, "Attitudes of Social Studies Teachers toward Value and Values Education", *Kuram Ve Uygulamada Egitim Bilimleri*, 2014, vol. 14, no. 4, pp. 1551-1556.

⑤ Ingibjorg Sigurdardottir, Johanna Einarsdottir, "An Action Research Study in an Icelandic Preschool: Developing Consensus about Values and Values Education", *IJEC*, 2016, vol. 48, pp. 161-177.

⑥ Javier Paez Gallego, "Methodology and Axiological Content of Values Education Programs", *Foro de Educación*, 2016, vol. 14, no. 21, pp. 217-226.

⑦ Berit Zachrisen, "The Contribution of Different Patterns of Teachers' Interactions to Young Children's Experiences of Democratic Values during Play", *IJEC*, 2016, vol. 48, pp. 179-192.

⑧ CD. Iscan, "Values Education and Some Suggestions to Teachers", *Hacettere Universitesi Egitim Fakultesi-Hacettepe University Journal Of Sducation*, 2011, vol. 40, pp. 245-255.

⑨ Deniz Tonga, "Transforming Values into Behaviors: A Study on the Application of Values Education to Families in Turkey", *Journal of Education and Learning*, 2016, vol. 5, no. 2, p. 24.

⑩ E. Veronica, "Scaffolding Peer Collaboration through Values Education: Social and Reflective Practices from a Primary Classroom", in *Australian Journal of Teacher Education*, 2016, vol. 41, no. 1, pp. 81-99.

⑪ Sinem Ergün Kaplan, Bülent Dilmaç. "Examination The Effect of Values Education Which is Given Adolescents on Self-Regulation Strategies", *Mevlana International Journal of Education*, 2015, vol. 5, no. 1, pp. 1-9.

多元背景下西方社会对价值观教育的反思。有趣的是,这一主题在 2011 年后重新回归,反映出当今全球化背景①、多元文化背景②对个体平等、国家认同等方面带来的冲击以及西方学者在促进社会整合与促进个人权利方面的价值矛盾与价值期待。值得指出的是,不少研究中流露出价值观教育中对多元文化主义和多样性的反思以及对社会核心价值观的重视③,学者们不仅期望本国公民能形成有效的国家身份认同,而且主张对外来人口(移民或难民)等进行文化同化,以形成广泛的公民身份认同。

二、国内价值观研究

目前检索到最早的价值观研究成果为 1974 年《哲学与文化》中收录的两篇文章:《解析孔子的价值观》(傅佩荣)和《论儒家价值观中"情义"、"礼法"之标准及此标准间之关系——以〈论语〉、〈孟子〉为中心》(王浩仁)。20 世纪80 年代的研究成果突增,一些哲学专著如《中国人的价值观》④、《世界与自我:论青年的人生价值观》⑤等相继出版,《都市青少年的价值观》⑥等关注青年群体价值观的研究成果也出现。《中国社会科学》、《哲学研究》、《哲学动态》、《青年研究》、《教育研究与实验》、《心理学》、《新华文摘》等刊物刊发一系列价值观方面的文章,自此,价值观研究在哲学、伦理学、教育学、心理学、社会学等领域蓬勃展开。

---

① J.Zajda,"Globalisation and Values Education in the History/Social Studies Classroom",*Educational Practice and Theory*,2012,vol. 34,no. 1,pp. 25-39.

② Bromley,Patricia,"Multiculturalism and Human Rights in Civic Education:the Case of British Columbia,Canada",*Educational Research*,2011,vol. 53,no. 2,pp. 151-164;Francisco Riosa,Susan Markusb,"Multicultural Education as a Human Right:Framing Multicultural Education for Citizenship in a Global Age",*Multicultural Education Review*,2011,vol. 3,no. 2,pp. 1-35.

③ Raymond B.Blake,"A New Canadian Dynamism? From Multiculturalism And Diversity To History And Core Values",*British Journal of Canadian Studies*,2013,vol. 26,no. 1,pp. 79-103.

④ 文崇一:《中国人的价值观》,东大图书股份有限公司 1980 年版。

⑤ 许瑞祥:《世界与自我:论青年的人生价值观》,河北人民出版社 1988 年版。

⑥ 黄俊杰、吴素倩:《都市青少年的价值观》,巨流图书公司 1988 年版。

（一）国内关于价值观的主导性观点

国内价值观方面较为突出的是哲学和心理学两个学科的研究。哲学领域对价值观的研究多倾向于作一种形而上的哲学思考，多为理论思辨，解决关于价值观的一些基本理论问题；而心理学的研究则更着力于揭示价值观（尤其是个体价值观）的形成机制、描述价值观的实然状态，因此多为实证研究。

关于价值观的哲学研究以李德顺、罗国杰和袁贵仁为代表，他们作为价值哲学领域的开拓者，遵循马克思主义哲学的理论指导，对马克思主义价值学或价值论进行了深入研究。他们对价值观的界定和理解，获得了学界的普遍认同。

李德顺认为价值观念即价值观，是"客观的价值在头脑中的反映，表现为由信念、信仰和理想等组成的观念体系"[①]，是关于"好坏"的看法和态度[②]。从价值观来源看，它是人们价值生活状况的反映和实践经验的凝结[③]；从功能来看，它是主体的评价标准体系，指导人们在得失、利弊、善恶、美丑、成败、福祸、贵贱、荣辱、苦乐、是非、轻重等"好"与"坏"间作出评价和选择。他呼吁要将价值论的研究运用到思想政治工作中去[④]，注重处理好价值观的多元性与统一性关系[⑤]，重视主导价值观的建设[⑥]。

罗国杰认为价值是客体的属性与主体的需要间的一种效用关系，价值是"某一客体（物质的和精神的）同人的需要、利益、兴趣、愿望、追求和喜爱联系

---

① 李德顺：《从价值观到公民道德》，《理论学刊》2012 年第 9 期，第 58—61 页。
② 李德顺：《谈谈当前的价值观念变革》，《学习与研究》1993 年第 8 期，第 6—8 页。
③ 李德顺：《价值观教育的哲学理路》，《中国德育》2015 年第 9 期，第 26—32 页。
④ 李德顺：《学习和应用价值理论——价值论与思想政治工作漫谈》，《思想政治工作研究》1989 年第 1 版，第 26—32 页。
⑤ 李德顺：《多元化与统一意志——价值论与思想工作漫谈之三》，《思想政治工作研究》1989 年第 4 期，第 37—39 页。
⑥ 李德顺：《重视主导价值观的建设》，《理论前沿》1996 年第 14 期，第 5—7 页。

在一起的,是主体和客体的一定关系的体现"①,它"标示着客体的存在、发展变化的结果(属性)向主体趋同或接近的可能性"②。人类社会发展是一个不断通过实践满足人类自身物质和精神需要的过程,在通过反复实践去满足自身需要的价值活动中,人们的是非、善恶、好坏、美丑、荣辱等观念也必然在思想意识中沉淀下来,其中最核心、最稳定和最根本的内容就是价值观。因此,"价值观是人们对周围世界的意义和价值的反映和判断,是对世界、社会、他人以及与自己关系的一种具有系统性、综合性和稳定性的观点"③。个体价值观的形成既需要教育,也需要社会舆论的引导和行为规范的强化,还需要主动地学习、不断地自我反省。马克思主义价值观分为社会价值观和个人价值观,前者包括政治价值观、经济价值观、文化价值观、生态价值观,后者则指向人生价值观④。

袁贵仁认为,价值是反映客体的属性与主体需要之间关系的范畴,价值观"是人们基于生存、享受和发展的需要对于什么是好的或者是不好的根本看法,对于某类事物是否具有价值以及具有何种价值的根本看法,是人所特有的应该希望什么和应该避免什么的规范性见解,表示主体对客体的一种态度"⑤。从产生根源上看,价值观同主体的需要、利益、理想等相联系,又受制于特定的社会经济地位。价值观是世界观的重要组成部分,我们对世界的看法中既有真理成分(回答"世界是什么"的问题),也有价值成分(回答"世界应怎样"的问题)。与自然观、历史观、人生观相对应,也就有自然价值观、历史价值观和人生价值观。价值观不是天生的,而是在后天的社会生活实践中形成的。价值观是人的主心骨,是人的社会化的核心内容;价值观是组织的黏

---

① 罗国杰:《马克思主义价值观研究》,人民出版社 2013 年版,第 10 页。
② 罗国杰:《马克思主义价值观研究》,人民出版社 2013 年版,第 20 页。
③ 罗国杰:《马克思主义价值观研究》,人民出版社 2013 年版,第 31 页。
④ 罗国杰:《马克思主义价值观研究》,人民出版社 2013 年版,第 151—196 页。
⑤ 袁贵仁:《价值观的理论与实践:价值观若干问题的思考》,北京师范大学出版社 2006 年版,第 130 页。

合剂。价值观是人的活动的指示器,决定了活动的价值取向。① 因此,需要建设主导价值观,即具有中国特色的社会主义价值观。

在心理学领域,价值观经常被看作与个体行为密切相连的、与人格紧密联系的概念,被看作指引个体态度和行为的准则、信念,是对"什么是值得的"看法。这方面研究的代表人物为黄希庭、金盛华、张进辅等。他们的研究主要集中在价值观结构、价值观形成机制、价值观与心理健康等变量间关系、价值观测量工具和实证调查等方面。但心理学领域的价值观研究受国外影响较大,甚至呈现出追随态势,在价值观结构、分类、测量中多遵循国外做法,这也许是为了国际比较的方便。但价值观的形成有其特定的社会文化、经济与政治背景,因此价值观研究的本土化显得尤为重要。张进辅在这方面作出了很大的突破,他的团队曾针对中国大学生的职业价值观②、知识价值观③、择偶价值观④、创造价值观⑤、性道德价值观⑥、人际价值观⑦等编制量表并施测,方便了国内大学生价值观的实证研究和大学生价值观教育的实践推进。

(二)国内"大学生价值观教育"研究议题

采用高级检索的方式检索中文图书、期刊、报纸、学位论文、会议论文等文

---

① 袁贵仁:《价值观的理论与实践:价值观若干问题的思考》,北京师范大学出版社 2006 年版,"代序",第 2 页。

② 杨晓晓、卢聪、天欣、韩会芳、张进辅:《大学生职业价值观的结构与测量》,《西南师范大学学报》(自然科学版)2016 年第 6 期,第 168—174 页。

③ 毛天欣、张进辅:《大学生知识价值观量表的编制及信效度检验》,《西南师范大学学报》(自然科学版)2015 年第 10 期,第 119—123 页。

④ 韦唯、张进辅:《大学生择偶价值观问卷的编制及信效度检验》,《心理学进展》2015 年第 7 版,第 436—444 页。

⑤ 卢聪、张进辅:《大学生创造价值观量表的初步编制》,《社会心理研究》2016 年第 6 期,第 168—174 页。

⑥ 易遵尧、张进辅、曾维希:《大学生性道德价值观的结构及问卷编制》,《心理发展与教育》2007 年第 4 期,第 101—107 页。

⑦ 李儒林、张进辅:《大学生人际价值观特征的研究》,《西南师范大学学报》(人文社会科学版 2006 年版,第 4 期,第 73—77 页。

献,以标题"价值观"与"大学生"或"青年学生"为检索条件,截取时间段为自 1978 年(本研究重点关注价值多元下的价值观引导,考虑到中国改革开放后价值多元明显,因此选取这个时间点)以来,共出现将近 2 万条结果。

其中,国内大学生(或青年学生)价值观的研究文献总体呈增长趋势,2004 年 8 月中共中央国务院下发 16 号文件,2005 年 2 月中共中央宣传部、教育部发布 5 号文件,2006 年"建设社会主义核心价值体系"这个重大命题和战略任务被明确提出,这些在客观上促进了学者对大学生价值观问题的关注。2012 年 11 月,中共十八大报告明确提出"倡导富强、民主、文明、和谐,倡导自由、平等、公正、法治,倡导爱国、敬业、诚信、友善,积极培育社会主义核心价值观",这成为对社会主义核心价值观的最新概括。2013 年 12 月,中共中央办公厅印发《关于培育和践行社会主义核心价值观的意见》,对在全社会培育和践行社会主义核心价值观提供理论指导和行动指南。这某种程度上解释了为何 2013 之后大学生(青年学生)价值观教育研究呈现喷发态势和跨越式发展趋势。

当前文献的研究关注点集中在"当代大学生"、"社会主义"、"价值取向"、"价值观教育"等方面,且这方面的研究热度一直得以持续,大学生价值观教育一直坚持着"社会主义"这一根本指向,价值观教育成为思想政治教育的核心内容。改革开放之初到 2005 年间,"当代大学生"的价值观教育主要聚焦社会变革对学生价值观念的冲击①,探讨大学生的思想动向②,尤其是大学生人生价值观③方面的改变和特点,致力于研究价值观教育该如何应对④,

---

① 林榕华:《关于当前大学生价值观变化的几点思考》,《福州大学学报》(社会科学版) 1996 年第 01 期,第 49—51 页。

② 黄希庭、张进辅、张蜀林:《我国五城市青少年学生价值观的调查》,《心理学报》1989 年第 3 期,第 274—284 页;马艳芳:《论当代青年大学生价值观的特征》,《郑州工业大学学报》(社会科学版)2000 年第 03 期,第 68—70 页。

③ 沈壮海:《九十年代大学生人生价值观分析》,《中国青年政治学院学报》1995 年第 4 期,第 8—14 页。

④ 林瑞青、陈纯馨:《价值取向多元化和价值导向一元化的统一:谈当前大学生价值观教育的有效实施》,《佛山科学技术学院学报》(社会科学版)2000 年第 18 卷,A1,第 48—54 页。

如何通过价值观教育保证社会主义建设;2006—2012 年,社会主义核心价值体系①和核心价值观教育②成为热点,学生的人生价值观③继续受到关注,同时职业价值观④热度显现;2013 年至今,社会主义核心价值观体系⑤和社会主义核心价值观研究进一步深入⑥,"90 后"高校学生的价值动向和价值观教育路径⑦等被广泛探讨,多元文化这一现实背景、新媒体这一新的传播媒介⑧、网络舆情⑨、错误社会思潮对大学生价值观的影响效应⑩受关注,大学生的认同尤其是政治认同⑪和价值认同⑫等引发关注,价值观教育的重点放在了社会主义核心价值观的"培育"⑬和"践行"⑭上。

①　韩震:《社会主义核心价值体系研究》人民出版社 2007 年版。

②　周玉荣、董幼鸿:《加强大学生社会主义核心价值观教育》,《党政论坛》2012 年第 4 版,第 52—53 页。

③　梅萍:《当代大学生生命价值观教育研究》,中国社会科学出版社 2009 年版。

④　于海生、伍阿陆、程瑞芸:《大学生职业价值观调查研究》,《发展研究》2011 年第 23 期,第 79—82 页;薛利锋:《试论大学生职业价值观教育体系的基本结构》,《思想理论教育导刊》2012 年第 12 期,第 111—114 页。

⑤　沈壮海:《兴国之魂:社会主义核心价值体系释讲》,湖北教育出版社 2015 年版。

⑥　刘建军:《"社会主义核心价值观"的三种区分》,《思想理论教育导刊》2015 年第 2 期,第 70—73 页;吴潜涛、艾四林:《社会主义核心价值观研究前沿问题聚焦》,人民出版社 2017 年版。

⑦　王娜、侯静:《大学生核心价值观教育的问题及路径探析》,《东北师大学报》(哲学社会科学版),2016 年第 1 期,第 187—191 页。

⑧　林岳新:《新媒体背景下青少年价值观引导研究》,《中国社会科学出版社》2016 年版。

⑨　成敏:《网络舆情对大学生价值观的影响与对策》,《思想理论教育导刊》2016 年第 5 期,第 141—143 页。

⑩　王秀彦、阚和庆:《当代社会思潮对大学生价值观的影响与对策》,《中国高等教育》2016 年第 8 期,第 13—15 页。

⑪　曾楠:《青年学生政治认同教育的时代审视》,《中国青年社会科学》2016 年第 35 卷第 1 期,第 47—52 页。

⑫　邱伟光:《培育大学生社会主义核心价值观认同机制探析》,《思想政治课研究》2014 年第 1 期,第 6—9 页;任志锋:《大学生社会主义核心价值观认同的日常生活维度》,《教学与研究》2016 年第 12 期,第 86—91 页。

⑬　付安玲、张耀灿:《大学生社会主义核心价值观的隐性培育初探》,《思想理论教育导刊》2016 年第 4 期,第 88—91 页。

⑭　张立、赵艳斌:《大学生社会主义核心价值观践行能力的培育》,《思想教育研究》2016 年第 9 期,第 101—103 页。

三、国内外价值观教育研究的共同趋势

综观国内外价值观教育的研究现状,可以感知到当前该领域研究存在一些共同的研究特点,也呈现出一些共同的发展趋势。

(一)研究热度持续上升。无论是国外针对儿童、小学生、中学生或大学生的价值观教育,还是国内主要针对大学生的价值观引导,都是价值观研究中的"常青树",其研究成果越来越多,介入的学科也越来越多样。作为一种对人的行为和选择进行导向的潜在信念,价值观不仅关系到个人幸福生活的创造,也关系到社会发展,因此国内外都对社会下一代群体的价值观予以持续关注。社会是不断变化的,国内外的研究都显示出对社会变迁可能影响人的价值观的敏感性并且探寻在此背景下价值观教育的思路和策略。国外关注了多元文化下的价值观冲突与价值观宽容、工业化和现代化引起的价值观变迁、移民引起的文化认同和价值认同、全球化下的公民身份认同、网络背景下的政治参与和政治价值观等;国内研究则表现出对社会主义市场经济、网络媒体、社会舆论、错误社会思潮等对青年大学生价值观影响的哲学反思与实证调查。基于对年轻一代价值观的引领,价值观教育必然随着社会和时代的变化而变化,价值观教育研究的持续性也成为一个自然而然的事实。

(二)研究主题和内容日益深化。西方学者普遍感到今天的孩子比以往任何时候都更需要一个扎实的伦理基础和合适的价值观指导。学者和教师针对价值观教育进行了越来越深入的研究。Thornberg Robert[①] 反思了北欧学前教育中的价值观教育,为世界范围内价值观教育的深入研究提供了富有启发性的理论和方法知识。其中特别强调教师要有价值观教育的自觉性,并通过自身的价值观和行为为孩子提供价值观榜样,同时强调价值观教育不能只诉

---

① Robert Thornberg, "Values Education in Nordic Preschools: A Commentary", *International Journal of Early Childhood*, 2016, vol. 48, no. 2, pp. 241-257.

诸显性教育方式,而必须融于生活,融于师生关系中。这意味着价值观教育有显性维度和隐性维度①。Philip Cam 从哲学角度反思了价值观教育,指出价值观教育中过多地关注个人领域而忽视了社会领域,更多地把价值观看作一段个人的、内心的而非社会的、合作的旅程,价值观被看作只与孩童期父母的教养与成熟期的个人选择相关的"反思",这种将价值观降级为个人责任的观念和做法阻碍了社会进行自我检视,既不利于个人合适价值观的形成,也不利于社会的进步,因此社会范围内的价值探求和价值判断弥足重要。为了在无可置疑的道德准则暴政和业已破产的个人主义的道德相对主义间寻求一条可行的道路,让学生能跨越彼此的不同而不致对差异抱有怀疑和偏见,必须给学生开设哲学课,帮助学生在个人与社会间求得和谐和统一。②除了对现有研究的反思,也出现了一些新议题,使得研究论域得以拓展,如价值观教育与幸福③、价值观与自我实现、自尊④、价值观教育与学业勤奋⑤、价值观教育与霸凌干预⑥、远程教育中的价值观教育⑦,口头传统(史诗、谚语、趣闻轶事、民间故

---

① Robert Thornberg, "Values Education in Nordic Preschools: A Commentary", *International Journal of Early Childhood*, 2016, vol. 48, no. 2, pp. 241-257.

② Philip Cam, "Philosophy for Children, Values Education and the Inquiring Society", *Educational Philosophy and Theory*, 2014, vol. 46, no. 11, pp. 1203-1211.

③ Paola Cubas-Barragán, "Does Values Education Make a Difference on Well-Being? A Case Study of Primary Education in Chiapas", *Handbook of Happiness Research in Latin America*, 2016, pp. 443-462.

④ Soriano, Encarnacion and Franco, Clemente and Sleeter, Christine, "The Impact of a Values Education Programme For Adolescent Romanies In Spain On Their Feelings of Self-Realisation", *Journal of Moral Education*, 2011, vol. 40, no. 2, pp. 217-235.

⑤ Terence Lovat, Neville Clement, Kerry Dally, Ron Toomey, "The Impact of Values Education On School Ambience and Academic Diligence", *International Journal of Educational Research*, 2011, vol. 50, no. 3, pp. 166-170.

⑥ Janine Brown, "*The Role of Values Education in Primary School Bullying Prevention and Mediation*", University of Note Dame Australia (Dissertation), 2014.

⑦ H. Deveci, "Value Education Through Distance Learning: Opinions of Students who already Completed Value Education", *Turkish Online Journal of Distance Education*, 2015, vol. 16, no. 1, pp. 112-126.

事、民歌民谣等)与价值观教育①等。

国内研究则进一步聚焦新时代大学生("95后")的价值观特点,不仅在人生价值观、职业价值观等继续探究,而且对新时期大学生的婚恋价值观、诚信、友善、敬业等价值观也展开专门研究,对一些表现突出的问题如政治认同、政党认同等深化研究。在引导对策方面,教师队伍的建设、引导的机制、路径等方面涌现出许多新的成果。

(三)研究导向日益鲜明。如前所述,国内外价值观教育都聚焦于用核心价值去引领年轻一代,在核心价值的确定和选取上,都日益鲜明地体现出其意识形态性。Md.Nijairul Islam指出应为了建设更好的民主进行价值观教育②,除了宽容、自我尊重、人格尊严、同情等价值观外,人权、和平实践、非暴力、同胞感甚至领导能力(用西方民主领导世界)都应是核心的价值观,都应囊括在价值观教育中。甚至民主(西方)与和平应成为全球价值观教育的宗旨③。西方的核心价值观体现着资本主义价值体系的根本特征,虽然西方依然非常强调价值观的个体性,在价值观教育中却把目标定为培养积极的、负责任的社会公民,而其实质是具备资本主义民主所需要的政治价值观:注重自我表达,积极参与、推动西方民主。尤其在近几年的研究中,公民教育是西方话语中价值观教育的核心,公民权利与义务也是价值观教育的核心内容,其价值观教育的目标在于培养积极公民(active citizen)④。即使在学前教育中,也对民主价值观给予了充分考量。虽然在有的学校对孩子进行"民主"价值观的培育并不

---

① Vefa Taşdelen, "Oral Tradition and Values Education: A Case Study Dede Korkut Stories", in *International Online Journal of Educational Sciences*, 2015, vol. 7, no. 1, pp. 219-229.

② Md.Nijairul Islam, "Value Education For a Better Democracy", *Review of Research*, 2013, Vol. Ⅱ, no.Ⅳ, pp. 230.

③ Joseph Zajda, Holger Daun, "Global Values Education: Teaching Democracy And Peace", *Globalisation, Comparative Education and Policy ResearchEducation*, Springer, 2012.

④ Robert Thornberga, Ebru Oğuzb, "Moral And Citizenship Educational Goals In Values Education: A Cross-Cultural Study Of Swedish And Turkish Student Teachers' Preferences", *Teaching and Teacher Education*, 2016, vol. 55: pp. 110-121.

是最主要的,但教师将"尊重"视为一种具有优先性的价值观,他们认为"尊重"这一价值观与"民主"价值观的关系紧密①。同时儿童的社会归属与社区、团体参与体验被给予重视,因为这些对于培养民主行为至关重要②,甚至在老师与儿童的互动游戏中,也要思考如何促进民主性价值观(democratic values)的表达与培育③。

中国则鲜明地体现出社会主义的价值导向,虽然一度面对价值中立、价值相对的负面影响曾"模糊了双眼",但最终清醒认识到高校德育要对大学生价值观进行引导,保持主导性,弘扬主旋律④。在价值观教育中,曾经出现过强调一般价值观淡化政治价值观的现象,甚至发展为淡化意识形态、去政治化的倾向⑤,但最终拨开迷雾,清醒地意识在思想文化领域要保证社会主义意识形态的主导权和话语权⑥。面对西方和国内的错误社会思潮对高校师生的影响⑦,立足社会思潮与青年教育⑧,强调用马克思主义和社会主义核心价值观对社会思潮进行引领⑨,坚定地坚持用社会主义核心价值观作为价值共识去

---

① Ingibjorg Sigurdardottir,Johanna Einarsdottir,"An Action Research Study in an Icelandic Preschool:Developing Consensus about Values and Values Education",*IJEC*,2016,vol. 48:pp. 161-178.

② Berit Zachrisen,"The Contribution of Different Patterns of Teachers Interactions to Young Children's Experiences of Democratic Values during Play",*IJEC*,2016,vol. 48:pp. 179-192.

③ Berit Zachrisen,"The Contribution of Different Patterns of Teachers Interactions to Young Children's Experiences of Democratic Values during Play",*IJEC*,2016,vol. 48,pp. 179-192.

④ 郑永廷等:《主导德育论——大学生思想政治教育一元主导与多样发展研究》,人民出版社 2008 年版;石书臣:《现代思想政治教育主导性研究》,学林出版社 2004 年版。

⑤ 李辽宁:《当代中国"去政治化"话语评析》,《红旗文稿》2014 年第 4 期,第 30—31 页;孙其昂,韩兴雨:《"去政治化",抑或"再政治化"?》,《理论导刊》2013 年第 12 期,第 37—40 页。

⑥ 郑永廷、任志锋:《社会主义意识形态领导权和主导权研究》,《教学与研究》2013 年第 7 期,第 46—51 页;刘明君等:《多元文化冲突与主流意识形态建构》,中国社会科学出版社 2008 年版。

⑦ 佘双好:《当代社会思潮对高校师生的影响及对策研究》,中央编译出版社 2012 年版。

⑧ 刘书林:《社会思潮与青年教育研究》,高等教育出版社 2010 年版。

⑨ 梅荣政:《用马克思主义引领社会思潮》,武汉大学出版社 2008 年版,陈伟军:《社会思潮传播与核心价值引领》,人民出版社 2015 年版;梅荣政、杨军:《理论是非辨:用社会主义核心价值体系引领多样化社会思潮》,中国社会科学出版社 2013 年版;李建华:《多元文化时代的价值引领:社会主义核心价值体系建设与社会思潮有效引领研究》,人民出版社 2012 年版。

引领多样的价值观,重建社会的价值秩序。

(四)研究方法日益综合化。价值观或价值观教育既需要进行以理论思辨、逻辑推演为主的学理性研究,又需要经验研究(empirical study);既需要基于调查等的定量研究(quantitative research),还需要基于访谈、观察等的质性研究(qualitative research)。理论研究给人以学理的启发,实证研究给人提供实践操作的可靠性。西方研究中注重实证,但同时进行哲学层面的关照;我国研究注重哲学思辨和理论阐释,但开始出现实证研究,尤其在心理学领域,比较有代表性的如张进辅、金盛华、辛志勇等。在马克思主义理论学科领域,实证研究方面比较有代表性的学者如沈壮海和佘双好。佘双好早在1993年就运用大量翔实的统计数据从价值主体、价值取向、价值标准和价值观念的来源四个方面分析了大学生价值观的新特点,展现出当时大学生重主体地位和参与意识、重自我价值和自我实现、重现实功利和生活体验的面貌①,并就社会思潮对高校师生思想观念的影响展开实证研究,成果集中体现在《当代社会思潮对高校师生的影响及对策研究》一书中。沈壮海教授则自2009年至今主持大型历时性调查,出版《思想政治教育发展报告》(2009,2010,2011,2012,2013,2014—2015),并出版《中国大学生思想政治教育发展报告》(2013,2014,2015,2016),集中代表了国内大学生价值观教育方面实证研究的成果,为该领域的实证研究做了很好的示范。

四、当前国内价值观教育研究的不足之处

(一)研究成果多但质量参差不齐。如前所述,国内大学生价值观教育方面的研究浩若烟海,表明了学者在此领域的研究热情很高,但重复研究较多,研究成果的质量参差不齐,高质量研究成果相对偏少。

---

① 佘双好:《当代大学生价值观念变化发展特点分析》,《高等教育研究》1993年第4期,第82—87页。

（二）学理阐释和理论思辨多,实证研究和经验研究少。学理阐释和理论思辨固然重要,这样的研究有利于廓清误区,给人以启发;但缺少实证数据的支撑可能会对现实问题形成误判,从而无法精准地对大学生价值观存在的薄弱环节进行有效引导。当前实证研究总体数量偏少,而且有些实证研究水平较低。一是样本量小,代表性不足;二是量表较随意,信度和效度有待提升,且彼此不同,不利于对比;三是分析较多地停留在一般的描述统计层面,主要呈现大学生价值观面貌,对于不同群组间是否有差异、不同变量间是否有关系等分析不够,对于哪些因素影响到大学生价值观的揭示不够。此外,经验研究如访谈、焦点小组、观察等质性研究方法运用较少,不利于深入分析大学生的价值世界。

（三）截面研究多,历时研究少。不论是学理阐释还是实证研究,当前较多集中在横截面的共时性研究,时间序列的历时研究较少,对于大学生价值观念的历时变迁揭示不够,从而难以有效把握大学生价值观演进的规律。

（四）自说自话多,比较研究少。当前虽有针对美国、英国等西方国家开展价值观教育或公民教育的研究,但数量较少。毫无疑问,我国价值观教育必然要立足本国国情、社情、民情,但中国改革开放后遇到的一些问题与西方发达国家在历史发展中遇到的问题有一定相似性,如多元文化的背景、网络化的发展、全球化的影响等,因此当放眼世界时就会从西方国家的教训中得到启示,避免重复走弯路。当前西方国家青年的政治热情衰减、政治参与疲软、政治信任下降,如何促进青年的政治认同、培养西方社会所需的负责任的公民成为西方价值观教育的核心议题。西方国家在此背景下的价值观教育策略对我们会有所启发,因为我们今天同样面临如何增强青年大学生的政治认同和政治信任的问题。在保证社会主义方向的前提下,西方价值观教育的一些策略可以为我所用,而且在比较中,也能纠正大学生对价值观教育或思想政治教育存在的认识偏差,从而更好地增强我国大学生的中国特色社会主义制度自信、道路自信、理论自信和文化自信。

五、本项目的研究选择

本项目研究坚持马克思主义理论指导,认为价值观是人们关于什么是价值、怎样评判价值、如何创造价值等问题的根本观点,是人在实践活动中形成的价值标准和价值追求。若从人类实践活动角度看,人所面临的三重关系为人与自然、人与社会、人与自身,人的实践活动领域也在这三个维度展开,因此人的价值观也可分为自然价值观、社会(历史)价值观和人生价值观三个维度。由于人的实践活动在空间系列的展开构成社会、在时间序列的展开形成历史,因此,为了研究方便,社会(历史)价值观又可具体分为社会价值观(侧重静态、横切面)和历史价值观(侧重动态、纵切面)。

面对价值多元的客观背景,我们认为价值中立和相对主义是糊涂的且不现实的,对大学生进行价值引领具有其合理性。为了更有效地对大学生进行价值观的引导,首先需要了解大学生价值观的总体面貌和态势,因此我们以马克思主义价值观为分析框架,从人的三重实践和人要处理的三重关系(人与自然、人与社会、人与自身)出发,设计价值观调查问卷,对大学生价值观进行大范围的实证调查。

虽然部分教师对"要不要对大学生进行价值观的引导"存有分歧,虽然我们对大学生价值观的实然状况也可能有误判,但高校的价值观教育也是一个实然事实,当然我们对其有着更多的价值期待,希望其能更有效地实施。那么当前高校针对大学生的价值观引导工作存在哪些问题?找出这些问题方能更好地改进,因此我们通过实证调查、质性访谈等方式试图理出当前大学生价值观引导存在的突出问题,为后续的研究提供现实基础。

在对大学生价值观、大学生价值观引导工作"诊断"基础上,我们着力探索优化大学生价值观引导的策略。在这里,西方面对多元文化的德育选择能给我们提供一些启示,中国自改革开放以来保持主旋律的教育基调和实践也提供了本国经验,在此基础上,我们将给出优化价值观引导的思路和策略。

因此,我们的研究试图坚持既要有必要的理论阐释和学理分析,又要用事实说话,做实证调查和深度访谈;既要有本国关注,也要注重国际视野;既要有现实观照,也要立足明天、为未来谋划。

第三节　研究思路和内容

一、研究思路

项目针对价值多元背景下高校对大学生进行价值观引导和思想引领的现实问题,按照"要不要价值观引导"、"现状怎样"、"如何引导"的思路,分三大部分对价值多元背景下大学生的价值观引导问题进行系统研究(见下图)。

要不要引导?	现状怎样?	如何引导?
★ 价值多元背景下大学生价值观引导的合理性论证	★ 价值多元背景下大学生价值观现状 ★ 当前高校对大学生价值观的引导所存在的问题	★ 西方学校价值观教育的启示 ★ 中国高校价值观教育的基本经验 ★ 优化高校大学生价值观引导的策略

第一部分对高校对大学生进行价值观引导的合理性予以论证,回答"要不要引导"的问题;第二部分主要分析当前大学生价值观特点以及高校对大学生的价值观引导存在的问题,回答"现状怎样"的问题;第三部分对国外学校价值观引导的理论和实践进行梳理以借鉴,对国内高校改革开放以来价值观引导的经验进行总结,在此基础上对进一步优化高校价值观引导工作进行思考,回答"如何引导"的问题。

二、主要内容和基本观点

其一,价值多元背景下高校对大学生进行价值观引导的合理性。(1)价值观定向和调节着人的态度和行为,是人的精神生活的主导性力量和核心,大学生的成长和发展需要价值观的导航;(2)大学教育的灵魂是价值观的培育,立德树人是大学的根本任务;(3)教育尤其是德育本质上是价值观教育,注定要启迪智慧、引领价值、滋养生命;(4)价值相对和价值中立存在局限性且不现实;(5)世界范围内的价值观教育实践表明用核心价值引领多样成为一种现代趋势。

其二,当代大学生价值观现状的实证调查。在设计调查问卷并试测从而确定问卷的信度和效度后,选取了华北、东北、华东、中南、西南、西北 6 个地区 27 所高校 3000 名学生(覆盖多个专业、四个年级)进行实地问卷调查,最后有效问卷 2865 份,通过 SPSS 22.0 软件进行数据分析后发现:(1)大学生价值观总体呈现良好,健康向上;(2)在自然价值观、历史价值观、社会价值观和人生价值观四个方面,人生价值观表现最为理想,历史价值观表现稍差;(3)不同群组的学生存在显著差异,女生显著优于男生,文史哲学类、社会科学类学生显著优于理工类学生,党员显著优于共青团员、其他党派成员和群众,家庭来自农村、县城(乡镇)、中小城市的学生显著优于家庭来自大城市的学生;(4)大学生普遍认同价值观的重要性,但部分学生存在价值相对主义倾向;(5)在自然价值观层面,大学生有较强的生态保护意识,但部分大学生存在自然中心主义的偏误;(6)在历史价值观层面,大学生普遍承认历史发展的客观性和规律性,但受历史虚无主义的影响不容忽视;(7)在社会价值观层面,大学生普遍认同党的领导和中国特色社会主义事业,但部分大学生思想自由化倾向突出;(8)在人生价值观层面,大学生人生态度积极乐观,但也存在价值标准功利化和信仰缺乏的问题。

其三,当前我国高校价值观引导的审视与反思。通过深度访谈和实证调查发现,虽然自党的十六大尤其是十八大以来,高校价值观引导工作成效显著,但当前高校价值观引导工作仍存在一些问题和短板,突出体现为三个方面。(1)价值观引导在高校教学中一定程度上的迷失:在"应不应该"对大学生进行价值观的引导上仍然存在认识分歧,在"愿不愿意"对大学生进行价值观引导上存在矛盾纠结等不同心境,在"去不去"对大学生进行价值观引导上存在被动选择从而虚化引导,在"会不会"对大学生进行价值观引导上存在本领欠缺和恐慌。(2)价值观引导的协同乏力:存在"上"与"下"不同步、主渠道与微循环不协调、线下与线上失衡阻隔、理论与实践相脱节等问题。(3)学生对承担价值观引导职责的课程存在一定程度的抵触和倦怠:他们对思想政治理论课虽持基本认可态度,但提升空间较大;学生对课程的喜欢程度不高;对教材和教学内容的印象稍差;存在中等程度的学习倦怠现象,其中行为不当表现最为突出,情绪低落维度次之。

其四,价值多元背景下西方学校德育的应对及启示。(1)西方应对价值多元的德育理论及模式:价值澄清模式、道德认知发展模式、关怀模式、品格教育模式。(2)西方价值观教育的发展趋势:①从价值无涉和价值相对走向强调核心价值;②从由强调自由权利走向"在自主和权威间寻求平衡";③由强调个体自治走向强调合作;④由强调一般价值观到强调国家态度价值观。(3)西方价值观教育的启示:①价值共识是存在的,社会主义核心价值观教育理所当然;②高校承担着价值观教育的重要职责,我们务必将立德树人作为根本任务并落到实处;③价值观教育要在促进个人自主与社会责任间寻求平衡;④价值观教育既要教授内容又要教授技巧;⑤价值观引导的方法和途径要尊重学生的主体性和能动性。

其五,改革开放以来我国高校价值观引导的基本经验。改革开放尤其是十三届四中全会以来,面对经济、政治、社会、文化各方面的改革变动,面对国内、国外多种思想观点和价值观念的交融交锋,面对历史、当下、未来的各种犹疑和价值困惑,我国高校的价值观教育积累了非常丰富的经验,对当下价值多元背景下优化大学生的价值观引导大有裨益。我们认为改革开放以来高校价值观引导的基本经验有如下八条:(1)坚持立德树人,引导学生成为社会主义合格建设者和可靠接班人;(2)坚持以马克思主义为指导、以中华优秀传统文化为根基、以世界先进文化为借鉴,用马克思主义理论武装学生、用优秀传统文化滋养学生、用世界先进文化润泽学生;(3)坚持正面教育,在同错误观念和思潮的斗争中弘扬社会主义主旋律;(4)坚持以课堂教学为主渠道,不断拓展育人格局;(5)注重科学研究,探寻规律,增强教育的科学性;(6)坚持与时俱进,因事而化、因时而进、因势而新;(7)坚持人才和队伍建设,为价值观教育提供师资支持;(8)坚持党委领导下的校长负责制,为价值观教育提供体制保障。

其六,优化高校对大学生进行价值观引导的策略。立足当代大学生价值观现状、高校价值观引导中存在的主要问题,在借鉴西方学校价值观教育实践和继承改革开放以来中国高校价值观教育经验的基础上,我们认为,为了优化高校大学生的价值观引导:(1)需要确立在多元中立主导、在对话中谋共识、在协同中促发展、在尊重中求成长的格局与图景;(2)需要坚持"影响侧"供给与"学习侧"需求相对接、价值性引导与自主性建构相结合、显性与隐性相结合、整体化与分众化("漫灌"与"滴灌")相结合的原则;(3)需要进一步拓宽途径,使网下与网上并举、主渠道与微循环并重、教师引导与同伴教育并肩、社会培育与高校引导并进,共同促进大学生社会主义核心价值观的培育和践行;(4)需要抓几个重要环节:其一,提高教师的价值引领角色自觉和胜任力;其二,加强大学生的理想信仰教育,增强对错误社会思潮的批判;其三,需要综合、灵活、创新性地运用价值澄清、情感培养、实践体悟等方法,最终提高大学生在文化多样化的社会中的价值判断和价值选择能力,通过情感熏陶和实践体悟生成价值认同、确立价值信仰。

第四节　研究方法

理论研究与经验研究(empirical research)的结合。研究聚焦价值多元背景下大学生的价值观引导这一主题,对当前大学生价值观现状及高校价值观教育存在的薄弱环节进行实证调查和访谈等经验研究,用事实说话,以把握现状,找准"病症";为了优化大学生价值观的教育引导工作,从理论上论证了高校开展价值观教育的合理性,从西方应对文化多元的德育选择及其发展趋势中概括出对我们的启示,总结了我国改革开放以来高校价值观教育的基本经验,为改进和加强高校价值观教育工作提供了理论支持。

量化研究与质性研究的结合。在把握现状,找准"病症"的过程中,既运用了量化研究方法(Quantitative Research),主要运用了从有限样本获取总体样貌的问卷调查法进行宏观描述;也运用了质性研究方法(Qualitative Research),主要运用了聚焦具体样本、获取丰富信息的访谈法进行私人叙事,把个体的真实经历、体验以及思考挖掘出来。这样克服了单一方法的不足,使研究更加科学化。

马克思主义统领下多学科综合。价值观教育在不同国家不可避免地具有本国特点,具有意识形态性。研究在借鉴教育学、心理学、伦理学、社会学、政治学等学科在该领域的研究成果时,注重坚持以马克思主义价值观理论来统领,保证研究的科学性和意识形态性的统一。

第五节　创新之处

一、研究内容上的创新与特色

(一)从多维度呈现了当代大学生价值观的现状。既有总体图景,又有局部分析,也有群组间的差异分析,尤其是从自然价值观、历史价值观、社会价值观、人生价值观四个主要维度对大学生价值观进行分析以及对各个群组的差异分析,有助于呈现大学生价值观的整体和立体面貌,为增加价值观引导的针对性提供支持。

(二)立足大思政格局,深入揭示了当前高校价值观引导中存在的主要问题,为改进工作提供事实基础。我们立足大德育、大思政格局的视野,综合考察了哲学社会科学教师、工科教师、理科教师和思想政治理论课教师的价值观引导意识和引导能力,对高校价值观教育协同乏力问题进行剖析,同时也对学生对思想政治理论课程的认可和学习情况进行了考察,力图多方位描绘出当前高校大学生价值观教育方面的突出问题。

（三）梳理了西方价值观教育在当代的发展趋势并思考了其对我们的启示意义。高校价值观教育既要立足中国,也要有国际视野。目前研究西方价值观教育的文献不是很充分,我们通过对国外自 20 世纪 60 年代以来文献的追踪,把握了其发展趋势从而明确了对我们的启示意义。

（四）总结了改革开放以来我国高校价值观教育的基本经验。我们将时间轴定位在 1978 年,因为这是价值多样化的发端。我们把时间轴拉长到当下,因为这里有最新鲜的经验。对改革开放以来高校价值观教育形成的 8 条经验的总结对于补充和深化学界在这方面的研究具有重要意义。

（五）对优化高校大学生价值观引导提出了自己的思路。我们的优化思路立足于较为扎实的实证调研和深度访谈,立足于国外价值观教育借鉴和我国价值观教育经验,具有现实针对性、理论前瞻性和视野开阔性。我们从引导图景、引导原则、引导途径、重点环节几个方面进行了一些独特的思考。

二、研究方法上的创新与特色

（一）较为扎实、科学的量化研究。课题组秉持问题意识,开展了多项问卷调查。既有全国范围的大调查,也有立足某个学校的小型调查;为保证调查的科学性和有效性,主持人自学量化研究等网络课程,获得了专业指导;为保证问卷的科学性,我们进行了试测,测量了问卷的信度和效度;为保证应答率,调查多为实地发放和回收问卷;为深入揭示现状,数据分析突破仅提供百分比的描述性分析,进行了方差分析和回归分析,揭示不同群组的差异和问题的影响因素。

（二）较为深入、细致的质性研究。针对高校不同学院、不同身份的 28 名教师进行深度访谈（30—90 分钟/人次），在自然状态中、以描述的方式实现意义的解释性理解，揭示高校教师对自身作为价值观引导者的角色意识、角色认知和角色能力状况。

（三）力争研读原汁原味的文献。对西方学校价值观教育发展趋势及其启示的理论研究主要是通过研读外文文献进行的，对中国高校价值观引导基本经验的总结是通过研读中央及相关部门发布的文献进行的，这有助于避免二手资料的"失真"，避免人云亦云的偏差。

（四）马克思主义方法论的统领。研究以马克思主义为引领，坚持意识形态性和科学性的统一；问题分析中坚持两点论；优化策略中坚持重点论。

第一章　价值多元背景下大学生价值观引导的合理性①

　　当代中国正处于一个急剧变化的时代,新中国成立以来尤其是改革开放以来的发展在取得巨大成就的同时,也在一定程度上造成了社会的断裂,其中一个突出表现就是价值观念间的冲突。尼采曾经将其所处时代描述为"比较的时代"②,如今中国的思想文化观念领域也切实地呈现出这样一种特征:绝对权威消解,各种生活方式、思维方式以及各种价值观念、道德观念突破时空的限制,同时展现在人们面前。人们必须去比较,这既带来了文化途径和精神世界的多姿绚烂和自由奔放,也带来了多元下的彷徨与茫然。"各民族、各地区、各群体的文化对话、交流已成为一种普遍现象。各种价值观念的碰撞、冲突更加激烈,增加了个体价值目标的选择自由度,激发了价值主体个体性特征的张扬,从而使得社会价值多元化更趋于明显。人们不再习惯于一种声音,'嘈杂'成了我们这个时代的一个特征。"③而"在大家共有的太阳落山后,夜

　　① 　部分内容作为课题成果发表于《中南大学学报》(社会科学版)2011 年第 6 期,人大报刊复印资料《思想政治教育》2012 年第 3 期全文转载,此处略做修改。
　　② 　[德]弗里德里希·尼采《人性的,太人性的》,转引自张旭东:《全球化时代的文化认同——西方普遍主义话语的历史批判》,北京大学出版社 2007 年版,第 2 页。
　　③ 　侯惠勤等:《冲突与整合》,中国人民大学出版社 2004 年版,第 229 页。

间的飞蛾就去寻找人们各自为自己点亮的灯光"①,于是,"诸神共舞"。面对自由对权威的挑战、差异对共识的拆解、平等对核心的颠覆,面对日益增长的不确定性、日益消解的崇高、日益忘却的传统,我们不禁疑惑:试图给不确定性以确定性的做法在今天是否显得不合时宜? 大学是否应该确立一种价值共识去引领青年大学生? 而这一切,都依赖一个问题的回答:价值多元背景下大学生价值观引导的合理性。

笔者认为,价值观调节着人的态度和行为,是人的精神生活的核心,大学生的成长和发展需要价值观的导航;大学教育的灵魂是价值观的培育,面对多元的社会现实,大学必须用核心价值观去引领共识,避免相对主义的扩张,"一旦对社会共同的基本理想的认可突破了最低的必要底线,一旦出现了对共享的价值理想的怀疑、宗教世界观的相对主义和道德虚无主义,那么将会危及整个社会的稳定和存续"②;教育尤其是德育本质上是价值观教育;高校价值观教育实践中的价值相对主义和价值中立存在局限性且不现实;世界范围内的价值观教育实践表明用核心价值引领多样成为一种现代趋势。

第一节　大学生成长成才和全面发展需要价值观的护航

价值观对个人成长具有重要意义,既定向和调节着人的态度和行为,更是人的精神生活的主导性力量和核心。当代大学生自信乐观、善良勤奋、自立自强,但也存在价值标准多元化、价值取向功利化、价值信仰的缺失和错置、受错误思潮影响明显等问题,因此,大学生的成长成才和全面发展需要价值观的护航。

---

① 《马克思恩格斯全集》第 40 卷,人民出版社 1982 年版,第 138 页。
② [德]沃夫冈·布雷钦卡:《信仰、道德和教育:规范哲学的考察》,彭正梅译,华东师范大学出版社 2008 年版,第 3 页。

一、价值观定向和调节着人的态度和行为

在众多学者的视野里,价值观都与个人有着密切关联。人们的欢乐与痛苦、幸福与不幸、希望与失望、意义与荒诞、高尚与堕落等都与价值观有着十分密切的关系。作为一套稳定、持久的信念结构,价值观对个体态度和行为具有定位、评价、动机功能。价值观同需要、动机、兴趣一起构成一个动态心理动力系统,共同影响着行为的产生及变化。需要、动机和兴趣起着推动作用,价值观则起着引导作用。①

著名心理学家施瓦茨认为人们在生活中不断地进行价值优先性的选择,这种选择以一种系统的、可预测的方式影响行为。西方心理学家揭示了价值观影响人的行为的具体过程:a.价值观的激活(Value activation),价值观必须被激活,特定价值观的重要性和可得性对激活至关重要;b.价值观作为一种动机(Values as a source of motivation),价值观激发行为,能够促进价值目标实现的行为是很有吸引力的;c.价值观影响注意力、认知和对情境的解释(influence of values on attention,perception,and interpretation in situations),人们根据所持价值观的重要性定义情境,不同的价值观暗示不同的行为;d.价值观影响行动计划(influence of values on the planning of actions),人们赋予某种价值观的重要性越强或优先性越高,就越有可能形成将该价值观以行为方式表征出的行动计划。Verplanken② 解释了第一个步骤,指出价值观的激活不一定要求个体清醒地思考某种价值观,很多时候信息处理是不自觉的。激活方式一种是将相应价值观带入信息处理过程(比如提供一些与价值观相关的词汇),另一种是价值观相关情境的触发(如刚经历了一场交通事故,安全的价值观很轻

---

① 郑先如:《价值观研究的心理学探讨》,《龙岩学院学报》2011 年第 2 期,第 101—105 页。

② B.Verplanken, R.W. Holland, "Motivated Decision Making:Effects Of Activation And Self-Centrality Of Values On Choices And Behavior", *Journal of Personality and Social Psychology*, 2002, vol. 82,pp. 434−447.

易地被激活）。Feather(1998)阐释了第二个步骤①。正像人的需要，人们的价值观导致可能的行动效价，越能促进某种价值目标实现的行为越有吸引力、越被珍视、越有价值。当意识到价值目标实现的机会时，人会对行为作出自动的、积极的情感反应，而当意识到价值目标受阻碍或威胁时，人会作出消极的情感反应。价值观甚至可以在人没有清醒地权衡可能的替代方案及其后果的情况下影响行为的吸引力。价值观的激发是无意识的，随后的有意识思考可能改变行为的吸引力。然而，即使价值观激发行为，人们也不太可能试图采取行动，除非他们相信他们有能力进行行动，并且它可能产生预期的结果。施瓦茨解释了第三个步骤②，高优先性的价值观是长期性的目标，他们引导人们追求和注意价值相关的情境，并基于价值观对情境做出不同侧重的反应。人们的价值优先性决定人们赋予某种价值观相应的权重。第四个步骤中，行为计划把人们的注意力集中在期望行动的优点而不是缺点上。它提高了人们相信自己有能力以达到理想价值目标的信心和信念。计划也增强了遭遇障碍和干扰时的坚持，通过计划和规划，价值的重要性提高了该价值表现为行为的可能性。然而，施瓦茨③指出，行为或态度并非被某种单一价值观的优先性所指引，而是人在权衡牵涉其中、密切相关的多种竞争性价值观的过程后作出的决定。

由此可见，价值观影响着人的态度和行为，人的思想及行为的变革取决于价值观的变革，价值观往往是人的思想及行为变革的先导。就大学生而言，个体自身所持有的价值观是否科学，直接影响到其发展的方向和成长的程度。

---

① N.T.Feather, "From values to actions:Recent applications of the expectancy-value model", *Australian Journal of Psychology*, 1988, vol. 40, pp. 105–124.

② S.H.Schwartz, L.Sagiv, and K.Boehnke, "Worries And Values", *Journal of Personality*, 2000, vol. 68, pp. 309–346.

③ S.H.Schwartz, "Universals In The Content And Structure Of Values:Theory And Empirical Tests In 20 Countries", in M.Zanna, ed., *Advances in experimental social psychology*, New York:Academic Press, pp. 1–65.

大学生全面发展的过程实质是在不断破除不合时宜的旧思想旧观念、建立符合社会发展进步需要的价值观的过程中完成的。大学生成长的过程从社会学角度看是一个社会化的过程,社会化的重要任务就是将符合社会发展要求的价值观内化为自身的价值观,而且在此基础上建立起认同,"价值观是人们认同的核心内容"[①]。群体中共享的价值观构成其中每个个体的心理定式,指导个体在实际生活中判断美丑、是非、善恶,对真善美采取趋近的态度,对假恶丑采取疏远的态度,从而扬善抑恶。同时强烈的价值感也有助于为个体提供清晰的身份感和自尊感。

大学生价值观决定着他们对善恶、美丑、是非、对错的判断标准,决定着什么是他们人生中最重要的,什么样的生活和社会是他们所追求的。这种选择和转变指引个人的成长,而且在更广泛的意义上影响到社会变革和进步。因为所有基于价值观的选择反过来都会改变或创造我们的生活环境。"意识的变革——价值观和道德伦理上的变革——会推动人们去改变它们的社会安排和体制"[②]。而被改变了的环境又成为大学生自身发展的现实境遇,影响着他们的人生选择和价值实现。

二、价值观是人的精神生活的主导性力量

人的生命是自然生命、社会生命和精神生命的统合,如果说自然生命表征了生命的自然之维、社会生命表征了生命的社会之维的话,精神生命则表征了生命的精神之维。与此相适应,人的生活既有处理人与自然关系的物质生活,也有处理人与社会关系的社会生活和处理人与自身关系的精神生活。人的精神生活对物质生活有一定依赖性,又与社会生活交叉融合,彰显着人的自由、自觉维度,提升着人的精神性存在。在精神生活中,作为内心深处最重要的信

[①] 袁贵仁:《价值观的理论与实践:价值观若干问题的思考》,北京师范大学出版社 2006 年版,第 135 页。

[②] [美]丹尼尔·贝尔:《后工业社会的来临》,商务印书馆 1984 年版,第 530 页。

念、信仰和理想总和的价值观处于最核心的位置,它协调着各种不同的思想和观念,保证着个体自身价值世界的有序,以此构筑着个体自我认同、确证着自我的意义、营造着精神的家园。

在传统社会里,由于有着统一、同质的社会结构,与其相适应的价值秩序有着一种支配个人和社会生活诸领域的统一的"整全性"价值,它渗透社会生活的各个领域,对人及社会生活起着一种普遍性的制约作用。人没有太多的价值选择,社会的核心价值观与个体的核心价值观大体一致,个人的价值世界是有序的,人的意义感是真切的。随着现代社会中社会结构的改变,统一的价值世界随之崩溃,领域分化、多元分殊。在一定程度上,它虽消解了传统社会中"崇高"对"渺小"的凌驾,"普遍性"对"个体性"的压抑,但也导致了新的困境。如果说强调崇高、强调普遍性是"本质主义的肆虐"的话,对崇高和普遍性的消解可以称为"存在主义的焦虑"。前者强调标准、根据、尺度而淡化个体的选择,因此,这是一种"没有选择的标准的生命中不堪忍受之重的本质主义的肆虐"①的生活。而后者则凸显个体选择,但淡化选择标准。价值取向的多元化使得确认思想的根据、选择思想的标准、评价思想的尺度都失去了绝对的意义,个体和共同体之间不同的价值观没有高低优劣之分,因此无法给出确定的等级秩序,它们差异并存、不可通约,甚至彼此冲突、难成共识,从而让人产生"没有标准的选择的生命中不能承受之轻的存在主义的焦虑"②。所谓"没有标准",其实质并不是真正意义上的"标准"缺失,而是"面对多种标准,选择主体无法发展起自己稳定的价值甄别力,从而在关于生活的意义等问题上无法形成正确的价值理解和价值行为"③,因而出现精神危机,意义失落。

多元的彼此冲突的"道",致使个体的"德"无所归依。价值多元下个体容易变得孤立,归属感缺失,从而陷入碎片化的生存;当缺失了意义的精神依托,

---

① 孙正聿:《属人的世界》,吉林人民出版社 2007 年版,第 15 页。
② 孙正聿:《属人的世界》,吉林人民出版社 2007 年版,第 151 页。
③ 王葎:《价值观教育的合法性》,北京师范大学出版社 2009 年版,第 37 页。

个体又会成为漂泊中的旅行者,陷入身份焦虑的困境。面对太多的选择自由和太少的取向确定性,太多的自我负责和太少的外在监督,大学生时常感到困惑和迷茫。"我是谁"、"我该信什么"、"人活着的意义是什么"、"这个社会和国家对我意味着什么"等问题频繁被大学生在内心问及。

因此,如何在自身、他人与社会间求得和谐?如何形成一套价值观使自己在嘈杂的价值世界中找到主旋律、在多元的外界喧嚣中安顿自己的内心?如何通过自身价值观的建构让自己走出认同的危机、意义的危机和信仰的危机?如何缓解自身精神世界的焦虑、重塑精神世界的崇高?这些必将成为这个时代大学生内心最强烈的追问。

三、大学生的特点决定了他们大学期间需要价值观引导

大学时期是人的一生当中生理、心理急剧变化的时期,也是大学生价值观形成的关键时期。此时的大学生正在走向成熟的道路上,具有很强的塑造性。2014年5月4日,习近平同志在北京大学考察时强调:"青年处在价值观形成和确立的时期,抓好这一时期的价值观养成十分重要。这就像穿衣服扣扣子一样,如果第一粒扣子扣错了,剩余的扣子都会扣错。"[1]当代大学生有着很强的自主性、独立性,也有着很强的解构性等后现代特征,他们的价值观呈现出传统与现代、物质与精神、个体与社会冲突矛盾的状态。根据我们的实证调查[2],我们发现当代大学生的价值观呈现出如下趋向。

(一)价值标准多元化

多样化的文化形态和价值观念的交织与共融是价值多元时代的首要特征。社会的进步与发展拓宽了大学生的价值观视野,而社会价值的多元共存为当代大学生提供了多样化的价值选择,他们倾向于从个体感知和生活体验

---

[1]　《习近平谈治国理政》,外文出版社2014年版,第172页。
[2]　参见第二章,当代大学生价值观现状的实证分析。

出发进行价值评估,并抗拒单一、僵化的价值预设,价值观由一元的、非此即彼向多维兼容状态转变,价值观内容和标准日趋多元化。许多大学生在进行价值判断时,总是自觉地运用多重价值标准。他们既崇尚民主、自由、公正等现代价值观,又保有着重仁义、守诚信等传统价值观。同时,他们既认同人生的价值在于对社会的贡献,认同个人价值的实现需要融入社会理想,但又不仅仅局限于社会价值,他们还渴望获取成功,得到他人的认可,并力求二者兼顾。因此,当代大学生的价值观在多元化的基础上还呈现出传统与现代、中方与西方、社会本位与个人本位等多重价值调和、兼容的状态。

(二)价值取向世俗化

市场经济的启蒙效应和负面影响导致了大学生价值取向的世俗化,当代大学生的价值追求呈现出更理性、更务实的特征。尽管当代大学生同样向往崇高、追求精神上的富足,但他们更注重现实、局部和眼前的利益,对成功、金钱、地位表现出更强烈的渴望。正如调查结果所显示,部分大学生将工资待遇视作选择职业的首要因素,部分大学生将金钱与人生幸福划等号,并将享受荣华富贵视作前进的目标和动力,还有部分大学生将不损害自身的利益作为帮助他人的前提。在社会价值观上,部分大学生将短期的经济发展状况作为衡量社会制度好坏的标准。世俗化追求下现实利益最大化的价值取向和思维方式弱化了大学生以信仰为基础的道义感和使命感,价值理性让位于工具理性,造成部分大学生是非、对错标准模糊。另外,价值追求的功利化致使当代大学生的精神追求逐渐趋于物化和平面化,带来无目标、精神涣散等问题。

(三)价值信仰的缺失和错置

虽然大学生普遍认为信仰是人生之钙,认同信仰给人生提供的精神力量并渴望拥有信仰,但诡异的是,接近七成的受访对象表示自己没有信仰,仅有20.9%的大学生表示信仰马克思主义,并有接近10%的大学生表示自己的信仰是宗教,而且其信教动机中有相当一部分是为了探寻生命的意义、为了寻找精神的慰藉,这反映出大学生科学信仰的缺失和信仰的错置。

(四)价值观受错误思潮影响明显

历史虚无主义思潮以所谓"反思"、"还原"历史为旗号实则主观肆意歪曲历史,通过唯心地抽掉共产党执政、中国走上社会主义道路的历史依据质疑着当代中国主流意识形态。大学生对历史虚无主义思潮的某些观点如"成王败寇论"、"革命无用论"、"社会主义歧途论"、"侵略有功论"、"主观歪曲论"表现出一定认同,这种赞同负向影响着其政治认同水平,社会主义歧途论"对大学生政治认同的影响程度最大,其次为"革命无用论"、"成王败寇论"和"主观歪曲论"。此外,新自由主义、普世价值等错误思潮的某些观点也在大学生群体中得到了一定程度的接受。这些错误和模糊的认识都会消解大学生的制度自信、道路自信、理论自信和文化自信。

大学生价值观中存在的理想信仰迷茫、政治认同危机、人生标准物质化等负面问题,迫切需要科学的价值观教育去加以引导,充实其精神生活,提升其人生境界,提高其精神生活质量,成全一种智慧而自觉的人生。

第二节　大学教育的灵魂是价值观培育

中国儒学经典《大学》中有这样的阐述:"大学之道,在明明德,在亲民,在止于至善。"大学作为人追求"大学问"的主要场所,理应把道德品质、价值关怀作为本职使命。美国学者里克纳曾说,"纵观历史,世界上任何一个国家,都为教育树立了两个伟大的目标:使受教育者聪慧(smart),使受教育者高尚(good)。"[1]这与我国的教育思想所见略同,我们一直强调教育要教人学会做

---

[1]　[美]托马斯·里克纳:《美式课堂——品质教育学校方略》,刘冰等译,海南出版社2001年版,第4页。

事,但更要教人学会做人。前者更多致力于知识和技能的传授,后者显然更多指向思想、信仰、价值观的促进和引导。正所谓自格物致知而诚意正心、自诚意正心而修身齐家治国平天下,即通过知识学习而修身立德进而致用亲(新)民。因此,教育是以促进人的自身修养为旨归的,换言之,教育本身是植根于价值观的。大学固然要传递知识,但更要培育价值观,且后者更为长远和根本,这种价值诉求和价值承诺是教育最深层的超越性情怀,体现出圣洁、纯粹、优雅之"象牙塔"引导学子求真、向善、臻美的内在意蕴。

然而,受市场化、功利化的影响,今天,高等教育要不要关涉价值观成为一个带有分歧的议题。在这一点上,发达资本主义国家曾经走过的路能给我们提供一些镜鉴。美国在 20 世纪 90 年代也曾面临高等教育专业化及商业化的趋势,产业化的教育聚焦于培养能适应美国工业化发展的劳动力,为学生提供在经济领域竞争的技能从而能使他们过上更舒适、更富足的生活。高等教育的目标一度"从公共性转变为更倾向于个体化、技术化和道德淡漠化"①。面对专业化以及狭隘市场化对高等教育的驱动,一种复兴高等教育公共目标的努力持续高涨,全社会对年轻人疏离公共生活的担忧呼吁着高等教育关注自身为"构建更强大的社会、更灵敏的民主制度以及培养更积极参与的公民所具有的能力"②和责任。1996 年,克林顿总统在他的"国情咨文"中指出"美国所有学校都应该开展品格教育,教授好的价值观,培养良好公民"③。2000年,小布什作为总统候选人频繁地在竞选活动中承诺要在美国公立学校中大力推进品格教育,自其就任后,他对教育部发展品格教育的项目增加三倍的联邦资助。如今的美国终于终结了其将智力与道德分离的错误和失败尝试,品

---

① Anne Colby, "Whose values anyway?", in William Damon, ed., *Bringing in a New Era in Character Education*, Hoover Institution Press, 2002, pp. 149–150.

② Anne Colby, "Whose values anyway?", in William Damon, ed., *Bringing in a New Era in Character Education*, Hoover Institution Press, 2002, p. 150.

③ William Damon, "Introduction", in William Damon, ed. *Bringing in a New Era in Character Education*, Hoover Institution Press, 2002, p.viii.

格教育的理念得到了公众的普遍接受,并获得了两个政党高层官员的共同认可,品格教育已经进入新纪元①。从幼儿园到中学到大学,教师都开始关注学生的价值观问题,不再将价值观仅看作一个个人层面的私人问题而将其培养交给家庭、教会或其他组织。高等教育在将基本的道德原则和价值准则传递给年轻人方面达成共识,认为这关系到年轻公民将会继承的文明和未来。

思想观念和价值观在不同时代具有不同的内涵,在阶级社会中又必然带有浓厚的阶级性或意识形态性。在当今世界,任何国家的大学教育若要传递道德原则和价值观念,都不可能持意识形态中立甚至意识形态无涉的立场。应该说,弄清楚这一点是进行教育的前提,否则就可能在办学方向问题上"雾失楼台,月迷津度",从而发生原则性的错误。

价值观处于社会意识的深层,体现出占统治地位阶级利益与要求的价值观会逐步成为特定社会的主流价值观或核心价值观。大学的一个重要使命即推动社会主流思想文化和核心价值观的确立、巩固和发展。在西方国家,品格教育的复归、公民教育的推行都在强调培养"好公民",而这种"好公民"无疑具有强烈的意识形态性。在美国,不少学者呼吁"高等教育应成为强化美国民主的一种力量"②。在实践层面,西方高校通过各种校园文化资源渗透价值观,完成国家和社会所需的资本主义价值观塑造。西方大学或开设相关课程如《公民教育》、《多元文化与价值观》、《道德与公民教育》等,或者通过被称为具有"意识形态面向(ideological)的价值观教育"③的通识课程,潜移默化地对大学生进行价值观的渗透,以期培养西方社会的"积极的、负责任"的社会公民,最终完成对社会的整合和国家制度的维护。在西方的话语体系中,价值

---

① William Damon, "Introduction", in William Damon, ed. *Bringing in a New Era in Character Education*, Hoover Institution Press, 2002, p.ix.

② Anne Colby, "Whose values anyway?", in William Damon, ed., *Bringing in a New Era in Character Education*, Hoover Institution Press, 2002, p. 150.

③ Daniel Bell, *The Reforming of General Education: The Columbia College Experience in Its National Setting*, New York: Columbia University Press, 1966, p. 53.

观教育（values education）被看作一种将道德、政治等价值观以及这些价值观所植根的观念、倾向、能力等传递给学生以便学生习得的教育性实践，是一个囊括了道德教育、公民教育、人格教育、政治社会化的总括性概念。在历史发展过程中，以美国为主的西方大学形成了"隐形化与国家在场"的价值观教育实践模式①，从强调"高深学问"的认知论原则到强调"为国家服务"的政治论原则②的转变反映了美国大学在确立自身合法性问题上的思维走向，"国家在场"意味着大学教育应致力于促进公民的政治信任、政治认同，致力于促进西方核心价值观的认同与传承。

我国大学是中国特色的社会主义大学。社会主义办学方向最重要的是解决办什么性质的大学、如何办大学以及培养什么人、为谁培养人、如何培养人的问题。正如习近平同志所说："一个民族、一个国家，必须知道自己是谁，是从哪里来的，要到哪里去，想明白了、想对了，就要坚定不移朝着目标前进。"③我们的事业就是中国特色社会主义事业，就是全面建设社会主义现代化国家、实现中华民族伟大复兴的事业。

青年的价值取向决定了一个国家未来的价值取向，青年的价值观会形塑未来社会的价值观。中国早已发出"少年智则国智、少年富则国富、少年强则国强、少年雄于地球则国雄于地球"的呼唤，美国学者英格尔哈特的代际价值观变迁理论也通过实证生动地注解了这一论断。他根据国际范围内的调查数据指出，随着较年轻的、高教育水平的群体在成年人口中所占比重的增加，其所持有的后物质主义价值观的影响会越来越大，使得持这种价值观的人会越

---

① 蔡瑶、刘夏蓓：《隐形化与国家在场：美国大学价值观教育的实践模式与本质》，《当代中国价值观研究》2016年第1期，第111—119页。

② ［美］约翰·S.布鲁贝克：《高等教育哲学》，王承绪译，浙江教育出版社2001年版，第13—24页。

③ 《习近平谈治国理政》，外文出版社2014年版，第171页。

来越多,导致人们"从注重经济议题到日益重视生活质量和自我表现的议题"①转变,最终社会的价值观变为后物质主义,完成社会价值观的变迁,变化了的社会价值观又会引发社会广泛、深入的变化。因此,正如英格尔哈特2016年7月在上海交通大学讲学时的题目"Cultural change:reshaping human motivation and society"(文化变迁:重塑人类动机与社会)所蕴含的,价值观是国家政治发展和社会发展的重要变量,而青年大学生历来都是社会价值观变迁的主力军,也应成为核心价值观培育的重点对象。

今天中国大学面临着一个严峻问题,即大学成为了意识形态斗争的前沿阵地。国外敌对势力不择手段、无孔不入地对大学生进行思想和价值观的渗透,发起所谓"精神殖民",企图在中国掀起"颜色革命",从而阻断中国社会的发展趋势。约瑟夫·奈的"软实力"(soft power)理论成为美国对我国以及其目标国推行"和平演变"战略指南。在约瑟夫·奈的视野里,"软实力"是除经济、军事等之外的第三方实力,是能够影响他国意愿的精神力量,包括政治制度的吸引力、价值观的感召力和文化的感染力等所谓的软要素表现出来的一种能力。是"以吸引为手段、以同化为目的的影响力"②,其中,文化和价值观被其视为最基本的软实力资源③。而价值观又在社会文化中居于核心地位,是社会文化的精神之所在。因此该理论是通过让别的国家的人仰慕美国的价值观、以美国为榜样达到愿意跟随其后从而保证美国"注定领导"(bound to lead)的格局。"价值观的同化即软实力作用的实现"④,就约瑟夫·奈"软实力"(soft power)理论的实质而言,是冷战(意识形态和思想文化价值之战,一场争取人们的灵魂和头脑的斗争)思维的产物,是为了谋求意识形态与思想

---

① 　[美]罗纳德·英格尔哈特:《西方和中国民众的价值观转变:后物质主义价值观的崛起(1970—2007)》,《发达工业社会的转型》,张秀琴译,社会科学文献出版社2013年版第4页。
② 　沈壮海:《文化软实力及其价值之轴》,中华书局2013年版,第14页。
③ 　沈壮海:《文化软实力及其价值之轴》,中华书局2013年版,第14页。
④ 　沈壮海:《文化软实力及其价值之轴》,中华书局2013年版,第14页。

文化价值对抗领域的"制人"之道。

今天的青年大学生，不同程度地受到错误社会思潮的影响①，其中历史虚无主义、普世价值、宪政民主、新自由主义等错误思潮通过各种途径对大学生的政治认同、民族情感等产生消极影响。为了增强民众的道路自信、理论自信、制度自信和文化自信，中共中央提出要建设文化强国的战略，提升"文化软实力"（在中国共产党的十七大上第一次作为官方话语被使用）。而其核心即是培育社会主义核心价值观，因为文化软实力的竞争实质是价值观的竞争。当然我们的文化软实力与西方不同，我们指向自我、塑造"新我"而非指向他者、消灭他者，我们的文化软实力是"文化国力"②，通过是否满足人民群众的精神文化需求、是否促进人民群众精神生活的丰富和精神世界的提升、是否在国际社会形成中国文化的良好形象得到体现。

因此，我们的高校必须坚持培育和践行社会主义核心价值观，帮助大学生树立正确的世界观、人生观和价值观，坚定大学生中国特色社会主义的道路自信、制度自信、理论自信和文化自信，促进大学生成为社会主义的合格建设者和可靠接班人。这就必须加强对青年大学生的马克思主义理论教育，通过扎实的马克思主义理论学习，学生才可能明了如何正确处理个人与社会的关系、知道为谁奋斗、清楚应该跟谁走这些根本问题，进而成为马克思主义的坚定信仰者、实践者、传播者和维护者。

第三节　德育本质上是价值观教育③

中国大学培养社会主义事业建设者和接班人的使命主要落在了高校德育

---

① 佘双好：《当代社会思潮对高校师生的影响及对策研究》，中央编译出版社 2011 年版。
② 沈壮海：《文化软实力及其价值之轴》，中华书局 2013 年版，第 14 页。
③ 部分内容参考了笔者的专著《思想政治教育目的研究——基于马克思主义人学的视角》，中国社会科学出版社 2011 年版，此处有所修改。

（高校思想政治教育）肩上。德育的本质是什么？我们认为德育不是纯粹的道德知识教育，而是一种渗透价值、影响人们价值观的精神生产实践；德育是教育者与受教育者间的特殊精神交往，是教育者的价值性引导和受教育者的自主性建构的统一。概言之，德育本质上是一种价值观教育。

一、德育是一种渗透价值的精神生产实践

通过对马克思主义实践和交往范畴的考察①，我们认为，在马克思主义视野里，实践是人的根本存在方式。实践既包括物质性的生产实践，也包括精神性的生产实践。前者是基础性的生产，后者则是更高层次的生产。精神生产作为人的一种实践活动，是人观念地把握存在的过程。精神生产同物质生产和人的自身生产之间相互影响、相互作用，共同推动了人类社会的进步和人自身的发展。

在人的各种生产实践中，精神生产是真正的人的生产。"动物只是在直接的肉体需要的支配下生产，而人甚至不受肉体需要的影响也进行生产，并且只有不受这种需要的影响才进行真正的生产"②，"像野蛮人为了满足自己的需要，为了维持和再生产自己的生命，必须与自然进行斗争一样，文明人也必须这样做；而且在一切社会形态中，在一切可能的生产方式中，他都必须这样做。这个自然必然性的王国会随着人的发展而扩大，因为需要会扩大；但是，满足这种需要的生产力同时也会扩大。……但是不管怎样，这个领域始终是一个必然王国。"③"在这个必然王国的彼岸，作为目的本身的人类能力的发展，真正的自由王国就开始了。但是，这个自由王国只有建立在必然王国的基础上，才能繁荣起来。"④"自由王国只是在由必需和外在目的规定要做的劳动

---

①　曹清燕：《思想政治教育目的研究——基于马克思主义人学的视角》，中国社会科学出版社 2011 年版，第 77—91 页。
②　马克思：《1844 年经济学哲学手稿》，人民出版社 2000 年版，第 57—58 页。
③　《马克思恩格斯全集》第 25 卷（下），人民出版社 1974 年版，第 926—927 页。
④　《马克思恩格斯全集》第 25 卷（下），人民出版社 1974 年版，第 927 页。

终止的地方才开始"①。由此可知,精神生产本质上是促进人的内在精神力量和素质发展的一种生产,是真正的、像马克思所说的那样把人的发展作为'内在目的'的生产。"②

在马克思主义的视野里,实践是人获得自由而全面发展的根本方式。人的全面发展是"人以一种全面的方式,也就是说,作为一个完整的人,占有自己的全面本质"③也就是说人以一种全面的方式,作为一个完整的人,获得自由自觉性、社会性、自由个性的过程。这不仅通过物质生产和生活实现,更要通过人们不断地对高尚的精神生活境界的追求、设计、创造和完善的精神生产中得到实现。因为"每个人的全面而自由的发展"不仅表现在物质生活水平的提高上,而且体现在精神生活的丰富和精神文化素质的提高上,因此它也绝不是仅仅靠物质生产领域的进步来实现的,而是"作为目的本身的人类能力发展的必然结果"。作为主体改造主观世界的活动,精神生产内在地包含着对人的精神本质的塑造和精神品质的提升,把社会个人作为"具有尽可能广泛需要的人生产出来——把他作为尽可能完整的和全面的社会产品生产出来"④。如果没有精神生产的进步,人的发展不可能全面更谈不上自由。在现实社会生活中,人们正是靠人的精神活动、通过对客观对象的认识和改造超越了外部事物对人的限制,在自己的精神世界中开辟了一个新天地,真正成为具有自我反省和自我超越的万物之灵。

德育作为一种人类实践方式,从本质上看是一种精神生产。德育是"一种借助于精神生产资料进行的系统化、理论化的精神产品的生产"⑤。"德育的对象是人及人的心灵,德性是一种获得性品质,触及的是人的灵魂和人的精

---

① 《马克思恩格斯全集》第25卷(下),人民出版社1974年版,第926页。

② 李文成:《追寻精神的家园——人类精神生产活动研究》,北京师范大学出版社2007年版,"序言",第2页。

③ 《马克思恩格斯全集》第42卷,人民出版社1979年版,第123页。

④ 《马克斯恩格斯全集》第46卷(上),人民出版社1979年版,第392页。

⑤ 张澍军:《德育哲学引论》,人民出版社2002年版,第167页。

神世界。因此德育是铸造人的灵魂的工程,是培养人的德性的精神生产过程。它的产品是精神性的。"①德育这一精神生产的对象不同于无生命的一般精神生产对象,而是有意识的人;其精神产品是人的思想观念、政治观点、道德素质等;其生产过程不同于一般精神生产的单级主体性而具有多极主体性;它又是一种有组织、有计划、有更强的目的性甚至阶级性的精神生产,不同于一般个体的主观性、随意性的精神生产。

德育作为一种精神生产,鲜明地体现出人的实践的价值尺度。"动物只是按照它所属的那个种的尺度和需要来构造,而人懂得按照任何一个种的尺度来进行生产,并且懂得处处都把内在的尺度运用于对象;因此,人也按照美的规律来构造。"②可知,人除了遵循自然界和人类社会发展的客观规律这一外在尺度,还遵循人本身的本性与价值的"内在的尺度"。"外在尺度"起着制约、规定的作用,"内在尺度"起着引导、驱动的作用。在实践中,人通过精神活动形成的价值意识和对价值的体认与追求作为精神性的驱动因素发挥作用,从而使人类实践活动有了自觉性和选择性。德育为人类实践提供价值观服务,为人类实践培育思想优秀和品格高尚的实践主体。作为人创造的不同于动物的、独有的把握世界的一种方式,德育是一种灌注着人的理想和价值取向的活动,它通过思想观念、政治观点、社会规范、文化价值作用于人的精神世界,它就是用先进思想引导人,用科学理论武装人,用高尚情操陶冶人。

德育的使命是启迪智慧、引领价值、滋养生命。"促进人从动物性存在不断提升到人性存在、导引人自觉占用自己的本质、追求人的终极关怀以及学会追求崇高精神境界的自我塑造生成"③,这一使命会经历一个从自在到自为的过程,会逐渐形成、逐步显露但将是终极性的。因为德育本身是由人的生存、发展活动所催生,是人应对其生存困境,保障、改善、提升自身存在状况和发展

---

① 张澍军:《德育哲学引论》,人民出版社 2002 年版,第 167 页。
② 马克思:《1844 年经济学哲学手稿》,人民出版社 2000 年版,第 57—58 页。
③ 张澍军:《德育哲学引论》,人民出版社 2002 年版,第 79—177 页。

境界的产物。"人的生存和发展必须建立在三种关系之中:一是与自然的关系,这是与人的生命体的维持和种的延续直接关联的必要关系;二是与他人即社会的关系,这是与人的感性活动及本质存在直接关联的必要关系;三是与自我的关系,这是与人的自我存在与发展直接关联的必要关系。"①对于人的存在和发展而言,任何一种关系的缺失都有可能使人丧失存在和发展的条件。然而,这些关系不会自动地获得合理和和谐的形式,而必须通过人自身的实践努力来实现,德育就是这样一种实践努力。同时,在人生存、发展的三种关系中,人确证着自己的价值;在处理这三种关系的社会生活实践中,人逐渐形成自己的价值取向和价值观。因此,德育本身便与价值观有内在关联,这意味着它必然要关涉价值观,意味着它必然要通过引导人树立正确的价值观从而促进人的道德成长和全面发展。

二、德育是价值性引导和自主性建构的统一

德育是人的一种精神生产,而生产与交往具有一致性。马克思曾指出,"生产本身又是以个人彼此之间的交往[Verkehr]为前提的。这种交往的形式又是由生产决定的"②。其中对交往的注释指出,"'交往'(Verkehr)这个术语在《德意志意识形态》中含义很广。它包括单个人、社会团体以及国家之间的物质交往和精神交往。"③如果说物质交往是人们在物质生活过程中个人之间、共同体之间物质活动、能力和成果的交流、交换,那么精神交往就是个人或共同体间精神活动、能力和成果的交流过程,是个人之间、共同体间思想、文化、情感等方面的沟通和来往。④ 德育作为人的一种精神生产,无疑指向人的

① 张治库:《人的存在与发展》,中央编译出版社 2005 年版,第 56 页。
② 《马克思恩格斯选集》第 1 卷,人民出版社 1995 年版,第 68 页。
③ 《马克思恩格斯选集》第 1 卷,人民出版社 1995 年版,第 68 页。
④ 曹清燕:《思想政治教育目的研究——基于马克思主义人学的视角》,中国社会科学出版社 2011 年版,第 81 页。

精神世界的丰富和提升,而"人的精神只有在人与人之间的相互交往中才能产生"①。"没有交往,教育关系便不能成立,教育活动便不能产生。一切教育不论是知识教育还是品格教育都是在交往中实现的。"②

德育中的精神交往不同于一般实践中的精神交往,它具有自己的特殊性。德育是教育者和受教育者通过共同的客体而沟通对话、知识共享、情感共鸣从而达致智慧共建、意义生成、精神觉解的精神交往,教育者和受教育者在此过程中共同创造意义、发展德性。这种精神交往的特殊性除了其有计划、有组织外,还首先表现在其教育性上,即它是一种教育性的精神交往,其中的思想政治道德的建构受社会制约并有其特定方向和预期目的,体现了社会和人本身的发展对当前人的思想政治道德现状提出的进步性要求。同时德育的这种教育性交往不同于智育这种教育性交往,因为智育主要是教育者与受教育者之间的知识交流,而德育这种教育性交往虽然要以知识和智力作为基础,但它更侧重教育者与受教育者间在态度、情感、意志、信念、性格、气质等方面的交流,这种交流主要在于促进人的理想信念、道德情操、成就动机等非智力因素的形成,德育在于孕育理想信念、爱国情感和道德情操,培育成就动机、求知欲望和学习热情,养成自尊心、自信心和进取心,强化责任感、义务感和荣誉感,打造自制性、坚持性和独立性。③ 德育这种精神交往的特殊性还表现在它是一种生成性的精神交往,即主体间的思想政治道德素质在交往中不断生成、不断建构。同时交往中主体间既有平等性交往又有引导性交往,既有对称交往,也有补充交往[交往教学论代表人物舍费尔(Schafer)的观点]。④ 对称交往可以

---

① 金生鈜:《理解与教育——走向哲学解释学的教育哲学导论》,教育科学出版社1997年版,第128页。
② 金生鈜:《理解与教育——走向哲学解释学的教育哲学导论》,教育科学出版社1997年版,第125页。
③ 韩迎春:《非智力因素与思想政治教育》,博士学位论文,华中师范大学,2006年,第136—148页。
④ 李其龙:《德国教学论流派》,陕西人民出版社1993年版,第123页。

从人际型交往角度来理解,教育者和受教育者之间具有相互尊重、民主平等、情感和谐的人际关系。补充交往可以从公务性交往的角度来理解,虽然教育者和受教育者都是主体,但教育者的主体性与受教育者的主体性水平不同,受教育者相对来说是一种发展中的主体,是有待提升其主体性、有待对之进行教育性引导的主体,因此教育者在交往中要起到一种精神、价值引导的作用。

人的思想品德形成与发展是一个道德学习过程,在德育中,受教育者的接受学习过程、道德学习过程中的内化和外化不容忽视。但是,人的思想观念、政治观点、价值观念是变动的,会受到外界的影响,教育者的教育就是一种教育性、体现社会倡导的主流价值观的价值性影响,脱离这种正向的、系统的教育性、价值性影响,人的思想道德素质则很难被有效建构。因此,德育是教育者的价值引导和受教育者自主建构的有机统一。

在德育过程中,教育者的价值引导和受教育者的自主建构关系可以用"条件性活动——目的性活动"①来概括。也就是说,教育者的价值引导是引导和促进受教育者进行自主建构的条件性活动,受教育者进行自主建构活动是教育者的目的性活动。从这一个角度来看,教育者的价值引导活动是受教育者自主建构活动的基础和条件,受教育者的自主建构是教育者价值引导活动目的和归宿,两者相互促进,相互依赖,却又不能相互替代。德育有着"影响侧"和"学习侧"②,"影响侧"的发挥需要遵循"学习侧"的需求,但"学习侧"的提高有赖于"影响侧"提供的价值影响力量。面对当前价值多元的价值世界事实,德育不应放弃自己的价值性影响,而应承担起引领价值的使命,帮助学生安顿灵魂、充实精神世界。

---

① 褚凤英:《也谈思想政治教育中的主客体问题》,《思想理论教育》2015 年第 11 期,第 57—61 页。

② 卢黎歌、岳潇:《着眼"学习侧"特征,提高"影响侧"活力——对提高思想政治教育实效性的思考》,《西安交通大学学报》2017 年第 2 期,第 111—115 页。

第四节　教育中"价值中立"、"价值无涉"的
局限性及其悖论

马克斯·韦伯曾以承认价值体系的多元差异与冲突为事实前提,鲜明地提出了教学应秉持"价值中立"、"价值无涉"的主张。在韦伯看来,身处一个"诸神冲突"的时代,所有的价值判断都无高低优劣之分。科学只是探究其中的客观真理,不涉及终极关怀[①],"至于科学所描述的这个世界是否值得存在——它有某种'意义',或生活在这个世界上是有意义的——就更难以证明了,科学从来不提这样的问题"[②],因此教育和学术研究显然必须保持价值中立。与此相关,课堂只是讲授客观知识的场所,"教师不应是领袖"[③],"他只能要求自己做到知识上的诚实,认识到,确定事实、确定逻辑和数学关系或文化价值的内在结构是一回事,而对于文化价值问题、对于在文化共同体和政治社团中应当如何行动这些文化价值的个人内容问题作出回答,则是另一回事"[④]。"真正的教师会保持警惕,不在讲台上以或明或暗的方式,将任何态度强加于学生"[⑤]。如果教师利用课堂教学这样的机会"趁机兜售自己的见解",那是后果不堪其忧的做法。"没有哪个美国青年,会同意教师卖给他有关行为准则的世界观。如果以这种方式说话,我们(学生,笔者注)也会拒绝

---

①　[德]马克斯·韦伯:《学术与政治》,冯克利译,生活·读书·新知三联书店2016年版,第34页。

②　[德]马克斯·韦伯:《学术与政治》,冯克利译,生活·读书·新知三联书店2016年版,第35页。

③　[德]马克斯·韦伯:《学术与政治》,冯克利译,生活·读书·新知三联书店2016年版,第41页。

④　[德]马克斯·韦伯:《学术与政治》,冯克利译,生活·读书·新知三联书店2016年版,第37页。

⑤　[德]马克斯·韦伯:《学术与政治》,冯克利译,生活·读书·新知三联书店2016年版,第37页。

接受的。"①

　　应该指出的是，韦伯代表的"价值中立"立场源于价值相对主义，它不承诺存在普遍的价值标准，因此就无所谓指导生活的伦理体系。它消解了普遍意义上的价值权威，但因此有可能破坏公共生活，使共同生活变得不可能。价值相对主义虽然注意到了人与人、文化与文化间的差异，但夸大了这种差异，忽视了人的共同性，从而也忽视了人解决其所面临的共同社会的共同问题的需要等。由于夸大了价值之间的不可通约性，最终还会滑向价值虚无主义的深渊，因为既然每个人都自由地选择自己的"上帝"，尽管这种"上帝"实质上可能是"魔鬼"，这样上帝与魔鬼不分，最终将丧失善恶标准，不仅造成社会生活分崩离析，亦会造成个人精神生活的封闭从而造成人的退化。

　　与价值相对主义相联系的是"原子式自我"的"主体性原则"，这种"原子式自我"不具有任何社会内容和社会身份，"他"一定程度上斩断了与历史的联系，但也因此失去了存在和发展的依托；"他"一定程度上又斩断了与未来的联系（当下即是，及时行乐），在这种只剩下现在、瞬间的体验中，当下即是的心态必然以贝尔所描绘的感性的"及时行乐"为归宿，其自身的存在也变得"孤立"、"单向度"；"他"在一定程度上又斩断了与他人、社会的联系，在过分执迷于"小我"，失去了"大我"的"他"必然成为一种"上不着天，下不着地"的悬浮之物。而以这种"自我"作为价值判断的基础，必然使价值存在丧失历史、文化和现实之根，也必然拒斥一切共同价值标准和价值共识。因此，价值相对主义把人抛入到一个价值标准模糊的不确定状态。

　　而且，价值相对主义在逻辑上自相矛盾。"它一方面把任何价值取向相对化，另一方面又将相对主义的观点绝对化。相对主义者把价值看作个人偏好，又认为把一种偏好强加给他人是不对的，但'把一种偏好强加于人是不对的'本

---

① ［德］马克斯·韦伯：《学术与政治》，冯克利译，生活·读书·新知三联书店 2016 年版，第 37 页。

身成为了一种绝对价值。"①它立足"学生有足够的能力、善意去做出足够负责任的选择"的假设,却忽略掉了学生的这种善意、这种能有效澄清自身价值的能力和是非善恶美丑判断能力却是学生业已在传统的带有明确价值观指向的道德训练中,或者在父母、社区带有明确价值观指向的环境中习得的。它宣称不干涉人的自由选择权利,似乎很有人文情怀,但价值无涉的教育实质上却与人文主义相悖,在人文主义看来,价值观是教学这种道德性活动所固有的,是内蕴其中的,正是这种内涵价值的道德性的教育活动促进学生的个人发展。

教学中奉行价值中立或价值无涉背离了教育的本义。自 20 世纪 60 年代起价值澄清模式在西方开始流行并因为酿成难咽的社会苦果被历史无情抛弃后,西方学者针对价值中立和价值无涉展开的批评就没有停止,对教学所具有的伦理道德维度的强调之声也越来越响亮。Herbart 宣称教育立足于两个基本原则,伦理道德与心理,前者构成了教育的目的,后者则涉及教授伦理道德的方式与障碍②。许多学者认识到伦理道德(区分对错、善恶、应该与不应该)是教师所有学科知识的核心,教学不仅仅涉及学生的认知获取,更涉及学生伦理道德方面的成就获得,是一个关乎一系列优先价值探求的实践活动③。"教师这一职业包含多维的期望,除了特定科目范围内技能和方法的传授,还包含价值教育者这一角色。"④教学是一个道德性的实践活动,教师需要对教学涉及的伦理复杂性以及他们能给予学生的道德影响予以考虑⑤。

---

① 王凯:《教学作为德性实践:价值多元背景下的思考》,江苏教育出版社 2009 年版,第 36 页。

② Gunnel Colnerud, "Moral Dimensions Of Teaching. An Essay Review Of Exploring The Moral Heart Of Teaching. Towards a Teacher's Creed. David T. Hansen, Teachers College Press, New York, 2001", *Teaching and Teacher Education*, 2003, vol. 5, no. 19, pp. 559-561.

③ V. Robert, Jr. Bullough, "Ethical And Moral Matters In Teaching And Teacher Education", *Teaching and Teacher Education*, 2011, vol. 27, pp. 21-28.

④ Margit Sutrop, "Can Values Be Taught? The Myth Of Value-Free Education", *RAMES*, 2015, vol. 19(69/64), no. 2, pp. 189-202.

⑤ T. Lovat, N. Clement, K. Dally, et al. "The Impact Of Values Education On School Ambience And Academic Diligence", *International Journal of Educational Research*, 2011, vol. 50, no. 3, pp. 166-170.

教学中奉行价值中立或价值无涉也并不现实。"价值观渗透在教育的每个方面,价值无涉的教育根本不可能存在"①。教育的本质深深植根于伦理道德,因为教育建立在对人是什么样的或人应该怎样生活的理解基础上,我们所努力给予的教育本身就反映出了我们对什么是美德的理解。"我们对教育目的的理解已然是价值承载的,学校中要教授的课程的选择也依赖于价值判断——在什么对于社会发展或孩子成长来说具有优先性上做出选择。教师的教学指导和学业评价,教师表扬或批判学生的理由都建立在教师自身认可的美德和道德原则基础上。"②

应该指出的是,价值多元的事实一定意义上凸显了个体的主体性,凸显了个体选择的自由,教学中的"价值中立"和"价值无涉"虽然一定意义上是对传统社会价值"强制"的纠偏,但不能因此而走向另一个极端,以一种片面性否定另一种片面性。面对价值领域的分化和价值多元化,现代高校德育显然既不能继续传统社会中的"强制灌输",但依然需要在多样的价值中给大学生提供有效的价值引导。因为"在生命的重要事务中,如果没有价值确定性,那么,既不会有人格的稳定,也没有社会的团结"③。

大学生的成长内在地包含着道德成长,其道德成长需要价值的引领与滋养。高校德育的意义就在于通过教养,让"道""存乎于"大学生,它肩负着对大学生依靠"自律"体认人生价值的价值觉悟的尊重和引导、培育人文精神、提高思想道德和审美情趣、为大学生的成长和发展提供包括终极关怀在内的意义系统的重任。因此,价值多元的事实并不意味着高校德育就应该没有了价值主张。事实上,我们必须在"诸神之争"中作出"表态",我们在价值多元

---

① Margit Sutrop, "Can Values Be Taught? The Myth Of Value-Free Education", *TRAMES*, 2015, vol. 19(69/64), no. 2, pp. 189−202.

② Margit Sutrop, "Can Values Be Taught? The Myth Of Value-Free Education", *TRAMES*, 2015, vol. 19(69/64), no. 2, pp. 189−202.

③ [德]沃夫冈・布雷钦卡:《信仰、道德和教育:规范哲学的考察》,彭正梅、张坤译,华东师范大学出版社 2008 年版,第 31 页。

的社会中无时无刻不在进行着某种选择，无时无刻不在通过某种方式表明着我们的立场。况且，对"价值多元"本身的承认就是一种价值判断的结果，是一种价值立场的表达，"不表态"也是一种表态。因此，只要人还在进行价值判断，对价值权威、价值共识、价值引领的期许就是必然的。

第五节　世界范围内价值观教育实践
发展的共同趋势

近年来，国外价值观教育实践的发展趋势表明，用价值共识引领多样，对年轻一代进行核心价值观教育已成为世界各国关注的焦点。

西方社会自 20 世纪 60 年代发生一系列大变革，使文化多元主义兴起，随之而来的是价值多元化及其所引发的道德生活和价值世界的困惑与冲突。在学校价值观教育中，出现了一些应对文化多元和价值多样的教育模式，围绕"是否要对学生进行价值观的引导"、"教谁的道德"、"用谁的价值观来引导"的问题，依历史脉络，主要有三种选择。

以拉思斯等的价值澄清理论为代表的价值相对主义认为"如何形成价值观"比"形成什么样的价值观"更重要，它拒绝教育者对学生的价值引导，认为这是文化霸权的体现。它坚信每个人都有自己的价值观，每个人都可以按自己的价值观行事，任何人的价值观都不可能，也不应该传授给其他人。该流派缘于文化多元的兴起，面对不断增长的不确定性和困惑，传统的价值观教育模式和方法难以奏效，该模式提供了一种替代选择，通过训练学生对自己所持有价值观的清醒自觉、珍视和践行，为学生提供面对道德和价值问题时自己寻求答案的能力。该模式在 20 世纪 70 年代西方学校盛行并达到顶峰。面对学校到底该传递什么规则、价值观的问题，价值相对主义规避了实质问题，最终消解了价值观教育的意义和价值，取消了价值观教育本身。该主张也并未如预期的那样增进学生更多的满足感和有效感、缩小分歧、降低冷漠和浮躁，相反却模糊了是非善恶的界限,加剧了学生价值世界的混乱,从而引起了世界范围内的批评与反思。以 Milton Rokeach 为代表的学者批评价值澄清模式在解释何为价值上存在不足,其价值中立的立场无益于道德教育的提升。价值澄清模式随后逐步被摒弃,但这一模式对于拓展学校教育目标——加入价值观维度的考量发挥了重要作用。

以科尔伯格为代表的道德认知发展理论反对价值澄清的道德相对主义,主张道德具有普遍性。科尔伯格相信在世界上存在一种相同的基本的道德价值,也存在着趋向道德成熟的相同步骤。因此,他坚持道德原则的普遍性假说,反对伦理相对主义。他所主张的普遍性一方面体现在道德发展形式上,每个人的道德发展都经历三水平六阶段;另一方面体现在道德内容或原则上,每个国家、民族虽然由于不同的文化背景会出现风俗迥异的现象,但最根本的道德原则是相同的,如公平、正义、诚信等道德原则就具有普遍性。为坚持道德原则普遍性的观点,他还专门批驳了道德相对主义。但科尔伯格所宣称的普遍性仅仅指道德推理的形式和抽象的道德原则的普遍性,在具体的道德内容上仍然是价值多元论的立场,因为不同国家、不同民族的文化传统、风俗习惯不同,道德原则的具体内容必然会表现出巨大的差异性。同样是公平、公正、诚信的道德原则,在不同的国家和民族中其内容是千差万别的。因此,科尔伯格也受到学者和教育从业人员的批评。

以利科纳、墨菲等的品格教育为代表的实质普遍主义认为即使在价值冲突的社会里,也存在着普遍认同的道德标准,该模式反对教师的价值中立,主张把共享的美德、核心的道德价值传递给儿童。品格教育的提倡者强调对青年人施以直接或正面的价值影响,教授以核心价值,以培养他们好的道德行为。品格教育不仅仅是学校的责任,也重视社区对于学校道德教育的支持,积极倡导学校、家庭、社会形成同质化的道德社群共同作用于年轻人的道德教育。品格教育在伦理学上所持的立场上是:存在一些为人类所普遍认可的基本美德或者核心价值观,它们被证明是经由大众一致赞同并且超越国家、文化、政治、宗教的差异的,这些核心价值是合理的;在学校中传授这种共识性的道德、促进道德践行、最终形成良好的品格不仅是合法的,而且是必要的。

时至今日,如何引导年轻一代关注价值问题、如何培养学生的道德敏感性、如何在教育中鲜明地表明价值倾向、如何在多元的世界里寻求"共享价值"、如何"学会共同生活"成为西方学者和国际社会共同关注的教育课题,众多的价值观教育项目被开启,诸如服务学习(service learning)通过社区服务习得西方民主社会所需的积极、负责任公民的公民素养;跨课程伦理教学(ethics across the curriculum)将伦理元素带回课程,通过将聚焦伦理方面研究的学者与教师联系起来促进高校的伦理教学或沟通交流,促进学生的伦理思考并优化学生的伦理选择,引领学生面对现实社会中复杂的道德难题时能作出合适的回应。其雏形是在 UVSC(Utah Valley State College)专门开设的一门跨学科的核心课程"伦理与价值观"(Ethics and Values)。该校要求每个预期取得人文和科学学位的学生都必须研修这门课程,以这样一种明确的方式进行主流价值观的培育和引导,并获得了政府的多项资助。另一种价值观教育模式为CAVE(Center for the Advancement of Values Education),遵循一种自下而上(top-down)的草根模式(grass-rooted)对学生进行有针对性的价值观引导。

从西方价值观教育应对价值多元的探索历程可以看出,西方价值观教育依次经历了价值灌输、价值中立、价值引导的发展态势。西方思想界和实践界逐渐认识到,价值观是社会的黏合剂,每一个社会都应有社会成员认同的共同价值,为集体及个人间的复杂交往提供共同标准和调节手段。价值相对主义逐渐被摒弃,核心价值观的教育被恢复,这反映出价值多元背景下价值观教育发展的内在逻辑。

第二章　当代大学生价值观现状的实证分析

为了对大学生价值观进行有效引导，必须首先了解当前大学生价值观的实然状况，因此，我们展开了大学生价值观现状的实证调查。

第一节　调查设计

一、调查对象

为了增强样本的代表性，课题组采取分层随机抽样的方式，选取了华北、东北、华东、中南、西南、西北6个地区27所高校的在校大学生进行调查。其中华北地区6所，包括清华大学、北京大学、中央财经大学、中国政法大学、中国传媒大学和中央美术学院；东北地区2所，主要为东北师范大学和吉林大学；华东地区7所，包括浙江大学、河海大学、中国石油大学、同济大学、复旦大学、上海大学和合肥工业大学；中南地区7所，包括武汉理工大学、中国地质大学、华中师范大学、中南大学、湖南大学、中山大学以及海南大学；西南地区3所，包括四川大学、西南财经大学、西南交通大学；西北地区2所，包括长安大学、西安电子科技大学，如表2-1所示。

通过邮寄问卷请辅导员、任课教师、学工干部施测以及派调研员实地调查的方式发放问卷3000份，回收2913份，其中有效问卷2865份，有效回收率为95.5%。样本人口学分布情况如表2-2所示。

表2-1 调查样本地区和相应数量分布情况

	华北地区	东北地区	华东地区	中南地区	西南地区	西北地区
高校数量	6	2	7	7	3	2
样本数量	673	243	696	884	165	204

表2-2 调查样本的人口学分布情况

	类型	频次	百分比（%）
学校类别	985工程院校	1291	45.1
	211工程院校	1446	50.5
	其他本科院校	108	3.8
	高职高专院校	11	0.4
	其他	6	0.2
专业	工学类	1011	35.9
	理学类	368	13.1
	文史哲类	664	22.9
	社会科学类	794	28.2
	其他	48	1.7
年级	大一	903	31.5
	大二	753	26.3
	大三	665	23.2
	大四	542	18.9

续表

	类型	频次	百分比(%)
信仰	佛教	117	4.1
	基督教	49	1.7
	伊斯兰教	30	1.1
	马克思主义	714	24.9
	其他宗教	11	0.4
	无信仰	1869	65.6
	其他	61	2.1
政治面貌	共产党员	486	17.0
	共青团员	2241	78.6
	其他党派成员	31	1.1
	其他	93	3.2
家庭所在地	大城市	439	15.4
	中小城市	912	32.0
	县城、乡镇	763	26.6
	农村	740	25.9

二、调查工具

此次调研自编"大学生价值观态度和感知调查问卷"、"大学生自然价值观调查问卷"、"大学生历史价值观调查问卷"、"大学生社会价值观调查问卷"和"大学生人生价值观调查问卷"五套问卷。问卷涉及:大学生对价值虚无、价值相对、价值中立的态度以及其价值困惑感;对人与自然关系的认识和态度;对近代历史发展规律和走向的态度与看法;对当下中国共产党执政地位、马克思主义指导思想和中国特色社会主义发展道路的认识;人生目标、人生态度、人生价值标准、人生价值实现方式、人生信仰等方面。试图从多个维度把握当代大学生价值观的现状、特点和发展趋势。

1."大学生价值观态度和感知调查问卷",问卷分为对价值观重要性的认识、对价值的共同性的看法、对价值中立主义的态度以及价值困惑程度自评四个维度。我们希望通过问卷分析当前大学生对价值虚无主义、价值相对主义、价值中立主义的态度和认识、对价值观受多元环境、社会思潮影响的感知状况,检测当前大学生是否受到价值虚无主义、价值相对主义、价值中立主义、不良社会思潮以及多元价值环境的影响,并探究其受影响的程度。

2."大学生自然价值观调查问卷",问卷包含人对自然的依存性、人对自然的改造、人与自然价值的关系以及人与自然和谐性四个维度。通过问卷数据分析当前大学生如何看待人与自然的依存性、人类改造自然与自然价值的关系以及大学生对人与自然和谐相处、生态可持续发展理念的态度和看法。

3."大学生历史价值观调查问卷",问卷包含对唯物史观的认知与态度、对中国近现代历史的认知与态度以及对历史发展趋势的认知与态度三个维度,通过问卷分析大学生对社会历史发展客观性与规律性的认识与态度、对中国近现代历史和人类历史发展趋势的态度和看法,检测当前大学生是否受历史虚无主义思潮的影响,以及受影响的程度。

4."大学生社会价值观调查问卷",问卷分为对中国特色社会主义道路的态度与立场、对马克思主义指导思想的态度与立场、对中国共产党领导地位的态度与立场、对中国当前政治经济制度的态度与立场以及对社会主义意识形态的态度与立场五个维度,通过问卷测量受访大学生对社会主义道路、马克思主义、中国共产党领导以及社会主义意识形态宣传的态度和看法,以此重点分析当前大学生的政治认同状况。

5."大学生人生价值观调查问卷"。问卷包含人生价值目标、人生价值态度、人生价值标准、人生价值实现以及人生价值信仰五个维度,通过问卷测量受访大学生对人生价值的目标、人生价值的评判标准、人生价值的实现途径等方面的态度和看法,分析当代大学生的人生态度、价值信仰状况,观察当前大学生人生价值观是否受个人主义、功利主义等观念的影响,以及影响的程度。

以上问卷都采用了 Likert 五点计分法,1—5 划分为非常不同意、比较不同意、不确定、比较同意和非常同意五个维度,分数越高,表明越赞同该观点。对反向题进行反向计分后将所有题项均值相加,求平均值,平均值越高就说明大学生该层面的价值观越趋近于理想状态。

三、问卷信度和效度

课题组在查阅国内外相关理论和研究文献的基础之上,对问卷的维度结构作了初步的理论构想,形成若干陈述性语句,充实问卷的整体构架,并进行词条的筛选和短句的提炼形成问卷初稿。然后在该领域相关专家和数据分析专业人员提出修改意见的基础上对提纲各个维度和具体内容进行了细化和斟酌。在进行了问卷信度和效度的测量、小规模的结构式访谈以及两次试测之后,课题组对问卷进行了进一步的修改和完善,最终形成正式问卷。

(一)试测问卷的编制与施测

试测问卷的编制和施测过程包括了以下的步骤:

1. 查阅相关理论文献,形成问卷提纲;

2 对问卷包含的维度进行划分,形成基本信息问题和相关的陈述性短句,筛选词条和短语形成初步问卷;

3. 实地抽取××大学 80 名大学生开展开放式访谈,发放部分问卷进行第一次试测,根据被试提出的建议逐项对预测问卷进行表述纠错和语义分析,避免项目出现表述不清、难以理解、过于冗长等问题。

4. 请相关领域的专家和数据分析的专业人员针对问卷内容、项目设置的合理性和有效性提出建议,依据建议对问卷进行结构调整。

经上步骤,最终确定"大学生价值观态度和感知试测问卷"、"大学生自然价值观试测问卷"、"大学生历史价值观试测问卷"、"大学生社会价值观试测问卷"和"大学生人生价值观试测问卷"。问卷采用五点计分,"1—5"分别表示"非常不同意"、"比较不同意"、"不确定"、"比较同意"和"非常同意"。

(二)正式问卷的形成

试测问卷形成后,课题组对问卷进行了第二次试测,此次试测采用随机抽样的方法选取两所大学 365 名一年级到四年级的大学生,对被试大学生进行试验性测试。共回收 358 份问卷,其中有效问卷 349 份,有效回收率为95.6%。测试之后,将回收的问卷进行整理编码,利用 SPSS 22.0 数据分析软件进行信度测量和项目分析,以题项与总分相关系数低于 0.3,高低分组 T 检验不显著,因素负荷低于 0.4,存在双重负荷(双重负荷均在 0.3 以上且负荷之差小于 0.3)为标准对题项进行删减,并根据理论预期、解释率同时参照碎石图提取因子,对问卷进行修改和完善,最终确定正式问卷。

(三)问卷信度和效度的测量

1. 正式问卷的信度测量

为了考察问卷的科学性,课题组利用 SPSS 22.0 数据分析软件对五个量表进行 α 信度系数测量,测量结果如表 2-3 所示,五套问卷的内部一致性(Cronbach's α)系数均达到了可接受水平,问卷内部一致性较好,量表具有较好的信度。

表 2-3　各问卷内部一致性系数(Cronbach's α 系数)

	价值观态度和感知	自然价值观	历史价值观	社会价值观	人生价值观
项目数	9	9	19	35	35
Cronbach's α 系数	0.615	0.594	0.759	0.930	0.858

2. 正式问卷的效度测量

为了保证问卷的效度,课题组通过对国内外相关研究的文献综述,先初步得到了大学生价值观以及自然、历史、社会和人生价值观的定义及内涵,对量表结构作了初步的理论构想;然后通过结合专家意见对问卷项目进行语义分析,精简题项表述。最后进行了两次小范围的试测,依据测试中被试的反馈和问卷发放和填写过程中发现的问题对表达不清和有歧义的题项进行纠错,探讨问卷内容是否能真实测量所预期的内容,并采用 SPSS 数据分析中的项目分析法,通过计算高低分组 27% 的分数,根据 T 检验是否显著来剔除不具有鉴别度的题项,以保证量表题项的代表性和有效性。

同时,为了检测每个量表维度划分是否具有合理性,课题组对每个量表都进行了探索性因素分析,因素分析采用主成分抽取法和最大方差法,通过因子分析萃取因子数量、计算各变量在所属维度中的因素负荷量检测量表的建构效度。最后的正式问卷效度如表 2-4 所示:五个测量量表的 KMO 值为 0.655~0.956,达到适中和良好程度,表明问卷量表适合进行因素分析。各因子在所属维度中的因素负荷量如表 2-5—2-9 所示。

表 2-4　KMO 与 Bartlett 检验

	价值观态度和感知	自然价值观	历史价值观	社会价值观	人生价值观
KMO 测量取样适当性	0.723	0.655	0.678	0.819	0.956
Bartlett 球形检验					
近似卡方分布	6605.675	6059.728	9700.629	44588.812	24409.279
自由度	105	45	210	780	595
显著性	0.000	0.000	0.000	0.000	0.000
解释总变异量（%）	56.68	66.97	48.36	51.65	49.19

各价值观测量量表萃取因子情况及各题项在所属维度的因素负荷量如下。

表 2-5　价值观态度和感知测量量表因子萃取情况

元件	项目	因素负荷量
对价值观重要性的认识	1. 我认为价值观非常重要	0.872
	2. 价值观的培育是教育的首要任务	0.869
对价值观共同性的看法	3. 价值观具有共同性	0.627
	4. 特定历史条件下,价值观的对错有统一的标准	0.747
对价值中立主义的态度	5. 个人有能力形成适合自己的价值观,外界引导是多余的	0.740
	6. 选择什么样的价值观是个人的自由,他人无须试图干涉	0.734
价值困惑程度自评	7. 社会中存在的负面现象让我对主流价值观产生了怀疑	0.734
	8. 社会中多样的价值观让我感觉无所适从	0.837
	9. 社会中的错误思潮和观点对我的价值观造成了冲击	0.799

表 2-6　自然价值观测量量表因子萃取情况

元件	项目	因素负荷量
人对自然的依存性	1. 人依存于自然	0.872
	2. 人是自然界系统中的一个子系统	0.869
人对自然的改造	3. 人需要改造自然	0.785
	4. 人在改造自然中获得了力量	0.832
	5. 人对自然的改造展示了人的力量和伟大	0.765
人与自然价值的关系	6. 自然界的价值是人赋予的	0.694
	7. 自然界的价值与能否满足人类的需要无关	0.739
人与自然的和谐性	8. 应树立人与自然和谐相处的观点	0.887
	9. 人对自然的改造应该坚持可持续、绿色发展理念	0.897

表 2-7　历史价值观测量量表因子萃取情况

元件	项目	因素负荷量
唯物史观认知与态度	1. 社会历史有其客观发展规律	0.679
	2. 历史"没有对错,只有成败"	0.748
	3. 对历史的解读应该坚持人民立场、进步立场	0.613
	4. 历史是胜利者的言说,没有客观真实性可言	0.734
	5. 唯物史观应成为理解历史的理论指导或依据	0.428
对中国近现代历史的认知与态度	6. 近代西方列强的侵略带来了西方文明,帮助了中国发展	0.474
	7. 近现代历史对一些人物(如李鸿章)的评价存在歪曲,应为其"平反"	0.804
	8. 近现代历史对共产党抗日存在共产党的主观歪曲,应在反思的基础上重写	0.716
	9. 近代中国社会是一个半殖民地半封建社会	0.603
	10. 中国近代历史证明了中国走上社会主义道路是必然的	0.502
	11. 近代以来中国革命造成流血牺牲、社会动荡、经济停滞,只起破坏性作用	0.464
	12. 近代中国如果走上资本主义道路能更好实现发展	0.477
	13. 当看到"揭秘"、重评近现代历史等观点时,会不由自主地相信	0.579
对历史发展趋势的认知与态度	14. 资本主义制度是迄今为止最好的制度	0.553
	15. 社会主义与资本主义可以永远并驾齐驱,各自发展	0.759
	16. 社会主义国家和资本主义国家将来都差不多	0.733
	17. 社会主义必然战胜资本主义	0.764
	18. 中国今天的发展显示出社会主义相对于资本主义的优越性	0.749
	19. 共产主义必然会实现	0.753

表2-8 社会价值观测量量表因子萃取情况

元件	项目	因素负荷量
对中国特色社会主义道路的态度与立场	1. 中国特色社会主义事业的前途是光明的	0.676
	2. 实现中国现代化必须继续走中国特色社会主义道路	0.650
	3. 中国特色社会主义与资本主义有着本质区别	0.481
	4. 中国特色社会主义追求的是人民幸福安康	0.479
	5. 中国发展必须以社会主义、共产主义理想引领	0.561
	6. 有过对社会主义或中国特色社会主义道路的怀疑	0.806
对中国共产党领导地位的态度与立场	7. 共产党是中华民族的先锋队	0.764
	8. 共产党的领导是历史和人民的选择	0.778
	9. 共产党的利益和人民的利益在根本上是一致的	0.768
	10. 有共产党的正确领导,中华民族一定会实现伟大复兴	0.698
	11. 共产党有反腐倡廉的决心和能力	0.655
	12. 必须坚持共产党对军队的绝对领导	0.554
	13. 共产党能够把自身建设好	0.694
	14. 共产党能够带领全国人民走向共同富裕	0.601
	15. 只有共产党才能领导人民发展中国、捍卫中国	0.575
	16. 基于对共产党执政理念的认同递交过入党申请书	0.562
对马克思主义指导思想的态度与立场	17. 马克思主义是指导无产阶级获得解放的学说	0.635
	18. 马克思主义揭示了社会发展的客观规律	0.594
	19. 马克思主义产生于 19 世纪,如今已过时	0.626
	20. 马克思主义离我的日常生活比较遥远	0.595
	21. 不能因为马克思主义者的错误就否定马克思主义本身	0.511
	22. 实现中华民族的复兴必须把马克思主义作为根本指导思想	0.535

续表

元件	项目	因素负荷量
对中国当前政治经济制度的态度与立场	23. 中国贪腐的根源在于中国的政党制度	0.533
	24. 军队不属于共产党,应该国家化	0.473
	25. 中国实现民主法治必须走中国特色社会主义法治道路	0.485
	26. 中国依宪(法)治国、依宪(法)执政不等于"宪政"	0.479
	27. 公有制没有出路	0.607
	28. 国有企业应该私有化	0.590
	29. 中国今天的发展显示出中国治理相对于西方治理的优势	0.414
对社会主义意识形态的态度与立场	30. 西方自由、平等、人权、博爱是人类的普世价值	0.521
	31. 民主、自由、法治成为社会主义核心价值观的内容体现出中国开始向资本主义文明靠拢	0.671
	32. 大学课堂不应使用宣扬西方(资本主义)价值观念的教材	0.485
	33. 媒体须坚持"党性"原则	0.806
	34. 只要老百姓日子过得好,姓"资"姓"社"的问题不重要	0.402
	35. 中国进行社会主义意识形态宣传没多大必要	0.623

表2-9　人生价值观测量量表因子萃取情况

元件	项目	因素负荷量
人生价值目标	1. 虽然未来遥不可知,但生活仍需有目标和规划	0.755
	2. 只要自己生活幸福,国家如何发展对个体而言不是太重要	0.500
	3. 个人理想应融入社会理想中	0.559
	4. 帮助别人的前提是不损害自身利益	0.469
	5. 国家兴亡,匹夫有责	0.674
	6. 最大程度地贡献社会是我的人生目标	0.721
	7. 比较关心熟悉的人,对与自己无关的人的苦难不太关心	0.532

续表

元件	项目	因素负荷量
人生价值态度	8. 人生应认真积极、乐观进取	0.736
	9. 生活终究会让人趋于平庸	0.556
	10. 生命的本质在于不断创造和超越	0.591
	11. 有过"生活没意思"或"生活很痛苦"的想法	0.764
	12. 对生活总体是积极乐观的	0.673
	13. 曾克服了生活的困难坚强地走下去	0.716
	14. 对未来生活充满了迷茫和困惑	0.764
	15. 总能看到生活和社会中的正能量	0.502
人生价值标准	16. 现在的努力是为了以后能享受荣华富贵	0.536
	17. 钱乃身外之物,不必太看重	0.650
	18. 比起物质的富足,精神的丰富更珍贵	0.499
	19. 清贫的一生无论如何不能算是成功的一生	0.593
	20. 官位在身让人有优越感	0.619
	21. 人生价值在于奉献	0.595
	22. 人生的幸福和金钱的多少成正比关系	0.644
	23. 会完全出于善念做公益,尽管可能会使我受到一些损失	0.695
	24. 不管是否有旁证,看到老人摔倒都会主动上前搀扶	0.410
	25. 选择工作看得最重的因素是工资待遇	0.511
人生价值实现	26. 人生价值只有在集体中才能得到更好的实现	0.554
	27. 干得好不如嫁得好	0.633
	28. 帮助别人是一种快乐	0.611
	29. 美好未来靠自己打拼	0.721
	30. 有钱、有权、有背景的人更容易成功	0.533
	31. 参加过志愿服务类活动	0.684
	32. 献过血或捐过款	0.745

续表

元件	项目	因素负荷量
人生价值信仰	33.纵然现实"骨感",仍需理想和信仰来引领和支撑	0.680
	34.有过对社会主义、共产主义的向往	0.763
	35.树立或坚定了马克思主义信仰	0.627

第二节　数据分析

一、价值观态度和感知

如表2-10所示,价值观态度和感知量表(总体)均值为3.5267($SD=0.49926$),包含的四个维度中,"对价值观重要性的认识"均值最高($M=4.0992,SD=0.74303$),随后依次为"对价值观共同性的看法"($M=3.3727$,$SD=0.81630$)、"对价值中立主义的态度"($M=3.2774,SD=0.87709$)、"价值困惑程度自评"($M=3.1581,SD=0.84317$)。总量表与各维度均值均大于3,说明大学生对价值虚无主义与价值中立主义总体持比较不赞同的态度。从各维度均值的横向比较看,大学生对价值观的重要性、价值标准的同一性有较好的认识,相反,价值困惑程度自评维度的均值最低,得分不太理想,说明部分大学生客观地感受到了多元价值环境、不良社会思潮对自身价值观造成的负面影响。

将四个维度均值与总量表均值进行差异检测发现(见表2-11),在四个维度中,"对价值观重要性的认识"维度均值与总维度均值差异最为显著($T=41.241,p<0.005$),该维度均值显著高于总量表平均水平,表明大学生对价值观的重要性有着很高的正向认同,大学生价值虚无主义倾向不明显。同样,"价值困惑程度自评"维度与总量表均值也呈现出较显著的差异($T=$

−23.397,$p<0.05$),该维度均值显著低于总量表平均水平,凸显了价值多元环境下价值观引导的重要性。在"对价值观共同性的认识"与"对价值中立主义的态度"两个维度中,"对价值中立主义的态度"均值更低,并显著低于总量表均值($T=-15.215$,$p<0.05$),表明在价值相对主义、价值中立主义两个层面中,大学生对价值中立主义表现出更明显的赞同态度。

表 2-10　各维度样本统计资料(n=2865)

维度	平均值(M)	标准偏差(SD)	标准错误平均值
对价值观重要性的认识	4.0992	0.74303	0.01388
对价值观共同性的看法	3.3727	0.81630	0.01525
对价值中立主义的态度	3.2774	0.87709	0.01639
价值困惑程度自评	3.1581	0.84317	0.01575
总量表	3.5267	0.49926	0.00933

表 2-11　各维度样本 T 检验结果报告

维度	检测值 = 3.5267(J)					
	T	df	显著性（双尾）	平均差异（I-J）	95%差异数的置信区间	
					下限	上限
对价值观重要性的认识	41.241	2864	0.000	0.57250	0.5453	0.5997
对价值观共同性的看法	−10.099	2864	0.000	−0.15402	−0.1839	−0.1241
对价值中立主义的态度	−15.215	2864	0.000	−0.24932	−0.2814	−0.2172
价值困惑自评	−23.397	2864	0.000	−0.36857	−0.3995	−0.3377

(一)价值观态度和感知量表各维度分析

1.对价值观重要性的认识

如表 2-12 所示,在"对价值观重要性的认识"维度中,87.7%的大学生赞同"价值观非常重要"($M=4.2483$,$SD=0.77348$),74.2%的大学生认同"价值观的培育是教育的首要任务"($M=3.9501,SD=0.90137$),两个题项均值均明显高于总量表平均值,并达到显著水平($p<0.05$),表明当代大学生普遍认可价值观的重要性以及价值观培育在教育中核心地位,价值虚无倾向不明显。

表 2-12　样本统计资料

项目	非常不同意	比较不同意	不确定	比较同意	非常同意	平均值	标准偏差
1.我认为价值观非常重要	0.7%	2.8%	8.2%	47.2%	40.5%	4.2483	0.77348
2.价值观的培育是教育的首要任务	1.3%	5.8%	18.0%	45.6%	28.6%	3.9501	0.90137

表 2-13　样本 T 检验结果报告

项目	检验值 = 3.5267					
	T	df	双尾显著性(P)	平均差异(I-J)	95%差异数的置信区间	
					下限	上限
1.我认为价值观非常重要	49.938	2864	0.000	0.72163	0.6933	0.7500
2.价值观的培育是教育的首要任务	25.141	2864	0.000	0.42337	0.3904	0.4564

2.对价值观共同性的看法

如表 2-14 所示,在"对价值观共同性的看法"维度中,近六成的大学生反对"价值观没有共同性可言"($M=3.5189,SD=1.13654$),同时有五成以上的大学生对"特定历史条件下,价值观的对错有统一的标准"($M=3.2265,SD=1.16197$)持肯定的态度,说明多数大学生承认价值观的共通性(即存在人类共享的价值观),并认同具体历史条件下价值观是非标准的统一性,反对价值相对主义。但两个题项数据离散程度偏高,说明大学生对这一问题的分歧较大。

将该维度均值与总量表均值进行比较发现(见表2-15),两个题项均值都低于总量表平均水平($T<0$),同时,题项4"特定历史条件下,价值观的对错有统一的标准"与总量表均值差异达到显著水平($T=-13.830$,$p<0.05$)。结合频率统计分析结果可以看出,尽管有超过半数的大学生对具体历史条件下价值观的共同性、价值标准的统一性持赞同态度,但两个题项均值偏低,部分学生(20.9%—30.2%)质疑甚至否定存在人类普遍共享的价值判断标准。这也说明当前价值多元的形势以及价值中立的理念一定程度上影响了大学生的价值认知与态度,部分大学生存在着价值相对主义的倾向,他们将价值观视作个人的主观选择,否认存在价值观对错的统一标准。

表2-14 样本统计资料

项目	非常不同意	比较不同意	不确定	比较同意	非常同意	平均值	标准偏差
3. 价值观没有共同性可言	19.1%	40.4%	19.4%	14.8%	6.1%	3.5189	1.13654
4. 特定历史条件下,价值观的对错有统一的标准	9.3%	20.9%	17.1%	42.1%	9.9%	3.2265	1.16197

表2-15 样本T检验结果报告

项目	检验值 = 3.5267					
	T	df	显著性(双尾)	平均差异(D)	95%差异数的置信区间	
					下限	上限
3. 价值观没有共同性可言	-0.368	2864	0.713	-0.00781	-0.0494	0.0338
4. 特定历史条件下,价值观的对错有统一的标准	-13.830	2864	0.000	-0.30023	-0.3428	-0.2577

3. 对价值中立主义的态度

如前所述,大学生普遍认可价值观培育的重要性,同时,表 2-16 中,在"对价值中立主义的态度"维度中,七成以上的大学生反对"个人有能力形成适合自己的价值观,外界引导是多余的"($M=3.8472, SD=1.18926$),该题项显著高于总量表平均值($T=26.367, p<0.05$),说明绝大多数的大学生认同个人正确价值观的养成需要依靠教育的引导,反对教育的"去道德化"。但是,也有 1/2 的大学生赞同"选择什么样的价值观是个人的自由,他人无须试图干涉"($M=2.7076, SD=0.95472$),其均值远低于其他子项目并显著低于理论水平($T=-36.868, p<0.05$),体现出了大学生对个人价值选择自由的强烈认同(见表 2-17)。

表 2-16　样本统计资料

项目	非常不同意	比较不同意	不确定	比较同意	非常同意	平均值	标准偏差
5. 个人有能力形成适合自己的价值观,外界引导是多余的	23.3%	51.1%	13.8%	8.8%	2.3%	3.8472	1.18926
6. 选择什么样的价值观是个人的自由,他人无须试图干涉	5.9%	26.0%	17.2%	33.6%	16.5%	2.7076	0.95472

表 2-17　样本 T 检验结果报告

项目	检验值 = 3.5267					
	T	df	显著性（双尾）	平均差异	95%差异数的置信区间	
					下限	上限
5. 个人有能力形成适合自己的价值观,外界引导是多余的	17.969	2864	0.000	0.32051	0.2855	0.3555

项目	检验值 = 3.5267					
	T	df	显著性（双尾）	平均差异	95%差异数的置信区间	
					下限	上限
6.选择什么样的价值观是个人的自由,他人无须试图干涉	-36.868	2864	0.000	-0.81914	-0.8627	-0.7756

将题项 5 与题项 6 进行相关分析可以发现二者题意表述相近($R=0.331$, $p=0.00$),但题项 6 的均值远低于题项 5,两者均值呈现出显著的差异。这一结果体现出了当前年龄阶段大学生性格和心理上的显著特征,一方面他们心智趋于成熟,能够理性地认识到价值观引导对个人正确价值观形成的必要性;另一方面他们追求成人的自由和独立,更认同价值观是个人的自由选择,而不能是外部力量干涉的结果,因而表现出对干涉他人价值观选择的行为持更强烈的反对态度。

表 2-18 成对差异检验

	成对差异数			T	df	显著性（双尾）
	平均值（E）	标准偏差	标准错误平均值			
SMEAN（6）－SMEAN(5)	-1.13965	1.25480	0.02344	-48.614	2864	0.000

4.价值困惑程度自评

如表 2-19 所示,在"价值困惑程度自评"维度中,30.9%的大学生赞同"社会中存在的负面现象让我对主流价值观产生了怀疑",37.3%的大学生赞同"社会中的错误思潮和观点对我的价值观产生了冲击",同时,超过 1/5 的大学生表示"社会中多样的价值观会让自己感觉到无所适从"。三个题项均值都低于总量表均值,并达到显著水平($T<0$, $p<0.05$),说明多元价值

观、不良社会思潮以及社会负面现象的确给部分大学生带来了一定的价值困惑,但从频率统计结果来看,相当一部分大学生并未认为错误思潮和多元价值环境对其价值观造成了影响,又或者说,他们对这种客观存在的影响不自知。

在该维度题项中,题项 9 均值最低($M = 3.0130, SD = 1.06140$),表 2-20 中,其均值与总量表均值差异最为显著($T = -25.906, p = 0.00$),表明大学生对错误思潮对自身价值观的影响感受最为强烈。相反,题项 8 均值最高($M = 3.3383, SD = 1.01512$),其均值与总量表平均水平差异显著程度相较题项 7 和题项 9 要弱,说明从大学生的总体感受看,他们对自身受多元价值观影响感受的程度最弱。

表 2-19　样本描述统计资料

项目	非常不同意	比较不同意	不确定	比较同意	非常同意	平均值	标准偏差
7. 社会中存在的负面现象让我对主流价值观产生了怀疑	31.5%	9.2%	27.6%	24.1%	6.8%	3.1232	1.08618
8. 社会中多样的价值观让我感觉无所适从	11.7%	35.9%	29.3%	19.4%	3.1%	3.3383	1.01512
9. 社会中的错误思潮和观点对我的价值观造成了冲击	8.3%	27.0%	26.9%	32.2%	5.1%	3.0130	1.06140

表 2-20　样本 T 检验结果报告

项目	检验值 = 3.5267					
	T	df	显著性（双尾）	平均差异	95%差异数的置信区间	
					下限	上限
7. 社会中存在的负面现象让我对主流价值观产生了怀疑	-19.886	2864	0.000	-0.40355	-0.4433	-0.3638

项目	检验值 = 3.5267					
	T	df	显著性（双尾）	平均差异	95％差异数的置信区间	
					下限	上限
8.社会中多样的价值观让我感觉无所适从	-9.937	2864	0.000	-0.18845	-0.2256	-0.1513
9.社会中的错误思潮和观点对我的价值观造成了冲击	-25.906	2864	0.000	-0.51371	-0.5526	-0.4748

（二）"价值观态度和感知"总量表的方差分析

为了检测不同群组大学生的价值观态度和感知是否具有显著差异，我们将该量表均值作为因变量，将院校类别、性别、年级、专业、政治面貌和生源地分别作为因子，依次进行方差分析。方差分析结果如表 2-21 所示：不同学校类别、不同性别、专业、政治面貌和家庭居住地的大学生存在显著差异（$p<0.05$），不同年级的大学生差异不显著。事后多重比较结果发现：211 工程院校学生明显优于 985 工程院校和其他本科院校学生，女生表现优于男生，文史哲学类与社会科学类学生显著优于理学类学生，同时，文史哲类学生又显著优于工学类学生；从政治面貌来看，中共党员显著优于共青团员和群众，其他党派成员和共青团员又显著优于群众；从生源地来看，农村组、县城（乡镇）组的学生要显著优于城市组（包含大城市、中小城市）学生，中小城市组学生显著优于大城市组学生。因此，可得：985 工程院校组、理工学类、男生组、非党员和家庭来自城市的大学生其价值虚无和价值中立倾向要比 211 工程院校组、文史哲学类、女生组、中共党员和家庭来自农村的大学生更突出。

表 2-21 "价值观态度和感知"总量表方差分析结果

群组	F	显著性（p）	类别	平均值（M）	标准偏差（SD）
学校类别	11.903	0.000*	985 工程院校	3.4622	0.48921
			211 工程院校	3.5888	0.50540
			其他本科院校	3.4853	0.40956
			高职高专院校	3.6061	0.63705
性别	4.541	0.003*	男	3.5008	0.51233
			女	3.5518	0.48524
专业	5.715	0.001*	工学类	3.5060	0.47812
			理学类	3.4625	0.48602
			文史哲类	3.5858	0.51576
			社会科学类	3.5348	0.51328
年级	0.270	0.847	大一	3.5258	0.49461
			大二	3.5379	0.48524
			大三	3.5263	0.53100
			大四及以上	3.5127	0.48766
政治面貌	20.671	0.000*	中共党员	3.6566	0.49990
			其他党派成员	3.5593	0.42527
			共青团员	3.5086	0.49159
			群众	3.2689	0.55118
家庭所在地	15.688	0.000*	大城市	3.3950	0.51080
			中小城市	3.5148	0.50141
			县城、乡镇	3.5525	0.48653
			农村	3.5937	0.49005

注：* $p < 0.05$。

（三）"价值观态度和感知"量表各维度方差分析

1."价值观重要性"方面的差异

如表 2-22 所示,在"价值观重要性"的维度中,不同专业和政治面貌的大学生认同均值呈现出显著差异。与总量表情况类似的是,在该维度均值的方差分析中,中共党员组学生明显优于其他党派成员、共青团员和群众组学生,同时,共青团组又明显优于其他党派成员组,体现出中共党员和共青团员学生对主流价值较高程度的认同。不同的是,在该维度中,文史哲类学生并未呈现出相较理工类学生的显著优势($p>0.05$),工学类学生均值明显高于理学类和人文社科类学生($p<0.05$)。不同学校类别、性别、年级和生源地的大学生在这一维度并未呈现出显著差异,说明当代大学生对价值观重要性有着很高的价值共识,各群组间认知差异不明显,但总体来说,中共党员和工学类学生认知表现更优异。

表 2-22　"价值观重要性"维度方差分析结果

群组	F	显著性（p）	类别	平均值（M）	标准偏差（SD）
学校类别	1.553	0.184	985 工程院校	4.0764	0.74522
			211 工程院校	4.1255	0.74275
			其他本科院校	4.0046	0.71203
			高职高专院校	4.3636	0.77753
性别	0.472	0.084	男	4.0749	0.75125
			女	4.1229	0.73469
专业	3.729	0.011*	工学类	4.1558	0.70384
			理学类	4.0207	0.77509
			文史哲类	4.0969	0.73778
			社会科学类	4.0707	0.77362

群组	F	显著性（p）	类别	平均值（M）	标准偏差（SD）
年级	1.096	0.350	大一	4.0799	0.74745
			大二	4.1388	0.70339
			大三	4.0999	0.75399
			大四及以上	4.0756	0.77615
政治面貌	5.530	0.001*	中共党员	4.1895	0.72019
			其他党派成员	3.7258	0.92050
			共青团员	4.0885	0.73906
			群众	4.0234	0.78691
家庭所在地	1.709	0.163	大城市	4.0497	0.77445
			中小城市	4.0838	0.77666
			县城、乡镇	4.1441	0.70520
			农村	4.1010	0.72020

注：* $p < 0.05$。

2."价值观共同性"方面的差异

如表2-23所示，在对价值观共同性的认识维度中，不同群组大学生的差异都未达到显著水平。从总体均值看，男生要优于女生，社会科学类学生优于理工类和文史哲类学生，大三组学生优于大一、大二和大四组学生。与总量表相似的是，中共党员和农村组的学生要明显优于其他组的学生。但双尾显著性P值都未达到显著水平，表示不同群组间差异程度并不显著，即大学生对价值观共同性的认识有较高的同质性，处于比较认同的水平。同时，该维度各群组均值总体偏低，说明各群组都存在着相当比例的大学生持相对主义的价值态度，他们否定价值观对错的统一标准，质疑人类共享价值的存在。

表 2-23　"价值观共同性"维度方差分析结果

群组	F	显著性（p）	类别	平均值（M）	标准偏差（SD）
学校类别	2.577	0.036	985 工程院校	3.3334	0.82987
			211 工程院校	3.4138	0.81150
			其他本科院校	3.3333	0.66977
			高职高专院校	3.4545	0.85013
性别	0.075	0.785	男	3.3763	0.82689
			女	3.3692	0.80642
专业	1.859	0.134	工学类	3.3260	0.80673
			理学类	3.3872	0.81047
			文史哲类	3.3934	0.80797
			社会科学类	3.4112	0.84393
年级	1.208	0.305	大一	3.3947	0.84074
			大二	3.3382	0.78364
			大三	3.4039	0.82029
			大四及以上	3.3445	0.81511
政治面貌	2.140	0.093	中共党员	3.4333	0.82560
			其他党派成员	3.3065	0.90992
			共青团员	3.3667	0.80792
			群众	3.2163	0.92988
家庭所在地	0.357	0.784	大城市	3.3486	0.82142
			中小城市	3.3690	0.82587
			县城、乡镇	3.3701	0.82492
			农村	3.3972	0.79472

注：* $p < 0.05$。

3. "对价值中立主义的态度"的差异

如表 2-24 所示，在"对价值中立主义的态度"维度中，不同性别、专业、年级、政治面貌、家庭所在地群组的大学生其均值呈现出显著差异（$p<0.05$）。事后多重比较发现，与总量表相似的是，女生组、文史哲学类、党员组学生以及家庭来自农村的大学生的价值认知要显著优于男生组、理工类、非党员以及家庭来自大城市的学生。与总量表不同的是，不同年级群组的大学生差异明显，其中大一组明显优于大二组、大三组和大四及以上组，大四组均值最低，说明高年级学生对价值中立主义持更明显的赞同态度。同时在这6个差异显著的群组中，家庭所在地不同的大学生对价值中立主义的赞同程度差异最显著（$F=10.80, p=0.000$），其中大城市组学生受价值中立主义的影响更明显。

表 2-24 "对价值中立主义的态度"维度方差分析结果

群组	F	显著性（p）	类别	平均值（M）	标准偏差（SD）
学校类别	0.634	0.638	985 工程院校	3.2541	0.87508
			211 工程院校	3.2943	0.88477
			其他本科院校	3.3227	0.78697
			高职高专院校	3.5000	0.92195
性别	7.002	0.002*	男	3.2254	0.90471
			女	3.3280	0.84693
专业	8.200	0.000*	工学类	3.2554	0.87354
			理学类	3.2756	0.87569
			文史哲类	3.4185	0.88697
			社会科学类	3.1944	0.86297
年级	6.652	0.000*	大一	3.3777	0.85857
			大二	3.2614	0.87655
			大三	3.2377	0.88624
			大四及以上	3.1818	0.88497

续表

群组	F	显著性（p）	类别	平均值（M）	标准偏差（SD）
政治面貌	3.802	0.010*	中共党员	3.2679	0.86724
			其他党派成员	3.6129	0.91022
			共青团员	3.2829	0.87412
			群众	3.0422	0.93984
家庭所在地	10.80	0.000*	大城市	3.1022	0.87232
			中小城市	3.2386	0.87175
			县城、乡镇	3.3207	0.86052
			农村	3.3835	0.88262

注：* $p<0.05$。

4.“价值困惑程度自评”差异

如表 2-25 所示，在“价值困惑程度自评”维度中，不同性别、政治面貌、家庭所在地的大学生均值差异显著（$p<0.05$）。事后多重比较发现，女生组显著优于男生组，中共党员明显优于其他党派成员和群众。与总量表不同的是，在这一维度中，农村组学生均值最低，其均值显著低于城市组和县城（乡镇）组学生。相反，大城市组学生均值明显高于其他群组学生，说明农村组学生对自身价值困惑的感知程度最强烈，而城市组学生却相反。

表 2-25　“价值困惑程度自评”方差分析结果

群组	F	显著性（p）	类别	平均值（M）	标准偏差（SD）
学校类别	0.376	0.826	985 工程院校	3.1545	0.83171
			211 工程院校	3.1651	0.85154
			其他本科院校	3.1481	0.85905
			高职高专院校	3.0606	1.04156

群组	F	显著性（p）	类别	平均值（M）	标准偏差（SD）
性别	2.137	0.040*	男	3.1252	0.85500
			女	3.1901	0.83084
专业	0.199	0.897	工学类	3.1450	0.85696
			理学类	3.1567	0.81977
			文史哲类	3.1777	0.83460
			社会科学类	3.1551	0.84140
年级	0.021	0.996	大一	3.3777	0.85857
			大二	3.2614	0.87655
			大三	3.2377	0.88624
			大四及以上	3.1818	0.88497
政治面貌	3.418	0.017*	中共党员	3.2652	0.90490
			其他党派成员	2.9892	0.69647
			共青团员	3.1425	0.82888
			群众	3.1038	0.85788
家庭所在地	4.584	0.003*	大城市	3.2581	0.82885
			中小城市	3.1674	0.84413
			县城、乡镇	3.1746	0.84254
			农村	3.0755	0.84143

注：* $p<0.05$。

二、自然价值观

如表2-26所示，自然价值观总量表均值为3.6165（$SD=0.47677$），所包含的四个维度中，"人与自然和谐性"均值最高（$M=4.5780$，$SD=0.67609$），其次依次是"人对自然的依存性"（$M=4.2943$，$SD=0.72565$）、"人对自然的改造"（$M=3.2951$，$SD=0.91807$）以及"人与自然价值的关系"($M=2.4591,SD=0.91403$)。总量表及各维度均值均大于2,倾向于比较认同水平,其中"人与自然和谐性"和"人对自然的依存性"两个维度均值大于4,倾向于非常认同,体现出大学生对人与自然依存关系、可持续发展理念的积极认同。

将四个维度均值与总量表均值进行 T 检验发现:四个维度中,"人与自然的和谐性"维度与总量表均值差异最为显著($T=76.121,p=0.000$),其均值明显高于总量表均值并达到显著水平,体现出当代大学生较强的生态保护意识,他们普遍认同人与自然应和谐共处的理念,支持社会发展走生态可持续发展的道路。相反,"人与自然价值的关系"维度均值也与总量表均值呈现出较显著的差异($T=-67.779,p=0.000$),T 值为负值,其均值明显低于总量表平均水平,反映出当前大学生对人与自然价值关系的认识存在明显的误区(见表2-27)。

表2-26 各维度样本统计资料(n=2865)

维度	平均值(M)	标准偏差(SD)	标准错误平均值
人对自然的依存性	4.2943	0.72565	0.01356
人对自然的改造	3.2951	0.91807	0.01715
人与自然价值的关系	2.4591	0.91403	0.01708
人与自然的和谐性	4.5780	0.67609	0.01263
自然价值观(总体)	3.6165	0.47677	0.00891

表2-27 各维度样本 T 检验结果报告

维度(I)	检测值 = 3.5575(J)					
	T	df	显著性(双尾)	平均差异(I-J)	95%差异数的置信区间	
					下限	上限
人对自然的依存性	50.000	2864	0.000	0.67785	0.6513	0.7044
人对自然的改造	-18.738	2864	0.000	-0.32139	-0.3550	-0.2878

续表

维度（I）	检测值 = 3.5575（J）					
	T	df	显著性 （双尾）	平均差异 （I-J）	95%差异数的置信区间	
					下限	上限
人与自然价值的关系	−67.779	2864	0.000	−1.15743	−1.1909	−1.1239
人与自然的和谐性	76.121	2864	0.000	0.96149	0.9367	0.9863

（一）自然价值观量表各维度分析

1. 人对自然的依存性

如表 2-28 所示,在人对自然的依存关系上,86.6%的大学生赞同"人依存于自然"($M=4.2740, SD=0.87108$),89.1%的学生对"人是自然界系统中的一个子系统"($M=4.3147, SD=0.79148$)持肯定态度。同时,T检验结果显示:两个题项均值均显著高于自然价值观总量表均值($T>0, p=0.00$)。说明当代大学生能够正确认识人类对自然的依存关系,并将人类社会系统视作自然系统中的一个子系统,认同自然对于人类生存和发展的重要意义。

表 2-28　样本统计资料

项目	非常 不同意	比较 不同意	不确定	比较 同意	非常 同意	平均值	标准 偏差
1. 人依存于自然	1.3%	4.0%	8.0%	39.2%	47.4%	4.2740	0.87108
2. 人是自然界系统中的一个子系统	0.8%	2.9%	6.8%	42.6%	46.5%	4.3147	0.79148

表 2-29　样本 T 检验结果报告

项目	检验值 = 3.6165					
	T	df	显著性（双尾）	平均差异（D）	95%差异数的置信区间	
					下限	上限
1. 人依存于自然	40.403	2864	0.000	0.65753	0.6256	0.6894
2. 人是自然界系统中的一个子系统	47.215	2864	0.000	0.69817	0.6692	0.7272

2. 人对自然的改造

在"人对自然的改造"维度中,有 67.4%的大学生赞同"人在改造自然中获得了力量"($M = 3.6718, SD = 1.01619$),该题项均值显著高于总量表均值($T>0, p<0.05$),说明多数大学生能够正确地认识到改造自然与人类获取力量、改造自身之间的相互作用关系。但是,部分大学生对人类是否需要改造自然产生了困惑,体现在频率中,有 29.6%的大学生反对"人需要改造自然"($M = 3.1670, SD = 1.13726$),27.2%的学生表示不确定;同时,35.3%的大学生否定"人对自然的改造展示了人的力量和伟大"($M = 3.0465, SD = 1.21052$),反映出当代大学生对自然态度和理念的转变,他们更提倡顺其自然的相处方式,反对将人类与自然相对立(见表 2-30)。

表 2-30　样本统计资料

项目	非常不同意	比较不同意	不确定	比较同意	非常同意	平均值	标准偏差
3. 人需要改造自然	8.2%	21.4%	27.2%	31.5%	11.6%	3.1670	1.13726
4. 人在改造自然中获得了力量	4.2%	10.1%	18.0%	49.4%	18.0%	3.6718	1.01619

续表

项目	非常不同意	比较不同意	不确定	比较同意	非常同意	平均值	标准偏差
5. 人对自然的改造展示了人的力量和伟大	12.6%	22.7%	22.7%	31.2%	10.6%	3.0465	1.21052

表 2-31　样本 T 检验结果报告

项目	检验值 = 3.6165				
	T	df	显著性（双尾）	平均差异（D）	95%差异数的置信区间	
					下限	上限
3. 人需要改造自然	−21.155	2864	0.000	−0.44948	−0.4911	−0.4078
4. 人在改造自然中获得了力量	2.913	2864	0.004	0.05530	0.0181	0.0925
5. 人对自然的改造展示了人的力量和伟大	−25.203	2864	0.000	−0.56998	−0.6143	−0.5256

3. 人与自然价值的关系

如表 2-32 所示,在"人与自然价值的关系"维度中,76.8%的大学生反对"自然界的价值是人赋予的"($M=1.9804, SD=1.09801$),39.5%的大学生认为"自然界的价值与能否满足人类的需要无关"($M=3.0264, SD=1.29284$)。将两项平均值与自然价值观量表均值进行比较发现,两个题项均值都显著低于总量表均值($T<0, p<0.05$),体现大学生在人与自然价值关系层面上的认同感受与自然价值观总体认同呈现出明显的差异。同时,T 检验结果显示:题项7"自然界的价值与能否满足人类的需要无关"T 值为−32.629,其与总量表均值的差异最为显著($p<0.05$),反映了当前大学生自然价值观中普遍存在的一个价值误区,即因过分崇尚自然而否定人类改造自然行为的合理性,忽略了人类生存和发展的基本需求(见表 2-33)。

表 2-32　样本统计资料

项目	非常不同意	比较不同意	不确定	比较同意	非常同意	平均值	标准偏差
6. 自然界的价值是人赋予的	41.5%	35.3%	9.8%	10.1%	3.2%	1.9804	1.09801
7. 自然界的价值与能否满足人类的需要无关	28.7%	13.9%	17.2%	14.5%	25.0%	3.0264	1.29284

表 2-33　样本 T 检验结果报告

项目	检验值 = 3.6165					
	T	df	显著性（双尾）	平均差异（D）	95%差异数的置信区间	
					下限	上限
6. 自然界的价值是人赋予的	-79.755	2864	0.000	-1.63607	-1.6763	-1.5959
7. 自然界的价值与能否满足人类的需要无关	-32.629	2864	0.000	-0.67878	-0.7196	-0.6380

4. 人与自然的和谐性

在人与自然的和谐性维度中,超过九成的大学生赞同"应树立人与自然和谐相处的观点"($M = 4.5789, SD = 0.73299$),并认同"人对自然的改造应该坚持可持续、绿色的发展理念"($M = 4.5770, SD = 0.75001$)。在均值比较上,题项8与题项9均值相近,并未呈现出明显的差异。同时,T 检验结果显示:两个题项均值均显著高于总量表平均水平($T>0, p<0.05$),数据离散程度较低,大学生对这一维度观点的认知同质性较高,体现出当代大学生强烈的生态保护意识,以及他们对人与自然相和谐的自然观和生态可持续发展理念的高度认同(见表 2-34、表 2-35)。

表 2-34　样本统计资料

项目	非常不同意	比较不同意	不确定	比较同意	非常同意	平均值	标准偏差
8. 应树立人与自然和谐相处的观点	0.8%	1.8%	4.6%	24.2%	68.10%	4.5789	0.73299
9. 人对自然的改造应该坚持可持续、绿色发展理念	0.8%	2.1%	5.1%	22.7%	69.1%	4.5770	0.75001

表 2-35　样本 T 检验结果报告

项目	检验值 = 3.6165					
	T	df	显著性（双尾）	平均差异（D）	95%差异数的置信区间	
					下限	上限
8. 应树立人与自然和谐相处的观点	70.282	2864	0.000	0.96245	0.9356	0.9893
9. 人对自然的改造应该坚持可持续、绿色发展理念	68.550	2864	0.000	0.96053	0.9331	0.9880

(二)"自然价值观"总量表方差分析

为了检测不同群组大学生的自然价值观是否具有显著差异,课题组进行了一系列的方差分析。方差分析结果如表 2-36 所示:学校类别、性别、专业、年级和政治面貌不同的大学生自然价值观存在显著差异($p<0.05$),不同专业和家庭所在地的学生差异不显著。事后多重比较分析发现:985 工程院校与211 工程院校学生均值相近,两者均显著优于其他本科院校和高职高专院校学生。从性别和年级差异看,男生组优于女生组,大二、大三组显著优于大一组;从政治面貌来看,中共党员显著优于其他党派成员和群众,中共党

员与共青团员差异不显著。因此,可以得出:在自然价值观量表中,985 工程院校与 211 工程院校学生、男生组、高年级组、中共党员组的大学生自然价值观表现更积极;相反,高职高专院校、大一组、女生组和非党员学生的表现相对较弱。

表 2-36　"自然价值观"总量表方差分析结果

群组	F	显著性（p）	类别	平均值（M）	标准偏差（SD）
学校类别	2.718	0.028*	985 工程院校	3.6298	0.47551
			211 工程院校	3.6162	0.47396
			其他本科院校	3.4924	0.51846
			高职高专院校	3.4343	0.49555
性别	2.721	0.037*	男	3.6353	0.48836
			女	3.5981	0.46482
专业	0.264	0.852	工学类	3.6208	0.47800
			理学类	3.6060	0.47058
			文史哲类	3.6032	0.46398
			社会科学类	3.6209	0.48985
年级	2.994	0.030*	大一	3.5787	0.46802
			大二	3.6439	0.46730
			大三	3.6328	0.47627
			大四及以上	3.6200	0.50174
政治面貌	3.525	0.014*	中共党员	3.6748	0.47177
			其他党派成员	3.5325	0.52377
			共青团员	3.6080	0.46970
			群众	3.5533	0.62491

群组	F	显著性（p）	类别	平均值（M）	标准偏差（SD）
家庭所在地	0.176	0.913	大城市	3.6025	0.50361
			中小城市	3.6187	0.50295
			县城、乡镇	3.6228	0.44377
			农村	3.6175	0.46262

注：* $p<0.05$。

（三）"自然价值观"各维度方差分析

1. 人对自然的依存性

如表2-37所示，在"人对自然的依存性"维度中，不同院校类别、不同专业和家庭所在地大学生群组的均值存在显著差异（$p<0.05$），性别、年级和政治面貌群组差异不显著。与总量表呈现出的差异不同的是，在这一维度，985工程院校学生优于211工程院校学生，城市组学生优于农村组学生。从专业看，理学类学生优于文史哲学类学生，同时，工学类又明显优于文史哲学类和社会科学类学生，而文史哲学类与社会科学类学生差异不显著。因此可得，在人对自然的依存性维度中，985工程院校组、理工类和大城市组的学生表现更理想，相反，211工程院校、人文社会科学类以及农村组的学生的表现则相对稍差。

表2-37 "人对自然的依存性"维度方差分析结果

群组	F	显著性（p）	类别	平均值（M）	标准偏差（SD）
学校类别	8.587	0.000*	985工程院校	4.3774	0.68663
			211工程院校	4.2239	0.74320
			其他本科院校	4.2778	0.77137
			高职高专院校	4.2727	0.93176

续表

群组	F	显著性（p）	类别	平均值（M）	标准偏差（SD）
性别	1.105	0.675	男	4.3001	0.73863
			女	4.2887	0.71327
专业	8.770	0.000*	工学类	4.3781	0.69652
			理学类	4.3184	0.69362
			文史哲类	4.2194	0.73898
			社会科学类	4.2340	0.76160
年级	1.885	0.130	大一	4.3250	0.70922
			大二	4.2618	0.73185
			大三	4.2613	0.73619
			大四及以上	4.3277	0.72997
政治面貌	1.240	0.294	中共党员	4.2853	0.71034
			其他党派成员	4.1290	0.80589
			共青团员	4.2977	0.72501
			群众	4.4008	0.71237
家庭所在地	3.580	0.013*	大城市	4.3542	0.74587
			中小城市	4.2831	0.73571
			县城、乡镇	4.3350	0.65942
			农村	4.2340	0.76281

注：* p<0.05。

2.人对自然的改造

如表 2-38 所示，在"人对自然的改造"维度中，不同专业、年级、政治面貌群组大学生的均值存在显著差异（$p<0.05$），不同院校、性别和生源地大学生群组的均值差异不显著（$p>0.05$）。事后多重比较发现，社会科学类、高年级组（大二组和大三组）、中共党员学生显著优于理工类、低年级组（大一）和非党员学生。其中，年级群组的差异最明显（$F=4.348, p=0.005$），可见，大一组学生在改造自然与人类发展问题的认知上存在更多的误区和疑惑,表现出更多的不确定。

表 2-38 "人对自然的改造"维度方差分析结果

群组	F	显著性（p）	类别	平均值（M）	标准偏差（SD）
学校类别	2.261	0.060	985 工程院校	3.2827	0.90208
			211 工程院校	3.3254	0.92787
			其他本科院校	3.0926	0.92258
			高职高专院校	3.0000	1.27366
性别	1.105	0.675	男	3.3351	0.94557
			女	3.2562	0.88945
专业	3.942	0.008*	工学类	3.2401	0.93828
			理学类	3.2162	0.89847
			文史哲类	3.3303	0.88496
			社会科学类	3.3643	0.92183
年级	4.348	0.005*	大一	3.2071	0.92047
			大二	3.3528	0.92217
			大三	3.3412	0.87625
			大四及以上	3.3038	0.95067
政治面貌	2.974	0.031*	中共党员	3.4036	0.91039
			其他党派成员	3.2796	0.80782
			共青团员	3.2752	0.91002
			群众	3.1971	1.13703
家庭所在地	0.933	0.424	大城市	3.2590	0.92631
			中小城市	3.3135	0.92598
			县城、乡镇	3.2651	0.90758
			农村	3.3279	0.91796

注:* $p < 0.05$。

3.人与自然价值的关系

如表 2-39 所示,在"人与自然价值的关系"维度中,不同性别、年级和政治面貌的大学生其认同表现存在显著差异($p<0.05$),不同院校、专业和生源地群组的大学生差异未达到显著水平($p>0.05$)。事后多重比较发现:与总量表相似,在这一维度中,男生组、高年级组、党员组显著优于女生组、低年级和非党员组。可见,男生组、高年级组学生和中共党员组学生对人类改造自然与自然价值关系问题的认知相对理性,相反,女生组、低年级组和非党员学生对这一问题的认知相对感性,在看待人与自然的关系问题时,后者更倾向于将自然置于中心位置去否定人类改造自然满足人类生存、发展行为的合理性。

表 2-39 "人与自然价值的关系"维度方差分析结果

群组	F	显著性（p）	类别	平均值（M）	标准偏差（SD）
学校类别	0.985	0.414	985 工程院校	2.4368	0.90951
			211 工程院校	2.4847	0.91646
			其他本科院校	2.3935	0.93990
			高职高专院校	2.1364	0.95108
性别	2.380	0.017*	男	2.5003	0.93961
			女	2.4190	0.88725
专业	0.934	0.423	工学类	2.4643	0.90199
			理学类	2.4999	0.94317
			文史哲类	2.4099	0.89692
			社会科学类	2.4728	0.93563
年级	6.289	0.000*	大一	2.3549	0.88374
			大二	2.5178	0.91093
			大三	2.5292	0.91936
			大四及以上	2.4640	0.94883

续表

群组	F	显著性（p）	类别	平均值（M）	标准偏差（SD）
政治面貌	3.733	0.011*	中共党员	2.5688	0.92831
			其他党派成员	2.6935	0.72661
			共青团员	2.4349	0.90777
			群众	2.3871	1.02185
家庭所在地	0.823	0.481	大城市	2.4260	0.93125
			中小城市	2.4977	0.96253
			县城、乡镇	2.4509	0.88618
			农村	2.4437	0.87159

注:* $p < 0.05$。

4. 人与自然的和谐性

如表 2-40 所示,在"人与自然的和谐性"维度中,仅有政治面貌群组的大学生均值差异达到显著水平($p < 0.05$),不同院校、专业、年级和生源地的大学生均值差异不显著($p > 0.05$)。事后多重比较发现,中共党员与共青团员均值相近,两者均显著高于其他党派成员和群众组。此外,985 工程院校组、工学类、大一组和家庭来自农村的大学生的表现优于其他群组学生,但差异都未达到显著水平,群组间差异较小。同时,各群组均值都高于 4,处于"比较同意"水平,并倾向于"非常同意",不同群组大学生的态度具有较高的同质性,体现了当代大学生较强的生态保护意识以及他们对可持续发展理念的高度认同。

表 2-40 "人与自然的和谐性"维度方差分析结果

群组	F	显著性（p）	类别	平均值（M）	标准偏差（SD）
学校类别	2.023	0.089	985 工程院校	4.5957	0.64813
			211 工程院校	4.5761	0.68342
			其他本科院校	4.4054	0.85696
			高职高专院校	4.5455	0.65017

续表

群组	F	显著性（p）	类别	平均值（M）	标准偏差（SD）
性别	1.765	0.084	男	4.5558	0.69368
			女	4.5995	0.65829
专业	0.998	0.393	工学类	4.5911	0.66470
			理学类	4.5847	0.62774
			文史哲类	4.5899	0.66956
			社会科学类	4.5406	0.72331
年级	1.910	0.126	大一	4.6138	0.67873
			大二	4.5886	0.64081
			大三	4.5455	0.68965
			大四及以上	4.5427	0.70145
政治面貌	6.340	0.000*	中共党员	4.5771	0.63544
			其他党派成员	4.1545	0.96771
			共青团员	4.5908	0.67063
			群众	4.4063	0.84550
家庭所在地	3.205	0.022	大城市	4.5428	0.68418
			中小城市	4.5329	0.72318
			县城、乡镇	4.6191	0.65099
			农村	4.6090	0.63578

注：* $p < 0.05$。

三、历史价值观

如表 2-41 所示，历史价值观总量表均值为 3.3580（$SD = 0.42567$）。在历史价值观的三个维度中，"唯物史观认知与态度"均值最高（$M = 3.5753$，$SD = 0.57536$），其次依次是"对中国近现代历史的认知与态度"（$M = 3.3181$，$SD = 0.47277$）、"对历史发展趋势的认知与态度"（$M = 3.2673$，$SD = 0.58726$），各维度均值均大于3,说明大学生历史价值观总体正向积极,但同时又存在部分大学生对某些历史观点、对资本主义和社会主义前途与命运以及历史未来发展趋势的困惑和不确定。

将三个维度均值与总量表均值进行方差分析,表2-42中,其结果显示:三个维度均值与总维度均值差异均达到显著水平,其中"唯物史观认知与态度"维度T值为20.212,显著性(双尾)p值为0.00,该维度均值显著高于总量表平均水平,其与总量表均值的差异显著程度最高。相反,"对中国近现代历史的认知与态度"和"对历史发展趋势的认知与态度"T值均为负值,显著性(双尾)p值小于0.05,表明两个维度均值都显著低于历史价值观总量表均值。依据方差分析结果可以看出,多数大学生有正确的历史观认知,能够自觉以历史唯物主义的立场、方法去看待历史,承认历史发展的客观性与规律性,但是,在中国近代革命的历史意义、历史人物是非定论与中国共产党的功过评价等诸多问题上,还有相当一部分的大学生存在偏误,同时,还有部分大学生对社会历史发展的必然趋势认识不清,对共产主义实现的必然性信心不足。

表2-41　各维度样本统计资料(n=2865)

维度	平均值	标准偏差	标准错误平均值
唯物史观认知与态度	3.5753	0.01075	0.57536
对中国近现代历史的认知与态度	3.3181	0.00883	0.47277
对历史发展趋势的认知与态度	3.2673	0.01097	0.58726
历史价值观(总体)	3.3580	0.00795	0.42567

表2-42　各维度样本T检验结果报告

维度	检测值 = 3.3580(J)					
	T	df	显著性(双尾)	平均差异(D)	95%差异数的置信区间	
					下限	上限
唯物史观认知与态度	20.212	2864	0.000	0.21726	0.1962	0.2383

续表

维度	检测值 = 3.3580（J）					
	T	df	显著性（双尾）	平均差异（D）	95%差异数的置信区间	
					下限	上限
对中国近现代历史的认知与态度	-4.521	2864	0.000	-0.03993	-0.0572	-0.0226
对历史发展趋势的认知与态度	-8.263	2864	0.000	-0.09066	-0.1122	-0.0691

（一）历史价值观各维度分析

1. 唯物史观认知与态度

如表2-43所示,在"唯物史观基本认知与态度"维度上,86.2%的大学生同意"社会历史有其客观发展规律"($M=4.2922, SD=0.85349$),61.5%的学生赞同"对历史的解读应该坚持人民立场、进步立场"($M=3.6709, SD=1.00995$),并有超过半数的大学生反对"历史是胜利者的言说,没有客观真实性可言"($M=3.4560, SD=1.10953$)。这些数据表明在社会历史的客观性和规律性以及看待历史的态度和立场上,绝大部分大学生是客观和理性的,对历史有着正确的价值判断和相对理性的认知。另外,有52.1%的大学生对"唯物史观应成为理解历史的理论指导或依据"表示反对或是不确定,在坚持唯物史观在历史研究领域的指导地位问题上,大学生表现出了更低程度的认同。

在各个题项均值的比较中,题项1"社会历史有其客观发展规律"均值最高,其均值远高于同维度其他子项目,并显著高于历史价值观总量表均值($T=58.588, p<0.05$)。同时,该题项数据离散程度较低,数据具有较高的同质性,表明大学生对社会历史发展的客观规律性持普遍肯定的态度。同时,题项3"对历史的解读应该坚持人民立场、进步立场"均值也与历史价值观总量表均值呈现出较大的差异性($T=16.581, p<0.05$),体现多数大学生在认识和解读

历史的过程中能够坚持正确的政治立场性和价值取向。相反的是,在题项2关于历史是非判断标准的客观性上,大学生表现稍差,说明受历史虚无主义等不良思潮的影响,部分大学生对历史的客观性、真实性存在质疑,甚至有部分学生否认唯物史观,质疑其在史学研究领域以及对个人历史观的指导意义(见表2-44)。

表2-43　样本统计资料

项目	非常不同意	比较不同意	不确定	比较同意	非常同意	平均值	标准偏差
1.社会历史有其客观发展规律	1.2%	3.3%	8.9%	37.9%	48.3%	4.2922	0.85349
2.历史"没有对错,只有成败"	13.2%	27.4%	22.1%	29.9%	13.1%	3.0354	1.25034
3.对历史的解读应该坚持人民立场、进步立场	3.1%	9.4%	25.8%	40.3%	21.2%	3.6709	1.00995
4.历史是胜利者的言说,没有客观真实性可言	17.7%	37.0%	22.7%	4.6%	17.6%	3.4560	1.10953
5.唯物史观应成为理解历史的理论指导或依据	3.2%	10.4%	37.7%	37.2%	10.7%	3.4218	0.92540

表2-44　样本 T 检验结果报告

项目	检验值 = 3.3580(J)					
	T	df	显著性(双尾)	平均差异(I-J)	95%差异数的置信区间	
					下限	上限
1.社会历史有其客观发展规律	58.588	2864	0.000	0.93422	0.9030	0.9655

续表

项目	检验值 = 3.3580（J）					
	T	df	显著性（双尾）	平均差异（I-J）	95%差异数的置信区间	
					下限	上限
2.历史"没有对错,只有成败"	−13.811	2864	0.000	−0.32262	−0.3684	−0.2768
3.对历史的解读应该坚持人民立场、进步立场	16.581	2864	0.000	0.31286	0.2759	0.3499
4.历史是胜利者的言说,没有客观真实性可言	4.728	2864	0.000	0.09801	0.0574	0.1387
5.唯物史观应成为理解历史的理论指导或依据	3.692	2864	0.000	0.06383	0.0299	0.0977

2. 对中国近现代历史的认知与态度

如表2-45所示,在"对中国近现代历史的认知与态度"维度中,题项11"近代以来中国革命造成流血牺牲、社会动荡、经济停滞,只起破坏性作用"均值最高($M=4.0098, SD=0.95201$),并与理论平均值(历史价值观总维度均值)呈现出显著的差异($T=36.647, p<0.05$),T值为正值,表明该题项均值显著高于历史价值观总量表平均水平(见表2-46)。从频率上看,对这一观点持反对态度的大学生占到样本总数的76.4%,表明多数的大学生能够正确地认识到特定历史条件下革命发生的必然性以及中国近代以来的革命起到的积极作用,明确地反对历史虚无主义者散播的"革命无用论"。同样,频率统计数据也显示,七成以上的大学生赞同"近代中国社会是一个半殖民地半封建社会",超过半数的大学生赞同"中国近代历史证明了中国走上社会主义道路是必然的",两个题项均值均显著高于维度平均值($T>0, P<0.05$),反映出中学和大学阶段的近现代历史教育使大学生具备一定的历史共识,他们能够正确认识到近代中国的社会性质和中国走社会主义道路的必然性。

另外,在对近现代历史人物的评价和史学研究的客观性上,接近五成的受访大学生认为"近现代历史对一些人物(如李鸿章)的评价存在歪曲,应为其

'平反'"($M=2.5465$,$SD=0.84981$),1/4 左右的学生认同"近代西方列强的侵略带来了西方文明,帮助了中国发展"($M=2.9824$,$SD=1.04726$),并支持观点"近现代历史对共产党抗日存在共产党的主观歪曲,应在反思的基础上重写"($M=2.7512$,$SD=0.98786$)。这些观点中还有近 30% 甚至是超出 30% 比例的大学生表示不确定或是说不清。将三个题项均值与历史价值观总量表均值进行比较,发现三个题项 T 值为负值,差异达到显著水平($p<0.05$),即三个题项均值均显著低于总量表均值。这些题项均为历史虚无主义思潮的代表性观点,受访大学生对这些观点的认同反映出当前大学生受历史虚无主义思潮影响的客观性,部分大学生接受了历史虚无主义思潮的这些错误观点,还有部分学生分辨不清这些观点的对错。

同时,1/5 的大学生表示"当看到'揭秘'、重评近现代历史等观点时,会不由自主地相信"($M=3.4283$,$SD=1.00736$),一方面体现了历史虚无主义观点的迷惑性,致使一部分大学生难以辨别其理论的实质;另一方面,也反映出特定年龄阶段大学生认知的盲目性、猎奇性,他们往往出于猎奇心理,不加辨别地接受歪曲历史的言论,并在不自觉中受到了错误观点的误导,从而对近现代历史事件、历史人物评价的客观性以及社会历史发展的必然性和规律性产生错误的认识。

表 2-45　样本统计资料

项目	非常不同意	比较不同意	不确定	比较同意	非常同意	平均值	标准偏差
6. 近代西方列强的侵略带来了西方文明,帮助了中国发展	8.8%	23.0%	29.5%	33.3%	4.5%	2.9824	1.04726
7. 近现代历史对一些人物(如李鸿章)的评价存在歪曲,应为其"平反"	1.8%	9.2%	39.8%	39.8%	9.1%	2.5465	0.84981

项目	非常 不同意	比较 不同意	不确定	比较 同意	非常 同意	平均值	标准 偏差
8. 近现代历史对共产党抗日存在共产党的主观歪曲,应在反思的基础上重写	4.6%	16.6%	37.1%	32.6%	9.0%	2.7512	0.98786
9. 近代中国社会是一个半殖民地半封建社会	2.7%	7.0%	15.3%	50.7%	24.0%	3.8673	0.94557
10. 中国近代历史证明了中国走上社会主义道路是必然的	4.2%	11.7%	29.6%	35.6%	17.9%	3.5181	1.04588
11. 近代以来中国革命造成流血牺牲、社会动荡、经济停滞,只起破坏性作用	34.1%	42.3%	14.9%	6.6%	1.7%	4.0098	0.95201
12. 近代中国如果走上资本主义道路能更好地实现发展	14.6%	28.4%	46.0%	7.8%	2.9%	3.4409	0.93177
13. 当看到"揭秘"、重评近现代历史等观点时,会不由自主地相信	14.7%	34.8%	31.2%	16.8%	2.3%	3.4283	1.00736

表 2-46 样本 T 检验结果报告

项目	检验值 = 3.3580(J)					
	T	df	显著性 (双尾)	平均差异 (I-J)	95%差异数的置信区间	
					下限	上限
6. 近代西方列强的侵略带来了西方文明,帮助了中国发展	-19.197	2864	0.000	-0.37559	-0.4140	-0.3372

续表

项目	检验值 = 3.3580（J）					
	T	df	显著性（双尾）	平均差异（I-J）	95%差异数的置信区间	
					下限	上限
7. 近现代历史对一些人物(如李鸿章)的评价存在歪曲,应为其"平反"	-51.111	2864	0.000	-0.81146	-0.8426	-0.7803
8. 近现代历史对共产党抗日存在共产党的主观歪曲,应在反思的基础上重写	-32.877	2864	0.000	-0.60678	-0.6430	-0.5706
9. 近代中国社会是一个半殖民地半封建社会	28.827	2864	0.000	0.50925	0.4746	0.5439
10. 中国近代历史证明了中国走上社会主义道路是必然的	8.196	2864	0.000	0.16014	0.1218	0.1985
11. 近代以来中国革命造成流血牺牲、社会动荡、经济停滞,只起破坏性作用	36.647	2864	0.000	0.65181	0.6169	0.6867
12. 近代中国如果走上资本主义道路能更好地实现发展	4.760	2864	0.000	0.08287	0.0487	0.1170
13. 当看到"揭秘"、重评近现代历史等观点时,会不由自主地相信	3.737	2864	0.000	0.07032	0.0334	0.1072

3. 对历史发展趋势的认知与态度

在"对历史发展趋势的认知与态度"层面中,60.2%的大学生反对"资本主义制度是迄今为止最好的制度"($M=3.7463,SD=1.02468$),同时有 26.3%的学生赞同"社会主义与资本主义可以永远并驾齐驱,各自发展"($M=3.1504,SD=1.05394$),并有相当比例的大学生对"中国今天的发展显示出社会主义相对于资本主义的优越性"($M=3.1381,SD=1.00341$)持肯定态度,表明当代大学生对历史形态发展的阶段性有着理性的认知,他们否认人类文明会终结于资本主义,也不认为资本主义制度是当前最好的制度。但是,许多大学生也表现出对社会主义制度的成就信心不足,对社会历史发展的必然趋势和资本主义与社会主义未来命运认识不清,因此,他们在关于资本主义和社会主义前途与命运问题上呈现出了更多的困惑。从频率来看,1/5 的受访大学生赞同"社会主义国家和资本主义国家将来都差不多",超过 1/4 的大学生反对"社会主义必然战胜资本主义",两个题项中表示"不确定"的学生占比超过 2/5;在共产主义是否必然会实现这一问题上,24.7% 的学生持否定态度,43.8% 的学生表示说不清(见表 2-47)。

T 检验结果显示(见表 2-48),题项 14"资本主义制度是迄今为止最好的制度"均值最高,其均值显著高于历史价值观总量表均值($T=20.285, p<0.05$)。除题项 14,其余题项均低于总量表均值,其中,题项 17"社会主义必然战胜资本主义"($M=3.0200, SD=1.01454$)均值最低,其均值显著低于历史价值观总量表平均水平($T=-17.835, p<0.05$)。从这些数据可以看出当代大学生价值观具有理性、不盲从的特征,一方面,他们肯定社会历史形态是不断发展的,并未对什么是人类最好的制度下定论,并且不认为资本主义制度是最好的制度;另一方面,他们更为务实和理性,看重社会经济、政治发展的成效,对共产主义社会理想抱以较低的期待。他们既对发展已经成熟的资本主义制度心存质疑,又对发展尚处于初级阶段的社会主义制度信心不足,当代大学生的这一心理特性值得特别关注和重视。

表 2-47 样本统计资料

项目	非常不同意	比较不同意	不确定	比较同意	非常同意	平均值	标准偏差
14. 资本主义制度是迄今为止最好的制度	27.2%	33.0%	29.6%	7.1%	2.9%	3.7463	1.02468
15. 社会主义与资本主义可以永远并驾齐驱,各自发展	11.7%	23.4%	38.4%	20.7%	5.6%	3.1504	1.05394

续表

项目	非常 不同意	比较 不同意	不确定	比较 同意	非常 同意	平均值	标准 偏差
16.社会主义国家和资本主义国家将来都差不多	11.6%	25.2%	42.8%	14.7%	5.3%	3.2318	1.01155
17.社会主义必然战胜资本主义	7.6%	17.8%	48.9%	15.6%	9.7%	3.0200	1.01454
18.中国今天的发展显示出社会主义相对于资本主义的优越性	4.9%	20.1%	40.3%	24.6%	9.5%	3.1381	1.00341
19.共产主义必然会实现	8.7%	16.0%	43.8%	19.5%	11.7%	3.0952	1.07669

表 2-48　样本 T 检验结果报告

项目	检测值 = 3.3018（J）					
	T	df	显著性 （双尾）	平均差异 （I-J）	95％差异数的置信区间	
					下限	上限
14.资本主义制度是迄今为止最好的制度	20.285	2864	0.000	0.38833	0.3508	0.4259
15.社会主义与资本主义可以永远并驾齐驱,各自发展	-10.543	2864	0.000	-0.20760	-0.2462	-0.1690
16.社会主义国家和资本主义国家将来都差不多	-6.678	2864	0.000	-0.12621	-0.1633	-0.0892
17.社会主义必然战胜资本主义	-17.835	2864	0.000	-0.33805	-0.3752	-0.3009
18.中国今天的发展显示出社会主义相对于资本主义的优越性	-11.728	2864	0.000	-0.21985	-0.2566	-0.1831
19.共产主义必然会实现	-13.063	2864	0.000	-0.26276	-0.3022	-0.2233

（二）历史价值观总量表方差分析

为了检测不同群组大学生历史价值观方面是否具有显著差异,我们进行了一系列的方差分析。方差分析结果如表 2-49 所示:在历史价值观量表中,学校类别、性别、专业、政治面貌以及家庭居住地群组的大学生存在显著差异($p<0.05$)。事后多重比较分析发现:211 工程院校学生显著优于 985 工程院校和其他本科院校学生,女生表现显著优于男生,文史哲学类、社会科学类和工学类学生又显著优于理学类学生;从政治面貌来看,中共党员显著优于共青团员、其他党派成员和群众,同时,共青团员又显著优于群众;从生源地来看,农村组、县城(乡镇)组以及中小城市组学生要显著优于大城市组学生,同时,农村组学生又显著优于中小城市组学生。因此,可以得出:在历史价值观量表中,211 工程院校组、女生组、文史哲学类、中共党员和家庭来自农村的大学生的认知表现要比理学类、男生组、非党员和来自城市的大学生更积极和正向。

表 2-49　"历史价值观"总量表方差分析结果

群组	F	显著性（p）	类别	平均值（M）	标准偏差（SD）
学校类别	13.477	0.000*	985 工程院校	3.3051	0.40135
			211 工程院校	3.4137	0.44342
			其他本科院校	3.2456	0.35978
			高职高专院校	3.4640	0.49538
性别	4.569	0.000*	男	3.3213	0.42812
			女	3.3938	0.42049
专业	7.770	0.000*	工学类	3.3551	0.41333
			理学类	3.2659	0.39427
			文史哲类	3.3944	0.46054
			社会科学类	3.3742	0.41939

群组	F	显著性（p）	类别	平均值（M）	标准偏差（SD）
年级	1.012	0.386	大一	3.3499	0.39031
			大二	3.3538	0.43441
			大三	3.3829	0.45767
			大四及以上	3.3470	0.42989
政治面貌	31.316	0.000*	中共党员	3.5055	0.46296
			其他党派成员	3.2644	0.37351
			共青团员	3.3368	0.40952
			群众	3.1342	0.42590
家庭所在地	12.429	0.000*	大城市	3.2599	0.42203
			中小城市	3.3482	0.42035
			县城、乡镇	3.3706	0.41060
			农村	3.4132	0.44030

注：* $p < 0.05$。

（三）历史价值观各维度方差分析

1. 唯物史观认识与态度

如表2-50所示，在"唯物史观基本认识与态度"维度中，学校类别、性别、专业、政治面貌以及家庭所在地群组大学生的均值呈现出显著差异（$p < 0.05$），不同年级群组的大学生差异未达到显著水平。与总量表相似的是，在这一维度中，211工程院校组、女生组、文史哲学类、中共党员、农村组学生明显优于985院校组、男生组、工学类、非党员和城市组学生。在这5个差异显著的群组中，政治面貌不同的大学生差异程度最显著（$F = 11.775, p = 0.000$），中共党员组均值明显高于其他群组，体现党员较高的理论认识水平。此外，工学类、男生组和非党员组学生均值明显低于其他群组，说明工学类学生对历史

唯物主义认同度较低,亟须加强对工学类、男生以及非党员学生的唯物史观教育。

表 2-50　"唯物史观认识与态度"维度方差分析结果

群组	F	显著性（p）	类别	平均值（M）	标准偏差（SD）
学校类别	4.088	0.003*	985 工程院校	3.5371	0.55740
			211 工程院校	3.6112	0.58892
			其他本科院校	3.5204	0.56100
			高职高专院校	3.8909	0.68914
性别	4.602	0.000*	男	3.5251	0.57357
			女	3.6241	0.57329
专业	8.137	0.000*	工学类	3.4505	0.54834
			理学类	3.5624	0.55013
			文史哲类	3.6117	0.61616
			社会科学类	3.6154	0.57789
年级	0.649	0.584	大一	3.5636	0.54480
			大二	3.5816	0.59943
			大三	3.5978	0.59129
			大四及以上	3.5584	0.57256
政治面貌	11.775	0.000*	中共党员	3.6846	0.60554
			其他党派成员	3.5207	0.53389
			共青团员	3.5620	0.56570
			群众	3.3373	0.56235
家庭所在地	3.503	0.015*	大城市	3.5134	0.60952
			中小城市	3.5636	0.55941
			县城、乡镇	3.5791	0.55150
			农村	3.6226	0.59618

注：* $p < 0.05$。

2. 对中国近现代历史的认知与态度

如表 2-51 所示,在"对中国近现代历史的认知与态度"维度中,不同学校类别、性别、专业、政治面貌和家庭所在地大学生的均值存在显著差异($p<0.05$),而不同专业和年级分组的大学生均值差异未达到显著水平。与历史价值观总量表相似,这一维度中,985、211 工程院校组、女生组、党员和来自农村家庭的学生对主流史学关于中国近现代历史的定论持更积极的认同态度,他们受历史虚无主义思潮影响程度相对较轻。相反,理学类、男生组、非党员和大城市组学生对历史虚无主义思潮相关观点的赞同程度要明显高于其他群组学生,说明理学类、男大学生、非党员和大城市组学生受历史虚无主义思潮的影响程度更明显,其中,党员与非党员的差异最为显著($F = 20.367,p = 0.00$),这在某种程度上说明多数党员学生面对错误的历史言论时能坚持历史唯物主义的价值立场和客观理性的态度,对历史虚无主义思潮有较强的抵抗力。

表 2-51 "对中国近现代历史的认知与态度"维度方差分析结果

群组	F	显著性(p)	类别	平均值(M)	标准偏差(SD)
学校类别	7.884	0.000*	985 工程院校	3.2813	0.45504
			211 工程院校	3.3625	0.48702
			其他本科院校	3.1806	0.41169
			高职高专院校	3.3407	0.57597
性别	3.059	0.002*	男	3.2907	0.48124
			女	3.3447	0.46317
专业	1.457	0.224	工学类	3.3304	0.47952
			理学类	3.2718	0.45318
			文史哲类	3.3232	0.47972
			社会科学类	3.3227	0.46702

续表

群组	F	显著性（p）	类别	平均值（M）	标准偏差（SD）
年级	0.983	0.400	大一	3.3202	0.43830
			大二	3.2950	0.47544
			大三	3.3373	0.50753
			大四及以上	3.3223	0.48086
政治面貌	20.367	0.000*	中共党员	3.4509	0.50900
			其他党派成员	3.1774	0.43514
			共青团员	3.2995	0.45893
			群众	3.1263	0.46899
家庭所在地	5.255	0.001*	大城市	3.2512	0.44430
			中小城市	3.3088	0.48693
			县城、乡镇	3.3204	0.45392
			农村	3.3627	0.48775

注：* p<0.05。

3. 对历史发展趋势的认识与态度

如表 2-52 所示，在"对历史发展趋势的认识与态度"维度中，不同院校类别、性别、专业、政治面貌和家庭所在地的大学生均值存在显著差异（$p <$ 0.05）。事后多重比较发现该维度方差分析结果与总量表结果相似，211 工程院校组、女生组、人文社会科学类、党员和农村组的学生对社会主义未来发展、共产主义的必然实现持更积极和乐观的态度。相反，理学类和非党员以及大城市组的学生则呈现出对社会主义和共产主义信心相对不足，更多地抱以质疑和不确定的态度。

表 2-52 "对历史发展趋势的认识与态度"维度方差分析结果

群组	F	显著性（p）	类别	平均值（M）	标准偏差（SD）
学校类别	18.718	0.000*	985 工程院校	3.1734	0.56588
			211 工程院校	3.3601	0.60211
			其他本科院校	3.1548	0.44285
			高职高专院校	3.2727	0.54005
性别	2.588	0.010*	男	3.2386	0.59790
			女	3.2953	0.57576
专业	10.189	0.000*	工学类	3.2525	0.56760
			理学类	3.1403	0.55679
			文史哲类	3.3478	0.61639
			社会科学类	3.2782	0.58916
年级	1.631	0.180	大一	3.2385	0.55940
			大二	3.2801	0.58932
			大三	3.3010	0.61105
			大四及以上	3.2565	0.59983
政治面貌	35.359	0.000*	中共党员	3.4948	0.63594
			其他党派成员	3.2028	0.51080
			共青团员	3.2304	0.56313
			群众	2.9927	0.61439
家庭所在地	20.133	0.000*	大城市	3.0856	0.59327
			中小城市	3.2602	0.56881
			县城、乡镇	3.2970	0.58533
			农村	3.3511	0.58591

注：* p<0.05。

四、社会价值观

如表 2-53 所示,社会价值观量表(总体)均值为 3.5039($SD=$ 0.51398),所包含的五个维度中,"对中国共产党领导地位的态度与立场"均值最高($M=3.7685, SD=0.70477$),其次依次为"对马克思主义指导思想的态度与立场"($M=3.7668, SD=0.61392$)、"对中国特色社会主义道路的态度与立场"($M=3.6848, SD=0.65538$)、"对中国当前政治经济制度的态度与立场"($M=3.3582, SD=0.57317$)以及"对社会主义意识形态的态度与立场"($M=2.9413, SD=0.57703$)。从均值看,社会价值观总量表均值大于 3,主流积极健康。同时,除"对社会主义意识形态的态度与立场"外,各维度均值都大于 3,说明大学生对马克思主义指导思想、中国共产党领导、中国特色社会主义道路和制度总体持比较认同的态度。

将五个维度与社会价值观的总量表均值进行差异检测发现,"对社会主义意识形态的态度与立场"维度与总量表均值差异最显著,T 值为-52.188,双尾显著性 p 值为 0.00,表明该维度均值低于总量表均值,并达到显著水平。同样,"对中国当前政治经济制度的态度与立场"维度均值也显著低于总量表平均值($T=-13.609, p=0.00$),说明受访大学生对社会主义意识形态以及中国当前政治制度的正向认同度明显低于对中国共产党、中国特色社会主义和马克思主义理论的认同。"对马克思主义指导思想的态度与立场"、"对中国共产党领导地位的态度与立场"与"对中国特色社会主义道路的态度与立场"三个维度均值均高于总量表平均值。其中,"对马克思主义指导思想的态度与立场"与总量表差异最显著($T=22.212, p=0.00$),说明大学生对马克思主义指导思想有很高的认同度(见表 2-54)。

表 2-53　各维度样本统计资料（n=2865）

维度	平均值	标准偏差	标准错误平均值
对中国特色社会主义道路的态度与立场	3.6848	0.65538	0.01224
对马克思主义指导思想的态度与立场	3.7668	0.61392	0.01147
对中国共产党领导地位的态度与立场	3.7685	0.70477	0.01317
对中国当前政治经济制度的态度与立场	3.3582	0.57317	0.01071
对社会主义意识形态的态度与立场	2.9413	0.57703	0.01078
社会价值观总维度	3.5039	0.51398	0.00960

表 2-54　各维度样本 T 检验结果报告

维度	检验值 = 3.5039（J）					
	T	df	显著性（双尾）	平均差异（I-J）	95%差异数的置信区间	
					下限	上限
对中国特色社会主义道路的态度与立场	14.776	2864	0.000	0.18091	0.1569	0.2049
对马克思主义指导思想的态度与立场	22.918	2864	0.000	0.26286	0.2404	0.2854
对中国共产党领导地位的态度与立场	20.094	2864	0.000	0.26457	0.2388	0.2904
对中国当前政治经济制度的态度与立场	-13.609	2864	0.000	-0.14573	-0.1667	-0.1247
对社会主义意识形态的态度与立场	-52.188	2864	0.000	-0.56261	-0.5838	-0.5415

（一）社会价值观各维度分析

1. 对中国特色社会主义道路的态度与立场

在"对中国特色社会主义道路的态度与立场"维度,有 70.7% 的受访大学生认同"中国特色社会主义事业的前途是光明的",56.9% 的大学生认为"中国特色社会主义与资本主义有着本质区别",67.4% 的学生对"实现中国现代化必须继续走中国特色社会主义道路"持肯定态度,表明在对中国特色社会主义的前途上,绝大多数大学生是持积极肯定态度的。但是,15.9%的大学生反对"中国特色社会主义与资本主义有着本质区别",11.8%的大学生反对"中国发展必须以社会主义、共产主义理想引领",并有 24.7%的大学生表示"有过对社会主义或中国特色社会主义道路的怀疑",1/3 的大学生表示"不确定",这也说明尽管大学生肯定中国特色社会主义的前途是光明的,但仍有部分学生不能认清社会主义与资本主义的本质区分,不能认识到中国走社会主义道路的必然性。接近 1/4 的大学生表示有过对中国特色社会主义道路的怀疑,体现了当代大学生在价值思考与选择过程中存在的关于社会主义与资本主义本质区分与优越性的现实困惑(见表 2-55)。

在题项均值差异比较上,题项 4"中国特色社会主义追求的是人民幸福安康"均值最高($M=3.8893, SD=0.90680$),并显著高于社会价值观维度均值($T=22.750, p<0.05$);与之均值相近的题项 1"中国特色社会主义事业的前途是光明的"均值也远高于其他项目均值($M=3.8716, SD=0.87523$),并与社会价值观维度均值呈现出显著差异($T=22.489, p<0.05$),表明大学生对中国特色社会主义的价值追求和前途命运有着较高的认同(见表 2-56)。在该维度所有子项目中,题项 6"有过对社会主义或中国特色社会主义道路的怀疑"均值最低,数值离散程度较高($M=3.3048, SD=1.09597$),表明受访大学生在这一问题上态度差异明显,均值偏低,说明尽管当代大学生普遍肯定和支持中国特色社会主义事业,但也存在一部分大学生对中国特色社会主义道路与事业抱有疑惑。

表 2-55　样本统计资料

项目	非常 不同意	比较 不同意	不确定	比较 同意	非常 同意	平均值	标准 偏差
1. 中国特色社会主义事业的前途是光明的	1.7%	4.0%	23.3%	47.1%	23.6%	3.8716	0.87523

续表

项目	非常不同意	比较不同意	不确定	比较同意	非常同意	平均值	标准偏差
2. 实现中国现代化必须继续走中国特色社会主义道路	2.0%	5.7%	24.6%	43.1%	24.3%	3.8217	0.93022
3. 中国特色社会主义与资本主义有着本质区别	3.3%	12.6%	26.9%	36.5%	20.4%	3.5833	1.04877
4. 中国特色社会主义追求的是人民幸福安康	1.6%	6.1%	19.3%	47.4%	25.3%	3.8893	0.90680
5. 中国发展必须以社会主义、共产主义理想引领	2.8%	9.0%	29.1%	39.4%	19.4%	3.6381	0.98306
6. 有过对社会主义或中国特色社会主义道路的怀疑	16.2%	26.9%	31.7%	20.4%	4.3%	3.3048	1.09597

表 2-56 样本 T 检验结果报告

项目	检测值 = 3.5039(J)				
	T	df	显著性（双尾）	平均差异（I-J）	95%差异数的置信区间	
					下限	上限
1. 中国特色社会主义事业的前途是光明的	22.489	2864	0.000	0.36773	0.3357	0.3998
2. 实现中国现代化必须继续走中国特色社会主义道路	18.287	2864	0.000	0.31782	0.2837	0.3519
3. 中国特色社会主义与资本主义有着本质区别	4.054	2864	0.000	0.07943	0.0410	0.1179
4. 中国特色社会主义追求的是人民幸福安康	22.750	2864	0.000	0.38542	0.3522	0.4186

续表

项目	检测值 = 3.5039(J)					
	T	df	显著性（双尾）	平均差异（I-J）	95%差异数的置信区间	
					下限	上限
5.中国发展必须以社会主义、共产主义理想引领	7.306	2864	0.000	0.13418	0.0982	0.1702
6.有过对社会主义或中国特色社会主义的道路的怀疑	-9.723	2864	0.000	-0.19909	-0.2392	-0.1589

2. 对中国共产党领导地位的态度与立场

如表 2-57 所示，在这一维度中，题项 8"共产党的领导是历史和人民的选择"均值最高（$M=3.9485, SD=0.91455$），其均值显著高于社会价值观总量表均值（$T=26.024, p<0.05$）。题项 7"共产党是中华民族的先锋队"（$M=3.9140, SD=0.91481$）、题项 9"共产党的利益和人民的利益在根本上是一致的"（$M=3.8432, SD=0.97807$）与题项 8 均值相近，对这三个题项持赞同态度的大学生占到了 68.3%~75.2%，体现出当代大学生普遍肯定中国共产党的先进性以及党执政地位确立的历史必然性。基于此，五分之三左右的大学生同意"有共产党的正确领导，中华民族一定会实现伟大复兴"（$M=3.7130, SD=0.95608$），接近七成的学生相信"共产党有反腐倡廉的决心和能力"（$M=3.8175, SD=0.94135$），这两个项目的均值都显著高于理论水平（$T>0, p<0.05$），可见多数大学生对党的执政和建设能力持以信任态度。

需要注意的是，即便多数大学生肯定党的利益与人民利益的一致性，相信在中国共产党领导下中华民族能够实现民族复兴，但也有 13.6% 的大学生反对"只有共产党才能领导人民发展中国、捍卫中国"（$M=3.4958, SD=0.98371$），同时，有 17.7% 的大学生反对"必须坚持共产党对军队的绝对领导"（$M=3.4063, SD=1.06819$），质疑中国共产党的领导地位以及党对军队的绝对领导权，呈现出部分大学生政治观中存在的自由化倾向。

表 2-57　样本统计资料

项目	非常不同意	比较不同意	不确定	比较同意	非常同意	平均值	标准偏差
7. 共产党是中华民族的先锋队	1.8%	4.7%	21.5%	44.0%	27.7%	3.9140	0.91481
8. 共产党的领导是历史和人民的选择	2.0%	5.0%	17.5%	46.9%	28.3%	3.9485	0.91455
9. 共产党的利益和人民的利益在根本上是一致的	2.5%	6.5%	22.4%	41.1%	27.2%	3.8432	0.97807
10. 有共产党的正确领导,中华民族一定会实现伟大复兴	2.3%	6.6%	30.4%	38.4%	21.9%	3.7130	0.95608
11. 共产党有反腐倡廉的决心和能力	2.1%	6.2%	23.5%	43.5%	24.2%	3.8175	0.94135
12. 必须坚持共产党对军队的绝对领导	4.9%	12.8%	36.4%	28.3%	17.5%	3.4063	1.06819
13. 共产党能够把自身建设好	2.3%	6.5%	31.5%	41.7%	17.9%	3.6656	0.92093
14. 共产党能够带领全国人民走向共同富裕	2.2%	5.7%	28.0%	45.1%	18.9%	3.7286	0.90778
15. 只有共产党才能领导人民发展中国、捍卫中国	3.1%	10.5%	36.1%	34.1%	16.1%	3.4958	0.98371
16. 基于对共产党执政理念的认同递交过入党申请书	18.0%	15.9%	13.9%	28.4%	23.6%	3.2376	1.43339

表 2-58 样本 T 检验结果报告

项目	检测值 = 3.5039（J）					
	T	df	显著性（双尾）	平均差异（I-J）	95%差异数的置信区间	
					下限	上限
7. 共产党是中华民族的先锋队	23.992	2864	0.000	0.41006	0.3765	0.4436
8. 共产党的领导是历史和人民的选择	26.024	2864	0.000	0.44465	0.4111	0.4781
9. 共产党的利益和人民的利益在根本上是一致的	18.568	2864	0.000	0.33929	0.3035	0.3751
10. 有共产党的正确领导,中华民族一定会实现伟大复兴	11.708	2864	0.000	0.20913	0.1741	0.2442
11. 共产党有反腐倡廉的决心和能力	17.832	2864	0.000	0.31361	0.2791	0.3481
12. 必须坚持共产党对军队的绝对领导	-4.891	2864	0.000	-0.09761	-0.1367	-0.0585
13. 共产党能够把自身建设好	9.399	2864	0.000	0.16172	0.1280	0.1955
14. 共产党能够带领全国人民走向共同富裕	13.249	2864	0.000	0.22471	0.1915	0.2580
15. 只有共产党才能领导人民发展中国、捍卫中国	:0.440	2864	0.660	-0.00809	-0.0441	0.0279
16. 基于对共产党执政理念的认同递交过入党申请书	-9.944	2864	0.000	-0.26630	-0.3188	-0.2138

3. 对马克思主义指导思想的态度与立场

如表 2-59 所示,在"对马克思主义指导思想的态度与立场"维度中,题项 21"不能因为马克思主义者的错误就否定马克思主义本身"均值最高($M=4.0511, SD=0.86935$),并与社会价值观总量表均值呈现出显著的差异性($T=33.692, p<0.05$)。同时题项 18"马克思主义揭示了社会发展的客观规律"($M=3.8985, SD=0.82314$)、题项 19"马克思主义产生于 19 世纪,如今已过

时"($M=3.8517, SD=0.98117$)以及题项17"马克思主义是指导无产阶级获得解放的学说"($M=3.8218, SD=0.85578$)的均值相近,都显著高于社会价值观总量表平均值($T<0, p<0.05$)。在频率比重上,对题项18、题项19(反向)和题项17观点持以正向认同的学生分别占到了73.9%、70.1%和69.4%,这些数据都说明当代大学生对马克思主义理论的科学性与价值性普遍持肯定态度,在大学生主流认识中,马克思主义并没有过时,即便是马克思主义在某些特定时期被歪曲和错误阐释也并不能否认它的价值。

但是,12.3%的大学生反对"实现中华民族的复兴必须把马克思主义作为根本指导思想"($M=3.4599, S=0.93460$),并有超过2/5的大学生表示"不确定",该题项均值显著低于总量表平均水平($M=3.5539$),这也说明相当一部分的大学生对马克思主义作为中国特色社会主义事业根本指导思想的重要性认识不清,对马克思主义的信仰相对薄弱。此外,超过1/5的大学生认为"马克思主义离我的日常生活比较遥远"($M=3.5175, SD=1.12661$),说明在部分大学生眼中,马克思主义理论并没有融入日常生活,仍是一种空洞和高深的理论,这也可能是部分大学生质疑马克思主义理论的科学性与价值性的原因之一。

表 2-59　样本统计资料

项目	非常不同意	比较不同意	不确定	比较同意	非常同意	平均值	标准偏差
17.马克思主义是指导无产阶级获得解放的学说	1.4%	4.9%	23.9%	49.1%	20.3%	3.8218	0.85578
18.马克思主义揭示了社会发展的客观规律	1.3%	3.7%	20.8%	52.1%	21.8%	3.8985	0.82314
19.马克思主义产生于19世纪,如今已过时	27.1%	43.0%	20.3%	6.8%	2.7%	3.8517	0.98117

续表

项目	非常不同意	比较不同意	不确定	比较同意	非常同意	平均值	标准偏差
20. 马克思主义离我的日常生活比较遥远	20.5%	36.6%	21.1%	17.0%	4.5%	3.5175	1.12661
21. 不能因为马克思主义者的错误就否定马克思主义本身	2.0%	3.9%	11.6%	51.7%	30.5%	4.0511	0.86935
22. 实现中华民族的复兴必须把马克思主义作为根本指导思想	2.7%	9.6%	40.1%	33.7%	13.6%	3.4599	0.93460

表 2-60 样本 T 检验结果报告

项目	检测值 = 3.5039（J）					
	T	df	显著性（双尾）	平均差异（I-J）	95%差异数的置信区间	
					下限	上限
17. 马克思主义是指导无产阶级获得解放的学说	23.992	2864	0.000	0.41006	0.3765	0.4436
18. 马克思主义揭示了社会发展的客观规律	26.024	2864	0.000	0.44465	0.4111	0.4781
19. 马克思主义产生于19世纪，如今已过时	18.568	2864	0.000	0.33929	0.3035	0.3751
20. 马克思主义离我的日常生活比较遥远	11.708	2864	0.000	0.20913	0.1741	0.2442
21. 不能因为马克思主义者的错误就否定马克思主义本身	17.832	2864	0.000	0.31361	0.2791	0.3481
22. 实现中华民族的复兴必须把马克思主义作为根本指导思想	-4.891	2864	0.000	-0.09761	-0.1367	-0.0585

4.对中国当前政治经济制度的态度与立场

在"对中国当前政治制度的态度与立场"维度中,接近七成的大学生赞同"中国实现民主法治必须走中国特色社会主义法治道路"($M=3.8116$, $SD=0.93516$),超过半数的大学生赞同"中国依宪(法)治国、依宪(法)执政不等于'宪政'"($M=3.6319,SD=0.88613$)。在经济制度层面上,反对"公有制没有出路"和"国有企业应该私有化"观点的大学生均超过样本总数的1/2。这些频率数据表明:绝大多数大学生对中国特色社会主义法治制度以及以社会主义公有制为主体的经济制度持肯定和支持的态度。但是,频率数据也显示,有3成左右的学生同意"中国贪腐的根源在于中国的政党制度",26.1%的大学生支持军队国家化,14.7%的大学生支持国有企业私有化,并有相当比例的大学生表示"不确定",体现出新自由主义思潮自由化、私有化主张对当代大学生价值认知和态度立场方面产生的消极影响(见表2-61)。

在均值差异检验中,题项24"军队不属于共产党,应该国家化"($M=2.8046,SD=1.15426$)、题项23"中国贪腐的根源在于中国的政党制度"($M=3.0417,SD=1.10041$)都与总量表均值呈现出显著的差异,两个题项均值都明显低于理论平均水平($T<0,p<0.05$),显示出大学生在这些方面的认知误区和态度偏离。

表2-61 样本统计资料

项目	非常不同意	比较不同意	不确定	比较同意	非常同意	平均值	标准偏差
23.中国贪腐的根源在于中国的政党制度	9.0%	21.6%	35.2%	23.8%	9.9%	3.0417	1.10041
24.军队不属于共产党,应该国家化	14.4%	26.0%	33.3%	17.0%	9.1%	2.8046	1.15426

续表

项目	非常不同意	比较不同意	不确定	比较同意	非常同意	平均值	标准偏差
25. 中国实现民主法治必须走中国特色社会主义法治道路	2.2%	6.0%	23.6%	44.5%	23.4%	3.8116	0.93516
26. 中国依宪（法）治国、依宪（法）执政不等于"宪政"	1.8%	5.7%	36.3%	39.1%	16.5%	3.6319	0.88613
27. 公有制没有出路	17.9%	32.6%	33.9%	11.4%	4.0%	3.4911	1.03635
28. 国有企业应该私有化	16.9%	34.0%	34.1%	10.4%	4.3%	3.4906	1.02589
29. 中国今天的发展显示出中国治理相对于西方治理的优势	3.7%	17.4%	40.3%	28.6%	9.8%	3.2357	0.97152

表 2-62　样本 T 检验结果报告

项目	检测值 = 3.5039（J）					
	T	df	显著性（双尾）	平均差异（I-J）	95%差异数的置信区间	
					下限	上限
23. 中国贪腐的根源在于中国的政党制度	−22.481	2864	0.000	−0.46217	−0.5025	−0.4219
24. 军队不属于共产党，应该国家化	−32.427	2864	0.000	−0.69929	−0.7416	−0.6570
25. 中国实现民主法治必须走中国特色社会主义法治道路	17.613	2864	0.000	0.30772	0.2735	0.3420
26. 中国依宪（法）治国、依宪（法）执政不等于"宪政"	7.733	2864	0.000	0.12803	0.0956	0.1605
27. 公有制没有出路	-.662	2864	0.508	−0.01283	−0.0508	0.0251
28. 国有企业应该私有化	-.696	2864	0.486	−0.01335	−0.0509	0.0242

续表

项目	检测值 = 3.5039（J）					
	T	df	显著性（双尾）	平均差异（I-J）	95%差异数的置信区间	
					下限	上限
29.中国今天的发展显示出中国治理相对于西方治理的优势	-14.778	2864	0.000	-0.26824	-0.3038	-0.2326

5.对社会主义意识形态的态度与立场

如表2-63所示,在"对社会主义意识形态的态度与立场"维度中,超过半数的大学生同意"西方自由、平等、人权、博爱是人类的普世价值"($M=2.5456,SD=1.07846$),并有相当比例的大学生反对"大学课堂不应使用宣扬西方(资本主义)价值观念的教材"($M=2.4697,SD=1.05574$),两个题项的均值相近,都显著低于总量表的平均值($T<0,p<0.05$),体现出当代大学生对西方资本主义价值观、"普世言论"较弱的抵抗力,存在部分大学生未能辨别西方自由、平等、博爱等"普世"言论的实质,陷入了别有用心者的理论陷阱中。

另外,在社会主义核心价值观与西方资本主义价值观的关系问题上,超过半数的大学生反对"民主、自由、法治成为社会主义核心价值观的内容体现出中国开始向资本主义文明靠拢"($M=3.5058,SD=1.07116$),该题项均值显著高于总量表平均水平($T=4.598,p<0.00$),说明尽管部分大学生受到了西方"普世价值"的迷惑,赞同其某些观点,但多数大学生仍能够坚持自身理性和自主的判断,正确地认识到社会主义核心价值观中民主、自由、法治并不等同于西方"普世价值"中民主、自由、法治,没有因此而否认社会主义核心价值观的独立性,体现出了当代大学生价值认知不盲从的特征。

需要注意的是,3/5左右的大学生赞同"只要老百姓日子过得好,姓'资'姓'社'的问题不重要"($M=2.4280,SD=1.11868$),体现出当代大学生在意识形态领域存在的自由化、随意化倾向,部分大学生陷入了这样的价值误区中,认为只要经济发展得好,走资本主义道路还是社会主义道路并不重要,呈现出明显的工具理性主义倾向。如果这一观念得不到合理的教育引导,必然衍生出西方发达国家所走的资本主义道路要比社会主义道路更具有优越性的价值观,动摇大学生对我国特色社会主义事业的信心,瓦解大学生社会主义的政治信仰和共产主义的政治理想,因此,这一问题是当前教育迫切需要重视的。

表 2-63　样本统计资料

项目	非常不同意	比较不同意	不确定	比较同意	非常同意	平均值	标准偏差
30. 西方自由、平等、人权、博爱是人类的普世价值	6.1%	12.3%	26.6%	39.4%	15.2%	2.5456	1.07846
31. 民主、自由、法治成为社会主义核心价值观的内容体现出中国开始向资本主义文明靠拢	17.2%	38.1%	26.2%	14.2%	3.9%	3.5058	1.07116
32. 大学课堂不应使用宣扬西方(资本主义)价值观念的教材	17.8%	39.6%	24.7%	12.6%	4.9%	2.4697	1.05574
33. 媒体须坚持"党性"原则	11.4%	21.7%	26.6%	26.3%	13.7%	3.0927	1.21507
34. 只要老百姓日子过得好,姓"资"姓"社"的问题不重要	5.1%	14.3%	19.8%	39.9%	20.8%	2.4280	1.11868
35. 中国进行社会主义意识形态宣传没多大必要	19.6%	40.7%	23.3%	12.2%	4.2%	3.5952	1.06311

表 2-64　样本 T 检验结果报告

项目	检测值 = 3.5039					
	T	df	显著性（双尾）	平均差异	95%差异数的置信区间	
					下限	上限
30. 西方自由、平等、人权、博爱是人类的普世价值	-47.563	2864	0.000	-0.95832	-0.9978	-0.9188
31. 民主、自由、法治成为社会主义核心价值观的内容体现出中国开始向资本主义文明靠拢	0.095	2864	0.924	0.00188	-0.0368	0.0405
32. 大学课堂不应使用宣扬西方(资本主义)价值观念的教材	-51.681	2864	0.000	-1.03424	-1.0735	-0.9950
33. 媒体须坚持"党性"原则	-18.113	2864	0.000	-0.41118	-0.4557	-0.3667
34. 只要老百姓日子过得好，姓"资"姓"社"的问题不重要	-51.480	2864	0.000	-1.07593	-1.1169	-1.0349
35. 中国进行社会主义意识形态宣传没多大必要	4.598	2864	0.000	0.09133	0.0524	0.1303

(二)社会价值观总量表方差分析

为检测不同群组的大学生社会价值观是否存在显著差异,我们将社会价值观总量表均值作为因变量,将院校类别、性别、年级、专业、政治面貌和家庭所在地分别作为因子,进行了方差分析。表 2-65 方差分析结果显示:在社会价值观总量表中,院校类别、性别、专业、年级、政治面貌和家庭所在地六个群组均值差异均达到显著水平($p<0.05$)。事后多重比较发现,211 工程院校学生显著优于 985 工程院校和其他本科院校学生,女生显著优于男生,文史哲学类、社会科学类和理学类学生显著优于理学类学生,同时,文史哲学类学生又显著优于工学类。从年级和政治面貌看,大二组显著优于大一组,中共党员学

生显著优于其他党派成员、共青团员和群众组的学生,共青团员又显著优于群众。从生源地看,农村、县城(乡镇)、中小城市组学生显著优于大城市组学生,同时,农村、县城(乡镇)组学生显著优于中小城市组学生。可见,社会价值观内部群组差异较大,从总体看,211 工程院校组、人文社会科学类、党员、农村与县城(乡镇)组学生社会价值观表现明显优于 985 工程院校组、理工类、非党员和城市组学生。

表 2-65　社会价值观总量表方差分析结果

群组	F	显著性(p)	类别	平均值(M)	标准偏差(SD)
学校类别	21.100	0.000*	985 工程院校	3.4146	0.48377
			211 工程院校	3.5904	0.52994
			其他本科院校	3.4391	0.45726
			高职高专院校	3.4406	0.44236
性别	3.595	0.000*	男	3.4690	0.52124
			女	3.5379	0.50487
专业	9.967	0.000	工学类	3.4822	0.46685
			理学类	3.3971	0.48478
			文史哲类	3.5695	0.56693
			社会科学类	3.5263	0.53197
年级	2.955	0.031	大一	3.4680	0.47805
			大二	3.5416	0.49794
			大三	3.5150	0.56084
			大四及以上	3.4974	0.53142
政治面貌	38.985	0.000*	中共党员	3.7093	0.53395
			其他党派成员	3.3580	0.39582
			共青团员	3.4726	0.49701
			群众	3.2417	0.55213

续表

群组	F	显著性（p）	类别	平均值（M）	标准偏差（SD）
家庭所在地	15.898	0.000	大城市	3.3610	0.52835
			中小城市	3.4975	0.51649
			县城、乡镇	3.5358	0.49991
			农村	3.5639	0.50353

注：* p<0.05。

（三）社会价值观各维度方差分析

1. 对中国特色社会主义道路的态度与立场

如表2-66所示，在"对中国特色社会主义道路的态度与立场"维度中，仅有年级群组的大学生差异未达到显著水平，院校类别、性别、专业、政治面貌和家庭所在地群组大学生的均值都呈现出显著差异（$p<0.05$）。事后多重比较发现，与社会价值观总量表相似，211工程院校组、女生组、人文社会科学类、中共党员、农村组学生的社会价值观表现都显著优于其他群组学生。可见，即便大学生普遍肯定中国特色社会主义的前途是光明的，认同中国走中国特色社会主义道路的必然性，但不同群组的大学生的认同程度也存在着明显的差异。在五个存在显著差异的群组中，政治面貌群组差异最大（$F=35.005$，$p=0.000$），中共党员组学生认同显著优于其他党派成员、共青团员和群众组学生，同时，其他党派成员、共青团员又显著优于群众，群众组均值最低，说明群众组学生对中国特色社会主义道路的认同水平远低于其他群组。

表 2-66 "对中国特色社会主义道路的态度与立场"维度方差分析结果

群组	F	显著性（p）	类别	平均值（M）	标准偏差（SD）
学校类别	16.404	0.000*	985 工程院校	3.5838	0.65137
			211 工程院校	3.7821	0.64994
			其他本科院校	3.6049	0.58919
			高职高专院校	3.6970	0.47620
性别	3.553	0.000*	男	3.6383	0.67569
			女	3.7300	0.63220
专业	7.306	0.000*	工学类	3.6922	0.63891
			理学类	3.5382	0.64144
			文史哲类	3.7173	0.68201
			社会科学类	3.7153	0.65654
年级	1.598	0.188	大一	3.6512	0.63317
			大二	3.7213	0.63196
			大三	3.6825	0.70417
			大四及以上	3.6925	0.66161
政治面貌	35.005	0.000*	中共党员	3.9239	0.64837
			其他党派成员	3.6002	0.58411
			共青团员	3.6512	0.64107
			群众	3.3100	0.71585
家庭所在地	16.597	0.000*	大城市	3.5170	0.69236
			中小城市	3.6591	0.66345
			县城、乡镇	3.7149	0.61528
			农村	3.7851	0.64570

注：* p<0.05。

2. 对中国共产党领导地位的态度与立场

如表 2-67 所示，在"对中国共产党领导地位的态度与立场"维度中，院校类别、性别、专业、年级、政治面貌和家庭所在地六个群组学生均值差异都达到显著水平($p<0.05$)。与社会价值观总量表相似,211 工程院校学生显著优于 985 工程院校和其他本科院校学生,女生显著优于男生,文史哲学类、社会科学类和工学类学生显著优于理学类学生。与总量表不同的是,大二组、大三组显著优于大一组,共青团员显著优于其他党派成员和群众。可见,高年级组学生、党员和共青团员对中国共产党领导地位和执政能力的认同度更高,群众组、其他本科院校组、低年级组学生则更倾向于"不确定",他们更关注于党内腐败问题,更支持军队国家化,也对党的建设能力存在一定的质疑。

表 2-67 "对中国共产党领导地位的态度与立场"维度方差分析结果

群组	F	显著性（p）	类别	平均值（M）	标准偏差（SD）
学校类别	11.027	0.000*	985 工程院校	3.6987	0.59000
			211 工程院校	3.8403	0.62874
			其他本科院校	3.6183	0.58855
			高职高专院校	3.7424	0.56942
性别	3.617	0.000*	男	3.7248	0.62206
			女	3.8076	0.60354
专业	7.561	0.000*	工学类	3.7396	0.58749
			理学类	3.6595	0.58799
			文史哲类	3.8354	0.64147
			社会科学类	3.7923	0.63200
年级	3.679	0.012*	大一	3.7205	0.57414
			大二	3.8083	0.61934
			大三	3.7989	0.64322
			大四及以上	3.7463	0.63004

续表

群组	F	显著性（p）	类别	平均值（M）	标准偏差（SD）
政治面貌	23.595	0.000*	中共党员	3.9325	0.63756
			其他党派成员	3.4841	0.49705
			共青团员	3.7466	0.60290
			群众	3.4892	0.58762
家庭所在地	9.440	0.000*	大城市	3.6439	0.61445
			中小城市	3.7474	0.61199
			县城、乡镇	3.8214	0.60021
			农村	3.8094	0.62106

注：* $p<0.05$。

3. 对马克思主义指导思想的态度与立场

如表 2-68 所示，在"对马克思主义指导思想的态度与立场"维度中，院校类别、专业、年级、政治面貌和家庭所在地群组学生的均值存在显著差异（$p<0.05$），性别群组学生的均值差异未达到显著水平。事后多重比较发现，与社会价值观总量表相似，985 工程院校、理学类、非党员以及家庭来自大城市的学生对马克思主义理论的认同程度要低于 211 工程院校、人文社会科学类和工学类、中共党员和家庭来自农村的学生。与总量表不同的是，在这一维度中，大二组、大四组学生显著优于大一组，说明高年级组学生对马克思主义指导思想的认同程度要高于低年级组学生，究其原因，可能是大一年级学生尚未接触马克思主义基本原理等相关课程的学习，其对马克思主义理论的认知不足，因此认同度不高。

表 2-68 "对马克思主义指导思想的态度与立场"维度方差分析结果

群组	F	显著性（p）	类别	平均值（M）	标准偏差（SD）
学校类别	15.261	0.000*	985 工程院校	3.6623	0.69413
			211 工程院校	3.8688	0.70138
			其他本科院校	3.7417	0.68456
			高职高专院校	3.5818	0.63846
性别	1.551	0.121	男	3.7478	0.73453
			女	3.7886	0.67447
专业	7.306	0.000*	工学类	3.7989	0.67372
			理学类	3.6394	0.69158
			文史哲类	3.7759	0.73031
			社会科学类	3.7856	0.72324
年级	4.964	0.002*	大一	3.7036	0.67138
			大二	3.8185	0.65151
			大三	3.7559	0.76557
			大四及以上	3.8224	0.74495
政治面貌	44.206	0.000*	中共党员	4.0868	0.68655
			其他党派成员	3.6645	0.70925
			共青团员	3.7124	0.68467
			群众	3.5051	0.81124
家庭所在地	11.124	0.000*	大城市	3.6085	0.76494
			中小城市	3.7578	0.70039
			县城、乡镇	3.7940	0.68958
			农村	3.8473	0.67594

注：* p<0.005。

4. 对中国当前政治经济制度的态度与立场

如表 2-69 所示，在这一维度中，不同院校类别、专业、政治面貌和家庭所在地群组学生的均值差异显著($p<0.05$),性别、年级群组差异未达到显著水平。事后多重比较发现:211 工程院校、文史哲学类、党员和农村组大学生对我国当前政治经济制度的认同水平高于 985 院校、理工类、非党员和城市组的学生。在 6 个群组中,党员与非党员的差异程度最大($F=16.588,p=0.00$),通过均值比较发现,党员组学生对中国特色社会主义法治制度、以社会主义公有制为主体的经济制度以及媒体"党性"原则、中国治理的优越性普遍持肯定态度,同时,他们对社会主义制度未来发展的看法更乐观和积极,而非党员组学生则更认同自由化(更赞同经济私有化、军队国家化和媒体自由化),在评价中国治理所取得的成绩时相对保守和消极。

表 2-69　"对中国当前政治经济制度的态度与立场"维度方差分析结果

群组	F	显著性（p）	类别	平均值（M）	标准偏差（SD）
学校类别	6.827	0.000*	985 工程院校	3.3023	0.54547
			211 工程院校	3.4136	0.59543
			其他本科院校	3.2960	0.53399
			高职高专院校	3.3247	0.58933
性别	1.638	0.102	男	3.3404	0.58584
			女	3.3755	0.56044
专业	4.917	0.002*	工学类	3.3277	0.53810
			理学类	3.3176	0.57926
			文史哲类	3.4294	0.60490
			社会科学类	3.3536	0.58298
年级	2.594	0.051	大一	3.3478	0.53450
			大二	3.3977	0.56406
			大三	3.3658	0.62016
			大四及以上	3.3103	0.58597

群组	F	显著性（p）	类别	平均值（M）	标准偏差（SD）
政治面貌	16.588	0.000*	中共党员	3.5071	0.61404
			其他党派成员	3.1636	0.53866
			共青团员	3.3362	0.55656
			群众	3.1761	0.63363
家庭所在地	8.497	0.000*	大城市	3.2389	0.57742
			中小城市	3.3562	0.57024
			县城、乡镇	3.3914	0.57070
			农村	3.3990	0.56961

注：* $p < 0.05$。

5. 对社会主义意识形态的态度与立场

如表 2-70 所示，在"对社会主义意识形态的态度与立场"维度中，不同院校类别、性别、专业、政治面貌和家庭所在地群组学生的均值存在显著差异（$p < 0.05$），不同年级群组学生的差异不显著。事后多重比较发现：与总量表方差分析结果相似，211 工程院校组、女生组、党员组和农村组学生的认同表现优于其他群组，这些群组学生受自由主义、"普世"价值影响程度相对较轻。相反，985 工程院校组、男生组、理工类、群众组和城市组的学生对"普世价值"、西方资本主义价值观表现出更明显的赞同态度。与总量表不同的是，在这些群组中，不同专业群组的差异程度最大（$F = 28.723, p = 0.000$），文史哲类、社会科学类学生显著优于理学类和工学类学生，文史哲类学生又显著优于社会科学类，说明文史哲类学生对"普世"价值、新自由主义等社会思潮有更好的辨别和抵抗能力，能够正确地认识到社会主义意识形态宣传的重要性，而理工学类学生却相反，他们更强调价值自由、更赞同西式"自由"、"民主"、"博爱"的"普世"价值观。

表 2-70　"对社会主义意识形态的态度与立场"维度方差分析结果

群组	F	显著性（p）	类别	平均值（M）	标准偏差（SD）
学校类别	26.246	0.000*	985 工程院校	2.8262	0.51216
			211 工程院校	3.0469	0.61584
			其他本科院校	2.9346	0.52996
			高职高专院校	2.8571	0.39383
性别	4.380	0.000*	男	2.8935	0.57164
			女	2.9877	0.57886
专业	28.723	0.000*	工学类	2.8528	0.50155
			理学类	2.8309	0.52264
			文史哲类	3.0895	0.65802
			社会科学类	2.9848	0.59701
年级	1.861	0.134	大一	2.9170	0.55256
			大二	2.9621	0.58519
			大三	2.9721	0.62461
			大四及以上	2.9152	0.54346
政治面貌	17.711	0.000*	中共党员	3.0962	0.60180
			其他党派成员	2.8777	0.38106
			共青团员	2.9166	0.56362
			群众	2.7283	0.65592
家庭所在地	11.086	0.000*	大城市	2.7968	0.58589
			中小城市	2.9669	0.58220
			县城、乡镇	2.9572	0.55985
			农村	2.9786	0.57376

注：* $p<0.05$。

五、人生价值观

如表 2-71 所示,人生价值观总量表均值为 3.6289($SD = 0.40789$)。五个维度中,"人生价值态度"均值最高($M = 3.7381, SD = 0.50796$),其次依次是"人生价值实现"($M = 3.7295, SD = 0.49279$)、"人生价值信仰"($M = 3.6394, SD = 0.72976$)以及"人生价值目标"($M = 3.6167, SD = 0.50583$)。总量表和五个维度均值均大于3,体现了当代大学生积极、健康的人生价值观,他们有着乐观、积极的人生态度,追求充实和有意义的人生,渴望通过自身的努力实现自我价值,展现了当代大学生积极、进取的精神面貌。

将五个维度均值与总量表均值进行比较可以发现:人生价值态度、人生价值标准和人生价值实现这三个维度均值都与检测值呈现出显著的差异($p < 0.05$)。其中,"人生价值标准"维度均值与总量表均值差异最为显著($T = -21.886, p = 0.00$),其均值显著低于总量表平均水平,说明受访大学生对人生价值标准的认识与我们预设的理想状态存在一定差距。另外,"人生价值态度"维度均值也与人生价值观总量表均值呈现出较为显著的差异($T = 11.507, p = 0.00$),T 值为正值,表明"人生价值态度"维度均值显著高于人生价值观总量表均值,即大学生在这一维度上的认同表现要明显优于其他维度,体现了当代大学生积极、进取的人生态度(见表 2-72)。

表 2-71　各维度样本统计资料(n = 2865)

维度	平均值	标准偏差	标准错误平均值
人生价值目标	3.6167	0.50583	0.00945
人生价值态度	3.7381	0.50796	0.00949
人生价值标准	3.4145	0.52425	0.00979
人生价值实现	3.7295	0.49279	0.00921
人生价值信仰	3.6394	0.72976	0.01363
总量表	3.6289	0.40789	0.00762

表 2-72　各维度样本 T 检验结果报告

维度	检测值 =3.6289(J)					
	T	df	显著性（双尾）	平均差异（I-J）	95%差异数的置信区间	
					下限	上限
人生价值目标	-1.290	2864	0.197	-0.01219	-0.0307	0.0063
人生价值态度	11.507	2864	0.000	0.10920	0.0906	0.1278
人生价值标准	-21.886	2864	0.000	-0.21436	-0.2336	-0.1952
人生价值实现	10.930	2864	0.000	0.10063	0.0826	0.1187
人生价值信仰	0.767	2864	0.443	0.01045	-0.0163	0.0372

（一）人生价值观各维度分析

1. 人生价值目标

在"人生价值目标"维度中，九成左右的大学生赞同"虽然未来遥不可知，但生活仍需有目标和规划"（$M=4.4187, SD=0.80248$），并有相当比例的学生赞同"国家兴亡，匹夫有责"（$M=4.3074, SD=0.79837$），七成左右的大学生同意"个人理想应融入社会理想中"（$M=3.7867, SD=0.96008$）。这些数据表明，当代大学生普遍认同人生价值目标的重要性，并能将实现国家兴亡、社会发展与个人价值的实现结合起来，渴望在社会理想中实现个人理想，体现了当代大学生较强的社会责任感（见表 2-73）。

但是，部分大学生的人生价值观中又呈现出了相对务实和功利的一面。例如，超过六成的大学生认为"帮助别人的前提是不损害自身利益"（$M=2.4058, SD=1.02787$），接近 1/4 的学生表示自己"比较关心熟悉的人，对与自己无关的人的苦难不太关心"（$M=2.7512, SD=0.98786$），并有 24% 的学生反对"最大程度地贡献社会是我的人生目标"（$M=3.4560, SD=1.10953$），这些题项均值均低于总量表均值（见表 2-74），并达到显著水平（$T<0, p<0.05$）。

这也说明,即便当代大学生能够理性认识到每个个体不可推卸的社会责任,并具有较强的社会责任感,但在实际生活中,仍旧有部分学生将自身利益放置于社会责任之上,以自身利益是否受损去判断是否施以援手,并对不相关的事和人采取冷漠态度。

表 2-73　样本统计资料

项目	非常不同意	比较不同意	不确定	比较同意	非常同意	平均值	标准偏差
1. 虽然未来遥不可知,但生活仍需有目标和规划	0.9%	2.8%	6.3%	33.5%	56.4%	4.4187	0.80248
2. 只要自己生活幸福,国家如何发展对个体而言不是太重要	31.0%	42.3%	12.8%	9.9%	3.7%	3.8726	1.07304
3. 个人理想应融入社会理想中	1.9%	8.9%	21.0%	44.9%	23.1%	3.7867	0.96008
4. 帮助别人的前提是不损害自身利益	2.7%	14.3%	22.3%	42.1%	18.4%	2.4058	1.02787
5. 国家兴亡,匹夫有责	0.9%	2.6%	7.7%	42.2%	46.5%	4.3074	0.79837
6. 最大程度地贡献社会是我的人生目标	5.1%	18.9%	37.2%	28.2%	10.4%	3.4560	1.10953
7. 比较关心熟悉的人,对与自己无关的人的苦难不太关心	11.3%	38.9%	25.9%	20.5%	3.9%	2.7512	0.98786

表 2-74 样本 T 检验结果报告

项目	检测值 = 3.6289（J）					
	T	df	显著性（双尾）	平均差异（I-J）	95%差异数的置信区间	
					下限	上限
1.虽然未来遥不可知,但生活仍需有目标和规划	52.682	2864	0.000	0.78983	0.7604	0.8192
2.只要自己生活幸福,国家如何发展对个体而言不是太重要	12.156	2864	0.000	0.24369	0.2044	0.2830
3.个人理想应融入社会理想中	8.798	2864	0.000	0.15781	0.1226	0.1930
4.帮助别人的前提是不损害自身利益	-63.692	2864	0.000	-1.22310	-1.2608	-1.1854
5.国家兴亡,匹夫有责	45.487	2864	0.000	0.67847	0.6492	0.7077
6.最大程度地贡献社会是我的人生目标	-8.340	2864	0.000	-0.17289	-0.2135	-0.1322
7.比较关心熟悉的人,对与自己无关的人的苦难不太关心	-47.556	2864	0.000	-0.87768	-0.9139	-0.8415

2.人生价值态度

在"人生价值态度"维度中,90.1%的大学生赞同"人生应认真积极、乐观进取"（$M = 4.4422, SD = 0.79797$）,79.1%的大学生认为自己"对生活总体是积极乐观的"（$M = 4.0147, SD = 0.83386$）,同时有 84.6%的学生赞同"生命的本质在于不断创造和超越"（$M = 4.1937, SD = 0.82317$）。这些都体现了当代大学生积极乐观的人生态度。但是,接近 2/5 的大学生表示自己"对未来生活充满了迷茫和困惑"（$M = 2.9273, SD = 1.03211$）,超过三成的大学生表示自己"有过'生活没意思'或'生活很痛苦'的想法"（$M = 3.1178, SD = 1.20713$）,1/5 左右的学生赞同"生活终究会让人趋于平庸"（$M = 3.3568, SD = 1.11304$）,呈现出了处于特定年龄阶段下青年大学生面对生活挫折、未知生活的迷茫和悲观情绪(见表 2-75)。

从各题项均值看,题项8"人生应认真积极、乐观进取"均值远高于其他题项,并显著高于总量表平均水平($T=54.551,p<0.05$);项目12"对生活总体是积极乐观的"与项目13"曾克服了生活的困难坚强地走下去"($M=4.1937,S=0.82317$)均值相近,都显著高于总量表均值($T>0,p<0.05$)。这些表明当代大学生的人生态度乐观向上。但值得注意的是,项目14"对未来生活充满了迷茫和困惑"(反向题)均值最低,且低于理论中值(中位数)3,表明大学生人生态度中同样存在一些"阴霾"。题项11"有过'生活没意思'或'生活很痛苦'的想法"与题项9"生活终究会让人趋于平庸"均值相近,都与维度均值呈现出显著的差异($T<0,p<0.05$),说明处于这一年龄阶段的大学生大多经历过对未来感到迷茫、质疑生活的意义、丧失生活信心的消极情绪体验。尽管如此,他们仍旧对人生抱以积极、乐观的态度,追求不断创造和超越的人生(见表2-76)。

表 2-75　样本统计资料

项目	非常不同意	比较不同意	不确定	比较同意	非常同意	平均值	标准偏差
8. 人生应认真积极、乐观进取	0.9%	2.6%	6.3%	31.7%	58.4%	4.4422	0.79797
9. 生活终究会让人趋于平庸	15.7%	33.9%	25.9%	19.2%	5.2%	3.3568	1.11304
10. 生命的本质在于不断创造和超越	0.6%	3.9%	10.7%	44.9%	39.7%	4.1937	0.82317
11. 有过"生活没意思"或"生活很痛苦"的想法	15.0%	25.0%	25.8%	24.7%	9.3%	3.1178	1.20713
12. 对生活总体是积极乐观的	0.6%	5.1%	15.1%	50.5%	28.6%	4.0147	0.83386
13. 曾克服了生活的困难坚强地走下去	0.9%	4.6%	14.4%	53.0%	26.8%	4.0042	0.82471

续表

项目	非常不同意	比较不同意	不确定	比较同意	非常同意	平均值	标准偏差
14. 对未来生活充满了迷茫和困惑	5.9%	24.8%	32.8%	29.0%	7.4%	2.9273	1.03211
15. 总能看到生活和社会中的正能量	1.1%	6.4%	20.3%	50.8%	21.2%	3.8482	0.86322

表 2-76　样本 T 检验结果报告

项目	检测值 = 3.6289(J)					
	T	df	显著性（双尾）	平均差异（I-J）	95%差异数的置信区间	
					下限	上限
8. 人生应认真积极、乐观进取	54.551	2864	0.000	0.81325	0.7840	0.8425
9. 生活终究会让人趋于平庸	-13.087	2864	0.000	-0.27213	-0.3129	-0.2314
10. 生命的本质在于不断创造和超越	36.726	2864	0.000	0.56481	0.5347	0.5950
11. 有过"生活没意思"或"生活很痛苦"的想法	-22.663	2864	0.000	-0.51111	-0.5553	-0.4669
12. 对生活总体是积极乐观的	24.764	2864	0.000	0.38579	0.3552	0.4163
13. 曾克服了生活的困难坚强地走下去	24.358	2864	0.000	0.37530	0.3451	0.4055
14. 对未来生活充满了迷茫和困惑	-36.384	2864	0.000	-0.70158	-0.7394	-0.6638
15. 总能看到生活和社会中的正能量	13.598	2864	0.000	0.21930	0.1877	0.2509

3. 人生价值标准

如表 2-77 所示,在"人生价值标准"维度中,77.9%的大学生赞同"比起物质的富足,精神的丰富更珍贵"($M = 4.0444$, $SD = 0.87592$),67.5%的大学

— 153 —

生同意"人生的价值在于奉献"（$M=3.7807, SD=0.92594$），说明在多数大学生的价值认知和态度中，衡量人生价值的标准在于对社会、对他人的奉献，在于精神上的富足。但是，1/3 左右的大学生认为自己在选择工作时，将工资待遇作为首要因素（$M=2.9797, SD=0.99067$），超过 1/3 的学生赞同"现在的努力是为了以后能享受荣华富贵"（$M=3.0597, SD=1.15502$），并有 1/5 左右的大学生同意"人生的幸福和金钱的多少成正比关系"（$M=3.3673, SD=1.08210$），说明尽管大学生普遍将个人对社会的奉献视作人生价值的重要体现，但受市场经济功利主义的影响，部分大学生的择业观、幸福观标准产生了一定的改变，他们肯定奉献的重要性，同时又渴望成功、追求良好的物质生活而非无条件地只谈社会价值。

T 检验结果显示：在人生价值标准维度中，题项 18"比起物质的富足，精神的丰富更珍贵"均值最高，其均值远高于其他项目并与总量表均值呈现出显著的差异性（$T=25.390, P<0.05$）。同时项目 21"人生价值在于奉献"和项目 23"会完全出于善念做公益，尽管可能会使我受到一些损失"均值相近，都显著高于理论平均水平，两个观点相互佐证，体现了当代大学生价值观符合社会主流导向。此外，题项 25"选择工作看得最重的因素是工资待遇"、题项 16"现在的努力是为了以后能享受荣华富贵"与题项 20"官位在身让人有优越感"三个题项均值均显著低于总量表均值（$T<0, p<0.05$），体现了当代青年大学生人生价值标准中金钱、名利和官位等功利化因素的显现（见表 2-78）。

表 2-77　样本统计资料

项目	非常不同意	比较不同意	不确定	比较同意	非常同意	平均值	标准偏差
16. 现在的努力是为了以后能享受荣华富贵	10.3%	29.8%	24.3%	26.4%	9.0%	3.0597	1.15502
17. 钱乃身外之物, 不必太看重	7.4%	26.9%	23.1%	32.1%	10.3%	3.1095	1.13304

续表

项目	非常不同意	比较不同意	不确定	比较同意	非常同意	平均值	标准偏差
18. 比起物质的富足,精神的丰富更珍贵	0.9%	4.9%	16.2%	44.8%	33.1%	4.0444	0.87592
19. 清贫的一生无论如何不能算是成功的一生	22.5%	35.0%	23.5%	14.1%	4.6%	3.5689	1.12044
20. 官位在身让人有优越感	12.1%	24.0%	25.0%	31.0%	7.1%	3.0311	1.14827
21. 人生价值在于奉献	1.9%	7.2%	23.2%	46.1%	21.4%	3.7807	0.92594
22. 人生的幸福和金钱的多少成正比关系	15.5%	32.5%	29.9%	17.4%	4.7%	3.3673	1.08210
23. 会完全出于善念做公益,尽管可能会使我受到一些损失	2.4%	8.7%	19.1%	43.5%	26.1%	3.8244	0.99262
24. 不管是否有旁证,看到老人摔倒都会主动上前搀扶	4.0%	10.2%	43.0%	29.3%	13.3%	3.3797	0.97280
25. 选择工作看得最重的因素是工资待遇	5.9%	24.4%	37.2%	26.4%	5.9%	2.9797	0.99067

表 2-78　样本 T 检验结果报告

项目	检测值 = 3.6289(J)					
	T	df	显著性（双尾）	平均差异（I-J）	95%差异数的置信区间	
					下限	上限
16. 现在的努力是为了以后能享受荣华富贵	-26.376	2864	0.000	-0.56917	-0.6115	-0.5269
17. 钱乃身外之物,不必太看重	-24.538	2864	0.000	-0.51942	-0.5609	-0.4779

项目	检测值 = 3.6289（J）					
	T	df	显著性（双尾）	平均差异（I-J）	95%差异数的置信区间	
					下限	上限
18. 比起物质的富足,精神的丰富更珍贵	25.390	2864	0.000	0.41549	0.3834	0.4476
19. 清贫的一生无论如何不能算是成功的一生	-2.867	2864	0.004	-0.06002	-0.1011	-0.0190
20. 官位在身让人有优越感	-27.865	2864	0.000	-0.59777	-0.6398	-0.5557
21. 人生价值在于奉献	8.775	2864	0.000	0.15179	0.1179	0.1857
22. 人生的幸福和金钱的多少成正比关系	-12.939	2864	0.000	-0.26158	-0.3012	-0.2219
23. 会完全出于善念做公益,尽管可能会使我受到一些损失	10.543	2864	0.000	0.19551	0.1592	0.2319
24. 不管是否有旁证,看到老人摔倒都会主动上前搀扶	-13.713	2864	0.000	-0.24923	-0.2849	-0.2136
25. 选择工作看得最重的因素是工资待遇	-35.074	2864	0.000	-0.64917	-0.6855	-0.6129

4. 人生价值实现

在"人生价值实现"维度中,90.3%的大学生同意"美好未来靠自己打拼"($M=4.3760,SD=0.74762$),该题项均值明显高于总量表均值,并达到显著水平($T=53.489,p<0.05$)。体现当代大学生积极、进取的人生态度。但需要关注的是,在这一维度中,64.3%的大学生赞同"有钱、有权、有背景的人更容易成功"($M=2.3819,SD=1.05034$),16.0%的大学生赞同"干得好不如嫁得好"($M=3.7856,SD=1.15302$),26.8%的学生反对"人生价值只有在集体中才能得到更好的实现"($M=3.2705,SD=1.13199$)。其中,题项29"有钱、有权、有背景的人更容易成功"均值最低,与总量表均值差异最为显著($T=-63.548,p<0.05$),说明尽管多数的大学生认同个人价值的实现必须依靠个人的努力,

但他们也认为有钱势和背景的人更容易成功,相信权力和财富能够创造通往成功的捷径。此外,题项26"人生价值只有在集体中才能得到更好的实现"均值明显低于总量表平均水平($T=-16.948,p=0.00$),大学生对此的总体认同度较低,数值离散程度较高,表明大学生对人生价值是否只有在集体中才能得到更好实现分歧较大,部分大学生存在着鲜明的个人主义倾向(见表2-79、表2-80)。

表2-79 样本统计资料

项目	非常不同意	比较不同意	不确定	比较同意	非常同意	平均值	标准偏差
26. 人生价值只有在集体中才能得到更好的实现	7.0%	19.8%	25.7%	33.8%	13.5%	3.2705	1.13199
27. 干得好不如嫁得好	33.6%	31.3%	18.8%	11.8%	4.2%	3.7856	1.15302
28. 美好未来靠自己打拼	0.4%	2.4%	6.7%	40.1%	50.2%	4.3760	0.74762
29. 有钱、有权、有背景的人更容易成功	4.3%	12.1%	19.2%	46.0%	18.3%	2.3819	1.05034
30. 参加过志愿服务类活动	2.3%	7.0%	10.1%	44.3%	36.3%	4.0535	0.97325
31. 献过血或捐过款	4.1%	7.0%	7.5%	44.1%	37.2%	4.0346	1.04600

表2-80 样本T检验结果报告

项目	检测值 = 3.6289(J)					
	T	df	显著性（双尾）	平均差异（I-J）	95%差异数的置信区间	
					下限	上限
26. 人生价值只有在集体中才能得到更好的实现	-16.948	2864	0.000	-0.35843	-0.3999	-0.3170

项目	检测值 = 3.6289（J）					
	T	df	显著性（双尾）	平均差异（I-J）	95%差异数的置信区间	
					下限	上限
27. 干得好不如嫁得好	7.274	2864	0.000	0.15669	0.1145	0.1989
28. 美好未来靠自己打拼	53.489	2864	0.000	0.74711	0.7197	0.7745
29. 有钱、有权、有背景的人更容易成功	-63.548	2864	0.000	-1.24700	-1.2855	-1.2085
30. 参加过志愿服务类活动	23.349	2864	0.000	0.42456	0.3889	0.4602
31. 献过血或捐过款	20.760	2864	0.000	0.40569	0.3674	0.4440

5. 人生价值信仰

如表 2-81 和表 2-82 所示，在"人生价值信仰"维度中，86.5%的大学生赞同"纵然现实'骨感'，仍需理想和信仰来引领和支撑"（$M = 4.2358$，$SD = 0.83354$），该题项均值明显高于人生价值观总量表均值，并达到显著水平（$T = 38.970, p < 0.05$），表明当代大学生普遍认同理想与信仰是引领和支撑人生前行的重要精神力量，肯定其对个人发展的重要意义。但是，尽管描述统计数据显示，超过半数的大学生表示自己"有过对社会主义、共产主义的向往"（$M = 3.4895, SD = 1.06168$），但仅有不足 2/5 的大学生表示自己"树立或坚定了马克思主义信仰"（$M = 3.1928, SD = 1.08294$），并有 35.7%的大学生表示不确定，这一题项均值显著低于总量表平均水平（$T = -21.555, p < 0.05$）。

同时，样本统计资料显示，在所有受访大学生中，信仰马克思主义的大学生占比为 24.9%，有宗教信仰的大学生占 7.3%，而表示无信仰的大学生占到了样本总数的 65.6%，无信仰的人数比例远远高于信仰马克思主义的比例，也远高于有信仰的比例，反映出当代大学生马克思主义信仰、共产主义理想的缺失以及无信仰现象的普遍性和严重性（见表 2-83）。

表 2-81　样本统计资料

项目	非常不同意	比较不同意	不确定	比较同意	非常同意	平均值	标准偏差
33. 纵然现实"骨感"，仍需理想和信仰来引领和支撑	1.0	3.5	8.9	43.9	42.6	4.2358	0.83354
34. 有过对社会主义、共产主义的向往	4.9%	13.2%	26.0%	39.6%	16.1%	3.4895	1.06168
35. 树立或坚定了马克思主义信仰	7.6%	16.7%	35.7%	28.4%	11.3%	3.1928	1.08294

表 2-82　样本 T 检验结果报告

项目	检测值 = 3.6289（J）					
	T	df	显著性（双尾）	平均差异（I-J）	95%差异数的置信区间	
					下限	上限
33. 纵然现实"骨感"，仍需理想和信仰来引领和支撑	38.970	2864	0.000	0.60687	0.5763	0.6374
34. 有过对社会主义、共产主义的向往	−7.028	2864	0.000	−0.13940	−0.1783	−0.1005
35. 树立或坚定了马克思主义信仰	−21.555	2864	0.000	−0.43611	−0.4758	−0.3964

表 2-83　样本统计资料

	马克思主义	佛教	基督教	伊斯兰教	其他宗教	无信仰	其他	总计
频率	714	117	49	30	11	1869	61	2864
样本数量	24.9%	4.1%	1.7%	1.1%	0.4%	65.6%	2.1%	100%

（二）人生价值观总量表方差分析

为检测不同群组大学生的人生价值观认同表现是否存在显著差异,我们将人生价值观总量表均值作为因变量,将院校类别、性别、年级、专业、政治面貌和家庭所在地分别作为因子,进行了一系列的方差分析。方差分析结果如表 2-84 所示,在人生价值观总量表中,仅有性别、政治面貌两个群组的差异达到显著水平($p<0.05$),院校类别、专业、年级和家庭所在地群组不存在显著差异。事后多重比较发现,女生组显著优于男生,同时,中共党员学生显著优于其他党派成员、共青团员和群众组的学生。可见,女大学生和中共党员学生在人生价值各维度持更积极和乐观的态度,有信仰和信仰马克思主义、共产主义的比例更高。在差异显著的两个群组中,政治面貌群组均值差异更为显著($F=23.139, p=0.00$),体现了中共党员较高的思想认识和理论素养。

表 2-84　人生价值观总量表方差分析结果

群组	F	显著性（p）	类别	平均值（M）	标准偏差（SD）
学校类别	0.628	0.642	985 工程院校	3.6168	0.38139
			211 工程院校	3.6396	0.42854
			其他本科院校	3.6437	0.42539
			高职高专院校	3.6468	0.43128
性别	6.159	0.001*	男	3.6031	0.42087
			女	3.6540	0.39352
专业	1.114	0.342	工学类	3.6345	0.40711
			理学类	3.6072	0.38871
			文史哲类	3.6451	0.41858
			社会科学类	3.6135	0.40791

续表

群组	F	显著性（p）	类别	平均值（M）	标准偏差（SD）
年级	0.575	0.631	大一	3.6430	0.40644
			大二	3.6201	0.38975
			大三	3.6204	0.42494
			大四及以上	3.6277	0.41474
政治面貌	23.139	0.000*	中共党员	3.7597	0.44485
			其他党派成员	3.4812	0.37427
			共青团员	3.6086	0.39551
			群众	3.5070	0.37325
家庭所在地	1.579	0.192	大城市	3.5986	0.41967
			中小城市	3.6201	0.41741
			县城、乡镇	3.6460	0.39437
			农村	3.6400	0.40199

注：* $p < 0.05$。

（三）人生价值观各维度方差分析

1. 人生价值目标

如表 2-85 所示，在"人生价值目标"维度中，不同性别、专业、政治面貌和家庭所在地群组的大学生均值存在显著差异（$p < 0.05$），院校类别、年级群组的大学生差异未达到显著水平。事后多重比较发现：与人生价值观总量表相似，在这一维度中，女生组、中共党员组学生显著优于男生组、非党员组学生。与总量表不同的是，文史哲学类、社会科学类和工学类学生显著优于理学类学生；同时，农村、县城（乡镇）组学生显著优于城市组学生。从总体来看，女生组、党员组和农村组学生其对人生价值目标的认知与态度更倾向于社会本位，更乐于帮助他人，即使自己的利益会因此而受到一定的损害。

表 2-85 "人生价值目标"维度方差分析结果

群组	F	显著性（p）	类别	平均值（M）	标准偏差（SD）
学校类别	1.950	0.100	985 工程院校	3.5931	0.48639
			211 工程院校	3.6413	0.52048
			其他本科院校	3.5701	0.51987
			高职高专院校	3.7273	0.47576
性别	4.949	0.001*	男	3.5850	0.52239
			女	3.6475	0.48758
专业	2.907	0.033*	工学类	3.6330	0.50636
			理学类	3.5473	0.48842
			文史哲类	3.6331	0.50905
			社会科学类	3.6116	0.51138
年级	0.653	0.581	大一	3.6286	0.49087
			大二	3.5968	0.49880
			大三	3.6138	0.52530
			大四及以上	3.6280	0.51704
政治面貌	20.169	0.000*	中共党员	3.7678	0.52817
			其他党派成员	3.4977	0.48075
			共青团员	3.5933	0.49561
			群众	3.4569	0.46855
家庭所在地	5.455	0.001*	大城市	3.5474	0.52602
			中小城市	3.5956	0.50440
			县城、乡镇	3.6460	0.50081
			农村	3.6535	0.49705

注：* $p<0.05$。

2. 人生价值态度

如表 2-86 所示，在"人生价值态度"维度中，仅有不同政治面貌群组的大学生均值呈现显著差异($p<0.05$),院校类别、性别、专业、年级和家庭所在地群组的大学生差异均未达到显著水平。事后多重比较发现:在这一维度中,中共党员的表现显著优于其他党派成员、共青团员和群众,同时,共青团员又显著优于群众。这说明,中共党员和共青团员表现出更积极、乐观的人生态度,在面对现实生活中挫折和未来生活的迷茫时表现出更少的消极和悲观情绪。此外,其他群组差异不明显,说明当代青年大学生普遍有着积极、乐观的人生态度,也都经历过对生活感到迷茫和困惑的消极体验,因此,各群组均值具有较高的同质性,未呈现出明显的差异。

表 2-86 "人生价值态度"维度方差分析结果

群组	F	显著性(p)	类别	平均值(M)	标准偏差(SD)
学校类别	0.265	0.901	985 工程院校	3.7279	0.49565
			211 工程院校	3.7474	0.52115
			其他本科院校	3.7465	0.48682
			高职高专院校	3.7500	0.45758
性别	0.527	0.598	男	3.7330	0.52688
			女	3.7430	0.48916
专业	1.769	0.151	工学类	3.7652	0.50446
			理学类	3.7197	0.50053
			文史哲类	3.7240	0.51855
			社会科学类	3.7161	0.50658
年级	0.474	0.700	大一	3.7296	0.50490
			大二	3.7272	0.48126
			大三	3.7492	0.53395
			大四及以上	3.7536	0.51800
政治面貌	16.162	0.000*	中共党员	3.8732	0.53484
			其他党派成员	3.5018	0.50972
			共青团员	3.7174	0.49702
			群众	3.6476	0.50330

续表

群组	F	显著性（p）	类别	平均值（M）	标准偏差（SD）
家庭所在地	0.365	0.778	大城市	3.7498	0.52303
			中小城市	3.7424	0.52331
			县城、乡镇	3.7422	0.49219
			农村	3.7219	0.49778

注：* $p < 0.05$。

3. 人生价值标准

如表 2-87 所示，在"人生价值标准"维度中，性别、专业、年级、政治面貌、家庭所在地群组大学生的均值呈现显著差异（$p < 0.05$），不同院校类别和家庭所在地群组大学生的均值差异未达到显著水平。与总量表相似的是，男生组、非党员学生受功利主义和工具理性影响更明显，其人生价值标准呈现出更务实化和功利化的倾向。但与总量表不同的是，在这一维度中，理学类、文史哲学类显著优于社会科学类学生，同时，大一组显著优于大二组、大三组和大四组，说明社会科学类和高年级学生的价值标准功利化倾向更突出。在这 4 个差异显著的群组中，性别不同的群组差异最显著（$F = 10.886$，$p < 0.05$），说明男生相较女生更理性，更看重个人的成功，倾向于将物质、社会地位作为衡量个人成功的标准，女生则更看重精神富足、关心公益，体现出男生与女生的价值观的差异。

表 2-87　"人生价值标准"维度方差分析结果

群组	F	显著性（p）	类别	平均值（M）	标准偏差（SD）
学校类别	0.859	0.488	985 工程院校	3.4144	0.51329
			211 工程院校	3.4112	0.53277
			其他本科院校	3.4787	0.50697
			高职高专院校	3.4455	0.65017

群组	F	显著性（p）	类别	平均值（M）	标准偏差（SD）
性别	10.886	0.003*	男	3.3853	0.54941
			女	3.4430	0.49731
专业	2.957	0.031*	工学类	3.4008	0.53419
			理学类	3.4472	0.52186
			文史哲类	3.4536	0.51646
			社会科学类	3.3816	0.51593
年级	3.830	0.009*	大一	3.4627	0.53154
			大二	3.4007	0.51619
			大三	3.3874	0.52819
			大四及以上	3.3866	0.51508
政治面貌	4.748	0.003*	中共党员	3.4931	0.52708
			其他党派成员	3.3806	0.45418
			共青团员	3.4017	0.52006
			群众	3.3419	0.59478
家庭所在地	0.588	0.623	大城市	3.3947	0.53867
			中小城市	3.4042	0.53627
			县城、乡镇	3.4243	0.51394
			农村	3.4284	0.50867

注：* $p<0.05$。

4. 人生价值实现

如表2-88所示，在"人生价值实现"维度中，不同性别、政治面貌的大学生均值呈现出显著差异（$p<0.05$），学校类别、专业、年级、家庭所在地群组差异不显著。事后多重比较发现，与总量表方差分析结果相似，男生组、非党员组学生呈现出更明显的个人主义和理性主义特征，他们更相信有权势和背景的人容易成功，否定人生价值只有在集体中才能得到更好的实现。相反，女大

学生对"干得好不如嫁得好"的说法持更强烈的反对态度,而党员学生更倾向于社会本位和集体本位,他们更愿意将帮助他人视作一种快乐,肯定人生价值只有在集体中才能得到更好的实现。

表 2-88 "人生价值实现"维度方差分析结果

群组	F	显著性（p）	类别	平均值（M）	标准偏差（SD）
学校类别	0.260	0.903	985 工程院校	3.7323	0.47381
			211 工程院校	3.7287	0.50378
			其他本科院校	3.7368	0.57215
			高职高专院校	3.5974	0.44179
性别	3.783	0.000*	男	3.6943	0.50469
			女	3.7638	0.47880
专业	0.248	0.863	工学类	3.7338	0.50242
			理学类	3.7183	0.47285
			文史哲类	3.7350	0.50096
			社会科学类	3.7180	0.48190
年级	2.105	0.097	大一	3.7555	0.49171
			大二	3.7396	0.47378
			大三	3.6981	0.51192
			大四及以上	3.7108	0.49596
政治面貌	15.039	0.000*	中共党员	3.8444	0.50066
			其他党派成员	3.4869	0.37711
			共青团员	3.7151	0.48748
			群众	3.5788	0.51380
家庭所在地	1.622	0.182	大城市	3.7142	0.49863
			中小城市	3.7138	0.49345
			县城、乡镇	3.7626	0.48110
			农村	3.7254	0.49665

注：* p<0.05。

5.人生价值信仰

如表 2-89 所示,在"人生价值信仰"维度中,不同学校类别、专业、年级、政治面貌以及家庭居住地的大学生存在显著的差异($p<0.05$),而性别群组差异未达到显著水平。事后多重比较分析发现:与总量表不同,在这一维度中,211 工程院校学生显著优于 985 工程院校和其他本科院校学生,文史哲学类、社会科学类和工学类学生显著优于理学类学生。从年级与生源地看,大一组显著优于大二组、大三组、大四组,同时,农村组、县城(乡镇)组显著优于城市组学生,农村组学生又显著优于中小城市组、县城(乡镇)组学生。因此,可以得出:211 工程院校组、人文社会科学类、中共党员和农村组大学生中信仰马克思主义和共产主义的学生比例要高于理学类和来自城市的学生,同时,在理学类和大城市组的学生中无信仰和缺乏马克思主义信仰的现象更严重。

表 2-89　"人生价值信仰"维度方差分析结果

群组	F	显著性（p）	类别	平均值（M）	标准偏差（SD）
学校类别	15.630	0.000*	985 工程院校	3.5262	0.73529
			211 工程院校	3.7442	0.71015
			其他本科院校	3.6019	0.71253
			高职高专院校	3.5758	0.77590
性别	1.463	0.164	男	3.6201	0.74175
			女	3.6581	0.71793
专业	7.172	0.000*	工学类	3.6348	0.71990
			理学类	3.4884	0.74874
			文史哲类	3.6989	0.75743
			社会科学类	3.6682	0.69728

续表

群组	F	显著性（p）	类别	平均值（M）	标准偏差（SD）
年级	6.832	0.000*	大一	3.5524	0.71126
			大二	3.6533	0.72001
			大三	3.6882	0.76754
			大四及以上	3.7044	0.71542
政治面貌	57.195	0.000*	中共党员	4.0075	0.66903
			其他党派成员	3.4946	0.70380
			共青团员	3.5765	0.71799
			群众	3.2939	0.72373
家庭所在地	16.878	0.000*	大城市	3.4314	0.76345
			中小城市	3.6427	0.73427
			县城、乡镇	3.6579	0.72400
			农村	3.7382	0.68372

注：* $p < 0.05$。

第三节　调查结论

一、大学生价值观总体呈现良好，不同群组的学生存在显著差异

由前述可知，价值观态度和感知、自然价值观、社会价值观、历史价值观、人生价值观五个测量量表均值均大于3，介于"不确定"和"比较同意"之间，倾向于比较同意水平。在价值观态度和感知层面，接近九成的大学生肯定"价值观非常重要"，超过七成的大学生赞同"价值观的培养是教育的主要任务"；在自然价值观层面，九成以上的大学生赞同"应树立人与自然和谐相处

的观点",并支持"人对自然的改造应该坚持可持续、绿色发展理念"。在社会和历史价值观层面,86.2%的大学生肯定"社会历史有其客观发展规律",分别有70.7%、67.4%的受访大学生赞同"中国特色社会主义事业的前途是光明的"、"实现中国现代化必须继续走中国特色社会主义道路";在人生价值观层面,77.9%的大学生赞同"比起物质的富足,精神的丰富更珍贵"、90.1%的大学生对"人生应认真积极、乐观进取"持肯定的态度,这些都反映出当代青年大学生价值认知和态度中积极、正向的一面。从总体层面看,当代大学生价值观总体呈现是良好、正面的,他们有较强的生态保护意识、普遍认可历史发展的客观性和规律性、认同并支持中国共产党的领导和中国特色社会主义事业、具有积极乐观的人生态度。

方差分析发现,不同性别、年级、专业、政治面貌和家庭所在地的大学生价值观存在显著的差异性。尽管各个量表方差分析结果不尽相同,但都普遍表现出女生显著优于男生,文史哲学类、社会科学类学生显著优于理工类学生,党员显著优于共青团员、其他党派成员和群众;同时,家庭来自农村、县城(乡镇)、中小城市的学生显著优于家庭来自大城市的学生。数据分析结果论证了假设,相较理工类学生,文史哲学类和社会科学类学生接受过更多的人文课程教育,呈现出对主流价值较高的认同;而理工类学生受自然科学精神的影响,实证性和批判性思维更为强烈,易于对既定的政治、社会、历史价值观产生质疑,也更容易对硬性灌输的方式产生逆反心理,他们对主流价值观的认同相对要低。同时,女生以人文社会科学类专业居多,对历史、政治等人文知识的掌握要优于男生,更容易对主流价值产生积极的情感态度,因此,女大学生对主流价值观持更多的肯定态度。同样,沿海地区和大城市是多元社会思潮的集聚地,利益诉求多元化、社会矛盾也更为凸显,来自大城市的大学生更容易受多元社会思潮的影响,对主流价值观产生质疑;而来自农村和乡镇的大学生则刚好相反,他们更为淳朴和单纯,对主流价值有着更高的认同度。

二、大学生的人生价值观表现最理想,历史价值观稍差

通过均值比较发现,大学生对各层面价值观的认同程度是不均衡的。相较而言,大学生在人生价值观和自然价值观层面的表现要显著优于社会价值观和历史价值观层面。探究其原因,我们认为,一方面是源于当代大学生独特的心理和认知特性,他们更关注于关乎自身的个人价值和自然环境,对社会和历史价值表现出较低的兴趣。另一方面,多元社会思潮在历史和社会领域的蔓延在一定程度上动摇了大学生的政治信仰,淡化了当代大学生对唯物史观、中国近现代历史、马克思主义指导思想、中国特色社会主义道路和中国共产党执政地位的正确认识。在价值观态度和感知、自然价值观、历史价值观、社会价值观、人生价值观五个层面中,人生价值观层面总体均值最高,其均值远高于其他层面,展现出当代大学生积极乐观的人生态度。相反,历史价值观层面均值最低,说明大学生对中国近现代历史以及社会未来发展趋势的认知存在诸多偏差,体现出历史虚无主义思潮和抹黑党、中国近现代历史的错误言论对大学生历史观的消极影响。

三、大学生普遍认同价值观的重要性,但部分学生存在价值相对主义倾向,对"普世价值"警惕性不强

如前所述,大学生普遍肯定价值观的重要性,并赞同价值观的培育是教育的首要任务。然而,仍有部分大学生存在价值相对主义的倾向。在个人价值的选择上,大学生更注重个人价值选择的自由性,强烈反对干涉个人价值选择的行为,这说明思想观念领域的多元化以及自由主义的价值理念客观地影响了当代大学生的价值认知与态度。部分大学生反对价值观具有共同性,将价值观仅视作个人自主选择的结果,并否定特定历史条件下价值判断具有统一标准,呈现出鲜明的价值相对主义倾向。与此同时,在西方价值观念、生活方式、文化意识形态产品的强势入侵下,大学生对西方资本主义价值观的警惕性

和抵抗力较弱,西方资本主义的价值观念受到了部分大学生的推崇,一部分大学生未能辨别西方"普世"价值背后资本主义意识形态渗透的图谋,陷入了别有用心者的理论陷阱中。

四、大学生有较强的生态保护意识,但部分大学生存在自然中心主义的偏误

数据分析表明,大学生能正确认识到人对自然的依存关系,改造自然的主体意识有所增强。同时,出于对工业时代人类不加节制地破坏自然造成全球生态环境恶化行为的反思,生态保护意识和可持续发展理念深入大学生的内心。描述分析统计数据显示:92.3%的大学生赞同"应树立人与自然和谐相处的观点",91.8%的学生支持"人对自然的改造应该坚持可持续、绿色发展理念",这体现出当代大学生追求人与自然和谐、生态可持续发展的自然价值取向。但在改造自然过程中应当秉持什么尺度、应该以谁为中心的问题上,部分学生偏离了人类利益的价值尺度,走入了自然中心主义的极端中。在受访大学生中,76.8%的大学生反对"自然界的价值是人赋予的",接近1/3的大学生反对"人需要改造自然",否定在人与自然的关系中,人把自身作为中心有其合理性。这也反映出长久以来的教育都告诫学生人类的生存与发展依赖于自然,强调工业社会以来人对地球生态环境的破坏作用,致使部分大学生在对人与自然关系问题的认识上忽略了人类的利益和需求,不自觉地陷入了自然中心主义的误区中。

五、大学生普遍承认历史发展的客观性和规律性,但受历史虚无主义的影响不容忽视

数据分析结果显示,大学生对历史发展的客观性、解读历史的态度和立场有着相对理性的认知与态度,他们普遍承认社会历史的发展具有客观规律性,认同对历史的解读应该坚持人民立场、进步立场,并赞同把唯物史观作为理解

历史的理论指导或依据。但是,调查数据也反映出历史虚无主义在社会思想领域的蔓延对大学生的历史价值观产生了一定的影响。有接近1/5的大学生表示在看到"揭秘"、重评近现代历史的观点时会不由自主地相信,还有部分大学生在不自觉中接受了历史虚无主义的某些观点,错误地相信历史虚无主义者散布的"历史只是胜利者的言说"、"近代西方列强的侵略帮助了中国的发展"、"近代以来的革命只起到破坏作用"、"近现代历史的评价存在共产党人的主观歪曲"、"近代中国走资本主义道路能实现更好的发展"等歪曲历史的言论。历史虚无主义思潮不仅误导了当代大学生对中国革命性质及意义、中国近现代历史人物善恶评价以及社会发展的必然趋势的正确认识,还可能会削弱大学生对中国特色社会主义道路、马克思主义指导思想和中国共产党领导地位的价值认同,其影响不容忽视。

六、大学生普遍认同党的领导和中国特色社会主义事业,但部分大学生思想自由化倾向突出

调查数据显示,大学生对党的领导和中国特色社会主义事业普遍持肯定和支持的态度。但与他们父辈和祖辈不同的是,当代青年的价值认知更为理性和务实,更富有质疑和批判精神。他们对意识形态领域内的指导思想、政治制度和执政党的认知与态度不再仅仅是停留在盲从和绝对认同的状态,而且是依据自身的利益立场和主观需要进行审视甚至大胆地质疑,同时受市场经济和自由主义思潮的影响,大学生的社会价值观也呈现出更理性化甚至自由化的特征。尽管绝大多数大学生肯定马克思主义的科学性和其当代价值、肯定中国特色社会主义事业的前途是光明的,并赞同"有中国共产党的领导中华民族的伟大复兴事业一定能实现",却仅有不足1/4的大学生信仰马克思主义,并有2/3的大学生赞同"只要老百姓日子过得好,姓'资'姓'社'的问题不重要"。同时,指导思想多元化、军队国家化、国企私有化、反对媒体"党性"原则等观点都在大学生中占据一定的市场,甚至存在一些学生否定中国进行

社会主义意识形态宣传的必要性,这些均体现出当代大学生价值观中自由化的倾向。

七、大学生人生态度积极乐观,但也存在价值标准功利化和信仰缺乏的问题

统计数据显示,超过七成的大学生认为自己对生活总体是积极乐观的,并表示自己总能看到生活和社会中的正能量,同时,九成以上的大学生同意"美好未来靠自己打拼",充分体现了当代青年大学生乐观、进取的人生态度。但是,尽管接近七成的大学生赞同人生的价值在于奉献,但也存在部分学生将追求金钱、名利、享乐等因素视作人生价值实现程度的衡量标准,这些呈现出部分大学生价值标准功利化的特征。此外,尽管大学生普遍肯定理想与信仰对个人发展的重要意义,仅有 1/3 左右的大学生表示有信仰,这体现了当代大学生信仰缺乏的普遍性和严重性。价值标准功利化和信仰缺乏问题体现了当代青年知与行的现实矛盾。在人生价值层面中,他们追求崇高、讲求奉献,肯定人应当有信仰和理想,但在实际生活中,受市场经济趋利性观念的影响,他们的价值观更为实际和功利;同时,他们喜欢质疑,难以产生信仰。这种理想和现实、实然与应然之间的差距真实地呈现了当代青年大学生的矛盾和困惑的心理。

第三章　当前我国高校价值观引导的审视与反思

　　自 2004 年中央 16 号文件下发后,高校思想政治教育进入一个新的发展阶段。尤其是党的十八大以来,以习近平同志为核心的党中央基于对意识形态工作的清醒认识,把高校思想政治教育摆在突出位置,从铸魂工程的高度加强和推进。大学生思想政治教育成效显著,大学生的价值观和高校意识形态领域主流均积极向上。但通过我们开展的深度访谈(in-depth interview)[1]和实证调查(empirical survey)[2]发现,当前高校价值观引导工作仍存在一些问题和短板,突出体现为:价值观引导在高校教学中一定程度上的迷失、价值观引导的协同乏力、学生对作为价值观教育主渠道的思想政治理论课程的认同度不够理想等。这些问题若不克服,将阻碍高校价值观引导工作的持续推进。在此,我们将主要通过质性研究和量化研究的结果呈现这些存在的问题,并对这些问题进行一定的反思。

---

[1]　具体见附录二、《关于大学生价值观引导的教师访谈情况及访谈提纲》。
[2]　具体见下文中"大学生眼中的思想政治理论课"调查。

第一节 价值观引导在高校教学中
一定程度的迷失

虽然我国教育法规以及官方文件历来都强调高校育人为本、德育为先,如今更是把立德树人作为高校的根本任务,明确大学要保证社会主义的办学方向、保证中国特色社会主义事业后继有人,要求将价值观的涵育作为育人的灵魂工程,培育和践行社会主义核心价值观。虽然从理论上讲,大学的核心是价值观培育、高校思想政治教育本质是价值观引导、大学生的成才需要正确的价值观保驾护航;虽然教育实践已然表明价值相对主义和价值中立在思想政治教育中走不通,国际价值观教育潮流已转向培养忠诚、主动、负责任公民的政治价值观教育,但是,通过我们开展的文献分析、质性访谈(访谈对象含思想政治理论课教师、其他哲学社会科学专业教师、工学专业教师、理学专业教师、辅导员、学院主管学生工作的副书记、团委干部等共计 28 位)和课堂观察,我们发现,在今天的高校教育中,在"应不应该"对大学生进行价值观的引导上仍然存在认识分歧,在"愿不愿意"对大学生进行价值观引导上存在不同心境(尤其是其中的矛盾纠结),在"去不去"对大学生进行价值观引导上存在不同选择(造成诸多虚化),在"会不会"对大学生进行价值观引导上存在不同策略(其中突出的是本领欠缺和恐慌)。

一、"应不应引导"的认识分歧

在高校应不应该把价值观的培育作为核心任务、教师应不应该对大学生进行价值观的引导上,根据我们开展的质性访谈,发现高校教师的认识并不相同。他们基于"自身的教师角色认知"(自身作为教师是否承担价值观引导之职责,教师育人是否内蕴价值观导向)和"大学生的待引导性"(大学生的道德成长是不是自足性的,是否还需要教师的指导)两个因素形成四种不同类型,最终导向两种不同的态度。

a.自身作为教师承担着价值观引导职责+大学生需要教师的指导

持这种认识的教师认为师者承担着育人的责任,育人中又内蕴价值观导向。教师是先进思想文化的传播者,是学生健康成长的指导者和引路人,是人类灵魂的工程师。从教育对象大学生而言,他们虽具有一定自主性,但价值判断能力和选择能力尚不完全成熟,而且他们的价值观中也显现出一些问题,因此,大学教育和教师应该对大学生进行有意识的价值观引导。

访谈对象一:思想政治理论课教师,女,某重点大学副教授,教授马克思主义基本原理,教龄 11 年,编号为 sf1

我认为价值观非常重要,因为价值观是关于应该做什么和不应该做什么的基本见解,是人类的求"善"活动。真理求"真",价值求"善",所以价值观是关于"善"的观念,它对人的行动具有指导性作用。我个人是教马克思主义基本原理课的,因此在我看来,价值观并不是生来就有的,它是在实践中生成的,因此,我对价值观的起源持"实践生成论"的观点。既然价值观是在实践中生成的,因此,个人的社会关系、社会实践对价值观的塑造极其重要。(人的价值观)一旦形成之后,便比较持久和稳固,不易改变。(sf1)

价值观教育在高等教育中应处于核心地位,所有的学科都应该为塑造科学的价值观服务,只有有了科学的价值观,你的行为才能有所适从,你的情感才能有所归依。我特别不赞同"教师只需进行知识传授和技能培养"的观点,因为知识的传授需要价值观的引导,如果没有价值观的引导,人类将会在探求未知世界的过程中失去方向。比如,前几年披露的英国的人兽杂交胚胎,这种不受价值观引导的科学将给人类带来灾难,如果真的有一天,满大街跑的都是马面人身兽,人类的尊严何在? 同样的道理,没有价值观的引导,我还可以教会人偷东西,这也是技能的培养啊。但实际情况是,不能教人"偷"

这个技能,说到底,教什么的问题,是价值观在潜移默化地起作用。(sf1)

访谈对象二:哲学社会科学专业课教师,女,某重点大学讲师,教授公共关系学,教龄 15 年,编号为 zf1

按我的理解,价值观是一个对人、对事、对物的判断、选择,包括你对自己行为的选择,是贯穿整个人生的。它是个人的私人生活和未来所从事的事业中非常重要的主线条的东西,它不是一成不变的,而是不断变化、不断(被)修正的。也许有人会说大学生的一些主要的价值判断、价值理念在他们的中学阶段已经形成,在他们的家庭教育环节已经形成,但实际上他未来的生活才刚刚开启。在大学阶段打开他们专业的大门,这个和中学的基础教育完全不同,他们对未来职业的判断、对社会的判断可能才刚开始,专业老师对他们的引导还是会作用很大。而且大学生还不成熟,有很多地方(教师)可以引导,而且(教师的引导)很有作用,特别是他们信服的老师的引导还是很有用的。(zf1)

访谈对象三:工学专业课教师,男,某重点大学教授,教授"交通工程",教龄 12 年,编号为 gm1

在专业课教学中,我还是会强调价值观的。说到价值观,我认为类似于儒家所讲的君亲、忠孝,我会跟他们(学生)谈这个问题,(还)包括做师长的问题、责任的问题,比如我会跟学生讲无论怎样要对自己负责、对家庭负责。(gm1)

我不赞同(你所提到的西方的价值中立、价值相对观点),我觉得学生不可能自然而然地走对(路),我自己也是家长,在我女儿的成长中,我对这一点深信不疑。我会跟大学生谈(价值观问题),我觉得老师不能中立,需要流露出自己的倾向和立场,虽然有的可能不听,因为也许他们的价值观已经在父母的影响下定(型)了,他只会选择他愿意相信的东西,只会选择跟他之前的价值观一致的东西,他觉得我应该走这条路,所以会觉得你讲的是不对的。但我还是要讲,因为我觉得作为师者,应该要表明自己的立场。至少应该告诉学生老师的判断,虽然这个判断学生不一定认同。人不可能做到中立,你自己的选择其实代表了你选择的方向,从中可以看到你的倾向,所以教师也是(如此)。学生应该还是会(对老师讲的)继续判断、思考,而且(老师讲的)也许会对其他学生产生积极或正面的影响。特别是现在学生都很个性化,有些方面他们很清晰,显得很成熟的样子,但有的学生其实对自己的价值观好像不自知,他们不思考这个问题。(gm1)

访谈对象四:工学专业课教师,男,某重点大学教授,教授"电化学原理",教龄 14 年,编号为 gm3

对于价值观,我的理解就是一个人的行为要符合大众的规范,对你的家庭、再上一层的话就是国家不要有什么损害。价值观是很重要的,我觉得(一个人)如果没有正确的价值观的话,越是优秀就越危险,像汪精卫这样的人,(能力)绝对是很优秀的,但是他(做)人有问题,这很可怕。人能力弱一点、影响小一些没关系,但如果是价值观出了问题,无论是对家庭还是对国家影响都是非常大的,这是自然科学无法处理的。(价值观)至关重要。面对大学生,老师还是应该对他们进行价值观方面的引导,特别是今天,学生获取信息的渠道很多,尤其是国外的,我仍然相信毛泽东同志的一句话:帝国主义亡我之心不死,西方宣传的主张带有他的意图,比如看英文文章,文章中的报道是它(西方国家)挑选过的,其中的价值观元素跟着文章一块儿渗透过来了,传递给我们的学生了。虽然大学生的价值观可能已经基本形成,但老师的引导还是有用。(gm3)

教育如果是以金钱为主导是很危险的,不要说整个国家,就一个公司而言,如果你放任自己的员工:只要你能赚钱,你就是老大,那这个公司绝对搞不好。所以必须有价值观的引导。现在食品危机等问题,追根到底都是价值观的问题造成的,利益打败了规矩,但最终大家都会成为失败者。(gm3)

访谈对象五:工学专业课教师,男,某重点大学副教授,教授"测绘工程",教龄 7 年,编码为 gm6

我曾经在香港读书半年,在美国读书半年,这些经历让我发现价值观问题是非常重要的。我经常跟我的学生讲,一定要基于兴趣、要追求点什么的心态去学习,而不仅仅是通过考试。我觉得现在的学生太功利和现实,比如他们会跟老师要分数,会为了刷分跟老师要求补考,我觉着这很荒唐! 他们太关注世俗的生活,但对那些更深层次的价值或精神层面的思考较少。(gm6)

访谈对象六:辅导员,男,某重点大学讲师,工龄 2 年,编码为 fm1

我认为价值观本身是文化的核心,是一个人行事的宗旨。代表了一个人的境界和视野,也代表了一个人的经历和所受的教育等。当然价值观本身代表的是个人需求,价值观本身并没有对与错之说,但个体价值观应当与社会和历史发展相适应,不一定要完全符合,但不应当逆社会潮流而行。(fm1)

价值观是重要的,信仰、立场、认知等许多因素都包括在内。一个没有自身价值观念的人或者价值观出现偏差的人往往是具有潜在危险的。对于自身的发展不利,对周边的人群以及社会都没有良好的作用,较容易被社会现象所左右,没办法自行判断,进而容易沦为网络暴民或现实暴民。(fm1)

辅导员是高校思想政治工作中最基础也是实践环节最重要的一环。可以说,高校思想政治工作的开展成效如何是由最基层的辅导员决定的。辅导员本身的素养、对职业的认知和投入直接对学生的大学生活、学习、工作产生影响,也会对他们的人生观、世界观、价值观的形成产生影响,甚至会对他们的人格、心理的健全形成深远的影响。(fm1)

b.自身作为教师承担着价值观引导职责+大学生不需要教师的指导

持这种观点的教师同样赞同教师角色中蕴含的育人元素,但他们认为从受教育者而言,大学生作为成年人,应对自己的行为负责,也有相应的能力去负责。他们认为大学生有相应的道德判断和价值选择能力,老师无须多费心思,因此,他们的态度实质导向的是"不应该对大学生进行价值观引导"。

访谈对象七:思想政治理论课教师,女,某重点大学讲师,教授"思想道德修养与法律基础",教龄2年,编号为sf2

我上"思想道德修养与法律基础"这门课,从教师角度说,教师当然承担着价值引导的责任,尤其是作为这门课的教师,我们被赋予的这种价值引导的责任很鲜明。但现在的问题是,现在的大学生不同于以往,他们生活在一个多元的文化环境里,(他们)获取信息的渠道非常广泛,他们也是自主性很强的,而且他们都有18岁,已经成年了,他们有充足的能力进行判断、思考和选择,老师不需要刻意去引导,这反而会激起他们的防御心理,也会让他们感觉你对他们不够尊重和不够信任。我觉得教师要做的就是把这些道德知识、法律知识等传递给学生,在获取这些知识的过程中,他们会形成自己的价值判断。(sf2)

c.自身作为教师不承担着价值观引导职责+大学生需要教师的指导

持这种观点的老师认为,从一般意义而言,教师具有育人职责,大学生也存在一些价值观方面的问题,因此对大学生的价值观引导也很有必要,这种价值观引导也会对大学生产生积极影响。但不同教师有不同的分工,自身作为专业课教师不承担这样的职责,价值观引导或思想政治教育的职责是由思想政治理论课教师、辅导员、班主任、党委干部等人承担的。基于此,这类老师的最终态度实质上是自己"不应该对大学生进行价值观引导"。

访谈对象八:理学专业教师,男,某重点大学教授,教授"大学物理"等课程,教龄19年,编号为lm1

我是教物理的,价值观引导问题好像跟我关系不大,这个事应该是有专人专做的,比如辅导员、班主任、党务领导等。现在的大学生我觉得太功利、也不太尊重老师,上课也不太积极,自律性不够,心理又脆弱,而且个性太强,我觉得做思政工作的这些人要加强对学生这些方面的教育。(lm1)

d.自身作为教师不承担着价值观引导职责+大学生不需要教师的指导

持这种观点的教师同样认为教师育人专人有专职,自己作为专业课教师不承担此职责,同时认为大学生是自我发展的,他们会选择和判断,而且他们独立性强,其价值观已经形成了,老师即使施加教育影响也无济于事。

访谈对象九:工科专业课教师,男,某重点大学教授,教授"工程测量",教龄14年,编号为gm2

价值观方面,我觉得只要不违背社会主流,有一个积极态度就可以了,我没有特别的关注。我还真的没有思考过这个问题(作为老师上课要不要传授价值观)。要去影响他们(学生)的价值观?我觉得(学生)自己发展就可以了,我上课主要就是应该给他们传授知识,没必要就一些社会问题呀、政治问题什么的发表自己的观点。我觉得大学生在他们从小到大的成长和经历中已经形成了自己的价值观,到大学这个阶段,他们的价值观已经定型了,有的甚至在高中已经定型了,大学老师对他们的影响是很小的。(gm2)

可以看出,在"应不应该"对大学生进行价值观引导的问题上,教师对"价值观引导者"的角色认知和态度决定了不同的回答,"价值引导者"的角色认知和态度又与两个因素相关:教师的育人目标和大学生在价值观上的可教性。

我们认为,当前部分教师在这两个方面的认识存在误区,产生了在"该不该引导价值观"上的错误态度,从而影响了价值观教育在高校的实施。

在教师育人目标方面,中国历来强调教师要"传道、授业、解惑",自德育相对独立并与智育、体育等并立后,教师的教育职责也被相对分割为培养思想品德、教授知识技能、发展智力与体力等领域,各领域教师似乎各司其职即可。然而,有没有纯粹的知识? 知识从本质上是人类精神文化的结晶,教育系统所选取的教给学生的知识是从人类精神文明宝库中精选出的,知识的选择和运用都与价值相关。但随着科技理性的膨胀,自然科学自豪于他们纯粹客观的"科学性"、"骄傲于他们价值无涉的智力探求"①,并以此质疑和嘲笑着其他学科。但只要人是价值观的主体,即使在标榜客观科学的自然科学领域,也必然存在价值观关涉。高校从其诞生之日就是价值缠身的,对价值的追求是其光辉旗帜。因此,作为教师,除了要进行科学知识、生产技能等一些理论知识的传授,还要关注学生的精神世界;除了要传承物质文明,还要传承精神文明;除了要致力于改造和创造更好的物质世界,还要致力于改造和创造新的、更高的精神世界。

大学生在价值观上是否具有可教性? 如果从个人价值观的形成来看答案是肯定的。价值观的形成是个体在生活实践中逐渐形成的关于是非、善恶、美丑等的评价标准和"什么是值得的"的价值取向,价值观的形成与个体社会化的过程内在统一。大学生大多处于青年早期,其社会化过程仍在继续。而且从自我意识的形成过程来看,这一时期正是精神自我快速发展的时期,精神自我关涉的则是世界观、人生观和价值观。因此大学阶段是人的价值观定型的关键时期,这期间教育影响和社会影响的效应非比寻常。所以中外高校都强调校训、校风等校园文化(价值观)对大学生的浸染作用,也有不少高校开设相关课程进行系统教育。就中国大学生而言,基于中国特殊的教育制度和背

---

① Morrison T. "How can values be taught in the university?", *Michigan Quarterly Review*, 2001, vol. 40, no. 2, pp. 273-278.

景,大多数大学生入校前迫于繁重的学习压力,"对自己、对他人、对社会认识都是朦胧的"①。而且家庭教育、中小学教育中价值观教育和引导相对缺失,这致使大学生的价值思维、价值判断和选择能力较弱。面对当今多元化的社会思潮,部分大学生随波逐流,出现价值观念偏差,甚至出现极端情况,这些都已为不少实证研究证实。所以"大学生的价值观已经成熟"的结论未免过于武断,过于诉诸主观感觉;"他们不听你的"并不是因为他们不需要这种引导,而可能是这种引导没有找到适当的切入点、未采取适宜的方式。如果从个体价值观的相对性来看,这一问题曾蕴含在"价值相对主义"议题中在西方引起广泛讨论,但最终的走向却是肯定价值共识对个体价值的统摄,因此,致力于个人道德成长和人格发展的品格教育(character education)在西方高等教育中复归,不仅如此,致力于培养忠诚的、主动的、负责任的公民的公民教育(citizenship education)在今天的西方国家逐渐成为价值观教育中的主流。

二、"愿不愿引导"的不同心境

心理科学研究已经表明,人的认知会影响行为。"应不应该"引导的价值认知会影响到"愿不愿意"引导的行为意愿,持"不应引导"价值认知的教师自然"不愿"去引导学生价值观。但持"应该引导"价值认知的教师在引导意愿上又是怎样一种情形? 根据访谈发现,教师的引导意愿在价值认知基础上又受另一个变量(因素)的影响:引导绩效(引导有没有用)。这种绩效既体现在大学生是否会对这种价值观引导持开放和接纳态度上,又体现在这种价值观引导是否会切实影响到大学生的价值观上。在引导绩效这一变量的作用下,教师的引导意愿呈现出不同的心境。

第一种:矢志不渝型

　　我喜欢在课上花上 5 分钟到 10 分钟的时间讲这些问题(忠孝、

---

① 吴新颖:《当代青年价值观构建与培育》,博士学位论文,湖南师范大学,2009 年,第15 页。

君亲、责任等），会就一些现象讲一讲，这是一种有意识的行为，因为我觉得价值观非常重要。但有时候跟学生谈，谈不出啥，弄不明白他心里在想什么。在我的印象中有那么10%的孩子是这样的。我有个学生上半学期去上课，下半学期就不去上了，挂了几科，我问他有什么想法，他说："没有什么想法，我不知道好好学习有什么用。"感觉想对他进行价值观的引导，但就像面对一个铁壁，跟他说啥都没用。但我还是不会放弃，只是比较困惑，考虑这个学生是不是有心理问题。（gm1）

第二种：有限责任型

人的价值观不是教育可以完全解决的，家庭背景、社会变迁、社会氛围等都起作用。我的父母对基本事物的选择和判断都深深影响了我，所以大学生价值观引导这个问题，我觉得学校有责任、老师有责任，但这种责任是有限的。（gm1）

访谈对象十：思想政治理论课教师，男，某重点大学副教授，教授"中国近现代史纲要"，教龄9年，编号为sm1

价值观教育非常重要，但教育这个系统只是影响人的价值观众多环境因素中的一个而已，只不过这个因素相比其他，更加系统、更有选择性、更加正向而已。我们作为思政课教师所能做的是有限的，不能把所有学生的问题都推到思政课教师身上。但现在的情况是：学校对这个工作说起来很重要，对我们的支持却不到位，有些学院领导包括本科生院甚至觉得我们这个课太多了，没什么用，占用了学生太多的时间。但学生价值观方面一旦出了什么问题，他们首先想到的却是我们的课没上好，指责我们没把学生的价值观引导好，这是很荒谬的，作为思政课教师我们承担了太多的责任。（sm1）

我对社会治理有较多关注，这可能和我的专业有关。社会治理中涉及价值观，还涉及民众的政治信任。当然我会引导学生增强对政府、对执政党的信任,但这种信任会受到政府治理绩效、执政党的廉洁形象、政府对民众需求回应态度等一系列因素的制约,所以主流价值观的引导除了教师做必要的工作,社会现实必须不断被完善,如此方能从根本上解决问题。(zm2)

第三种:犹豫彷徨型

访谈对象十一:思想政治理论课教师,女,某重点大学副教授,教授"毛泽东思想与中国特色社会主义理论体系概论",教龄9年,编号为sf3

作为一名思政课教师,我深知价值观引导是我的职责所在,不仅如此,我是自觉自愿地对学生进行主流价值观引导的。我愿意努力,但有一点也让我困惑甚至犹豫。我在课堂上费力用心地引导,但发现社会中的一些负面认知、一些错误社会思潮的影响力太大了。比如我教授的这门课主旨是要进行中国特色社会主义理想信仰教育,是要增强大学生的制度自信、理论自信、道路自信、文化自信,但社会中的"共产主义渺茫论"客观存在,社会主义、共产主义信仰在全社会都处于一种缺失的状态,在这样的环境下让大学生树立起社会主义信仰是很难的工作。又比如,现在历史虚无主义思潮很猖獗,通过各种段子呀什么的解构着我们历史的话语权,质疑着社会主义道路的合法性。有些学生不明就里,稀里糊涂,抓住一些个别事例、个别细节深信不疑。而且这些思潮无孔不入,还常常用一种学生喜欢的方式传播,很有迷惑性。我真的觉得思政课教师责任重大,但有时也会有种无力感和受挫感。(sf3)

第四种:甩手放弃型

访谈对象十二:工科专业课教师,男,某重点大学副教授,教授"测绘工程",教龄8年,编码为gm5

我感觉现在的学生很少有家国情怀。他们从小到大受到的教育都把核心放在了好好学习找个好工作上,过于功利,过于自我,过于现实。当然这里面有社会的影响,社会中的拜金主义、利己主义对学生的影响相当大。学生对国家的重要性体验不深。还有,现在学生的专业学习不是出于兴趣,不是为了探索科学问题,不是为了解决社会实际存在的技术问题,而更多的是为了掌握一技之长找个好工作。而包括名校在内的一些大学在某种程度上都是技校,目的性和功利性太强,人文精神和人文情怀缺乏。比如我们在进行专业认证时,有一项"毕业达成度",这些在上课、考试时都是教点、考点,到时候培养出来的不是人才,都是一个流水线上的产品。所以我觉得价值观的培育问题很重要。但在实际生活中,我发现老师传授的价值观学生不一定信,信了他也不一定照着做。所以有时候也懒得自找麻烦。(gm5)

我有时候会怀疑大学政治课的必要性,(因为)现在大学生的价值观念已经形成。如果说要进行价值观培育的话,应该要从小抓起,家庭啊、小学、中学阶段就该好好抓,到了大学再教育其实作用已经不大了。另外,大学生已经是半个社会人了,社会(环境)对他们的影响太大了。他们如今获取信息的渠道很多,社会上的负面问题他们都能知晓,有时候你宣传的(价值理念)跟(他们看到的)社会现实不一致,他们自然会怀疑,会不听你那套。特别是政治层面的,他们也不关心,你跟他们讲也没用,还自找没趣。(gm6)

可以看出,在引导绩效的作用下,教师的自我效能感也会受到影响,这些反过来又影响到引导意愿和兴趣,矢志不渝型、有限责任型、犹豫彷徨型和撒手放弃型会引发不同的行为选择,从而对价值观教育的实施产生影响。

三、"去不去引导"的不同选择

基于对"应不应"引导的价值认知、"愿不愿"引导的行为意愿,在外在要求(学校是否有硬性规定)、教师个人的价值认同(教师本人对核心价值观的认同)这两个变量(因素)的作用下,教师的引导行为又呈现出不同的选择模式。除了基于"不该引导"、个人"不愿引导"从而"不去引导"这种特殊类型外,选择"去"进行价值观引导的又可具体分为以下几种模式。

第一种:"被动引导"型

这种类型的行为选择主要基于外在要求,如学校对教师的考核、学生对教师的评价、同事对自己的评价等,违背自己内心意愿进行(主流)价值观引导。但这种引导一方面会带来教师内心的纠结感,另一方面也使这种引导具有应付性或者肤浅性。

访谈对象十三:思想政治理论课教师,女,某重点大学讲师,教授马克思主义基本原理,教龄2年,编号为sf4

我始终觉得老师虽有育人职责,但学生有能力,也有权利选择他自己的价值观。现代社会价值本身是多元的,我不愿意告诉学生什么是对的、什么是错的,因为每个人的选择不同,找到适合自己的选择时人内心是满足的,但找不到的时候是焦虑的、困惑的。价值是(关于)什么是善的、什么是有意义(的标准),每个人都会有自己的判断,比如我认为好的生活应该是这样的,他认为好的生活应该是那样的,这中间没有绝对的标准。我教马哲,但我不会告诉学生马克思主义是唯一真理,它只是众多哲学流派中的一种,代表了对人类社会思考和考察的一种独特的理路。强行让我对学生灌输让我精神上感到压抑。(sf4)

访谈对象十四:思想政治理论课教师,女,某重点大学讲师,教授思想道德修养与法律基础,教龄1年,编号为sf7

一想到上课我就感觉很痛苦。我是学心理学的,但这门课的意识形态性很强,所以(我)上课的时候很有心理负担。我在国外读的博士,国内的这种太过显性的政治教化我不敢苟同,有时督导或院领

导会去听我的课,这时我就会比较尴尬。(sf7)

我在课堂上很少涉及这方面,我上课的时候就没想到要传授价值观。我就是备课嘛,考虑主要传授哪些知识。针对我自己带的研究生,如果没有什么明显的心理问题就没有再去深入关注。发现他们有(心理)问题的话,会跟他们聊聊天,对他们开导一下。(gm2)

第二种:"主动引导"型

"主动引导"型的基本基于对价值观引导的支持态度和自觉意愿作出主动选择,他们较少受到外在要求的影响,在没有外在监督和外在考核等因素下,他们同样会诉诸教师的育人"良心"采取相应行动。只是在行动中,他们又具有灵活的操作空间,在针对哪些(什么样的)价值观对大学生进行引导时呈现出不同的选择,而影响其选择的因素则主要为教师自身的价值观倾向和教师感知的学生的价值观偏爱。这种价值观倾向和价值观偏爱主要体现在对价值观结构中不同类型价值观的态度上,具体体现为对一般价值观(个人层面、非意识形态性)和社会政治价值观(社会国家层面、意识形态性)两个层面的不同态度和倾向,从而分别形成微小叙事型、宏大叙事型和综合叙事型三种不同风格。

a.微小叙事型

这类教师在引导时对个体层面的一般的、基本的,甚至是底线的价值观表现出偏爱,因为他们自身只对个体层面的一般价值观感兴趣,或者是因为他们认为或者感知到学生对个体层面的一般价值观较感兴趣。

我在课堂上会对价值观予以关注,比如说有学生自杀,我肯定会在课堂上跟他们聊一聊。我上的"管理学",这个本身就跟价值观相关,我会跟他们讲组织的管理,也会跟他们讲个人的时间管理、情绪管理、未来人生规划、与亲人相处、与同学相处、未来与同事或上司相处等,这里都涉及价值判断和价值选择的问题,我会站在个人人生经历的立场上跟他们讲讲个人看法,但我不会涉及意识形态方面的东

西,我不会强调这方面(的价值观)。(zf1)

访谈对象十五:工科专业课教师,男,某重点大学副教授,教授"有机化学",教龄9年,编号为gm4

我个人还是比较喜欢(如果能抓到机会的话)跟学生讲一些跟化学不一样的东西,老师有必要引导学生更好地成才。在上实验课的时候,首先我经常跟他们讲一定要互助,不能只顾自己,不然一定是城门失火、殃及池鱼。我没思考价值观是什么,但我比较侧重于跟学生强调互相帮助,要坚信"送人玫瑰、手留余香";坚信在力所能及的范围内给别人的帮助能给你带来更多的欢乐、更大的成就感,同时你也会得到更多人的帮助。其次会强调每个人都要做好自己,这样的话这个社会就会努力向上,如果有一个人捣蛋,社会可能就会坏掉。再次就是人的能力可以有高有低,但态度不能有问题,比如考试可以不及格,但不能去抄别人的。(gm4)

我比较看重孝顺、诚实、守信、敬业(这个对学生来讲就是勤奋)、自立、自主、兴趣、对真理的追求等,我上课的时候会谈这些东西,但其他的,比如政治性的,我不反对,但我自己不去会涉及,也没想着要去引导。(gm6)

人生价值观和职业价值观是较为贴近大学生且影响较为深远的。人生价值观贯穿一个人的一生,直接影响到个人在生活工作中的选择以及个人一生的发展。职业是个人社会生活中的主要场景。对于职业的认识和选择以及在职场的表现和发展都是由职业价值观来决定的。我认为人生和职业价值观中重要的几点包括:诚信、正直、责任心、坚韧。这也是我会选择去帮助他们建立的。(fm1)

访谈对象十六:思想政治理论课教师,男,某重点大学讲师,教授"思想道德修养与法律基础",教龄4年,编号为sm2

思想政治理论课是一种特殊的课程,课程性质决定了要对学生进行价值观方面的引导,而且学生虽然有其主体性,但他们所处的年龄阶段和思想特点决定了他们更容易被误导,思想也容易发生偏差。在教学内容的处理上,爱国、社会主义、马克思主义、高尚人生目的这些我讲得相对少一些,学生不爱听这些,你讲了他不听也没用,所以较多关注他们感兴趣的话题,比如就业择业、恋爱婚姻,法律知识等。所以相比较意识形态层面的内容,我更注重非意识形态层面的。(sm2)

访谈对象十七:思想政治理论课教师,女,某重点大学副教授,教授"思想道德修养与法律基础",教龄15年,编号为sf5

我是学心理学的,更看重道德修养对于心理健康、个性和谐的重要意义,所以会对个人层面的内容关注多一些。可能是学科背景的原因,我个人对意识形态相关的那些问题不是很关注,有些东西我自己也没搞明白,我不能接受把自己都没搞明白的东西传导给学生。当然这门课(访者注:思想道德修养与法律基础)对教师有进行政治价值观引导的要求,或者说有社会和国家期望学生遵从的政治立场等,我的做法是念出教材中的结论,既然是念出来的,就不代表是我自己的观点,我心里就不会有负担。至于学生怎么选择,他们自己说了算。(sf5)

b.宏大叙事型

这类教师对政治性价值观表现出特别的关注,抱着一种忧国忧民的情怀热情地进行价值观引导。

访谈对象十八:思想政治理论课教师,男,某重点大学教授,教授"思想道德修养与法律基础",教龄21年,编号为sm3

我所教授的这门课具有很强的意识形态性,因为它是一门思想政治理论课,是对大学生进行思想政治教育的主渠道,政治性是它的本质属性。特别是现在意识形态领域斗争非常激烈,各种思潮和观念都在抢夺青年学生,这关系到我们大学能不能走对方向,能不能保证社会主义建设后继有人,所以我会在课堂中突出主旋律教育,针对学生可能弄不明白的问题,如社会主义民主和西方民主有什么区别,为什么要坚持马克思主义指导,为什么不能听西方鼓吹的那样搞军队国家化等,会重点给学生讲讲我自己的看法,希望能帮助他们辨别大是大非。(sm3)

访谈对象十九:思想政治理论课教师,男,某重点大学教授,教授"毛泽东思想与中国特色社会主义理论体系概论",教龄 17 年,编号为 sm5

有一次我去学校开教学会议,竟然听到有些学院领导抱怨我们的思政课课时太多了,占用了学生太多的时间,认为我们这个课没什么用处。我觉得他们真是短视至极! 更可悲的是包括本科生院有领导也持这样的观点,(我)深感不安。我们这个课是保证大学方向的课,是保证社会主义方向的课,如果大学路都走偏了,中国发展方向都走错了,发展越快后果越严重。我从事这门课教学很多年了,我亲眼见证了中国在社会主义道路上取得的巨大成就,我们不能自毁前程。我个人坚持这样的观点,我也是这样跟学生讲的。(sm5)

c.综合叙事型

这类教师对个人层面的价值观和社会、国家层面的价值观都给予关注,对作为底线的基本价值观和增强社会凝聚力的社会、政治价值观都有所涉及。

上课的时候不会花很多时间去涉及价值观问题,但碰到合适的场合,跟我专业课衔接的时候我会去讲。比如我上"斯特恩(Stern)双电层模型"的时候会作一些讨论。斯特恩其实是把两个东西结合在一起变成了自己的理论,在我看来,那两个东西就类似"中庸"。我会跟学生讲我们中国是"中庸"的高手,但当时我们为什么没提出来(这一理论)? 我回头专门查了历史,发现斯特恩提出那个模型的时候,我们当时正在军阀混战。那肯定没有机会了,(因为)大家都在考虑生存或者国家的前途命运,没有时间考虑学术问题。所以我告诉学生:我们要珍惜国家现在这种繁荣、稳定的局面,要做科研的话需要有这样的环境。所以政治环境对我们自然科学同样是很重要的,自然科学并不是跟政治无关的。在上课时碰到这种场合会顺道儿说一些,但不会花很多时间去扯别的。我还觉得学生最起码要无害化,要有做人的底线,我们可以不指望你能有多大贡献,但起码不能去伤害别人。(gm3)

这个(访者注:君亲、忠孝、师长、责任等)跟知识传授相比,如果他们(学生)跟你有共鸣的话,会比专业知识留给他们的印象更深,他们记得更牢一些,他们可能不记得你教了他们什么,但他们会记得你告诉他们事情的判断应该是这样子的。当然这有可能是少数,很多学生都是麻木的,他们可能觉得这是些大道理,对于个别的来讲,他们接收到就接收到了。在他们的人生中,如果碰到了(类似情形),他们领悟了,就有用了。我觉得我有点像传教士,我经常告诉学生:如果你能困则明哲保身、达则兼济天下,那就 OK 啦。当然这个很难,有时候树欲静而风不止,需要定力,这个定力就是看你能不能守住自己的价值观。(gm1)

访谈对象二十:思想政治理论课教师,男,某重点大学副教授,教授"思想道德修养与法律基础",教龄 19 年,编号为 sm4

我们这门课(访者注:思想道德修养与法律基础)的教学大纲明确要求教师要进行价值观引导,而且要求以社会主义核心价值观为灵魂,我一般是严格按照课程大纲的要求,所以既有个人层面价值观方面的教育,也有社会层面和国家层面价值观的引导,我不排斥政治性和意识形态性,虽然可能学生不爱听这些政治性的讲授,但这是不可缺少的,所以我会摸索用什么样的方式降低他们的"逆反"心理,

我觉得通过社会热点问题引入是一个比较好的方法。（sm4）

访谈对象二十一：思想政治理论课教师,女,某重点大学副教授,教授"思想道德修养与法律基础",教龄 16 年,编号为 sf6

现在的学生个性很强,比较自我,在课堂上我会有针对性对他们进行一些引导。我还发现学生在一些大问题上稀里糊涂,有时候持一些错误的观点,你让他说个所以然,他又说不出,唯一的答案是"我觉得……",所以有时候让他们讨论的时候,我内心真的挺失望,因为不能什么事情都靠自我感觉定出合理与否吧。他们缺少理论分析能力,主要原因可能是书看得太少了,又盲目排斥老师的理论讲授,所以我不管他们喜不喜欢,该讲理论的时候我会讲理论,政治性的内容我也不回避。（sf6）

访谈对象二十二：哲学社会科学专业课教师,男,某重点大学教授,教龄 20 年,编号为 zm1

现在这个社会正处于一个转型时期,遇到的首要问题是价值冲突,这个冲突解决了,社会转型才有明确的方向,所以进行社会主义核心价值观的培育至关重要。我会跟学生强调价值观,诸如孝道、诚信、公德、共享、尊重、责任、敬业等,同时也提醒他们做理论上的清醒者,诸如中国发展中的社会主义方向的保证、中国特色社会主义信念、信仰的树立等,鼓励他们深入钻研,在一些纷繁复杂的思想理论中保持清醒的头脑。（zm1）

可以看出,不同教师在"去不去引导"上采取了带有个人偏好和倾向的选择。虽然不少教师会去主动引导,但在教育引导中存在对意识形态弱化甚至刻意回避的现象。新中国成立初期的教育曾经表现出"政治挂帅"特征,特别是"文化大革命"时期走向极端化,伴随着"文化大革命"结束的是对既有价值观念的怀疑,是曾经狂热追求和崇拜的政治信仰的消解。改革开放后,随着工作重心转移到经济建设上来,经济利益的导向逐步驱逐了政治等宏大叙事、挤压了精神等形而上的空间。诚然,教育不能政治化,不能简单沦为政治的工具,但也不能因此矫枉过正。教育绝不可能脱离政治,意识形态性与科学性并非根本对立,教育与政治也并非非此即彼,二者相互作用,在历史发展中相互纠缠,在不同的现实境遇下必会有不同侧重。当前,"去政治化"话语渗透在包括德育、民族学、文学、新闻传播学等在内的多种学科中①,哲学社会科学领域价值中立倾向日益凸显,成为与西方以普世价值为代表的"非意识形态化思潮"相呼应的一种错误倾向,静悄悄地消解着社会主义主流意识形态的主导地位。学界对此已展开反思与批判,而马克思主义哲学领域和思想政治教育领域的批判更为迫切。马克思主义哲学领域的去意识形态化是对"传统泛意识形态化倾向的反动,是对已被教条化了的马克思主义哲学自然本体论和社会本位论思维模式的矫枉过正"②,这意味着放弃马克思主义特有的使命,是非常危险的。思想政治教育领域"去政治化"主张的核心旨趣是"遮蔽"思想政治教育的政治性本质③,思想政治教育"泛心理咨询化"成为其"去政治化"最隐蔽也最常见的方式④,思想政治教育中躲避崇高、主张"价值多元"的价值中立倾向等,都在侵蚀社会主义意识形态的话语权,破坏着社会主义核心价值观的培育和构建。如何立足国内国外发展大势处理好学术性与思想性、科学性与意识形态性的关系,如何更好更切实地在高校进行社会主义核心价值观的培育,是摆在高校教师面前的迫切的课题。

---

① 李辽宁:《多学科视角下的"去政治化"话语评析——兼论人文社会科学与政治的关系》,《海南大学学报》(人文社会科学版)2014年第4期,第56—61页。

② 陈奎庆、黄明理:《马克思主义哲学魅力弱化之反思——兼论哲学去意识形态化倾向》,《南京社会科学》2009年第10期,第20—24页。

③ 孙其昂、韩兴雨:《"去政治化",抑或"再政治化"?——关于思想政治教育内容现代转型的理性思考》,《理论导刊》2013年第12期,第37—40页。

④ 刘五景:《"泛政治化""去政治化"抑或"中性化"——对政治与教育关系的再思考》,《河南师范大学学报》(哲学社会科学版)2009年第10期,第20—24页。

四 、"会不会引导"的不同策略

基于"去不去引导"的行为选择,在实际的价值观引导中,教师或基于个人经验、或基于较为专业的教育理论选择着自己的引导策略。

(价值观引导时)我主要基于个人经验和对事物的看法,比如对"黑猫白猫"的问题我会表达我自己的看法(不赞同),会和学生聊一聊。(gm1)

我在上课过程中会有意地对学生的价值观进行影响或引导,从价值观的学理讲到价值观塑造以及良好的价值观对青年学生成长的意义。我一般基于个人成长经历和个人认知对学生进行价值观的影响。作为思想政治理论课教师,我认为这些课程非常重要,但内容说教性太强,灌输性内容多,逻辑推导性内容少。我也主张加大人文素质课程对价值观的引导。不读古诗,哪儿来的意境? 不读哲学,哪儿来的世界观? 不读历史,人的认识就不能完整,只能碎片化和虚无化。(sf1)

对大学生进行价值引导是有用的,但不能用一些老的方式。我鼓励理工科学生多读书,多读点人文方面的书,书读多了,不容易被别人的道听途说误导,我自己就非常喜欢看书,从高中时就开始了,感觉很受益。(gm3)

我不主张用灌输的方式把自己信奉的价值观强加给学生。教师有教师的阵地,比如专业课上课或者指导学生的环节,我主张给他们提供不同的视角,把自己对问题的看法提供给他们,把这种思维方式提供给他们,让他们自己去思考、自己去判断、自己去选择,他们有这样的能力。有时候太 push,反而会让他们觉得:你要跟我灌输什么,我就关上这扇心灵的窗户。(zf1)

价值观的教育必须和日常的生活情境结合在一起,不能高高在上,必须接地气。比如说爱祖国,如果祖国把我们的环境治理好、教育事业搞好,学生自然会感受到祖国的关爱,我们自然会对祖国报以敬意,否则教育就空了。(zf2)

作为辅导员,我坚持以身作则,在工作中重视公平原则,既保证结果公平,更保证程序公平,尤其评优评奖时要注意信息公开化,依据实际情况来平衡不同学生的不同诉求。辅导员如果能在与学生的交集中树立良好的个人形象,对学生的影响是显而易见的。另外,我会给学生锻炼的机会,在勤工助学、社会实践中引导学生形成值得信赖、细致周到、有条不紊、勤奋刻苦、持之以恒、成就取向这些优良品质。我会选拔优秀的学生作为学习、工作的带头人,引导学生自我管理、自我学习、自我反思、自我提升。再者,环境熏陶,我一般结合学校和学院的校风、学风,建立自身所管理的学生群的良好校园文化。环境是育人的重要场所和手段,对于人的影响是潜移默化且深远的。(fm1)

访谈对象二十五:辅导员,男,某重点大学讲师,工龄 6 年,编号为 fm2

利用个人的经验现身说法;利用社会案例进行说教;理论知识的讲解与灌输;道德伦理与基本共识的分析等,这些都是有的。当然,要因人制宜,每个学生的成长环境都不同,要根据不同学生的特色选择不同的方式。(fm2)

我会结合理论讲授内容的选择、讨论题的设置、讨论后的点评、案例视频等进行有针对性的引导。(sf5)

可以看出,教师的引导策略各有侧重,有的侧重学理的阐释,有的侧重案例的分析,有的侧重价值澄清、在比较中辨别,有的侧重自己的理解、以个人经验现身说法,有的侧重以身示范、环境熏陶、实践锻炼,有的侧重学生自身辨别能力的提升,有的侧重结合日常情境、让引导"接地气"。但我们也捕捉到教师在价值观引导中存在的两个较为突出的问题:本领恐慌和方式失当。

1. 本领恐慌

有的教师在价值观引导中,由于缺乏相应的知识储备和理论素养,自我效能感弱,对于怎样引导、怎样保证引导的效果没有信心,对于怎样深入引导也没有把握。

> 我上课的时候较少涉及价值观方面的,主要是没有时间,有时候也觉得自己没有这个水平,不知道怎样讲。现在的学生不听你的。（gm5）

> 现在上课一言堂肯定是不行了,学校也要求我们"翻转课堂",发挥学生的主体性。但有时候一些敏感问题不敢太放开让学生去讲,学生的信息来源渠道太广了,有的你在课堂上一下子可能反应不过来,如果不能给他们一个让他们信服的说法,你的引导就无从谈起,还会成为一个笑话。太放开了害怕收不回来。有时候觉得做个思政课教师挺难的,既要求课上得契合主流价值,又要求轻松幽默；你既要会讲理论,又要会讲故事,甚至(要)会表演。（sf6）

2. 方式失当

当前有部分教师在思想政治理论课课堂上,一味迎合学生需求,忽略必要的理论讲授,致使价值观引导大打折扣甚至有名无实。

> 教材中的相应理论内容(已被)学生在高中时学过,特别是文科的学生,他们烂熟于胸,再跟他们讲就是"炒剩饭",所以我不会讲那么多理论。学生喜欢看视频,每次一放视频就都"抬头"了。人生观一章(访者注:6 学时),我给学生放了三部电影,没有特别讲什么,让他们自己去体会,有的学生反馈收获挺大的。（sm2）

> 访谈对象二十六:党务副书记,女,某重点大学讲师,工龄 6 年,编号为 ff1

> 我觉得思想政治理论课教学效果不理想,以理论讲授为主的方式也不可能理想。现在的学生早已经习惯了网络化的快速阅读,他

们没有耐心听你长篇大论。我觉得马克思主义学院应该招我们这些搞学工(学生工作)的老师去上课,我们比思政课教师有优势,因为我们天天跟学生在一起,我们清楚他们的需求,(而)思政课老师上完课就走了,学生想些什么他们一概不知,这样的话教学怎么可能有针对性?我们掌握了丰富的案例,像我们都做过辅导员(注:被访者为某学院党委副书记),差不多都有心理咨询师证,处理过很多鲜活的案例,学生对这些案例会很感兴趣。讲再多的理论没有用,生活案例才是更有力、更有效果的。(ff1)

教师的价值观引领能力无疑是价值观教育能否有效的关键因素。目前的现实是,不少高校教师并未学过教育学、心理学,自然科学的教师也较多地缺乏相应的政治理论、伦理知识储备,这就会造成价值观教育实践中教师不敢引导、不会引导的尴尬处境。虽然思想政治理论课教师一般具有相关学科背景,但各自对教学效果的评判不同、对教学问题的诊断不同、对学生需求的把握不同,因此其教育策略也存在一些偏差。

当前,作为高校价值观教育主渠道的思想政治理论课教学也遭遇学生"打酱油"的尴尬,离"成为学生真心喜欢、终身受益的课程"还有很大距离。究其原因,恐怕还在于教学供给与学生需求不对接,从而学生没有获得感。"有自修之心则来学而因以教之。若未有自修之志强往教之,则虽教亡益"①,"教育意味着鼓励、促进受教育者的自我陶冶行为"②。大学生对思政课的学习动机由需要激发,以需要为逻辑起点并通过需要去驱动促进,若要调动学生对思政课学习的积极性,则必须立足学生的需要,解决好高校思政课与学生自身成长发展的内在关联,让学生产生切身的"实际获得感"。

然而,学生的成长需要是不是注定是微小生活?立足学生需求是不是等同于迁就,甚至迎合学生需求?学生需求需不需要引领?我们认为,高校思想

① (明末清初)王夫之:《船山全书》第四册,岳麓书社1991年版,第16页。
② [奥]茨达齐尔:《教育人类学原理》,李其龙译,上海教育出版社2001年版,第58页。

政治理论课教学的供给要立足和依托学生的需求而优化,但这绝非一味迎合学生,不是简单地以需供需,否则不仅"供给"会永远落后于"需求",思想政治理论课教学本身也会走向娱乐化、肤浅化,不仅不能解疑释惑,更不能启迪智慧、润泽人生。"过于注重学生表面需求,忽视学生的深层需求和长远需求,导致教育效果偏离社会预期"①,因此,理论讲授是必要的,尤其是当前社会思潮错综复杂,不给学生讲清一些错误思潮的理论实质、逻辑悖论和潜在危害等,就不能力拨大学生的"思想霾",不能助力大学生的健康成长。

通过此次访谈,我们从教师作为价值观引导者的认知、兴趣动机、行为、结果四个角度对价值观引导进行审视,发现教师对自身的角色认知、对大学生成长规律的把握、对自身引导效应和绩效的感知、其价值观倾向和偏爱、其价值观引领能力、其对价值观教育规律的把握等因素制约着其具体的价值观引导意愿和行为,从而在整体上影响着大学价值观教育的格局和前景。

第二节　价值观教育的协同乏力

价值观教育涉及多个主体、多层环节、多种领域,所以多个相关系统间和系统内部各要素间的合作、协调就显得尤为重要。系统间和要素间"相互协同、合作和同步的联合作用和集体行为"②即为协同。党和政府历来重视高校价值观教育中的协同作用,多次发文从指导思想、学科支撑、课程体系、教学教材、教学方法、教师队伍、领导体制、工作机制、保障体系等方面予以规范和支持。虽然中央一直在强调要坚持全员全过程全方位育人,把思想价值引领贯穿教育教学全过程和各环节,形成教书育人、科研育人、实践育人、管理育人、服务育人、文化育人、组织育人等的长效机制。但是,当前育人合力尚未形成,

---

① 卢黎歌、岳潇:《着眼"学习侧"特征,提高"影响侧"活力——对提高思想政治教育实效性的思考》,《西安交通大学学报》2017 年第 2 期,第 111—115 页。

② [德]赫尔曼·哈肯:《协同学》,凌复华译,上海译文出版社 1995 年版,第 7—15 页。

各种教育引导性力量尚未达成一种积极的合作状态。

一、"上"与"下"不同步

随着改革开放持续推进过程中利益格局的变动,民众的利益诉求、社会心态、价值取向异质化程度扩大,这给价值层面的共识达成增加了难度。另一方面,随着全球化、信息化、网络化的进一步发展,西方资本主义国家紧锣密鼓地开展着"看不见硝烟的"网络战和文化战,其对我国的价值观输出无孔不入,并在国内培植代理人。各种错误社会思潮在国内外粉墨登场,威胁着主流意识形态安全,质疑着共产党执政、中国走社会主义道路的合法性。其背后动机是妄图将中国纳入西方资本主义轨道,阻断中华民族伟大复兴的进程,维护西方资本主义的世界霸权。国家层面对此高度警觉,基于意识形态领域面临的国家安全挑战,及时地凝练了体现社会主义意识形态本质特征的社会主义核心价值观,要求在全社会培育和践行。思想文化最活跃的高校被看作意识形态建设的重要阵地,被委以确保社会主义办学方向的本职任务,委以"培养又红又专、德才兼备、全面发展的中国特色社会主义合格建设者和可靠接班人"[1]的伟大政治任务。

为此,中央要求高校坚持和完善党委领导下的校长负责制。党委对本校工作实行全面领导,履行管党治党、办学治校的主体责任,切实发挥领导核心作用。然而,高校在办学中大多重业务、轻思想,高校意识形态工作不被充分重视,思想政治工作被虚化,形成上"热"下"冷"的格局。正如我们的一个访谈对象所言,"国家推行价值观教育没错,但现实很残酷,这个跟各个学校的落实状况、学校教师的素质和能力有关。就我的观察,大多数高校都是把专业技能培养放在核心位子,价值观培育这一'灵魂'多流于虚空"(gm5)。我们

---

[1] 中共中央国务院印发《关于加强和改进新形势下高校思想政治工作的意见》,《人民日报》2017年2月28日,第1版。

在全国范围内展开的调查①也显示,有 51.9% ($n=1619$)的大学生认为"相比价值观教育,学校更看重学生专业技能的培养"($M=2.592$, $SD=0.956$,采用李克特式 5 级记分法,理论中值为 3)。

2017 年 2 月,经中央批准,十八届中央第十二轮巡视对北京大学、清华大学、北京师范大学等 29 所中管高校党委开展专项巡视。中央纪委监察部网站公布了中管高校巡视反馈的情况。29 所中管高校无一例外地存在"四个意识"不够强、党委领导作用发挥不够、贯彻党的教育方针在有些方面不够到位、落实习近平总书记关于教育工作的重要讲话精神有待加强、意识形态工作责任制落实不到位、"立德树人"抓而不实等问题。在高校思想政治工作层面则基本都存在教书与育人关系处理不够好、对思想政治工作重视不够、思想政治教育工作比较薄弱、对做好新形势下高校思想政治工作措施不够有力、全程和全方位育人不足等问题,有的还具体体现为思想政治工作队伍建设有所弱化、师范引领作用弱化、师风教育和对学生的教育引导不够深入等。更为严重的是,还有不少高校办学治校"指挥棒"导向存在一定偏差,在立德树人和坚持社会主义办学方向上存在差距、政治站位不够高、马克思主义在学科建设和人才培养中的指导地位弱化、意识形态领域问题较多,"重科研轻教学、重智育轻德育"倾向明显。

二、主渠道与微循环不协调

刘建军教授②基于思想政治教育所面对的是柔软的人的内心世界,指出"渠道"比道路、路径等更契合思想政治教育中的信息流通与思想传递,并认为思想政治教育渠道分为主渠道和微循环,前者起着主导作用,后者起着配合作用,共同构成思想政治教育的格局。就大学生思想政治教育而言,思想政治

---

① 见后文"大学生眼中的思想政治理论课"实证调查。
② 刘建军:《论思想政治教育的主渠道与微循环》,《思想理论教育》2014 年第 9 期,第 56—59 页。

理论课教学是主渠道,师生交往、专业课学习、学生社团、校园文化活动等则构成微循环①。笔者对此洞见深为赞同。大学生价值观的形成受多种因素的影响,就学校系统而言,高校的思想政治理论课教学无疑是对大学生进行社会主义核心价值观教育的主渠道,是影响大学生价值观的主要教育性力量,其重要性不言而喻。同时,价值观源于实践,源于人的具体的生活,就学生而言,他们的学校生活就是其价值观形成的土壤,除了思想政治理论课的学习,他们专业课以及其他人文素质课的学习、辅导员或班主任对他们的教育影响、校园文化的熏陶、同辈群体的影响、师生间的交往互动、团委社团等活动都是影响他们价值观的弥漫性力量,这些"微循环"应该是"主渠道"的有力支撑或补充,如果堵塞或者与"主渠道"相悖,价值观教育的效果便无法保证。

然而,现实呈现出的却是不容乐观的一番景象:主渠道"超载"、微循环"闲置"②。在大学生价值观教育中,我们过度地依靠思想政治理论课教学这一单一的主渠道,思想政治理论课背负了自身难以承受的压力和责任,教师出现职业倦怠,学生出现学习倦怠。一个身为思想政治理论课教师(女,某重点大学副教授,教授思想道德修养与法律基础,教龄7年,编码为sf8)的访谈对象谈道:"一想到上课我就厌倦,我觉得我已经到了一个点了,必须要休息一下。我已经上了7年(思政课)了,心理上已经撑不住了,必须要暂停一下,所以我本来可以自己考PETS-5达到出国留学的外语要求,但我坚持去参加出国留学外语培训,我主要是想以此为契机调整一下。"(sf8)

而在"微循环"层面,一方面是微循环发力不够,另一方面却是错误发力。我们在全国范围内(在全国东、南、西、北、中部地区分别选取高校比较集中的上海、广州、西安、北京、武汉、长沙6个城市共计14所高校共计1619份有效

---

① 刘建军:《论思想政治教育的主渠道与微循环》,《思想理论教育》2014年第9期,第56—59页。

② 刘建军:《论思想政治教育的主渠道与微循环》,《思想理论教育》2014年第9期,第56—59页。

问卷)展开的调查①显示,60%(n=1619)的大学生在"专业课老师注重对我们进行价值观的引导"的回答上选择不确定和不同意。智育的独尊导致了教育力量分散,无法有效引导学生的价值观。而一些进行价值观引导的教师则主要基于个人经验,其引导的深度和力度不够。更严重的是有的老师错误引导,尤其是在政治学、法学、传播学、公共管理、社会学等哲学社会科学领域。有的教师缺乏应有的中国立场和主体自觉,对社会存在的问题缺乏客观理性分析,倾向于用西方的理论解释中国的问题,从而产生认知偏差进而误导学生。

三、线下与线上失衡阻隔

当代大学生是伴随互联网成长起来的一代。2017年8月公布的《第40次中国互联网络发展状况统计报告》②显示,截至2017年6月,我国网民达7.51亿,手机网民达7.24亿,占比为96.3%。我国网民数量已相当于欧洲人口总量,网络普及率为54.3%,超过全球平均水平4.6个百分点。其中,学生身份的占比为24.8%,10—29岁年龄群的占比为49.1%。网络已经全面渗入大学生的生活,形成了区别于他们物理生存空间的"网络生存空间"。网络对大学生不仅做到了全员覆盖,而且是全程融入、全面渗透,在大学生的生活中扮演着越来越重要的角色,形塑和改变着他们的思维方式、交往方式、学习方式、表达方式和参与方式。而大学生最喜欢到什么地方表达和展示自己的思想与观点,我们就应主动在这个地方亮出鲜明的旗帜、发出理性的声音;大学生最喜欢以什么样的方式聚集,我们就要毫不犹豫地以什么样的方式去凝聚、引领他们;大学生最需要什么,我们就要积极围绕他们的需求去关心、帮助他们。因此,网络空间的价值观教育引导与线下的传统价值观教育引导同等重要。

---

① 见后文"大学生眼中的思想政治理论课"实证调查。

② 中国互联网络信息中心:《第40次中国互联网络发展状况统计报告》,2017年8月4日,http://www.cac.gov.cn/2017-08/04/c_1121427728.htm,2017年8月10日。

但当前的现实是:网下的思想政治教育在改进中不断加强,其投入、付出都在增加,但网络空间中的教育性引导相对缺失。在作为价值观引导主渠道的思想政治理论课教学领域,虽然有不少高校探索了线上与线下的融合式教学模式,取得了一定效果,但线上更多的仍是讲授,师生对话不充分。面对敏感问题,有的教师出于对网络空间个人隐私的隐忧而明哲保身不敢发声,有的出于网络引导增加了太多工作量不愿甚至不屑在网络空间发声、现身于课堂却隐身于课余,教师与学生线下为师生,线上是路人;有的教师乐于发声但由于影响力小或说服力低,其声音很快被淹没。

作为承担价值观引导重要责任的高校团委而言,虽然不少高校成立了官方微信公众号开展团委工作,但其价值观引导和培育意识仍不够强,有些高校团委微信公众号发布的文章多为通知、投票、新闻类,针对学生进行价值引导的议题仍然不充足。我们对 94 所高校共青团微信公众号进行调查分析[1],发现高校共青团微信公众号传播力(WCI)[2]偏低。清博数据平台将 WCI 分为五个等级,由低到高依次为:300 以下,300—500,500—800,800—1000,1000以上。在所抽取的 94 个样本中,WCI 指数在 300 以下的有 22 个,占比为23.4%;300—500 的 49 个,占比为 52.1%;500—800 的 23 个,占比为 24.5%;800 及其以上的则没有。据此可知,94 所高校共青团微信公众号的 WCI 总体处于中下水平。为了更准确地了解共青团微信公众号的传播力,我们借助清博数据平台,又将抽取的 94 所高校共青团微信公众号与清博收录的全部公众号进行 WCI 的对比。2017 年 1 月份数据显示,"北大青年"以 806.05 位列榜首,但将其放入同期总榜中,排名第 8911;2017 年 2 月份和 3 月份的数据显示,"小五爷园"(清华大学团委)和"大连理工大学团委"分别以 781.12 和

---

①　详见曹清燕、向东旭等:《高校共青团官方微信公众号传播力实证分析》,《广西青年干部学院学报》2018 年第 2 期,第 35—41 页。

②　WCI 为微信传播力指数,用于表征微信公众号的影响力,由清华大学研制,清博平台提供计算公式。WCI 主要由阅读指数和点赞指数构成,前者反映推文的热度(是否到达受众),后者反映用户的认可度和深层接受情况。

821.33 排名第一,但是放入总榜中,分别是第 11362 和第 8822 名。因此,高校共青团还要致力于提升网上的价值引导力,推进"网上共青团",加强平台建设;要大处布局,小处着眼,增强价值引领意识;要精准定位,进一步增强推送内容与学生需求的匹配度;要契合学生阅读特点,深耕用户体验,进一步增强话语活泼性和"时尚感"。相较于 985/211 高校,普通本科院校和高职高专院校团委的微信公众号传播力更低,其网上价值引领意识更要加强、价值引领能力更要提升。

四、理论与实践相脱节

大学生价值观的形成既受价值认知的影响,也受价值实践的影响,而且从根本上植根于实践。对大学生价值观施加教育性影响,除了要诉诸理论讲授,也要诉诸实践锻炼。但当前的现实是:作为"主渠道"的思想政治理论课教学重理论讲授轻实践锻炼,作为"微循环"的学工、团委则又重实践轻理论。

根据我们在全国范围内实地开展的"大学生眼中的思想政治理论课调查"①,在我们选取的八个维度(教学内容、教学方法、任课教师、教材、课程考核、实践教学、教学环境、课程价值)中,思想政治理论课实践教学维度平均值(采用李克特式 5 级记分法,理论中值为 3)为 3.113($SD = 0.758$),学生的认可度相对较低,实践教学是思想政治理论课教学中的薄弱环节。虽有过半大学生表示实践教学对个人成长发展发挥了促进作用,也有 47.6% 的学生表示学校进行了实践教学,但仅有三成左右的大学生认为"有专人对实践进行了指导"($M = 2.956, SD = 1.142$),通过积差相关分析,发现该题与实践维度相关系数为 0.865,双尾检验显示达到显著,p = 0.000(<0.05),与"定期进行了实践教学"题项的相关系数为 0.734,双尾检验显示达到显著,p = 0.000(<

---

① 详见后文"大学生眼中的思想政治理论课"实证调查。

0.05），这些表明是否有专人对实践进行指导与实践教学存在显著的高度相关，实践教学中专人指导的不足可能很大程度上影响到大学生对思想政治理论课实践教学的总体印象。调查所反映出的实践教学活动稀缺、实践活动中指导老师缺乏、实践教学基地和实践教学经费不足等方面的问题与笔者在教学中的直观经验相互印证，即思想政治理论课实践教学还存在随意化、形式化、粗放化等问题，思想政治理论课实践教学的制度化、常态化、精细化还有很长的路要走。

在作为"微循环"的学工、团委教育引导场域，又体现出重实践轻理论的倾向，这点在前面的访谈中已可窥测一二。一些团委、政工干部对理论讲授流露出鄙视，认为理论讲授枯燥乏味，学生不乐于接受。实践锻炼和实践体悟固然重要，但在大是大非问题上缺失了理论的力量则难以鞭辟入里地澄明事实、廓清误解。因此，教育引导中以理服人绝不能缺。

第三节　大学生对作为主渠道的思想政治理论课程的认同度不理想

虽然价值观教育引导对学生的成长发展有诸多裨益，但学生对价值观教育尤其是作为思想政治教育主渠道的思想政治理论课教学存在一些不认同、不理解，甚至出现一些抵触，表现出一定的"打酱油"式学习倦怠。下面我们将通过课题组展开的"大学生眼中的思想政治理论课实证调查"的结果对这些问题予以呈现。

"大学生眼中的思想政治理论课实证调查"采用经过前期试测后信度可靠和效度适切的调查问卷，问卷包含 8 个维度（教学内容、教学方法、任课教师、教材、课程考核、实践教学、教学环境、课程价值）。问卷项目记分采用李克特式 5 点记分，从"完全不同意、比较不同意、不确定、比较同意、完全同意"五个水平，依次计为 1、2、3、4、5 分（反向题反向计分）。在全国东、南、西、北、中部地区分别选取高校比较集中的上海、广州、西安、北京、武汉、长沙6个城市实地调查,每个城市抽取1到3所高校,全国共计14所高校,分别为复旦大学、同济大学、上海大学、中山大学、西安电子科技大学、长安大学、清华大学、北京大学、中国政法大学、华中师范大学、武汉理工大学、中国地质大学(武汉)、中南大学、湖南大学。采用分层抽样与随机抽样相结合的方法,一方面通过思想政治理论课教师和政工干部、辅导员实地发放问卷,抽取一个年级的不同专业或同一院系不同年级的学生;一方面派出调查员(研究生)实地随机发放问卷,共发放问卷1780份,回收1715份,其中有效问卷1619份,有效率为94.4%。其中男生占比57%,女生占比43%;大一占比33.8%,大二占比22.7%,大三占比23%,大四占比20.4%;理学类占比15.7%,工学类占比43.8%,文史哲类占比12.9%,社科类占比27.6%。所有问卷统一编码,采用SPSS 22.0进行统计分析。所有的反向题进行了反向计分,少量题项的缺失值以序列平均值替换。问卷信度 α 系数为0.915,信度高。八个层面与总体间相关系数为0.434—0.780,呈中高度相关;八个层面之间相关系数为0.151—0.596,呈中低度相关,问卷效度良好。鉴于本章主题需要,我们主要呈现部分维度的结果。

一、大学生对思想政治理论课虽持基本认可态度,但提升空间较大

如表3-1所示,总量表平均值(M)为3.277,表明总体上大学生普遍对思想政治理论课持肯定态度,大学生眼中的思想政治理论课总体上是正面的、积极的。其中,教学内容、教学方法、任课教师、教材、课程考核、课程实践、课程价值这7个维度的平均值都在3分以上,表明针对思想政治理论课教学诸环节,大学生均给予了正面的评价,不过提升大学生对思想政治理论课认可程度的空间也较大。

表 3-1　总量表及各维度平均值（n=1619）

	总量表	内容	方法	教师	教材	考核	实践	环境	价值
平均值（M）	3.277	3.220	3.335	3.549	3.098	3.446	3.113	2.944	3.393
标准偏差（SD）	0.410	0.748	0.646	0.501	0.778	0.577	0.758	0.530	0.550

就群组间差异而言，针对不同城市组，方差分析显示，$F=10.317$，$p=0.000（<0.05）$，表示不同城市大学生眼中的思想政治理论课差异显著，其中北京组平均值最高，北京、长沙、武汉组均显著优于上海、广州、西安组；针对不同专业组，$F=4.193$，$p=0.006（<0.05）$，工学类平均值最高，文史哲类平均值最低，工学类显著优于理学类和文史哲类；针对不同政治面貌组，$F=1.544$，$p=0.000（<0.05）$，党员组显著优于共青团员组和其他组，共青团员组又显著优于其他组；而不同年级大学生眼中的思想政治理论课没有显著差异（$F=1.191$，$p=0.312>0.05$）。这些数据表明，在总体上，北京地区高校、工学类、党员组大学生对思想政治理论课的评价相对较高，而文史哲类学生和非党员学生对课程的评价相对较低。

二、思想政治理论课课程价值获得认同，但学生对课程的喜欢程度不高

数据显示，课程价值维度平均值为 3.393，表明大学生对思想政治理论课的课程价值持认可态度。在"我认为价值观非常重要"的回答上，表示同意的占比 86.6%（该题项平均值在所有题项中最高，为 4.219，$SD=0.790$），不少学生认同"思想政治理论课的宗旨是进行价值观培育"（同意比例为 66.1%，$M=3.754$，$SD=0.952$），并认为这类课程不应缩减（同意比例为 53.8%，$M=3.490$，$SD=1.122$）。具体到思想政治理论课的个体价值和社会价值上，大学生对思想政治理论课的社会价值"该类课可以凝聚共识，弘扬主旋律"（同意

比例为 60%，$M=3.581$，$SD=0.933$）的认同高于对个体价值"这类课程能为我的人生导航"（同意比例为 42.8%，$M=3.273$，$SD=0.955$）的认同。

当前高校在一定程度上存在思想政治理论课"无用论"的声音[1]，某些学校的教务部门甚至以此为据主张缩减思想政治理论课的学时。此次调查显示，大学生普遍认同思想政治理论课的存在价值和必要性，这反映出其在对待思想政治理论课存在价值问题上较为理性的态度。当然，他们在思想政治理论课促进个人成长的个体价值和构筑社会共识的社会价值的认可上存在差异，这点需要引起注意。

在不同年级组间，二年级平均值最低（$M=3.324$，$SD=0.525$），四年级平均值最高（$M=3.447$，$SD=0.605$），其次为一年级（$M=3.404$，$SD=0.521$）和三年级（$M=3.394$，$SD=0.559$），基本呈现出从一年级到二年级骤降，自二年级到三年级、四年级又逐渐上升并最终高于一年级组平均值的趋势，在某种程度上显示大学生对思想政治理论课课程价值的认同似乎表现出一个"否定之否定"的螺旋上升趋势。

然而，有 32.9% 的同学坦言"我对这类课程不感兴趣，学习主要是为了拿学分"，更有高达 73.2% 的同学表示"很多同学不重视这类课"（$M=2.113$，$SD=0.9773$），表现出学生思想和行为层面的矛盾。大学生对"我很喜欢这类课"的作答平均值为 3.026（$SD=1.087$），选择喜欢和很喜欢的比例共计 33.9%，选择不喜欢和非常喜欢的共计 30.9%，另有 35.2% 选择不确定。文史哲类学生在此题项上的作答均值最低，显著低于工学类，这可能和文史哲类学生在高中阶段已经重点修过类似课程有关，他们对作为公共课的思想政治理论课的内容深度可能感到不满足、对其新鲜感不如工学类学生。同时受访学生中文史哲类的学生对课程的喜欢程度还弱于理学类和社会科学类，除了前述原因，可能还和当前文学、艺术、历史、哲学等学科的意识形态性方面有一定

---

[1]　孙宗伟、岳从欣：《高校思想政治理论课没有正当性吗？——对几种质疑的评析》，《思想理论教育导刊》2016 年第 6 期，第 99—104 页。

关系(这些学科在目前在淡化意识形态性方面较突出,所以可能引发这些学生对政治课程较强的抵触)。在年级分布上,大二学生对课程的喜欢程度最低,大四学生的喜欢程度则最高,前者显著弱于后者。这点颇耐人寻味,甚至跟部分老师的直观感受有出入。我们认为一方面可能是不少高校把思想政治理论课集中排在大一和大二学年,特别是大二的课程学习学时更多,课程政治性更强,从而引发学生的负面情绪。而大四学生对课程则抱有更为正面的情感,这可能与他们的心智更加成熟、对社会的认识更加深入、对问题的看法更加客观和理性有关。

三、大学生对思想政治理论课教材和教学内容的印象稍差

数据显示,教材维度平均值为 3.098($SD = 0.778$),相对偏低。超过三成的学生认为"教材内容与现实联系不紧密"($M = 2.979, SD = 1.066$),超过三成的大学生认为"教材内容简单重复,从中学到大学内容变化不大"($M = 3.016$, $SD = 1.152$),将近三成的大学生表示"教材内容编写枯燥乏味,可读性不强"(同意比例为 31.2%,$M = 3.077, SD = 1.082$)。这些数据与前期访谈结果相互印证,表明大学生对教材的可读性、时代性有着较高期待。就群组间差异而言,在不同专业群组方面,$F = 3.625, p = 0.013(<0.05)$,其中又以理学类平均值最低(文史哲类与理学类接近),理学类的表现显著差于工学类和社会科学类。而不同年级间差异不显著,不同城市间差异也不显著。这些数据表明不同年级、不同城市的学生对教材的评价差异不大,但理学类学生对教材的不满程度较高。

在教学内容维度上,其平均值为 3.220,低于总体平均值。超过三成的学生认为"教学内容总体是在讲抽象的大道理"($M = 3.091, SD = 1.131$),通过积差相关分析,发现该题项与教学内容维度间存在显著的高度关联($r = 0.734$, $p = 0.000$),学生在该题项的回答可能较大程度上影响到其对思想政治理论课教学内容的整体印象。此外,有 26.4% 的大学生在"教学内容契合我的需求"

的回答上选择不同意($M=3.153,SD=0.986$),积差相关分析发现该题项与内容维度的积差相关系数为0.734,双尾检验显示达到显著,$p=0.000(<0.05)$,学生感知到的教学内容与其需求的契合度可能在较大程度上会影响到其对思政理论课教学内容的整体印象。

就群组间差异而言,针对不同城市组,$F=6.542,p=0.000(<0.05)$,其中北京显著优于长沙、上海、广州和西安;针对不同专业组,$F=3.172,p=0.023$(<0.05),文史哲组对教学内容的评价最低,其次为社会科学组,两者均显著低于工科组(理学组与工科组接近);针对不同年级组,$F=3.528,p=0.014$(<0.05),其中大四组在教学内容上的得分最低,其次为大三组,两者皆显著低于大一组(大二组与大一组接近)。这些数据表明,北京地区高校、理工科组、低年级组学生对教学内容的不满程度相对较低,而文科组和高年级组对教学内容的不满程度相对较高。这可能与高年级组、文科专业学生的社会阅历、思维深度、知识面等方面有关系。高年级组学生的思维发展以及涉猎知识和获取信息增多,他们对思想政治理论课的要求增高,文科大学生由于自己的专业因素,也容易对思想政治理论课所传导的价值观念和思想观点有更多批判性的思考,因此也更难以被说服。由此,思想政治理论课教学只有用逻辑的力量、翔实的数据对有关理论有力地予以证明,对社会现实作出有力的解释,方可让他们信服进而认同。

第四章 价值多元背景下西方学校德育的应对及其启示

在西方,以基督教伦理精神为基础的道德价值在很长的一段时期内占据着精神生活的主流地位,使得西方社会从中世纪直至近代以来在价值观上呈现出鲜明的一元化特征。直至20世纪60年代以后,大量的、不同种族的移民从世界各地涌入西方一些主要的发达国家,这些移民带着自己种族的语言、生活习俗、宗教和价值观念融入并改造着西方单一的民族文化。与此同时,西方国家内部各少数群体争取自身权利的社会运动此起彼伏,培植了对单一权威的普遍性反抗,越来越多的西方人向往社会的自由、平等,崇尚个人权利,希望社会给予个人自由进行价值选择的机会。美国学者布鲁姆就曾提出过:"几乎每个学生进入大学时都相信,或者他们自称相信,真理是相对的"[①],相对主义的思想渗透到了西方教育的基本理念中,在这种背景下,以伦理道德为核心的多元文化教育在主要的西方国家蓬勃展开。道德权威被打破了,传统清教伦理价值的主导地位走向了终结,极端个人主义价值盛行,西方社会价值传统中一元化特征受到了巨大的冲击,西方社会不可避免地进入了价值多元的时代。

---

① [美]艾伦·布鲁姆:《走向封闭的美国精神》,缪青等译,中国社会科学出版社1994年版,第17页。

在传统的西方社会中,以清教伦理为核心内容的品格教育是占据主导地位的道德教育方式。美国、英国等众多的西方国家强调将道德教育作为学校教育的首要目标,主张利用教师和管理人员的权威,设置专门的价值教育课程,采用规劝、训诫、纪律约束、奖惩以及榜样教育等方法,向儿童传授以宗教伦理为核心的道德细则和道德规范,培养儿童忠诚、勤勉、节制、服从于权威的品性。① 但在价值多元的现实背景下,品格教育逐渐衰微。多元文化主义者认为文化是不能进行优劣评判的,"不同的文化之间不存在着因种族和地域因素而造成的优劣区分,不能将一个特定的文化模式作为标准去衡量和评价其他文化,因而也就没有任何一种文化具有可以将自身标准强加于其他文化的正当性"②。这一多元文化的理念逐渐在国家的政策层面得到了认同,美国、英国、加拿大、澳大利亚等西方国家相继采取较为宽松的多元文化政策来缓和文化碰撞所带来的社会矛盾。

与一元社会不同的是,在价值多元社会里,充斥着相异甚至是相互冲突的道德价值,这些相异的价值观都平等地得到了国家和宪法的认可,在这样的形势下,在公立学校中继续向具有不同文化背景、生活方式、价值观念的学生教授以清教伦理为核心的一元化的道德价值便不可避免地会受到多元主义者的质疑和反对。因为在他们看来,不同的甚至是相对立的生活方式和价值观念不过是个体或族群对道德良善和"好生活"的不同理解,并不存在好与坏的区分,也不能以信奉这一价值的人数多少来判定哪一种文化或价值更加优越或者哪一种文化和价值是低劣的。那么,有意地利用强制力量去灌输单一民族、利益团体的价值观就成了推行文化专制和霸权的体现,以至要在一个价值多元的社会里进行道德教育就必先要回答"教授什么样的道德?","是否存在跨越种族和文化差异的共享道德?",这也给西方学校德育提出了新的问题——

①　赵振洲、戚万学:《现代西方道德教育策略研究》,山东人民出版社 2010 年版,第 4 页。
②　[加]威尔·金里卡:《少数的权利——民族主义、多元文化和公民》,邓红风等译,上海世纪出版集团 2005 年版,第 32 页。

道德教育的目的是什么;教育应当教授学生具体的道德价值还是获取价值的途径和技巧;如果道德教育应当教授具体的道德价值,那么又该教授谁的价值?

第一节　西方应对文化多元、价值多样
困境的德育理论及模式

西方传统德育模式下,公立学校是社会的代理机构,教师则充当着社会美德的代言人,依据社会的要求和教育大纲的规定,将社会主流核心价值观念系统地教授给学生,培养个体成为与社会期望相符,追求真、善、美,在面对价值选择时能清晰辨别是非对错,采取合理行为的合格公民。

这一模式将道德教育简单地等同于将社会发展所形成的权威价值通过教师教授给学生,将道德知识的传授等同于道德价值的获得。学校教育所传授的道德内容是单一的、权威的,这致使教师在教授的过程中往往容易陷入文化中心主义的弊病。20世纪60年代,这样的教育方式伴随着少数族群争取自身权利的民权运动的兴起而受到了更多的诟病,越来越多学者认识到儿童和青少年能够凭借自身的理性思维和个体经验选择适合自身的价值观,形成自己的价值观体系。他们质疑道德说教以成人的道德发展思维代替学生道德价值形成和发展的内在过程,忽视了学生的主体性和独特性,剥夺了学生独立思考价值问题和自由选择价值观的权利,并认为这样的方式只会使学生陷入混乱,习得价值冷漠、变得盲目顺从以及无理性。① 另外,教师在道德教育中所传递的道德价值并不一定是正确的,多元主义者认为"不同道德原则是否正确只有相对于不同的人们来说才能成立"②,如果某一价值不是学生自身自由

---

① 邓金洲:《多元文化教育》,天津教育出版社2004年版,第34页。
② 董文萍:《对西方相对主义道德教育观之基础的反思——基于文化人类学的视角分析》,博士学位论文,中央民族大学,2010年,第11页。

选择、自愿接受的，那这一价值就不是来源于他个人的经验并适合于他的，因此是无意义的。

于是，西方国家开始重新审视道德教育的目的以及传统道德教育模式的弊端，探索价值多元背景下重塑道德教育内涵的方式与途径。西方理论界对这一问题的思考产生了诸多不同的理论流派和实践模式，其中较具有代表性的有：相对主义的价值澄清模式、普遍主义（形式上）的道德认知发展模式、关怀教育模式与传统品格教育的复归。

一、价值澄清模式

20 世纪 60 年代，西方国家在对传统道德教育模式存在的文化中心主义倾向进行反思的基础上，逐渐确立了其道德教育相对主义和价值中立的立场，道德教育问题变得更为敏感和困难。价值相对主义认为既然所有文化系统都是独特的，都有着其存在的合理性，那么基于不同文化系统所产生的道德价值也必然是合理的，教授特定文化系统价值的道德教育不仅妨害了学生对特定文化理念、道德价值和生活方式的自主选择，也侵害了弱势文化系统同等的发展权利。在这种价值观的影响下，许多西方国家采取了"去道德化"的教育策略，主张教师持价值中立态度，只向学生教授教学大纲以内的知识和技能，回避任何涉及"价值判断"的道德说教和价值引导，不干涉学生价值认知和道德选择。这一阶段的西方德育逐渐背离了其传统品格教育的核心，进入了道德教育的"荒凉时期"。

事实证明，放弃和回避价值引导的方式并不能解决西方社会的道德危机，相反，取消道德教育的方式越发加剧了社会道德的混乱和人们精神的迷失。于是一部分不愿放弃价值相对主义立场的西方学者们开始重新考量道德教育的必要性以及价值自由与道德教育的权衡，如果放任自流，不进行任何的价值引导和道德教育就无法挽救日益严峻的道德危机，但在民权运动此起彼伏、价值多元时代已然成形的形势下，如何才能做到在公立学校中进行道德教育又不会引起争议和抵制呢?

在这样的考量下,一些西方学者提出了这样的一种应对方式:一方面,在道德哲学上采取价值相对主义的立场,承认不同文化、价值观之间的平等性和包容性,否认存在文化和价值之间的优劣区分以及能够超越不同文化差异的普遍和绝对适用的价值标准,主张对不同文化背景和个人经历下相异的道德价值观持宽容和平等尊重的态度。另一方面,又主张学校教育要帮助青少年澄清并选择自己的价值观、形成稳定的价值体系来指导其选择道德的行为。

价值澄清学派是西方德育理论流派中持这一观点的最典型代表,它也是20世纪60年代西方反传统道德教育思潮下应用最广、影响最大的一种道德教育理论。这一流派的主要代表人物为路易斯·拉思斯(Louise Raths)、悉尼·西蒙(Sidney B.Simon)、梅里尔·哈明(Merrill Harmin)和霍华德·柯申鲍姆(Howard Kirschenbaum)。1966年,由路易斯·拉思斯、梅里尔·哈明与悉尼·西蒙三人合著的《价值与教学》(*Values and Teaching*)出版,该书首次系统地论述了价值澄清的基本理论和方法,标志着价值澄清理论的诞生。而霍华德·柯申鲍姆所著的《价值澄清:师生实用策略手册》、《高级价值澄清》、《对价值澄清的澄清:一些理论问题》等书籍进一步解释和深化了价值澄清理论,推动了价值澄清学派的发展,也使得价值澄清方法在西方公立学校道德教育实践中得到了更广泛的运用。

(一)价值澄清学派对"价值"的定义和看法

价值,在哲学层面上是指抽象的信念、理想、标准、倾向、爱好和选择,"它充当着一个准绳,指导着人们的行为,人们依据它在一定的情形下在可供选择的行动方案中做出自己的抉择"①。价值澄清学派承认价值的重要性,他们认为价值是生活中一种不可或缺的事物,它反映了某种生活方式,能够指导人们

---

① 余维武:《冲突与和谐——价值多元背景下的西方德育改革》,江苏教育出版社2009年版,第42页。

的生活方向和道德行为。路易斯·拉思斯在他与学生合著的《价值与教学》中明确谈到他们所指的"价值"是"最接近于那些强调评价过程的定义,而不是这一术语的任何可辨认的、约定俗成的意义"①。书中多次强调了价值获得过程对儿童的重要意义,他们认为"生活因时空而异,无法确定个体会有怎样的经验。因而不能确定什么样的价值观、何种方式最适合他。但是可确实知道什么样的过程对于获得价值最富有成效"②。对于拉思斯来说,价值更大意义上是从属于私人领域的东西,它体现出一个人的态度、兴趣、情感、理想、抱负或信仰,会因为个体的生活经历、不同的体验而产生差异。儿童拥有怎样的道德价值观并不是最重要的,更重要的是儿童获得价值的过程,因为"儿童要想找到令人满意的整合自己思维、情感和行为及与周围世界发生联系的方式,他们就必须养成检查个人的抱负、目的、态度、情感、活动、兴趣、信仰、苦恼的习惯。"③对此,价值澄清学派将人们选择价值、珍视和践行价值观并形成自身价值体系的这一个过程称为"价值",因为没有这个过程就不能获得价值。

拉思斯、哈明、西蒙等认为,对价值(实质是 valuing 而不是 values,笔者注)完整的定义包括选择(choosing)、珍视(prizing)与行动(acting)三个过程。选择过程包含 3 个步骤:自由选择自己的价值观;从各种替代价值观中进行选择;对每一种选择的后果进行审慎的思考。珍视过程包含 2 个步骤:个人欣赏自己已经作出的选择;个人愿意在公开场合确认自己的选择。行动包括 2 个步骤:个人根据自己的选择行动;重复行动,形成模式。④ 在学校实施过程中,则要先选择一个蕴含价值的话题或道德问题,之后教师或学生指导老师介绍这个选题,然后开展讨论,在讨论中营造各种观点被同等尊重的氛围以使学生获得心理安全感,最后再让学生根据上述 3 个过程 7 个步骤进行自身价值观

---

① [美]路易斯·拉思斯:《价值与教学》,谭松贤译,浙江大学出版社 2003 年版,第 7 页。
② [美]路易斯·拉思斯:《价值与教学》,谭松贤译,浙江大学出版社 2003 年版,第 25 页。
③ [美]路易斯·拉思斯:《价值与教学》,谭松贤译,浙江大学出版社 2003 年版,第 36 页。
④ [美]路易斯·拉思斯:《价值与教学》,谭松贤译,浙江大学出版社 2003 年版,第 27 页。

的澄清。

尽管价值澄清理论承认道德教育的必要性,但在道德教育实践上仍持价值相对主义的立场,认为价值从根本上是个人经验的产物,不同的生活经验会生发出不同的价值观,同时伴随着经验的积累和心智的发展,个体的价值观也会逐渐发展走向成熟。因此,价值是相对的,是个人根据自身经验、兴趣、抱负、信仰自主选择的结果,不存在普遍和一成不变的价值标准,也不能用外在的力量去强迫个体接受特定的价值。于是他们主张教师和学校在不同的价值之间保持中立,不去对学生所拥有和表达的价值进行正当与否的判断,尊重学生价值选择的自由。因而他们一再地强调"儿童应该自由的陈述他们自己的兴趣,他们自己的目的与抱负,信仰与态度,以及其他许多或然的价值指示"①。价值澄清的目的不是引导儿童习得任何既定的价值内容,而是帮助儿童通过理智的思考在各种选择中澄清自己的价值体系,至于所选择的价值内容,完全是个人自主的事情,这体现出价值澄清理论鲜明的相对主义立场。

(二)对价值多元时代下人的道德生活困境的立场

价值澄清学派认为,在传统的一元社会,每个文化系统中的主流价值是既定的,人们只需要遵循权威去选择价值信仰、进行价值判断,而如今社会复杂、多元的特征逐渐取代了简单和一元。在这样的社会中,时刻面对着不同,甚至相互冲突的价值观,这使得人们对于什么是正义的、良善的选择变得更为困难和沉重,最终往往陷入混乱之中。为此,拉思斯指出许多人正遭受着这样的生存困境,"这些人似乎没有目标,不知道支持什么、反对什么,不知道何去何从"②。拥有明确的价值观,这个说起来十分简单的问题,如今却成了许多人走不出的困局。

价值澄清学派认为,在现实生活中,大众传媒的普及给学生提供了丰富多

---

① [美]路易斯·拉思斯:《价值与教学》,谭松贤译,浙江大学出版社 2003 年版,第 3 页。
② [美]路易斯·拉思斯:《价值与教学》,谭松贤译,浙江大学出版社 2003 年版,第 11 页。

变的讯息,众多的价值选择并没有使儿童得到多少益处,相反,"向儿童提供这样多的各式各样的选择就可能使他丧失思想,陷入混乱之中……它阻碍了儿童刚刚萌发的对什么是正误、真假、善恶、美丑的理解"①。儿童陷入了价值选择的迷茫状态。因此,他们认为学校不应该放任自流,而是应当帮助儿童正视这些冲突和选择,澄清自己的价值,帮助他们变得更为果敢、热情和坚毅,对人生目标和价值有更清晰的认识,获得整合自身理性、情感和行为的智慧。

(三)价值澄清学派的道德教育实践模式

1.道德教育的目的和内容

立足于其价值相对主义的立场,价值澄清学派反对公立学校向学生传授某种文化系统下的特定价值观,但在价值多元的社会形势下,学生难以在纷繁复杂的社会价值中明晰和选择自己的价值观,因此,他们认为学校进行道德教育的目的不是要向学生灌输某一种既定的价值观,而是要帮助学生陈述和澄清其价值,使他们能够通过各种选择进行理智的思考,构建自己的价值体系,并能依据选定的价值观作出道德判断和采取道德行为。

价值澄清学派认为,一切价值都是相对的,都来自个人的经验,不同的人因为拥有不同的人生阅历,不同的信仰、抱负和兴趣喜好而具有不同的价值观,价值无所谓优劣,不能通过教授来获得,只能由个体通过审慎的思考自主地去选择适合其经验的价值。由此,价值澄清理论反对教师教授具体道德价值,他们认为在如今越发复杂和多变的社会环境下,让学生学会获得道德价值的方法远比教授给他们具体的道德规范要重要得多。对于学校道德教育而言,重要的是要教给学生澄清其价值的策略和方法,使他们在今后的生活中能够独立地面对和有效地解决价值问题。拉思斯就在书中强调:"我们不能教给儿童一套绝对的价值,但我们却可以教给他们一些更好的东西……教给他

---

① ［美]路易斯·拉思斯:《价值与教学》,谭松贤译,浙江大学出版社 2003 年版,第272 页。

们用来获得自己的价值的方法。"①并进一步指出:"赋予学生价值评价的过程就是授以他们终身受益的东西。"

价值澄清理论中所主张的道德教育内容并不是具体的道德价值,而是学生在生活中所出现的价值问题。拉思斯提出,有三种内容尤其适合于帮助学生进行价值澄清,一是被他们称为"价值指针"的东西,例如兴趣、情感、抱负、态度、倾向等,价值指针有成为价值的可能性,但它们不是价值;二是能够使个人的生活复杂化的问题,这些问题在不同的年龄阶段以及不同经历的个体身上有不同的体现,例如对于青少年而言,他们烦恼的是亲情、学业、人际和爱情等方面所出现的问题,但如果是成人,那可能面临的就是家庭和事业的问题、怎样协调事业与家庭、如何才能取得上司的认可等;三是关于公共领域的社会问题,可以涉及社会制度、战争与和平、社会运动等。这些问题都可以成为价值澄清的内容,价值澄清学派主张通过对这些学生在生活中可能会面临的价值问题的探讨来获取具有指导意义的价值理念。

2. 道德教育的课程和方法

价值澄清学派反对在学校中设置专门的课程向学生教授具体的道德价值,因为在他们看来价值获得的过程是伴随着个体心智的成熟、经验的增长而发展的,每个人都有权利不受强制地持有自己的价值观念,学生拥有自己的价值观并能够按照他自主选择的价值观采取道德行动,教师不能够强令学生应该具有什么样的价值。在这样的理念下,他们并不主张对特定年龄阶段的学生教授社会认为他们所应该具备的特定价值,也不主张为了教授学生某种具体的价值而去开设价值教育的课程。价值澄清学派认为,在现实生活中,价值问题随处可见,价值教育可以通过学生与教师接触的各种非正式场合或穿插在其他的学科课程中来进行,不需要专门设置特定的价值教育课程。

在价值教育的方法上,价值澄清学派旗帜鲜明地反对任何形式的道德灌

---

① [美]路易斯·拉思斯:《价值与教学》,谭松贤译,浙江大学出版社 2003 年版,第 7 页。

输和道德说教,并认为这样的方式阻止了学生对价值问题的独立思考和自由选择,造成了当下许多儿童的价值混乱、反复无常和虚伪顺从。拉思斯认为在价值澄清的过程中,教师应当采取宽容和接纳的态度,摒弃一切对的、好的,或是可取的之类的暗示性话语,在不同的价值之间保持中立,帮助学生正视生活中存在的价值问题,思考这些问题,澄清自己的价值观。

价值澄清的方法有很多,《价值与教学》一书中就列举了讨论策略、书写策略、预知结果等多种策略,其中应用最广、最为常见的是价值澄清法,这一策略主张教师运用与学生接触的每一次机会与学生进行价值问题交谈,引导学生澄清已有的价值观点。价值澄清法通常每次只针对一个学生,以短暂的、非正式的谈话形式运用在课堂或是课下教师与学生接触的间隙中,目的在于引发学生对价值问题的思考,促使学生澄清已有的价值观,检查自己的生活、行为和思想,最终形成自己的价值体系。除此之外,价值澄清学派还建立了一套可操作的教学方式如价值表格法、价值配对法、价值表决法等,针对不同的个体,设计了适用于教师的运用手册和不同职业领域的用书,这些更易于教师掌握,在学校和社会层面得到了广泛的运用。①

(四)价值澄清模式的优点和问题

相对于只关注于抽象的、成人化的道德知识和道德规范灌输的西方传统道德教育模式而言,价值澄清的德育实践模式承认儿童价值判断和选择的权利和自由,并将尊重人的能力和人格作为重要的教育原则,更为民主和宽容②;它立足"个人有足够善意、依据本能做出最负责任的选择"的假设,对于尊重学生的主体性具有重要价值;它着眼于学生日常生活中存在的价值困惑,

---

① 余维武:《冲突与和谐——价值多元背景下的西方德育改革》,江苏教育出版社 2009 年版,第 56 页。

② 戚万学:《冲突与融合——20 世纪西方道德教育理论》,山东教育出版社 1995 年版,第 38 页。

将生活中的价值问题引入课堂,具有着浓厚的生活气息。另外,在德育实践上,价值澄清理论强调教师只是一个促进者(facilitator)而不是一个灌输者(indoctrinator),要尊重学生,注重倾听、引导和对话,为学生创造一个民主、平等的道德成长环境。这些有助于学生认识自我,建立较为完整和清晰的自我概念。它契合了荣格的"只有当价值观来源于个人经验而非从外部得来时才是自己的"①理念,对于强调价值观形成中道德自我的作用、聆听内在自我的声音具有积极意义。同时,价值澄清学派主张的一系列教学程序和方法易于掌握,更具有操作性,因此也在西方公立学校中得到了广泛的应用。

在价值相对主义者欣喜地欢呼一个真正民主和信仰自由的时代到来了的时候,这一道德教育模式却很快暴露出了它的弊端。道德价值是个人的、相对的,每个人对道德的看法都取决于个人的情感和喜好,其在理论实质上所奉行的个人相对主义的做法实际上是取消了道德原则,这样的德育模式加剧了传统道德价值系统的崩塌和西方社会个人主义的盛行。过分张扬的自我和个性,走向了极端放任的反面,人们不再相信绝对的权威和既有的道德标准,质疑道德真理的存在,是非善恶不分,出现了道德生活的混乱和道德价值的真空状态。20 世纪 70 年代末,美国、英国等西方国家普遍出现了"道德精神危机",当时的美国总统詹姆斯·厄尔·卡特就曾指出这种"道德危机",加深了人们对生活价值的质疑,导致了道德信仰的破裂,带来了"美国社会和政治制度自身灭亡的威胁"②。

二、道德认知发展模式

持相对主义立场的价值澄清模式并没有能解决价值多元时代下学校和

---

① Van der Ven, A. Joannes, *Formation of the Moral Self*, Grand Rapids: William B. Eerdmans Publishing, 1998, p. 252.

② [美]艾伦·布鲁姆:《走向封闭的美国精神》,缪青等译,中国社会科学出版社 1994 年版,第 47 页。

社会出现的种种道德危机,反而加剧了社会层面上的价值冲突和道德混乱。20 世纪 70 年代以后,西方理论界的学者们开始对相对主义道德教育实践模式的弊端进行反思,并重新探索建立普遍价值共识的道德实践模式。其中,劳伦斯·科尔伯格所创立的道德认知发展模式在 20 世纪 70—80 年代盛行,许多西方国家将科尔伯格的道德认知发展理论作为制定道德教育方案、设计道德教育课程的依据,深刻地影响着西方道德教育理论与实践发展的进程。

(一)道德和道德认知的发展阶段

受苏格拉底的影响,科尔伯格信奉道德价值是普遍的,在本质上"表达了对每一种文化都有效的一套判断和决策的理性原则"[①]。他认为,人类拥有普遍的道德思维方式和道德选择方式,即便世界上存在着众多相异的文化系统,但这些文化系统的内核中都包含着相同的道德价值,造成个人价值不同的原因在于个体进行价值思考和道德判断时所处的道德思维阶段的不同。在科尔伯格的道德哲学中,具体价值是多元的,但普遍性的原则是单一的,其中公正原则是人类道德的最高层次,即关心和追求人类普遍的利益和人与人关系之间的平等和互惠。这一原则"是人类经验所固有的,而不是某种特定世界观的产物"[②],是超越不同文化、普遍适用的道德原则。因此,科尔伯格认为,以公正原则作为组织道德教育的根本原则既保证了公民信仰的自由,又契合了人类道德发展的客观规律,是价值多元时代下学校教育内容的合理选择。

另外,受皮亚杰认知发展心理学的影响,科尔伯格认为道德的发展是具有阶段性的,他将个体道德发展的过程界定为"公正水平不断提高的过程",提出:"每一个(道德)阶段的核心就是一个潜在的正义概念,每个较高阶段就是

---

① [美]柯尔伯格:《道德教育的哲学》,魏启贤译,浙江教育出版社 2000 年版,第 3 页。
② [美]柯尔伯格:《道德教育的哲学》,魏启贤译,浙江教育出版社 2000 年版,第 5 页。

更好地解决正义问题"①。借鉴于皮亚杰认知理论中的对偶故事法,科尔伯格将生活中的道德两难故事作为题材,引导儿童对特定情境下道德两难问题进行思考和讨论,根据儿童对问题的不同回答,将其道德发展划分为前世俗阶段、世俗阶段、后世俗阶段三个水平,并将这三个水平细化为服从与惩罚取向、工具相对主义取向、好孩子取向、维护权威和社会秩序取向、社会契约取向和普遍的伦理原则取向六个阶段②。科尔伯格提出,个体的道德发展是从低层次向高层次逐步递进的,尽管不同的个体道德发展所处的阶段和水平相异,但这几个阶段的顺序是不变的,每一个道德发展阶段都以前一个阶段为基础,同时也为后一阶段作准备,后一个阶段要比前一个阶段更成熟和稳定。儿童道德发展的第六阶段,即普遍伦理原则取向阶段是个体道德发展的最高阶段,尽管鲜少有人能够达到,科尔伯格仍旧相信在这一阶段每个人都会得到相应的道德成长。

(二)道德教育的目的

科尔伯格在道德价值观中持鲜明的形式普遍主义立场,他反对相对主义的教育,反对教授学生以某一权威团体或阶层所认可的规则,并认为这样的教育容易导致独裁和专制主义,正如纳粹屠杀犹太人一般,残暴和不道德的出现正是源于不公正的文化相对主义。同样,科尔伯格还对价值澄清学派的伦理相对主义进行了批判,他认为,价值澄清理论主张价值是个人的、相对的,每个人都拥有他自由选择的价值观,都应当被尊重和宽容,这样的观点必然推导出教师不应当向学生教授任何具体的价值,从而放弃和回避价值引导。科尔伯格认为这样的理念是荒谬的,他承认每个人具有选择自身价值和信仰的自由

① 转引自赵雪霞:《西方道德教育模式比较——正义与关怀》,博士学位论文,东北师范大学,2008 年,第 31 页。

② [美]L.科尔伯格:《道德发展心理学:道德阶段的本质与确证》,郭本禹译,华东师范大学出版社 2004 年版,第 46—48 页。

权利,这是应当尊重和维护的,但这并不意味着每个人的价值观都是同等正确的,就如纳粹的价值信仰就是违反公正原则的,不能与其他人等同。"公共教育是要告诫人们去尊重他人选择与大多数人不同的价值信念的权利,但不必教予学生去尊重那些以否认他人权利为基础的道德信念。"①

在科尔伯格的道德认知发展理论中,人的道德发展是公正水平不断提高的过程,从对社会权威的顺从到工具理性的驱动,从做他人眼中的好孩子到对人类基本权利的维护和社会契约的遵循,最后实现对共享伦理的服膺。因此,科尔伯格提出"道德教学的目的是一种开放讨论的过程,这种过程旨在刺激儿童道德发展朝向下一个阶段前进"②。进一步来说,科尔伯格所主张的道德教学是要通过道德两难问题的讨论和思考,推动儿童道德判断和推理能力的增长,培养其运用公正原则解决未来生活中道德问题的能力。

（三）道德教育的内容与课程

与价值澄清学派一致的是,科尔伯格同样反对在学校设置专门的道德教育课程,而是主张将道德教育的内容穿插于历史、英文、社会研究等人文课程中去进行教育。在道德教育具体教授的内容上,科尔伯格仍旧坚持其自由主义的道德多元主义立场,反对在公立学校中向儿童传授具体的道德规范和原则,提倡教师通过道德两难问题的课堂讨论引发学生对道德问题的思考,促使学生向着更高的道德发展阶段前进。在进行道德两难问题的讨论时,这些问题可以是来源于儿童成长阶段可能会遇到的道德和价值问题,也可以是对战争、现实政治制度和公民权利等问题的探讨,其核心在于使儿童关心当代的道德问题,关心现实生活,引发儿童在道德认知上的冲突以及对道德价值的再思考。

随着理论和实践的深入,科尔伯格逐渐意识到,特定情境下的道德判断不

①　[美]柯尔伯格:《道德教育的哲学》,魏启贤译,浙江教育出版社2000年版,第59页。
②　[美]柯尔伯格:《道德教育的哲学》,魏启贤译,浙江教育出版社2000年版,第88页。

仅仅是个人道德能力的产物,还是道德能力与道德情境相互作用的结果,只通过假设性的道德两难问题的讨论难以起到理想的效果,学校人文课程固然应该更明确地涉及道德问题的讨论,同时也应当重视隐性课程,创造出一种氛围,让学生实际地参与到学校的道德决策中,使其学会关心群体利益,信奉并遵守公正原则。于是科尔伯格提出,学校应当致力于营造良好的道德氛围,他认为:"道德行为通常发生在社会或团体背景中,深刻地影响着个人的道德决策……在许多情况下,道德教育最好的办法是努力改进个人作出道德决定时的道德气氛。"①以此得出结论:建设更高阶段的集体规范和团体氛围,能够更好地促进道德水平较低阶段的儿童向更高阶段发展。② 在科尔伯格的隐性课程教育中,其核心是课堂教学和学校管理中师生之间是否体现出公正性的原则,只有在教学、管理和师生交往上坚持正义原则才能形成公正的氛围,促进学生道德阶段向正义阶段提升。

(四)道德教育的方法和策略

从道德和学校道德教育目的出发,科尔伯格先后提出了道德两难问题讨论法和公正团体法这两种道德教育方法。

道德两难问题讨论法,又称"新苏格拉底法",这一方法主张教师将能够引起道德认知冲突的道德两难问题引入课堂,设计一定的道德情景,提出问题与学生进行讨论,激发学生积极的道德思考,从而促进学生道德思维能力的提升。在具体实施上,科尔伯格将这一方法分成了五个步骤,第一步是分组,主要依据其设计的道德判断量表对学生进行测评,按照测评的结果将处于不同道德发展阶段的学生进行分组。第二步是设计道德两难情境,即选择一些能够引起认知冲突的道德两难故事交予学生进行讨论。第三步是引导讨论的方

---

① [美]柯尔伯格:《道德教育的哲学》,魏启贤译,浙江教育出版社2000年版,第167页。

② [美]约翰·马丁里奇、约瑟夫·L.戴维提斯:《道德发展的理论》,姜飞月译,黑龙江人民出版社2003年版,第23页。

向,在讨论开始之前,教师应对讨论的主题进行简要的说明,使学生明确接下来讨论进行的方向。第四步是进行讨论,在讨论中,教师要帮助学生正视两难问题中的认知冲突,鼓励学生进行积极地思考,陈诉自己的观点并与其他人进行讨论,当讨论进入深入阶段时,道德发展水平较低的学生能够看到自己与成人或是道德发展水平较高的学生在道德思维上的差距,主动地向道德的更高一级阶段发展。最后一步结束讨论,教师进行相应的总结,然后转入对下一个两难问题的讨论。道德两难问题讨论法强调教师要了解学生当前所处的道德发展阶段,恰当地引导学生开展道德两难问题的讨论,并能在讨论过程中唤起学生的道德认知冲突,向学生揭示更高阶段的道德思维方式,以此来推动学生道德思维水平和道德判断能力的提升。

公正团体法是科尔伯格参考以色列集体农庄的形式提出的,主张通过构建一个公正的生活共同体,在这一共同体中采用直接的民主管理和自我教育方式,鼓励师生参与团体的管理和决策,为学生营造公正、民主、合作互助的良好氛围,在这一基础上提升学生运用公正原则的能力,促进学生的公正行为。在操作上,公正团体法要求建立一个由 60—100 人组成的合作性团体,教师和学生的比例保持在 1:10,保证团体参与的民主性。在团体内部设立公正团体大会和核心小组会议、顾问小组以及纪律委员会,实行直接的民主管理。决策主要通过固定的委员会进行,采用无记名投票、少数服从多数的方式进行。在权利和义务上,教师和学生是平等的,以契约的方式规定每个人的权利与责任,包括自由发表意见、平等参与团体内部的管理和决策、尊重他人以及禁止身体和言语伤害等,要求成员具有强烈的集体责任意识和民主、平等的精神,营造有益于学生道德水平发展的良好氛围。

(五)道德认知发展理论的优点和问题

面对西方价值多元的现实境遇,科尔伯格将道德教育的合法性建立在人类理性思维的普遍性和最高的价值原则——公正原则之上,并将道德教育的目的界定为促进儿童道德思维水平和道德推理能力的发展,回应了价值多元形势下学校教育教授"何种价值"的问题。相对于伦理相对主义而言,道德认知发展理论对人类普遍共享的道德价值的承认更具有进步意义。其提出的道德教育方法强调教师与学生之间的平等交流与对话,以生活中和当下时代的道德问题作为课堂讨论素材的教育理念更关注于儿童的想法和主体性,相较于凭借权威进行武断灌输的传统德育方式更人性化和民主化。①

20世纪70年代,科尔伯格的阶段理论获得了巨大的成功,发展心理学领域许多教科书甚至将他的理论描述为对个体道德发展最好的,甚至是唯一可信赖的解释,但到了80年代逐渐有学者对其理论的科学性和合理性提出了质疑。人类共享的美德是否只有公正一个? 这一问题是存在争议的,科尔伯格的正义伦理关注的是人类的理性,而这一理性放置到更为亲密的私人领域时往往丧失其解释力。这一点也受到了关怀伦理模式的批判,关怀教育理论的倡导者认为正义原则是男性主义的伦理,它忽视了女性感性的关怀体验,忽略了家庭和朋友这一"私人"领域的道德意义。例如,没有孩子能选择父母,但是他们有义务去关怀父母,"这些关系是非契约的,将它们概括为契约性关系时就破坏了或是黯淡了他们所依赖的信任价值"②。同时也有学者提出科尔伯格的道德认知发展理论过于强调对普遍性原则的追求,在具体道德原则上仍旧是一种相对主义的立场。此外,科尔伯格构建的道德发展阶段理论过于理想化。

在教育方式上,科尔伯格借鉴了以色列的集体农庄模式提出了公正团体法,期望以团体训练的方式培养学生的公正意识和运用公正原则的能力,这同样受到了西方部分学者的质疑。在以色列集体农庄中,团体成员的关系是长期和稳固的,能够给农庄内青年的成长施加持续的、深层次的影响。但西方的

---

① 戚万学:《冲突与融合——20世纪西方道德教育理论》,山东教育出版社1995年版,第56页。

② [美]弗吉尼亚·赫尔德:《关怀伦理学》,苑莉均译,商务印书馆2014年版,第17页。

学校不同,学生与教师之间的联系通常维持在学生每天上课的几个小时内,组织关系呈现出松散性和暂时性,学生课外仍旧接受着家庭和社区所传递的各种各样的信息,这些信息有的与学校教育所传递的核心价值相一致,有的则相反。与学校教育相悖的其他教育削弱了学生道德发展的成效,因此将公正团体法运用于学校时,所采取的措施和计划往往软弱而无力。这些质疑使科尔伯格也不得不承认道德认知发展理论是有缺陷的,这些也给西方教育界留下了更多思考的空间。

三、关怀伦理模式

关怀伦理学兴起于 20 世纪 70 年代末以及 80 年代初的美国,当时无论是在道德教育理论领域还是实践领域,科尔伯格的道德认知发展理论都占据着主导地位,但也有一些学者对这一模式提出了质疑,其中较具代表性的是心理学家卡罗尔·吉利根,她从女性的视角对认知发展理论过于强调男性思维中理性和公正的弊端进行了批判,以女性道德推理方式建构起了关怀伦理学中的核心价值取向。此后,内尔·诺丁斯从伦理学层面对关怀理论进行了进一步系统化和理论化的研究,并将这一理论应用到道德教育实践中,形成了关怀伦理模式,对西方道德教育理论与实践产生了广泛且深远的影响。

(一)关怀伦理模式对"关怀"的界定及其伦理学立场

"关怀"是关怀伦理学的核心概念,海德格尔曾对"关怀"作出过界定,他认为:"关怀是人类生活的真实存在,是关怀者对他人持有的一种挂念的态度,对人类生活负担和痛苦状态的深切关注和担忧"[1]。进一步来说,关怀还可以被解释成为一种精神状态,对某事或是某人的一种担心、挂念以致焦虑的状态并带有对他人关注或保护的倾向。从海德格尔的界定出发,诺丁斯对

---

① Nel Noddings, *The Challenge to Care in Schools*, New York: Teachers College Press, 1992, p. 15.

"关怀"的内涵作出了进一步的延伸,她认为关怀是人类先天本性"最真切的渴望",是人类"生命最真实的存在方式"①,这就赋予了"关怀"取向本体论的色彩。

在诺丁斯看来,人类的"关怀"可以依据其来源的内发和外约特性划分为两种,一种是自然关怀,另一种是伦理关怀。自然关怀是原始的、自然的关怀反应,源于人类爱的情感,如母亲对孩子的关怀,是源于亲情和母爱,是不需要外在的伦理条目约束的、自然流露的情感反应。而伦理关怀是需要个体作出努力的一种反应,有的情境下个体会面临即便自己看到了他人被关怀的需求,但由于种种因素而不愿意给予关怀,这时就需要外在的伦理条目和以往关怀记忆的驱动,最后个体基于对美好人际关系的珍视和一定的道德责任感采取关怀行为。一般而言,个体在关怀关系中,自然关怀的范围是相当有限的,通常集中在家庭和亲密的朋友范围内,因此,道德的发展就需要借助于伦理关怀来扩大关怀的范围,但这并不意味着自然关怀与伦理关怀是决然分离的,"自然关怀的强化能够增强个体的伦理理想使得伦理关怀最终发展成为个体的一种本能和自然的反应"②。

诺丁斯反对将关怀仅仅看作一种美德,她认为相较德性而言,关怀更为重要的意义在于其关系性。③ 两个个体之间实现一种连接,关怀者付出关心,被关怀者感受到关怀者的关注和保护从而作出认可和接受的情感反馈并能够被关怀者所感知,这样的过程才是一个完整的关怀过程。如若一方付出关心,另一方感受不到关怀的意图,或是没有作出相应的关怀反应、未能使关怀者感知到情感反馈时,关怀关系就会受到破坏。因此,在关怀关系中,主体双方是平

---

① [美]内尔·诺丁斯:《学会关心——教育的另一种模式》,于天龙译,教育科学出版社2003年版,第23页。

② 余维武:《冲突与和谐——价值多元背景下的西方德育改革》,江苏教育出版社2009年版,第149页。

③ [美]内尔·诺丁斯:《学会关心——教育的另一种模式》,于天龙译,教育科学出版社2003年版,第23页。

等的,都能从关怀关系中获益,也都需要担负一定的责任,作出相应的行为反应。

从这一关系出发,诺丁斯提出了与西方传统主流相悖的论断,她认为个体自我意识的形成是在与他人相互联系、关怀之中形成的,自我不能脱离他人而孤立地存在,从而将人的存在形态定义为一种相互依赖的关系性存在。既然人与人之间不是孤立的而是相互依赖的,那么道德就应当强调关怀、同情和美好关系,而不仅是将道德决策和行为看作单个人意志的自由选择。①

从关怀的视角看,完全依靠理性和唯理推论的方式进行道德探究是有缺陷的,关怀伦理模式反对普遍主义的伦理学立场,认为让个人在任何情境下都严格地使自己的道德行为服从于一个抽象的、普遍的道德原则是一种男性的思维,况且,道德判断如果脱离具体的情境,是无法得到合理和正确的答案的。正如诺丁斯在书中提到的:"我们正迈向一个后现代时代,我们的思想必须跟得上后现代的步伐。后现代拒绝对单一客观方法顶礼膜拜,也挑战极端个人主义。"②关怀伦理模式想要实现的是对伦理相对主义和伦理普遍主义二元对立的超越,并主张限制普遍规则在它们更适宜的领域内应用,试图以"关怀"价值取向在一个高度分化、价值多元的社会中重新实现社会的整合,重塑人与人之间的和谐状态。

(二)关怀伦理模式的教育目的

诺丁斯在《学会关心——教育的另一种模式》一书中对学校教育必须先明确的目的进行了清晰的表述,她认为这个目的应该是"培养有能力、关心人、爱人,也值得别人爱的人"③。诺丁斯的观点体现了关怀伦理模式的理论

---

①　[美]弗吉尼亚·赫尔德:《关怀伦理学》,苑莉均译,商务印书馆2014年版,第93页。

②　[美]内尔·诺丁斯:《学会关心——教育的另一种模式》,于天龙译,教育科学出版社2003年版,第221页。

③　[美]内尔·诺丁斯:《学会关心——教育的另一种模式》,于天龙译,教育科学出版社2003年版,第222页。

核心,培养一个能够爱并值得爱的人,这不仅是道德教育的最终目的,还是学校教育的首要目的,学校教育的一切都必先围绕和服务于这一目的。

基于这一主张,诺丁斯对美国传统的自由教育模式进行了批判。诺丁斯认为,学生具有不同的个性和需要,学校也应当发展多样的教育形式和内容,传统的自由主义教育过于强调理性和抽象推理的过程,过于重视智力训练,忽略了人的感性、情感和具体的思维。单一的智力发展让那些取得短暂成功的学生产生了与体力劳动者分离的优越感,这样的教育方式显然是不可取的。那什么样的教育方式才是合理的呢? 诺丁斯认为,关系性存在是人最基本的生存形态,人需要被他人关心,也需要得到他人的关心,受到肯定、认可和接纳,同时也只有通过在与他人关怀关系的互动中才能确证生命存在的意义,由此她得出:关怀是人类之间爱与幸福的源泉,一旦没有这种关怀,人类社会将无法有序运转下去,人的生存也会变得困难,智力开发固然是重要的,但并不能成为教育的首要目标。[①] 因此,在诺丁斯看来,教育的目的是要培养有能力、爱他人并值得被爱的人,让所有的孩子都学会爱与关心,并在这一过程中获得正确的价值观。

(三)关怀伦理模式道德教育的课程与内容

诺丁斯认为,关怀是道德教育实现成功的前提和基础,因此,学校教育的课程和实践都应当围绕学生关怀能力的培养来组织。而传统人文教育只关注于学术目标,强迫所有的孩子去接受完全一样的、围绕智力开发安排的课程,完全忽视了儿童的差异性和接受性,这样的教育并不适合于所有人,自然也称不上是"面向所有人的最好的教育"。因此,关怀伦理模式提出要打破以往的学科设置,不再将知识的获得作为唯一或是首要的目的去开展教育,而是要设计出适合于学生个性、潜能、兴趣和贴近于实际生活的课程,而这一课程要确

---

① [美]内尔·诺丁斯:《学会关心——教育的另一种模式》,于天龙译,教育科学出版社2003年版,第222页。

保学生的每一种能力和兴趣都能得到充分的关注和尊重。

基于这样的价值预设,诺丁斯提出了一个折中的课程设置方案,她将学校所有的课程一分为二,一半是传统的智力开发课程,另一半是以关怀为中心的道德教育课程。学生在学校的一天时间将会均分为两半,一半的时间会侧重于传统的智育课程,教授语言、计算、历史、艺术等课程,但与之前不同的是,新课程下的智力开发教育更注重学生能力和兴趣的多样化,课程内容要反映出学校教育关心的主题。

除了智力开发外,学生每天课程的另一半时间会被用于进行关怀教育。诺丁斯认为"真正的教育,需要这样的一条线索,它能够贯穿起我们生命的最本质的部分,连接那些我们真正重视的东西"[1]。这一线索就是关怀,在她看来,在课程内容的选择上,学校教育应当围绕这样的几个主题来开展:关心自我、关心身边亲近的人、关心陌生人、关心动物、植物和自然环境、关心社会与政治制度、关心各学科知识,等等。[2] 这几个主题包括了个体生活所面临的基本关怀类型,在诺丁斯看来,这样的教育有益于营造一个充满爱、关怀与支持的道德成长环境,使学生在这样的环境中培养起关怀和爱的能力。

(四)关怀伦理模式的道德教育途径和方法

诺丁斯认为道德教育不仅要在结果上体现出培育有道德的人这一目的性,还要求教育在目的、方法和途径上都体现出道德的原则。基于这一理念,诺丁斯将其倡导的关怀伦理教育模式划分为四个部分:榜样(modeling)、对话(dialogue)、实践(practice)和认可(confirmation)。

---

[1]　[美]内尔·诺丁斯:《学会关心——教育的另一种模式》,于天龙译,教育科学出版社2003 年版,第 64 页。

[2]　Nel Noddings, *An Ethics of Caring and its Implication for Instruction Arrangements*, Standford University, 1988, p. 7.

a.榜样(modeling)。个体关怀能力的培养依赖于足够的被关怀体验。[①]在关怀伦理模式中,要让孩子学会关怀他人,必先要学会如何与他人建立关怀关系,并对他人的关怀作出反应。在诺丁斯看来,在道德教育中教师起着道德榜样的作用,扮演着关怀者和示范者的角色,一方面要关心和爱护学生,与学生建立关怀关系,营造充满爱和支持的氛围;另一方面要向学生展示如何去关心他人,如何适当地对他人的关心作出回应,如何与他人建立关怀关系,进而帮助学生发展爱的能力。

b.对话(dialogue)。对话是维持和发展关怀关系以及培养学生与人沟通、理解和协助精神、进行道德推理和决策能力的重要方式。关怀伦理教育模式主张教师要与学生共同确定讨论的问题,指导学生对与宗教、人的生存以及与日常生活息息相关的问题展开自由的讨论,鼓励学生寻找自己感兴趣的问题进行研究和探讨。真正的对话是开放性的,气氛可以严肃也可以欢快,话题自由而多样,允许学生去探讨和交流他们感兴趣的话题,真实地去探寻一个"开始时不存在的答案"。在对话的过程中培养学生人际关系能力、与他人协作、建立关怀关系、进行道德推理和决策的能力。

c.实践(practice)。实践是关怀教育的关键部分,诺丁斯认为:"如果我们希望人们过上一种符合道德的生活,关心他人,我们应该为人们提供机会,使他们练习关心的技巧。更重要的是,使他们有机会发展必需的个性态度。"[②]因此,学校应为学生充分创造实践关怀理想的机会,使学生能参与到校内外各种公益活动中。对此,诺丁斯强调,"关怀的态度和理想是由经验生发的,实践的目的在于帮助学生积累经验,为他们获得今后道德生活所必需的关怀技

---

① [美]内尔·诺丁斯:《学会关心——教育的另一种模式》,于天龙译,教育科学出版社2003年版,第34页。

② [美]内尔·诺丁斯:《学会关心——教育的另一种模式》,于天龙译,教育科学出版社2003年版,第71页。

能和培养良好的态度提供机会"①。具体来说,学校可以安排学生与教师、学校管理人员一起工作,学习维修损坏的家具和器械、对校园和社区环境进行清洁和整理或是学习如何种植和饲养,也可以安排学生到医院、疗养院、福利院等地方进行志愿帮扶。这些实践活动的开展不是单纯地出于获取职业技能的目的,而是要培养学生的关怀理想和关怀能力。

d.认可(confirmation)。认可即对学生的关怀行为、良好的态度和品行给予认可和肯定,鼓励学生去发扬这一品格,实践更多的关怀行为。关怀教育模式提倡教师必须对学生有着充分深入的了解,这样才能发现学生身上的闪光点,并给予赞美和确证。认可不是为学生树立一个道德理想或是表达教师的种种期望,而是要从学生身上识别出一种更好的或是可接受的、潜伏着的品质。在诺丁斯看来,认可和确证的过程不是浅层次的教育策略,而是"建立在一种深刻关系之上的爱的行为"②,它向被认可的个人展示了一个更美好的自我意象,有利于帮助他们获得对自我本质和潜能的更深认识。

(五)关怀伦理模式的优点和问题

关怀伦理模式关注到了价值多元形势下西方社会人与人关系的冷漠、疏离,以及现代人精神生活状态的空虚、分裂和价值混乱,并试图从女性特有的视角出发将学校道德教育的核心建立在人与人之间关怀与爱的依赖关系上,构建一个超越普遍主义与相对主义二元对立的道德教育模式。不能否认的是,多数以自主和理性的个人为基点的道德学说都极大地忽视了人们相互依赖的生存状态,以及社会所召唤的亲密、爱和德性,而关怀伦理模式的一系列主张和教育实践是有益的。如对主导性道德理论的批判,倡导教师与学生之

---

① 余维武:《冲突与和谐——价值多元背景下的西方德育改革》江苏教育出版社,2009年版,第165页。

② [美]内尔·诺丁斯:《学会关心——教育的另一种模式》,于天龙译,教育科学出版社2003年版,第36页。

间要平等对话、学校要为学生创设充满支持和鼓励氛围的成长环境,追求重构传统社会下人与人、人与自然相互依赖的和谐状态的理想诉求,等等,为西方道德教育的反思和变革开辟了一个更独特的、人性化的视角。但这一模式也因为其理论上的缺陷受到了一些学者的质疑。首先,关怀伦理模式批判主导性的道德理论以抽象的道德原则去裁剪复杂、具体的道德生活,认为理性和公正是男性的视角,她们从女性特有的思维和经验出发,主张教育要围绕培养人的关怀能力这一目的来进行。而问题正在于,她们所说的女性的思维和经验是否具有普遍性,能否代表所有女性的观点? 而公正和理性是否只是男性的思维特征? 事实上,并不是所有的女性都否认公正和理性的思维,也不是所有的男性都忽视爱和关心,关怀伦理模式在伦理学上将男性与女性的道德思维方式相对立的做法是不可取的。

其次,关怀伦理模式认为道德应当指向于特定的情境和文化,要求学生要学会关心身边的人、关心陌生人、关心动植物、关心社会与世界的一切一切,将亲密关系中的自然关怀扩展到对陌生人、对身边万物的伦理关怀,这样的想法不免存在着理想主义的色彩。因为情感毕竟只能在小范围内起效用,关怀伦理试图用关怀关系弥合公共道德领域与私人道德领域之间的鸿沟,显然是无力的。正如道德理想主义者在实践中所陷入的困境一样,"单纯依靠道德情感,是无法在共同体内部形成普遍有效的约束力,也不能保证所有成员道德义务的有效实施"①。况且,关怀教育理论基于这样的一个理论前提:关怀关系是人的基本存在形态,一切的美德都可以从这一关系中得到发展。但事实是,一些人类所普遍共享的美德例如节制、正义、诚信、勇敢,我们难以确证这些美德是否能够自然而然地在关怀关系中发展起来,关怀伦理学者就此认为关怀教育能够发展人的所有美德,应对人类所有的道德实践,最终解决价值多元下人的道德生存困境,这样的想法是令人质疑的。

---

① [德]尤尔根·哈贝马斯:《包容他者》,曹卫东译,上海人民出版社2002年版,第14页。

四、品格教育模式

虽然价值澄清理论和道德认知发展理论所持的伦理学立场不同,但都直接反对在公立学校向儿童传授具体的道德价值,认为教师应当中立和克制,避免干涉学生自由进行价值观选择的行为。但正如品格教育的倡导者威廉姆·克伯屈指出的,在价值澄清学派的道德教育方式下,"学生的道德价值观念变得混乱,并对他们知之甚少的价值表示怀疑,学生只关心他们的感觉……将理性的道德讨论和完全的自我辩解混为一谈"①。道德认知发展理论所主张的对道德两难问题的讨论能够增强学生的道德判断和推理水平,却不能培养具有良好品格的个人。因为拥有正确的价值观,并不意味着会采取道德的行为,过于强调道德认知而忽略道德行为也无法培养起道德健全的公民。20世纪60—70年代,价值澄清模式和道德认知发展理论盛行,教育过分追求学生的个性和自我,致使个人主义过度膨胀而进入了极端放任的状态,造成了青少年道德问题的大量出现以及社会层面严重的道德衰退。面对这样状况,一些学者提出,出现道德危机的根源在于人们缺乏良好的品格,于是西方教育界开始重新反思相对主义的价值立场并寄希望于品格教育模式的回归来挽救道德危机日益严重的西方社会。20世纪90年代,随着"保守主义"势力的上台,传统品格教育复兴,对以美国为代表的西方发达国家公立学校教育产生了广泛的影响。

(一)"品格"与人类共享的美德

何谓"品格"(character)是探究西方品格教育时必先需要回答的问题。伯克威次(Moin W.Berkowitz)等将品格定义为"个人区别于他人的内在稳定的心理特征,这一特征将影响个人进行道德操作的能力和倾向,它包括了那些能

---

① William Kilpatrick,*Why Johnny Can't Tell Right from Wrong*.New York:Simon & Schuster,1993,p. 16.

指引个人趋善避恶的心理特征"①。赫斯利普(Heslep)则认为品格是个人或族群"独特性素质的聚合","好恶倾向的有机构成是品格的核心"②。美国品格教育的主要倡导人托马斯·利科纳指出"良好品格的核心就是美德",他认为从结构上分析,个人的品格包含三个要素:认知、情感和行为。良好的道德品格包括知善、向善和行善即有道德良知、喜好向善、善于行善,这三个方面共同构成了个体道德生活的完整性。

由于对品格的定义和理解不同以及教育主张的不同,品格教育的倡导者们对"品格教育"的界定也存在着不同的说法,其中较为典型的如美国"品格教育伙伴"提出的"品格教育是一种全国性的教育运动……通过学校、地区和各州有目的的、积极主动的合作和努力向学生传递全民共享的道德价值观念,如友善、尊重和关爱他人、诚信、以及公平正义等等"③。美国学者洛克伍德也对品格教育作出了类似的界定,他认为品格教育是指"学校所倡导的、旨在与其他社会机构合作的活动。这种活动能够产生这种行为的非相对主义的价值观,直接和系统地塑造着年轻人的行为"④。从这两个定义可以看出,品格教育具有以下几个显著的特征:一是强调教育的协作性,强调家庭和社区对道德教育的支持以及学校与社区之间的合作努力;二是强调道德教育内容上的普遍性以及道德教育方式的正面性,主张道德教育要以正面和直接的方式向学生传授社会共享的美德和价值;三是强调正确的道德价值对学生良好德行养成的必要性,认为人的良好品格是知与行、理性与情感的统一。

品格教育的倡导者在伦理学上持价值普遍主义立场。他们认为世界上存

---

① Damon William,ed.,*Bringing in a New Era in Character Education*,Stanford CA:HooverInstitution Press,2002,pp.47-49.

② [美]R.赫斯利普:《美国人的道德教育》,王邦虎译,人民教育出版社2003年版,第69—71页。

③ 郑富兴:《现代性视角下的美国新品格教育》,中国人民大学出版社2006年版,第67页。

④ Alan T.Lockwood,"What is Character Education? ——The Construction of Children's Character",Alex Molnar,ed.,*NSSE*,Chicago,1997,p.179.

在着一些基本的、超越了文化和宗教差异而为人类所共享的道德价值观。例如,公正、谦逊、勤奋、友爱与正直等,它们几乎得到了所有文化、族群与宗教的肯定,这些基本和核心的价值构成了人类良好的道德品格。① 如果没有这样的美德,人将不能幸福而快乐地生活,社会也不能有序而和谐地运转下去。因此,倡导品格教育的学者认为,没有价值中立的学校和教师,在公立学校中对儿童进行价值观教育,去传授那些核心的、为人类所共享的美德不仅是合法的,更是必要的,这也就论证了价值多元时代下道德教育的合法性以及教育内容的普遍性。

(二)品格道德教育的目的

品格教育学派理论基于这样一个共识:良好的道德品格对一个人的生活质量以及家庭和社会的稳定和繁荣有着决定性的影响。一个具有良好品格的人具有谦逊、正直、智慧和友善等多种美德,会尊重和爱他人,同样也会得到他人的尊重和爱,得到社会的接纳和认可,能够与家庭和周遭的朋友维持积极的关系,在各个领域中获得幸福感。同样,良好品格能够起到社会整合的作用,维持亲密和稳定的家庭关系,最终对社会的良性发展和稳定繁荣产生推动力。因此,可以说良好的品格无论对个人、对家庭或是社会都不可或缺。正如艾佛·普理查德提出的,品格教育的价值在于"它许诺能够满足社会的期望,促进学生成绩的提高,减少学生远离学校的现象,改善青少年的道德品格并有助于解决多种社会问题"。②

品格教育提倡者们担忧的是,20世纪60年代以来盛行的个人主义与相对主义侵蚀了西方社会的伦理价值,现代社会所呈现的公德与私德相分离、媒

① ［美］托马斯·利科纳:《培养品格——让孩子呈现最好的一面》,施李华译,中国社会出版社 2005 年版,第 169 页。

② Ivor A. Pritchard, "Character Education: Research, Prospects and problems", *American Journal of Education*, 1988, pp. 469-495.

体文化催化下个人主义的过度膨胀、美德教育的缺失更是加剧了青少年种种道德问题的与日俱增,对青少年的道德教育会变得越来越困难。没有良好的品格人们将不能幸福地生活,社会也会陷入混乱和无序,那么教育人们去获取良好的品格就是学校最重要的责任和义务。基于这样的共识,品格教育学者提出"学校更多的品格教育=社会更少的道德问题(学生更好的品格)"①。这一目的的实现不能仅仅依靠学校,家庭、社区、政府、传媒和宗教团体等与儿童品性养成相关的人和团体都应当担负起品格教育的责任,形成有序的道德社群,培养儿童的良好道德品格。

在美国,教育属于各州自主管理,没有统一规定的教学大纲和教育内容,因此国家、各州和学校对品格教育目标的表述也不尽相同。例如伦顿(London)就认为"品格教育是一种适应社会的教育,它教给儿童一个公正社会里公民应具有的道德规则。它的主要任务就是使儿童成为有创造力的和可依赖的公民"②。"管理和课程发展协会"提出:"品格教育就是向学生传递一些他们最应该珍视的伦理美德和价值观念,如友善、勇气、宽容、公正、诚信、平等和尊重,培养年轻人成为自律和有责任感的公民。"③托马斯·利科纳则精炼地指出品格教育就是要"使受教育者聪慧和高尚"④。尽管表述不同,这些目标中都存在一些相同点,它们都主张培养年轻人一些核心的道德价值,这些价值包括善良、真诚、正直、勇敢、公正、自律、尊重他人、自我提升等良好的品格特质,都力求于将年轻人培养成为好孩子、好的社区成员以及一位合格的公民。

---

① 郑富兴:《现代性视角下的美国新品格教育》,中国人民大学出版社 2006 年版,第112 页。

② Edward F. DeRoche, Marry M. Williams, *Character Education: A Guide for School Administrators*, California: Corwin Press, Inc, 2001, p. 17.

③ M.W.Berkowitz, M.C.Bier, *What works in character education: A research-driven guide for educators*, Washington, DC: Character Education Partnership, 2005.

④ [美]托马斯·利科纳:《培养品格——让孩子呈现最好的一面》,施李华译,中国社会出版社 2005 年版,第 108 页。

（三）品格教育的内容与课程

品格教育的倡导者们认为"如果教育是追求价值真理的基石，其前提就在于确信存在人类普遍共享的道德真理"①，这样的道德真理既包括公共生活领域的，也涉及私人生活领域的。尽管不同的人对真理有不同的理解，但基本的、核心的价值是相同的，为了达到培养具有良好品格公民的目的，教育就必须围绕这些真理去设计相应的课程和教育实践。那么，品格教育学者如何确定人类普遍共享的道德真理呢？为了确定道德真理的条目，寻求核心价值教授的合法性，利科纳通过总结和归纳古希腊以来哲学家、杰出人物和宗教传统所提倡的美德的重叠部分提出了学校教育应当教授的十种美德，这十种美德包括"公正、智慧、坚忍不拔、爱、积极的态度、自我控制、勤奋工作、感恩、正直、谦逊"②，并认为这十种美德跨越了不同的族群文化、宗教差异，为人类所共享的美德价值。除了归纳的方式外，民意调查是品格教育学派确定其核心价值最常见的方式，一部分的学者通过民意调查来确定什么价值是受到人们一致认可的，然后宣称那些价值是人类所普遍共享的美德，再将这样的价值推向学校。

与价值澄清学派和道德认知发展理论相比，品格教育更注重道德价值的传授，在道德教育实践中，品格教育学派强调课程教育的重要性，主张设置专门的价值教育课程，对学生进行正面的、直接的价值教育。正式课程主要分为两类，一类是品格教育研究机构研发的商业性课程；另一类是各个学校根据社区计划和自身实际情况编制的课程。③　在这些正式课程的计划中，所倡导的

---

　　①　余维武：《冲突与和谐——价值多元背景下的西方德育改革》，江苏教育出版社 2009 年版，第 121 页。

　　②　[美]托马斯·利科纳：《培养品格——让孩子呈现最好的一面》，施李华译，中国社会出版社 2005 年版，第 8—9 页。

　　③　郑富兴：《现代性视角下的美国新品格教育》，中国人民大学出版社 2006 年版，第156 页。

核心价值通常融于历史、文学、艺术、社会研究等知识体系,使学生在教学过程中认可和习得特定的道德价值,同时也可以通过正式课程的教学内容、课程组织形式以及师生关系来有意识地培养学生的良好品格。除了正式课程,品格教育还提倡课堂之外的隐性课程和实践活动,并认为这些非正式的课程体现在教师与学生的互动当中,教师的言行、教师与学生之间的关系都会对学生的道德认识、情感体验以及道德行为产生影响。学校的人文氛围、管理制度、课程计划、建筑物等因素也会在潜移默化之中对学生道德品格的培养发生作用。[①]

(四)品格教育的方法与途径

利科纳在其《培养品格——让孩子呈现最好的一面》一书中从教师角色、领导团队、校园环境以及品格教育课程开发等多个角度阐述了在学校中开展品格教育可采取的措施和途径。这一主张也代表了品格教育学派的普遍共识,认为个人良好品格的培养离不开家庭、学校和社会的整体协作。在个人的道德成长过程中,家庭是习得美德的第一课堂,父母的言行、对孩子的关怀和爱奠定了孩子道德的基石。学校是儿童和青少年成长不可或缺的场所,个人在学校所获得的价值认识和价值倾向深刻地影响着接下来的人生方向和价值选择,而社会则是决定个人道德学习的外在环境,如果社会认可和尊重的核心价值与学校、家庭所教授的价值是一致的,这三者给予儿童同向的道德训诫,那么就能形成一致和权威的道德学习环境,产生引导个体发展的强大推动力。因此,品格教育学派认为要使得教育富有成效就必先在社会、学校和家庭之间达成"德性共识",也只有这样才能为青少年道德品格的成长创造良好的环境。

那么如何在美国这样一个高度分裂的社会里形成价值共识、构建道德社

---

① [美]托马斯·利科纳:《美式课堂品质教育学校方略》,刘冰,董晓航等译,海南出版社2001年版。

群呢？品格教育学派认为这一任务的核心在于学校,学校必须先明确自身、家庭与社区共同承担的责任,一方面要积极去强化学生在家庭成长中已经获得的正向价值,并与家长进行积极的沟通,号召他们一同参与到品格教育的过程中去,有意识地培养学生正向的、积极的道德品格。于是提倡品格教育的学者主张开设学生和家长能够共同参与的课程,为家长提供相应的培训,并制定家长会议计划,成立家长品格教育课程委员会一起协商和制定品格教育课程计划,使家庭能够为儿童良好品格的培养提供支持。例如在美国加利福尼亚州的蒙特花园学校(Monte Garden School),校长会时常写信要求学生家长与学校保持联系,双方定期交流学生成长情况,共同商定品格教育课程计划。[①] 另一方面学校要加强与社区之间的合作,鼓励社区成员向学校提出建议,商讨品格教育的主题,争取他们对教育活动的参与和支持,并利用社区资源丰富学生的课外道德实践活动,为学生提供为社区服务的机会。麦克唐奈·道格拉斯(McDonnell Douglas)公司就曾与当地的学管区合作开展了一项"推进品格"计划,这项计划推行后覆盖了 87 个公立学校管区,影响近 30 万名学生。[②]

受亚里士多德的美德伦理学影响,品格教育也将美德的教育分为两类,一类是关于智慧的教育,另一类是关于道德的教育。[③] 关于智慧的教育是可以通过教师直接传授的,关于道德的教育却是需要通过激发儿童的道德情感、培养儿童良好的道德行为习惯来实现的。正是如此,品格教育的提倡者认为良好的品格是道德认知、道德情感和道德行为三者的有机统一体。从这三个方面出发,品格教育提倡者主要提出了三个方面的教育举措。

第一,学校要通过正式和非正式课程的方式直接和正面地向儿童传递正确

[①]　Timothy Rusnack, ed., *An Integrated Approach to Character Education*, Cowin Press, Inc, 1998, p. 134.

[②]　[美]托马斯·利科纳:《培养品格——让孩子呈现最好的一面》,施李华译,中国社会科学出版社 2005 年版,第 234 页。

[③]　余维武:《冲突与和谐——价值多元背景下的西方德育改革》,江苏教育出版社 2009 年版,第 133 页。

的美德价值。科利纳认为,采取直接的方式进行教育能够培养儿童正确的价值认知,这一直接的方式包括直接告知学生怎样的价值是正确的,怎样的行为是合理的,并及时纠正孩子错误的认知和不良的行为。在品格教育倡导者眼中,直接的教育方式并不代表武断灌输,品格教育讲究教育方式和技巧,主张将核心价值融入历史、社会研究、艺术等课程中,利用趣味游戏、讲述寓言故事、讨论身边的案例等方式来进行,通过这样的方式向学生传递特定的美德和价值。

第二,学校要善于营造良好的校园和班级氛围,激发学生的道德情感。这就要求教师要以身作则,充当道德榜样,关心和爱护学生,尊重学生的意见,鼓励学生参与决策,营造关怀、公正、民主的班级道德氛围。另外,要积极利用校训、班会和典礼和奖励措施,开展合作性的学习,激励和引导学生产生积极的自尊感和亲社会意识。①

第三,鼓励学生参与道德实践,养成良好的道德行为习惯。在西方品格教育运动会期间,许多学校与社会组织和一些商业机构合作推出社区服务项目、青少年组织、集会计划等活动,为学生提供道德实践的机会。② 同时教师还鼓励学生通过课堂讨论、小组辩论或是撰写日记的方式进行道德反省,培养学生的道德思维能力,促进学生养成良好的道德行为习惯。③

(五)品格教育的优点和问题

品格教育学派将价值多元社会下道德危机的症结归因于人们良好品格的缺失,提出道德教育应当教授人类普遍共享的美德价值来回应价值多元时代下学校教育"教谁的道德"、"如何教育"的问题,论证了公立学校道德教育的

---

① [美]Madonna M.Murphy:《美国"蓝带学校"的品性教育——应对挑战的最佳实践》,周玲等译,中国轻工业出版社2002年版,第9页。
② [美]托马斯·利科纳:《培养品格——让孩子呈现最好的一面》,施李华译,中国社会科学出版社2005年版,第54页。
③ 赵振洲、戚万学:《现代西方道德教育策略研究》,山东人民出版社2010年版,第33—35页。

合法性。相对价值澄清学派和道德认知发展理论而言,品格教育的主张更适应于新形势下西方重塑道德权威、实现社会整合的现实需要,因此在 20 世纪 90 年代实现了复兴。不可否认的是,健全高尚的个人品格是落实外在道德规范、维护社会稳定和繁荣不可缺少的主体性基础,如若品格教育倡导者所主张的追寻道德共识以及构建学校、家庭、社区之间的道德社群的道德教育模式能够实现,道德教育所预期的个人善与社会善重新统一,走出文化多元下价值混乱的困局是有可能的。

事实证明品格教育运动的开展是取得了一定成效的,20 世纪 90 年代中后期,道德教育中激进的个人主义以及自由主义色彩呈现淡化趋势,社会秩序和价值权威的构建被重视,公共伦理和传统美德被提倡。道德教育的重心也由最初自我价值的获得转向了强调儿童和青年必须承担和履行的责任与义务。但同样,自品格教育回归以来,西方教育学界质疑和反对的声音从未停止过,1997 年,美国佛蒙特大学教授罗伯特·纳什出版了《答复"美德论支持者":与品格教育者的道德对话》一书,他指出了品格教育模式存在的问题:"文化批评上的狭隘性"、"信念的权威主义"、"美德理解的过度怀旧性"、"文化措施上的保守和反民主","只注重训练和模仿,教育内容过度简单",等等。① 同样,北卡罗来纳大学大卫·波普尔也对品格教育的政治化倾向提出了批评,认为品格教育运动实质是一场意识形态政治教育运动,而无关价值教学和课程。② 自由主义者认为品格教育一味地强调儿童应有的核心价值,在教育中采取直接教育的方式剥夺了儿童自由选择、自主构建价值的权利。而文化多元主义更是对品格教育的基本假设提出了深刻的批判,他们认为:不同文化和社会阅历下的人们对好生活、对道德良善有着不同的理解,品格教育论证人类普适性价值的方式并不具有合法性。相反的是,对儿童教授多元文化

---

① R.J.Nash,*Answering the "Virtuecrat":A Conversation with Character Education*,Corwin Press,Inc,1997,p. 10.

② 郑富兴:《现代性视角下的美国新品格教育》,中国人民大学出版社 2006 年版,第 215 页。

系统下权威价值的做法存在着文化同化的嫌疑。

第二节　西方价值观教育的发展趋势

面临文化多元、价值多样的背景,西方学校德育和价值观教育模式在实践中进一步向前发展,尤其是进入 21 世纪之后,面对经济全球化的进一步推进,面对西方民主的衰落趋势,面对西方社会青年日益加重的政治疏离,面对社会伦理道德冲突的增加,西方社会对价值观教育给予更多重视,价值观教育在很多国家"复兴"。综合来看,自 20 世纪 60 年代至今,西方价值观教育呈现出如下发展趋势:从价值无涉和价值相对走向强调核心价值,由强调自由权利走向"在自主和权威间寻求平衡",由强调个体自治走向强调合作,由强调一般价值观到强调国家态度价值观。

一、从价值无涉和价值相对走向强调核心价值

品格教育在美国等西方国家的复兴标志着价值无涉和价值相对主义立场被逐步放弃,一场持续了几十年的关于"要不要教授价值观"、"教授谁的价值观"的争论终于终结。品格教育者、学生、家长以及社会上对品格教育持怀疑态度的人曾一度陷入对立之中,不少家长、教师认为是相对主义而不是灌输教化威胁到了年轻人的道德生活和道德发展,不少学者认为教育机构不可能保持价值中立,其秉持的道德中立、价值中立立场消解了教育机构的合法性,"社会将无法再忍受价值中立的教育"[1],"价值观教育是公共教育中至关重要的一部分,应在学校中大力推进,不存在价值无涉或价值中立的教育"[2]。

---

[1]　Scott Baldauf, *Reading, Writing, and Right and Wrong*, The Christian Science Monitor, 1996, August 27, p. 1.

[2]　Amitai Etzioni, "A Communitarian Position on Character Education", in William Damon, ed., *Bringing in a New Era in Character Education*, Hoover Institution Press, 2002, p. 114.

西方品格教育已不再被"要不要教授价值观"、"教授谁的价值观"这些问题所困扰,而是在全社会形成了一种广泛的默契:每一个年轻人都应该获得关于文明生活的核心价值观,而且这种些价值观是所有对年轻一代将要继承的人类文明的质量和对未来负责的成年人所共同珍视的。"我们可以停止在不必要且不确定的问题上浪费时间了,相反,我们可以在更有意义、更复杂的问题上取得进展,即如何将核心价值观传递给年轻一代以优化年轻人的行为、提升他们的人生目标。"①

在美国,20世纪90年代,一些教师、青年领袖、品格教育学者成立了约瑟森伦理研究中心(Josephson Institute of Ethics),在举办了一个为期三天的会议后提出了"品格教育阿斯本宣言"(Aspen Declaration on Character Education)②(见下图),提出"社会的幸福安定需要积极参与的、富于关怀的、具有良好道德品格的公民"(第2条),他们声称"有效的品格教育应以植根于民主社会的核心伦理价值观为基础,尤其是如尊重、责任、值得信赖、关系、正义、公平、关怀、公民美德与公民权"(第4条),并认为"这些核心价值观超越文化、宗教和政治经济差异"(第5条),"每个成人都承担教授和形塑核心伦理价值观的责任,每个社会组织都承担促进良好品格发展的责任"(第8条)。

THE ASPEN DECLARATION

1. The next generation will be the stewards of our communities, nation and planet in extraordinarily critical times.

2. In such times, the well-being of our society requires an involved, caring citizenry with good moral character.

3. People do not automatically develop good moral character; therefore, conscientious efforts must be made to help young people develop the values and abilities necessary for moral decision making and conduct.

4. Effective character education is based on core ethical values rooted in democratic society, in particular, respect, responsibility, trustworthiness, justice and fairness, caring, and civic virtue and citizenship.

5. These core ethical values transcend cultural, religious and socioeconomic differences.

6. Character education is, first and foremost, an obligation of families and faith communities, but schools and youth-service organizations also have a responsibility to help develop the character of young people.

7. These responsibilities are best achieved when these groups work in concert.

8. The character and conduct of our youth reflect the character and conduct of society; therefore, every adult has the responsibility to teach and model the core ethical values and every social institution has the responsibility to promote the development of good character.

---

① William Damon, "Introduction", in William Damon, ed., *Bringing in a New Era in Character Education*, Hoover Institution Press, 2002, p.xv.

② "Eight Sentences That Changed the World: The Aspen Declaration", 2013-10-08, https://whatwillmatter. com/2013/10/eight-sentences-that-changed-the-world-the-aspen-declaration/, 2017-07-10.

学校应传授核心价值观的主张得到了更多学者的支持和呼应。"学校应该传授整个社会群体共享的价值观,特殊群体的价值观应交给宗教学校或其他私立学校,那种认为整个社会共享的价值观很稀少或者很抽象的想法是与事实相悖的"①。面对多样性,需要谋求统一中的多样性,"我们应该促进多样性,但应保持在统一语境下。如果我们学习其他文化和传统并对他者给予更多的尊重,我们将会变得更加富有。但是,我们必须坚守一些共享性的根基,最重要的是政府民主形式的优越性价值、宪法以及人权法案的重要性以及彼此之间的宽容"②。

可以看出,西方价值观教育走出了价值无涉和价值中立的泥沼,虽然家庭等其他社会组织依然承担价值观教育的职能,但学校同样承担不可逃避的责任。进入 21 世纪,面对经济全球化下多种文明和国家内部多种种族、多种文化的冲突,在多样性中求统一成为西方国家价值观教育呈现出的一致姿态。同时,这种核心价值观鲜明地体现了西方资本主义的意识形态性。

二、由强调自由权利走向"在自主和权威间寻求平衡"

西方道德与价值观教育致力于为西方民主培育公民素养,在其关于民主社会的话语体系中,如何构想个体与社会机构(社群)之间的关系将关系到道德与价值观教育的存续和如何实施。

西方曾一直坚持自由人文主义信仰(liberalhumanism),认为道德、价值观是私人领域、个人层面的事情,一个人最终成为什么样的人由自己决定,人们道德情感、道德情操和道德观念的最终走向是个体的分内事,与他人无关。因此根据某种道德标准对年轻人进行规范约束是否是教育的职能成为一个问

---

① Amitai Etzioni,"A Communitarian Position on Character Education",in William Damon,ed., *Bringing in a New Era in Character Education*,Hoover Institution Press,2002,p. 116.

② Amitai Etzioni,"A Communitarian Position on Character Education",in William Damon,ed., *Bringing in a New Era in Character Education*,Hoover Institution Press,2002,p. 118.

题,甚至道德教育这个术语因具有管束性的意义也一度被谨慎使用。不少学校尤其高校坚持不能对一个人的道德、思想观念进行限制和规范,深信直接的道德教育是对学生自由发展权利的侵犯。

然而,自 20 世纪 60 年代之后几十年反社会行为的增加迫使教育者和研究者以及政府思考:为何青年无力抵制诱惑,也无法坚守亲社会(prosocial)的价值观? 为什么社会失去对共享价值的关注? 于是,人们的视角投向承载价值观培养的社会机构,而学校是其中最重要的。学校的价值观教育一方面要促进学生的自我引导,另一方面更需要培养自律精神。相较于个体自主,西方学生更缺的是自律,而这种素质"只有当权威的声音被内化从而成为内在自我的一部分后才能得到发展"①。教师应该成为这种权威声音的传达者,做到既要尊重学生的自由选择,也要注重教师的责任与引导。如果持有社会共享价值观的教育者克制自己不要将自己的道德声音置于学生接触到的诸多不和谐声音之中,学生将会错失一种思考视角。

"'放任'与'专制'是道德话语体系中两个可能性极端"②,当中心失去平衡时,就陷入极端,这个中心即"权威":为了道德上认可的目标,以一种确保人们可以接受的合理方式行使权力③。权威并不意味着强迫或控制,而是带有一种与人们的道德情操、道德理想相符合的道德意图。如果没有权威,真正的教育将无法实现;如果教育不与终极性的精神目标相联系,将会导致道德缺失、灵魂空洞。而在多元困惑的时代,教育者应该具有一种道德权威的观念,应该明晰自身的道德责任并自觉去履行。教育当然要避免专制,但"放任"同样具有毁灭性的后果。西方价值观教育对独裁具有天然的警惕性,但经历了

---

① Amitai Etzioni, "A Communitarian Position on Character Education", in William Damon, ed., *Bringing in a New Era in Character Education*, Hoover Institution Press, 2002, p. 120.

② Iriving Kristol, "Moral and Ethical Development in a Democratic Society", in William Damon, ed., *Bringing in a New Era in Character Education*, Hoover Institution Press, 2002, p. 180.

③ Iriving Kristol, "Moral and Ethical Development in a Democratic Society", in William Damon, ed., *Bringing in a New Era in Character Education*, Hoover Institution Press, 2002, p. 180.

"放松道德管制"后,更多的则是提高对"放任"的警惕,并加以反思和调整。"道德教育的目的不在于维护孩子的自治权,而在于去发展他们成年后赖以生存的品格。"①

在西方,有人反对直接的道德教育,将之看作洗脑或灌输。但也有更多的学者认为道德教育和价值观教育不同于洗脑,"当你在洗脑时,你在削弱甚至破坏对方的自主能力;但当你教育孩子成为能干的、自制的、富有道德责任感的人时,你是在增加他们的自由,拓展他们的人性"②。那么如何在高度自主的时代传播道德智慧? 西方给出的策略是在个人自主与道德权威间寻求平衡,在个体自由权利和共同体社会责任间寻求平衡。"专制"(按我说的做,因为我这样说了)与"放任"(做任何你想做的)具有相似的恶劣影响——导致孩子的不负责任和无能,而权威(这是该做的事,这是为什么要这样做——让我们公开讨论达成相互理解)的连贯执行则是成功培养孩子的良方。③ 因此,教师既要明确并构建起自己的权威,这意味"教师在课堂上实施权威并作为权威而存在。前者指的是教师具有在课堂中指引行动的能力,后者指的是教师作为社会认可的知识拥有者和传播者身份"④;同时,教师又不能在今天直接将昨天形成的价值观交给学生为他们的未来生活做准备,而是鼓励学生对价值观进行思考,促进他们的道德觉醒,提高其价值选择能力。如今,西方国家高校普遍复兴的价值观教育某种程度上正是一个亚里士多德、卢梭与涂尔干等较量并走向和谐的故事。

---

① Christina Hoff Sommers, "How Moral Education Is Finding Its Way Back into America's Schools?", in William Damon, ed., *Bringing in a New Era in Character Education*, Hoover Institution Press, 2002, p. 34.

② Christina Hoff Sommers, "How Moral Education Is Finding Its Way Back into America's Schools?", in William Damon, ed., *Bringing in a New Era in Character Education*, Hoover Institution Press, 2002, p. 34.

③ William. Damon, *The Moral Child*, New York: Free Press, 1990.

④ C. Buzzelli and B. Johnston, "Authority, Power, and Morality In Classroom Discourse", Teaching and Teacher Education, 2001, vol. 17, pp. 873-884.

三、由强调个体自治走向强调合作

"19 与 20 世纪的美国有着一个鲜明的特征,即一种以个人主义与个体自足为主要表现形式的,对于'自治'这一概念近似狂热的着迷。"①然而,21 世纪的局势更为复杂,全球化使人与人之间、民族与民族之间、国家与国家之间的依存更加紧密,合作将变得更加重要,倾听群体内与群体外的声音将举足轻重。

被誉为美国当代道德理论领军人物的诺丁斯在其 2013 年新著的《21 世纪的教育与民主》运用其关怀伦理学立场,对全球公民身份问题、文化多元性问题以及教育该如何应对全球化提出了自己的远见卓识。她强调 21 世纪的教育理念必须扬弃 20 世纪所倡导的某些观点,即更多地思考人们之间的"关系"、事物之间的"联系",建立合作观念而非简单的竞争。"放眼全世界,今天大多数的教育家与政策制定者均认为:合作,作为'联系'的一种主要形式,必将取代竞争。人们不会拒绝竞争——某些竞争是良性的,而且是必要的。但是,在全球化趋势变得愈加明显的这个时代,'竞争'不应成为形容人们之间关系最重要的特性。如果我们认同这个观点,就必须去考虑如何帮助学生学会应对这个基于'合作'的世界,而不是一味地强调它的竞争性。"②在诺丁斯的视野里,合作是一种价值观,也是一种促进价值观的习惯,她更愿意把这种合作称为"生态学"。

这种合作首先指向的是学校与家庭、宗教机构以及其他特定机构在造就"全面的人"方面的良好生态。针对教育的功利化和过分专业化倾向,她批评"学校任务在于促进学生智力发展"的观点,认为必须关注"联系、平衡以及社

---

① [美]内尔·诺丁斯:《21 世纪的教育与民主》,陈彦旭、韩丽颖译,人民出版社 2015 年版,第 15 页。
② [美]内尔·诺丁斯:《21 世纪的教育与民主》,陈彦旭、韩丽颖译,人民出版社 2015 年版,"前言",第 1 页。

会中的各类人群及其观点"①。教育不应仅仅为了学业成绩,它应该促进人的家庭生活、职业生活、公民生活,让人在这几个领域的生活中获得满足感,因此,教育必须关注人的道德、品格和精神发展,因为这些因素与人在家庭、职业、公民领域内的生活密切相关。教育要倡导学生对美学鉴赏、道德楷模以及灵魂意义的追求。虽然美德不能通过直接教授获得,直接教授美德也不一定能保证永久成功,但在教育中教授美德却是最佳的选择。② 诺丁斯认为人通过关系成为独立个体,"关系是本体之基础,而'关怀的关系'则是道德基础"③,道德教育中要关注"关系"而非仅仅是有形的道德主体,因此,要着力建立充盈关怀的氛围,应该激励对话交流和彼此信任,发展"协商民主"。

这种合作还指向学校内部为了满足"学生在现代生活中家庭的、职业的、公民的三个重要维度"④的需求而展开的相互依靠、惺惺相惜,并认为这样才能达成一个充满活力的民主社会。她指出当前学科之间泾渭分明:"从事理科教学的教师就只教授与理科直接相关的东西;他们不会去纠正学生口语中的错误,甚至也不会去教学生在理科问题必须使用到的数学知识(那是数学老师的责任);英语教师只管教文学,而不去讨论作品的社会根源及其造成的影响(那是历史教师的义务);数学教师只教具体的数学解题技巧与概念,而对毕达哥拉斯学派的宗教信仰,或是对于符号学知识绝口不提(教授这些知识又是谁的责任呢)。无论道德教育、哀伤情绪控制教育、性教育,都必须要

---

① [美]内尔·诺丁斯:《21世纪的教育与民主》,陈彦旭、韩丽颖译,人民出版社2015年版,"前言",第3页。

② [美]内尔·诺丁斯:《21世纪的教育与民主》,陈彦旭、韩丽颖译,人民出版社2015年版,第157页。

③ [美]内尔·诺丁斯:《21世纪的教育与民主》,陈彦旭、韩丽颖译,人民出版社2015年版,第159页。

④ [美]内尔·诺丁斯:《21世纪的教育与民主》,陈彦旭、韩丽颖译,人民出版社2015年版,"前言",第3页。

分门别类地由相应的专家来进行教授。"①为了学生的更好发展,为了帮助人们在家庭生活、职业生活和公民生活中获得作为参与者的满足感,应该将不同学科打通,彼此合作协调,并将学科与生活本身联系起来。

这种合作在更广泛的意义上还指向其称为朝向世界公民发展道路的"生态学的世界主义"②。诺丁斯非常重视并提醒全球化时代的人们能接受并欣赏各种事物间、不同文化间的相互依存关系,提倡放弃竞争、崇尚合作、超越民族的和多元文化主义的界限。她非常不赞同奥巴马总统要求美国人必须在创新、教育、建设等方面超过全世界其他国家,并认为这是 20 世纪思维的典型代表。"一贯的强势,对于成为'第一'的执着、带着福音派教徒般的激情将这个世界改造成我们的民主形态,这些都属于远去的帝国时代。"③21 世纪应是一个以合作、交流(真正的对话)为主旋律,并兼具批判性和开放性的时代。霸权主义应该被摒弃,谦逊与批判性反思弥足珍贵,"全世界的'邻居们'疲于听到美国千方百计地标榜自己'世界第一'的地位"④,面对 21 世纪的动态变化,"在我们保持对国家的热爱的同时,对世界的热爱应该取代之前争强好胜的民族自豪感"⑤。这种民族自豪感妨碍到了真正的协商民主的建立,"如果我们将自己的民主奉为圭臬,我们美国公民也不应该把自己特有的民主强加给所有人,只需记住民主的实现需要长期的合作"⑥。

---

① [美]内尔·诺丁斯:《21 世纪的教育与民主》,陈彦旭、韩丽颖译,人民出版社 2015 年版,"前言",第 2 页。

② [美]内尔·诺丁斯:《21 世纪的教育与民主》,陈彦旭、韩丽颖译,人民出版社 2015 年版,第 21 页。

③ [美]内尔·诺丁斯:《21 世纪的教育与民主》,陈彦旭、韩丽颖译,人民出版社 2015 年版,第 2 页。

④ [美]内尔·诺丁斯:《21 世纪的教育与民主》,陈彦旭、韩丽颖译,人民出版社 2015 年版,第 179 页。

⑤ [美]内尔·诺丁斯:《21 世纪的教育与民主》,陈彦旭、韩丽颖译,人民出版社 2015 年版,第 179 页。

⑥ [美]内尔·诺丁斯:《21 世纪的教育与民主》,陈彦旭、韩丽颖译,人民出版社 2015 年版,第 210 页。

四、由强调一般价值观到凸显国家态度价值观

从强调相对性的价值澄清模式到强调普遍性的道德认知模式、从关怀模式再到品格教育,我们能感受到西方对传授一般意义上的基本价值观意见一致,不同的只是对某种一般或基本价值观的侧重。但在传授国家态度价值观上却有分歧,不过品格教育在 21 世纪越来越强调其自身在培养负责任的公民上的价值与意义,这一发展揭示出带有意识形态色彩的国家态度价值观逐步得到凸显。

价值观教育要不要关涉意识形态领域的问题? 这个问题在西方理论上是有争议的。但实质上,"美国教育历史性的目的是为了教育学生建立和完善其民主制度"①。Taylor 早在 1994 年对 26 个欧洲国家的价值观教育进行对比研究,认为价值观教育的视域广阔,包含了一系列相互重叠、紧密联系的主题,诸如道德、宗教、公民、民主、国家、个体以及社会目标与议题等,这些主题和视域与每个国家的历史和意识形态发展相联系②。Keating 认为价值观教育是正在进行的、经常变化的以回应社会政治环境变化的活动③,这些都说明了价值观教育不可能脱离社会政治大环境,除了一般意义上的价值观,政治价值观也不可避免地会在社会政治环境变化的情况下适时凸显出来。

以美国为代表的西方国家在 20 世纪 90 年代出现学生的政治疏离现象,如美国学生对自身的公民身份保持距离,不以拥有美国身份为傲,不信任政

---

① Jacques S.Benninga,"The Fundamental Connection Between Education for Democracy and Character Education",*KJEP Special Issue*,2013,pp. 135-139.

② M.Taylor "Overview of values education in 26 European countries",in M.Taylor,ed.,*Values education in Europe:A comparative overview of a survey of 26 countries in 1993*,Dundee:Scottish Consultative Council on the Curriculum,1994,pp. 1-66

③ Avril Keating,*Education for Citizenship in Europe:European Policies,National Adaptations and Young People's Attitudes*,Palgrave Macmillan UK,2014,p. 179.

府、社会组织与同胞①。一项关于学生成长进步的国家测评显示,在关于美国公民的知识中达到"proficient"水平的不到 1/4;美国教育部门的一项研究也表明,能列出参与民主的理由或民主有利于国家构成的理由的高中生不到 1/10②。这些现象不仅引起学者隐忧,也引起政府的关注。随着青年政治信任下降、政治疏离甚至冷漠、民主参与颓废等现象的日益严重,今天以美国为首的西方主流声音对这一问题的回答是肯定的,尽管仍然存在分歧。培养负责任的公民已经成为美国、澳大利亚、加拿大、英国等西方学校的重要任务,成为解决社会问题的重要方式。"公民教育都被广泛认为是学校课程中不可或缺的部分"③,"高等教育必须致力于'道德成熟'与'公民成熟'的双重培养"④,几乎所有的高校都会在教育宗旨中提及帮助公民为参与民主做好准备,甚至会提及为未来民主社会培养领袖。

在学术领域,西方不少学者也认为,在多元文化的背景下,价值观传递是学校的基本责任,价值观教育不能独立于政治之外,因为社会政治状况会影响到学校教育功能的发挥,影响到传递什么样的价值观⑤。在某种意义上,价值观教育更多的是指公民与道德价值观教育⑥,价值观教育中蕴含着重要的道

① Jacques S.Benninga, "The Fundamental Connection Between Education for Democracy and Character Education", *KJEP Special Issue*, 2013, pp. 135-139.

② W. Damon, *American Amnesia*, Defining Ideas: A Hoover Institution Journal. http://www.hoover.org/research/american-amnesia.

③ A. T. Sigauke, "Citizenship Education in the Social Science Subjects: An Analysis of the Teacher Education Curriculum for Secondary Schools", *Australian Journal of Teacher Education*, 2013, vol. 38, no. 11, pp. 125-139.

④ Anne Colby, "Whose values anyway?" in William Damon, ed., *Bringing in a New Era in Character Education*, Hoover Institution Press, 2002, p. 157.

⑤ Anikó Zsolnai and Márta Lesznyák, "Pluralism and Values in Education in Hungary-Changes Between 1990 and 2012", *Journal of Beliefs and Values*, 2015, vol. 36, no. 2, pp. 142-155.

⑥ J.Mark Halstead and Monica T Taylor, "Learning and Teaching about Values: a Review of Recent Research", *Cambridge Journal of Education*, 2000, vol. 30, no. 2, pp. 169-202.

德和公民性的目标①,诸如历史与社会学科等教学中的价值观教育对培养忠诚的公民(loyal citizens)具有重要的作用②。而"公民主要与政治相关"③,"学校是而且应该是一个政治场所,这样学生才能更好地与他人一起生活,更有能力去思考政治问题"④,学校教育应该要促进学生对国家身份和公民身份的认同,民主社会的公民有义务关注下一代的品格和公民教育⑤,不少国家将价值观和公民教育放在促进国家和政治发展的高度去实施,并将其贯穿教育的所有层次。还有学者立足于品格教育是公民教育的一种有效形式的观点,批评了政治性维度在品格教育中的缺失,并主张把政治性带回课堂⑥。与其类似,另一位学者认为学校的公民教育对现代公民的政治性关注不够,从而导致学生对公民权利与社会、政治领域之间的关联了解不足,公民教育无法为学生在政治领域做出准确的自我定位做好准备⑦。

作为美国当代著名道德理论家,诺丁斯的教育立场在根本上也是为了促进美国的民主。她赞同众多政治哲学家所强调的教育在培养年轻一代公民意识和公民素质方面的重要性,并认为学校的作用在于维持资本主义的运行,即

① Robert Thornberg and Ebru Oğuz, "Teachers' Views On Values Education: A qualitative study in Sweden and Turkey", *International Journal of Educational Research*, 2013, vol. 59, pp. 49-56.

② Heiki Haljasorg and Laur Lilleoja, "How Could Students Become Loyal Citizens? Basic Values, Value Education, And National Attitudes Among 10th-Graders", *Estonia Trames*, 2016, vol. 20, no. 2, pp. 99-114.

③ L. Alison Molina-Girón, "Civics Is Largely About Politics: The Possibilities and Challenges of a Citizenship Education Pedagogy that Embraces Democratic Politics and Recognizes Diversity", *International Journal of Multicultural Education*, 2016, vol. 18, no. 1. pp. 142-157.

④ Diana Hess Paula McAvoy, *The Political Classroom: Evidence and Ethics in Democratic Education*. Routledge, 2015, p. 4.

⑤ Patricia Bromley, "Multiculturalism and Human Rights in Civic Education: The Case of British Columbia, Canada", *Educational Research*, 2011, vol. 53, no. 2, pp. 151-164.

⑥ Judith Suissa, "Character Education and the Disappearance of the Political", *Ethics and Education*, 2015, vol. 10, no. 1, pp. 105-117.

⑦ Yvonne Haigh, Karen Murcia and Lindy Norris, "Citizenship, Civic Education And Politics: The Education Policy Context For Young Australian Citizens", *Journal of Education Policy*, 2014, vol. 29, no. 5, pp. 598-616.

教育领域的"社会再生产"。不过可贵的是她对美国民主进行了一系列反思，如认为美国的教育并不民主，"成就差距"问题应引起重视，出身富贵与出身贫穷的学生间的差距在扩大；学术课程为尊贵群体设立，真正在学业上出类拔萃的人才只有一少撮能跻身名校成为"最好的人"。这些做法均降低了民主的参与度，并将权力集中在那一小撮"最好的人"身上，其达到的结果是帮助权力阶层维持现状，甚至挤压人们在社会中上升的空间。此外，她认为作为美国政治教育主要形式的公民教育太过狭隘，"除了自由主义和保守主义之外，他们（学生）基本不接触其他政治哲学派别和思想"[①]。公众几乎不鼓励在大学开展公开的政治讨论，"现在我们的许多高中，根本没有对社会主义进行讨论，就算个别学校提及这个词，也是作为贬义词，对其内含的思想充满否定和谴责之意"[②]。为了避免桑斯坦所言的"群体极化"现象，她提倡公民教育中要放开对某些议题的控制，学着聆听各方争辩的论点，培养出具有开放性思维的价值聆听者和具有批判性思维的价值判断者。"以批判和欣赏的眼光看待过去能让我们受益良多，也许共同畅想未来会让我们有更大的收获。"[③]

第三节　西方价值观教育对我国的启示

从西方国家学校应对价值多元的道德策略选择及其发展趋势，我们可以得到如下启示：价值共识是存在的，高校承担着价值观教育的重要职责，价值观教育要在促进个人自主与社会责任间寻求平衡，价值观教育既要教授内容又要教授技巧，价值观引导的方法和途径要尊重学生的主体性和能动性。

---

① ［美］内尔·诺丁斯：《21 世纪的教育与民主》，陈彦旭、韩丽颖译，人民出版社 2015 年版，第 190 页。

② ［美］内尔·诺丁斯：《21 世纪的教育与民主》，陈彦旭、韩丽颖译，人民出版社 2015 年版，第 191 页。

③ ［美］内尔·诺丁斯：《21 世纪的教育与民主》，陈彦旭、韩丽颖译，人民出版社 2015 年版，第 210 页。

一、价值共识是存在的

面对价值多元下人的道德生存困境,西方各理论流派都进行了深入的教育实践和理论探讨:伦理相对主义认为,多元文化背景下,教师应当避免教授任何一种具体的道德,道德教育应当教予学生获取和澄清自己价值的技巧和方式,使他们能够依据自身的经验发展出适宜的价值体系。伦理普遍主义认为,为人类所共享的核心价值是存在的,道德教育应当帮助学生习得核心价值,培养他们运用核心价值的能力。品格教育坚持了保守主义的立场,主张学校要进行核心美德的教育,培育和塑造学生的良好品格。关怀伦理模式则以人类相互依赖的关怀关系为基础,试图构建超越于相对主义和普遍主义二元对立的道德教育模式,重建人类社会的和谐与关爱。这些流派在论证道德教育合法性以及其理论和实践模式的正确性上都必先回答这样的一个问题:是否存在人类所普遍共享的核心价值,或是说在高度裂化、价值多元甚至相互冲突的社会里,是否能达成价值共识?

从西方道德教育理论实践的结果来看,这一答案是肯定的,人们是能够达成某种程度和范围的道德共识的。这种可能性首先来自人性深层次的共性,尽管任何道德的发展和存在都是以谱系的方式进行的,不同的地域、环境与经验塑造了不同的价值观念、生活和行为方式,并使人们形成了对善的观念和美好生活的不同理解。来自美国和印度的人类学家理查德·思维德和曼莫汉·马哈帕拉特就曾对美国和印度两种文化的价值观进行对比,他发现,即便两种文化在具体道德规范上有着巨大差异,但遵守承诺、奖惩公正、互助和保护弱小这些价值是在两个文化系统中共同被推崇的。[①]

在对不同的民族或是宗教文化进行考察时会发现,尽管在具体的道德价值上,不同的文化对"好生活"以及"什么行为是可取的"有着不同的理解,但

---

① 赵振洲、戚万学:《现代西方道德教育策略研究》,山东人民出版社 2010 年版,第 05 页。

在一些基本和核心的价值上是能够寻找到共通点的。例如,在所有发展到一定文明阶段的文化系统中都可以发现这样的一些道德禁令,禁止谋杀、欺骗、乱伦,同样它们也都追求生存、幸福、互助、公正,等等,这些价值就具备了超越种族、宗教和文化差异的普遍性。这也确证了人与人之间虽有价值观、行为方式上的差异,但都有着追求美好生活的需求,都渴望安全与幸福、建立信任和亲密的关系,这些共同性构成了人类道德生活的共同基础,也决定了人类能够在不同的文化背景中产生基本相似的道德信条。

其次,道德建立在人们对一定行为的评价之上,根本意义正是体现在人际关系的协调上。不同文化背景下的人们为了实现相互的交往,必须以一定的价值共识为前提。也就是说,交往的需要决定了达成道德共识的必要性。例如,一个美国人和一个中国人对什么行为是礼貌的、说话方式是含蓄还是直接有着不同的看法,但他们要相互交往,取得彼此的信任就必须尊重对方、宽容和接纳他人、表现出诚信和友善。在现代社会,分工越发精细化,人与人之间的依存关系比以往社会更为紧密,如果每个人都依据自己认同的"道德"行事,那社会就会变得混乱不堪,就无法实现交往行为。人们要建立交往关系就必先建立起对所有人都适用,并具有约束力的交往规范、行为准则和道德要求,这就是我们所谓的道德共识。

在本质上,人是一种道德存在物,"人们需要价值'基础'来给予生活方向和意义",通过这样的基础人们可以"了解自己与他人希望过上何种类型的'好的'生活,以及如何实现这种生活"[1]。然而在价值观多元的社会中,人们在自我为中心的道德认知和道德选择下,失去了与他人共享的意义或道德视野之中的自我认同。因此现代人不承认外在的道德要求和对他人严肃的义务承诺,在个人主义的精神层面上陷入一种无所依归的无根状态。从价值澄清模式到道德认知发展模式、品格教育模式以及关怀伦理模式,西方道德教育理

---

[1]　魏宏聚、金保华:《价值教育——一个命题的诠释》,《教育理论与实践》2010 年第 10 期,第 33—36 页。

论和实践的演变确证了这样一种信念:在文化和价值多元的背景下,要走出价值混乱所导致的人的道德生存困境,就必须寻求一种可以被不同的文化体系所认可的价值共识并将其传递给下一代。

最后,价值共识不仅在整个人类层面存在,而且也在国家层面、社会层面存在。每个国家都有其核心价值观,它体现了该国人民共同的价值追求和精神向往。当然,每个国家的核心价值观都具有该国、该文明、该社会文化的独特性,在今天的多极化世界中彰显着自身独特的力量。对每一个国家或社会而言,进行自己独特的核心价值观教育具有其合理性和必要性。就今天西方资本主义世界而言,他们普遍共享资本主义价值观。而对于社会主义中国而言,则有体现社会主义国家性质的社会主义核心价值观,在价值观教育中旗帜鲜明地凸显其社会主义性质也具有不可置疑的合理性。

二、高校承担着价值观教育的重要职责

价值澄清学派认为学校要帮助学生陈述和澄清价值,使他们能够通过理智的思考构建自己的价值体系,并能依据选定的价值作出道德判断和采取道德行为;道德认知发展理论认为学校要通过道德两难问题的讨论以及公正团体实践,促进儿童道德判断能力、推理能力以及运用公正原则解决道德问题的能力;品格教育模式主张学校要教授学生具体的、核心的美德,培育个体良好的品格;而关怀教育模式则认为学校要培养有能力、爱他人并值得被爱的人,让所有的孩子都学会爱与关心。尽管表述各不相同,但这些价值观教育模式的核心和本旨都在于促进人类美好生活的愿景,这一目的不仅包括促进个体层面的"好生活",还包括促进社会的繁荣和稳定。基于此,可以认为,在学校或者说至少中小学承担进行道德品质方面教育的责任上基本达成共识,也已然成为各国进行中的事实。

然而,高校是否承担价值观教育职责? 高校学生均已成人,向学生传授价值观是否涉嫌侵犯人的自由选择权利? 即使教育应促进人的精神、道德、社会

和文化发展,在大学阶段再进行这样的教育是否已为时已晚或无济于事? 这种疑问在目前的中国也存在,正如第三章我们的访谈结果所揭示的,目前中国高校不少教师持这样的观点,他们或者认为大学阶段对待大学生应该以对待成人的态度,可以与学生交流价值观,但不应试图影响学生的价值观;或者认为等学生入大学再进行价值观教育已为时已晚、难以奏效,因为他们认为大学生的价值观在中学阶段就已然形成,大学再加以改变已不太可能。而西方社会对这些问题早有探讨。

针对第一个问题:高校是否应该去影响学生的价值观,尤其当学生已然是成人的情况下。在历史发展的过程中,西方给出的答案是肯定的。在经历了价值澄清理论在中学和高校盛行从而价值相对主义流行之后,西方社会品尝到了道德和价值放任的苦果。美国人文主义哲学家阿兰·布鲁姆(Allan Bloom)在其1987年的著述《封闭的美国心灵》(The Closing of the American Mind)①中认为高等教育导致了民主的失败,也使学生们的灵魂变得贫乏。相对主义的"开放"相反却导致了巨大的"封闭",它破坏了批判性思维,消除了构成文化的价值观念。学生被剥夺了"真正相信的经验",无法形成批判性地对真理、美丽、爱情等的判断。此书一度热销,反映了美国社会当时弥漫的道德焦虑情绪。美国教育部秘书在1987年反复敦促"认真对待针对年轻人的道德教育,重返道德教育"②。价值观教育的复兴和对价值观教育高涨的兴趣不仅出现在美国,也弥漫在加拿大、英国、德国、丹麦、新西兰、瑞典等众多现代国家中。不少学者和教育从业者认为相较于依靠社区、宗教、媒体、志愿组织等开展价值观教育,依托学校进行价值观教育将更具有有效性,因为这样的形式更有计划性,更易获得政府政策支持,也更能保证效果。不仅小学和中学应该

---

① A.Bloom, *The Closing of the American Mind: How higher education has failed democracy and impoverished the souls of today's students*, New York: Simon & Schuster, 1987.

② Willam K.Cummings, S.Gopinathan and Yasumasa Tomodo, *The Revival of Values Education in Asia and the West*, Oxford: Pergamon Press, 2014, p. 3.

对学生的价值观施以适当的影响,高等教育的作用也至关重要。"高校被最清楚地赋予这样的责任和使命:通过研究和学术引领更新、更深层次的理解;不仅通过教授知识、培养技能,更通过让学生明白他们对个人自身发展以及人们共同创设的未来所具有的重要性从而为社会预备新生力量。高校具有成为社会积极力量的极大可能性和广阔发展空间,因为它涉及的人群甚广,实质上包含了政府和私人机构的所有领导者。"①Nuraan Davids 和 Yusef Waghid 则从高校学生不理性的行为如暴力揭示出大学生的不成熟,因此,高等教育机构是培养有教育素养的、积极公民的教学场所②。进入 21 世纪后,越来越多的学者认为,学校包括高等学校在更大程度上被认为应将关注学生的价值观、担当起提升学生品格的责任、重建学生的德性和品格作为高校的核心使命。

　　针对第二个问题:在大学阶段进行价值观教育是否为时已晚或无济于事?这一质疑的关键在于学生的价值观在大学前是否已经定型。普遍而言,大学生的年龄为 18—22 岁,而包括 Allport 的人格特质理论③、Erikson 自我同一理论④、Kohlberg 道德发展理论⑤、Perry 的大学生发展与指导理论⑥、Loevinger⑦的自我发展理论等不少主要的发展理论均认为,这一年龄段代表着向成人的过渡,是很好地进行思想道德探索、酝酿和巩固的时期⑧,是人生观、世界观、价值观的集中探索和定向时期。人在这一阶段展开思想、道德、政治、社会、宗

---

①　Anne Colby,"Whose values anyway?", in William Damon, ed., *Bringing in a New Era in Character Education*, Hoover Institution Press, 2002, p. 151.

②　Nuraan Davids, Yusef Waghid, "Higher Education As a Pedagogical Site For Citizenship Education", *Education, Citizenship and Social Justice*, 2016, vol. 11, no. 1, pp. 34–43.

③　G. W. Allport, *Pattern and Growth In Personality*, New York: Holt, Rinehart, & Winston, 1961.

④　E. Erikson, *Identity, Youth, and Crisis*, New York: Norton, 1968.

⑤　Lawrence Kohlberg, *The Psychology of Moral Development*, San Francisco: Harper & Row, 1984.

⑥　Jr. William Perry, *Forms of Intellectual and Ethical Development in the College Years*, New York: Holt, Rinehart, and Winston, 1968.

⑦　J. Loevinger, *Ego Development*, San Francisco: Jossey-Bass, 1976.

⑧　Anne Colby, "Whose values anyway?", in William Damon, ed., *Bringing in a New Era in Character Education*, Hoover Institution Press, 2002, pp. 163–164.

教等多层面的质疑、探求,重新思考自我是谁、什么对他们重要,认清自身和置身其中的世界之自我意识更加成熟,更加明确自己的发展方向和值得坚守的价值观,从而形成自己独特的价值世界。"非常清楚的是,学生的价值观、道德与公民假定以及自我同一性皆是在大学阶段形成的"①,"没有什么时期比这个时期更适合大学生的道德成长和成熟"②。Yiouli Papadiamantaki 通过实证研究,证明了"大学可以很好地发展人的批判性思考和反思能力,是借鉴学术自由和独立思考传统的好地方,高等教育研究则是获取与政治、政治思想和制度有关的基本知识的一种手段"③。他的实证研究结果显示:凡是积极参与了研究、实习以及与公民相关的课堂活动如讨论、讲座等的学生,他们的行为发生了重要而显著的变化,因此,教师在公民性问题上的指导会促进大学生行为的改变④。Melina Porto 和 Michael Byram 也通过实证研究,证明了高校的语言教学如果与公民教育很好地结合,如果能给学生提供来自内部和局外人的不同观点与视角,能引起学习者生活的重大改变:对跨国群体和观点的认同,更愿意直接和批判性地参与社区行动⑤。

　　如今,西方不少高校致力于促进西方民主存续所需的价值观念的传递,因此,对于我国高校而言,对于高校所有教师而言,不该再抱着价值中立的"伪科学"、"伪人权"立场将价值观拒斥在教学和课堂之外,也不应该将价值观教育的艰难完全推诿给"学生价值观已定型"的自我假定,而应勇敢承担起社会主义核心价值观培育和促进学生道德成长的使命,将立德树人作为根本任务

　　① Anne Colby,"Whose values anyway?", in William Damon, ed., *Bringing in a New Era in Character Education*, Hoover Institution Press,2002,p. 168.

　　② Anne Colby,"Whose values anyway?", in William Damon, ed., *Bringing in a New Era in Character Education*, Hoover Institution Press,2002,p. 16.

　　③ Yiouli Papadiamantaki,"Active Citizenship in University Education:Lessons Learnt in Times of Crisis", *Journal of Social Science Education*,2014,vol. 13,no. 3,Fall,pp. 90-97.

　　④ Yiouli Papadiamantaki,"Active Citizenship in University Education:Lessons Learnt in Times of Crisis", *Journal of Social Science Education*,2014,vol. 13,no. 3,Fall,pp. 90-97.

　　⑤ Melina Porto,Michael Byram,"A Curriculum For Action In The Community And Intercultural Citizenship In Higher Education", *Language*,*Culture and Curriculum*,2015,vol. 28,no. 3,pp. 226-242.

并将其落到实处。

三、价值观教育要在促进个人自主与社会责任间寻求平衡

在价值观教育中,必然要涉及个人与社会之间的关系。个人是社会中的个人,社会是个人构成的社会,两者应是一种相互制约、相互依存的关系,任何单纯强调个人或单纯强调社会的做法均是各执一端、顾此失彼的片面化思维。西方自20世纪60年代以来的价值观教育基于对民主权利的热衷,过于强调个人权利而忽视社会责任,过于追求权益却回避义务。在品尝了对个人自主绝对重视的苦涩后逐渐走向对个人责任的关注,公民教育作为价值观教育的一种形式日益受到重视,而培养负责任、积极参与的公民成为不少西方国家公民教育的核心目标。

在西方价值观教育中有两种声音。一些人极端地认为道德是纯粹个人层面的事情,教育无能为力。另一些人却坚持认为所有的道德真理都存在于共同体之中,道德教育的任务在于促进文化传递和我们的相互依赖意识。然而,这两种观点均不能给予"由来已久的关于个人良知、高尚目标或振奋人心之社会行为的道德理想"[1]以更多的信心。"诸多政治哲学家与教育家认为,赋予人们权利,但同时并未设定义务并非明智之举。没有义务的权利导致不负责任,失去权利的义务导致屈从。"[2]显然,价值观教育不能执着于义务而侵蚀个人权利,但也不能执着于个体权利而置个体应承担的社会责任于不顾。"道德始终是一个关乎处理个人与共同体关系的问题,我们必须保证孩子们既能符合社会环境要求、也能遵从自身良心"[3]。

---

[1] William Damon, "Introduction", in William Damon, ed., *Bringing in a New Era in Character Education*, Hoover Institution Press, 2002, p.xi.

[2] Iriving Kristol, "Moral and Ethical Development in a Democratic Society", in William Damon, ed., *Bringing in a New Era in Character Education*, Hoover Institution Press, 2002, p. 178.

[3] William Damon, "Introduction", in William Damon, ed., *Bringing in a New Era in Character Education*, Hoover Institution Press, 2002, p.xii.

如前所述,21 世纪以来,西方价值观教育日益凸显其培育西方民主社会公民的目的,在对民主素养的理解中,学者既强调个人权利层面,也强调社会层面。不仅认为自尊、尊严、人权重要,而且认为宽容、和平、同胞感、领导力等也很重要。2005 年澳大利亚政府为学校开了一个价值观教育清单(National Framework for Values Education in Australian Schools),其中既强调对自由、人权、隐私、财产的保障等权利性价值观,也包含正义、责任、机会平等、合法权威、爱国等义务性价值观,达到"促进个人生活最大发展和保存、提高不断演进的民主社会"①的目的。欧盟的教育与培训计划(ET2020)也将积极公民的培育看作促进民主参与、加强社会凝聚力的重要手段,强调建立在团结前提与公民有力参与欧盟政策议题基础上的包容性增长②。

针对价值观教育过于注重个人自由选择权利、个人自主、个人自治的弊端,西方众多学者对个人的社会责任和共同体意识表现出更浓厚的兴趣。不少学者认为,如果个体不能为自己的行为负责,不能建立关于公共善(the common good)的意识,社会将难以存在。因此,需要让学生认识到每个人都是社会中的一部分,"公民身份是个人在社会政治共同体中的成员身份"③,每个人都承担着促进社会对"公共善"的承诺的责任。在多元社会中,公共价值观(public values)对于在多样中保证"公共善"(the common good)的存在具有重要价值。若没有公共价值观,则社会因此将缺乏整合机制,必然会面临矛盾与分裂,而这将"最终腐蚀整个民主框架"④。因此,有意义的、吸引人的、真正的

---

① Joseph Zajda, "Globalisation and Values Education in the History/Social Studies Classroom", *Educational Practice and Theory*, 2012, vol. 34, no. 1, pp. 25-39.

② Yiouli Papadiamantaki, "Active Citizenship in University Education: Lessons Learnt in Times of Crisis", *Journal of Social Science Education*, 2014, vol. 13, no. 3, Fall, pp. 90-97.

③ Sujay Ghosh, "Learning From Community: Agenda For Citizenship Education", *Education, Citizenship and Social Justice*, 2015, vol. 10, no. 1, pp. 21-36.

④ J. Joseph Zajda, "Globalisation and Values Education in the History/Social Studies Classroom", *Educational Practice and Theory*, 2012, vol. 34, no. 1, pp. 25-39.

价值观教育必须包含更强的共同体感①。"迄今为止,我们的价值观教育总是倾向于将价值观的探求看作个人性的概念而非公共性的,价值观的获得被看作个人向内探求的旅程而非社会性的、合作性的,价值观仅仅事关孩童时父母的指导与成熟时个人的决定,这就将价值观降级为个人层面的事情,这不利于人进行社会性的自我审视。如何在道德准则的专制与个人道德相对主义中寻求平衡?为学生创造条件并鼓励学生进行合作性的探求有助于将个体责任与社会价值有效结合"②。"教育的目的在于为个体与他人一起在社会中生活做准备"③,因此,价值观教育必须要促进学生对自身承担的社会责任进行思考,"公立学校应该通过公民教育培养起负责任的、有人性的公民"④。

有的学者则走得更远一些,不仅强调社会责任意识、共同体意识,而且强调要让学生发现道德使命和崇高意志,激励他们为更崇高的目标而奉献,因为崇高目标的承诺带来的激励感支持着良好品格的发展。已有研究表明,社区服务项目若融入服务他人对道德重要性和个人重要性的反思,将会成为道德成长的有力催化剂和推进器⑤。

因此,总体上,西方价值观教育试图克服个人绝对自由、自主的弊端,寻求在个体和社会间达成平衡。"对教育者而言,道德意味着传授共同体的价值观,同时意味着要帮助每一个孩子最终获得能使他们在生活中遭遇的任何境遇中都能维持道德感的个体道德认同。"⑥"高等教育是塑造个体之间、个体与

---

① J.Mark Halstead and Monica T Taylor,"Learning and Teaching about Values:a Review of Recent Research",*Cambridge Journal of Education*,2000,vol. 30,no. 2,pp. 169-202.

② Philip Cam,"Philosophy for Children,Values Education and the Inquiring Society",*Educational Philosophy and Theory*,2014,vol. 46,no. 11,pp. 1203-1211.

③ Brighouse,*On education*,London and New York:Routledge,2006.

④ Yusef Waghid,"Cultivating responsibility and humanity in public schools through democratic citizenship education",*Africa Education Review*,2015,vol. 12,no. 2,pp. 253-265.

⑤ M.Yates,J.Youniss,*The Roots of Civic Identity*,New York:Cambridge University Press,1997.

⑥ William Damon,"Introduction",in William Damon,ed.,*Bringing in a New Era in Character Education*,Hoover Institution Press,2002,pp.xii.

共同体之间关系的一种强大力量,我们需要确保这种影响力是建设性而非解构性的。"①

对中国而言,我们有坚持唯物辩证法的优良传统,在价值观教育中也一直谋求个人与社会间的和谐。今天,随着市场经济发展,人的发展进入"以物的依赖性为基础的人的独立性"阶段,人的个性凸显,权利意识增强。诚然,价值观教育中要促进个人自主能力的发展、促进个人的自我管理和自我成长。但不能忘记的是,社会主义还承担着以自由全面发展理念对"物的依赖基础上的独立性"纠偏的重要职责,因此,断然不能陷入西方资本主义片面强调个人权利、个体自由的泥沼,更何况西方为应对 21 世纪的困境,也在开展试图纠偏的种种努力。在西方历史的映衬下,我们更需要保持清醒的头脑,对集体主义、社会责任的强调不仅符合中国国情,更符合人类发展规律。今天,以社会主义核心价值观教育我们的下一代,引导他们将个人成长成才的梦与中华民族伟大复兴的梦结合起来,在奉献社会中绽放青春的色彩,引领其共识,导航其发展,乃正当其时、合乎民情、顺乎民意,因而理所当然。

四、价值观教育既要教授内容又要教授技巧

道德教育究竟教授什么,是具体的价值和美德还是获取美德与价值的技巧? 在这一问题上,西方学者们主要持三种观点:一是主张道德教育要教授获取和澄清价值的技巧,例如价值澄清学派就认为,学校应当避免在学生面前作出价值判断,而是帮助学生澄清自己的价值,并获得澄清价值的技巧。二是主张道德教育重要的不是教授技巧,而是具体的美德。其中较具代表的是品格教育学派,他们认为学校教育应当教授学生以全人类所普遍共享的核心美德,塑造个人的良好品格。而中间派别则模糊了内容与技巧的界限,主张道德教育既要教授具体的价值,又要教授获取价值和美德的方式和技巧。例如道德

---

① Anne Colby, "Whose values anyway?", in William Damon, ed., *Bringing in a New Era in Character Education*, Hoover Institution Press, 2002, pp. 151.

认知发展学派就主张学校要以公正作为道德教育的组织原则,既要将道德教育的内容统整于英文、历史、社会研究等课程中,又要通过道德两难问题的讨论培养学生道德思维的发展和道德水平的提升。与之相似的是,关怀模式也主张学校教育要围绕一个主要的原则开展,不过这一原则不是公正,而是关怀。

在经历了多次的分歧、磨合之后,20 世纪 90 年代末以来西方理论界对这一问题的认识逐渐趋同,都认为各执一端无法实现完整的道德教育,"尽管教授解决问题的技能应当成为价值教育的目的和过程的一个重要组成部分,但是,如果学生要发展一种更能适合于日常生活的价值系统,还必须教授一些实际的价值观点"①。同样,如果只是教授既定的价值而不去关注具体的道德情境,学生没有掌握获取价值的方法以及能够在现实生活中运用的道德推理技能,他们也无法应对未来生活复杂的道德情境。因此,更多的西方学者主张打破教授道德教育技巧和道德教育内容之间的对立状态,既要在学校教育中教授人类基本的、核心的道德价值,又要帮助学生获取建构价值体系的方法和技巧。

可是学校教学的时间和资源总是有限的,如何去统整内容和技巧的教育、实施全面的道德教育课程呢? 综合西方教育学者们提出的不同观点,能够得出这三个要点:一是通过专门的道德教育课程向学生授予进行道德推理、获取道德价值的方法与技巧。事实上,在奉行个人主义、推崇自由与民主的西方社会,许多学者反对在学校设置专门的道德教育课程,因此,通过人文素质课程传递以及学校环境和氛围熏陶等隐性的方式实施道德教育就变得更为理想,在西方众多道德教育理论中,价值澄清学派、道德认知发展理论就持这样的观点。但也有部分的学者意识到如果没有专门的道德与价值教育课程,教师和学生便不会去关注和重视价值问题,这样依托其他课程和其他方式进行的道德教育难以

---

① [加]克里夫·贝克:《优化学校教育——一种价值的观点》,戚万学等译,华东师范大学出版社 2003 年版,第 164 页。

实现好的效果。因此,他们认为专门的道德教育课程不但不会削弱其他方式的地位和作用,反而会促进价值教育的实现以及学生道德价值的形成。①

二是将价值主题和内容融入历史、英文、社会研究等其他课程中,教师在课程中引导学生对这些价值主题进行自由充分的讨论,鼓励学生进行价值思考、作出一定的道德决策,从而促进学生道德推理能力和思维水平的发展。道德认知发展模式和关怀伦理模式都提倡这样的方式,他们认为,非专业课程既能实现传统学校智育课程与价值教育课程的融合,在其他学科中向学生传递一些核心的价值,又能利用其他课程充沛的时间教授解决价值问题的技能,促进学生道德反省能力的提升,因而是道德教育的一个非常好的选择。

三是通过校园的组织结构和氛围、社区公益实践,教师言行以及课堂下教师与学生进行的价值探讨等隐秘性课程在潜移默化中培养和塑造学生的品格,影响其价值选择和道德行为。非正式课程是西方教育学界普遍重视的道德教育途径,在他们看来,这样的方式既不会造成专制灌输,从而避免多元文化主义者和自由主义者的反对,又克服了传统道德教育中道德认知和道德行为脱节的弊病,况且实践道德的形式更有益于学生养成良好的道德行为习惯,进而培养起知行统一、道德健全的个体。这三种教育课程是并行不悖的,它们的结合拓宽了学校道德教育有效的覆盖范围,构成了一个全面和完善的道德教育课程体系。

五、价值观引导的方法和途径要尊重学生的主体性和能动性

在价值多元化的社会中,借助政治权力或文化权威推行特定道德原则和规范的方式往往收效甚微,道德原则或是特定的文化规范,要得到共同的遵从必先得到社会大多数成员的认可,对价值观的引导也是如此。加拿大教育学者克里夫·贝克就曾在其著作中提出:"在关涉到价值教育方面,尽管有不同

---

① 曹亚楠:《价值多元时代道德教育如何"求同"》,《中国成人教育》2014 年第 12 期,第 50—53 页。

的侧重点和技巧,仍旧存在一些共识:它必须是一个开放的、反省的、无灌输的过程。"①在西方德育理论和实践中,传统的德育教学表现为以宗教规范和道德知识为核心的灌输性课程,当代西方德育理论以反对灌输的人本理念为基础,无论是价值澄清学派、道德认知发展理论、关怀伦理模式、品格教育模式还是中间派别,理论的核心始终都围绕着人这一根本主体,反对以硬性和武断的方式向学生灌输价值,主张教育者要从学生的个体需求出发,以反思、对话、协商的方式与学生进行交流和引导,激发学生对现实问题的思考、判断和决策。这一理念体现出了对学生主体地位的充分尊重和真切关注,放入当下,这样的理念对我国道德教育是极具启示意义的。

就目前而言,我国现阶段的道德教育还主要沿袭着传统的道德教育方法,运用道德知识说教、教师权威和奖惩强化道德行为集中训练的方式达到学生道德知识的获得和道德情感上的认同。这样"学科化、知识化、工具化"的方式有利于在教育资源有限、教师权威性高、教育主体单一和共识度高的社会中实现道德教育的"低投入—高回报",但学校和教师在实际操作中对学生的主体能动性和个体差异重视不够,影响了教育目标的达成。

道德教育作为一项塑造人灵魂的实践活动,必须将提升人、发展人、丰富人、完善人作为出发点和价值旨归,这种人本主义的价值指向,应当充满着对学生主体性的尊重、对幸福和"好生活"的追求。② 针对我国当下道德教育存在的困惑和不足,尊重学生的主体性要求要将教育立足点切实地置于学生道德品格的发展和完善、道德精神的充实与丰盈上,道德教育要从被教育者个体真实的需求和接受性出发,更少的硬性说教,更多的对话和沟通;更少的直接教育,更多的潜在性、隐秘性的价值引导;更少的空洞理论,更多的生活化教育,从教育的各个过程中体现出对被教育个体的尊重和关注。

---

① [加]克里夫·贝克:《优化学校教育——一种价值的观点》,戚万学等译,华东师范大学出版社 2003 年版,第 79 页。
② 曾昭皓:《德育动力机制研究》,博士学位论文,陕西师范大学,2012 年,第 194 页。

（一）道德教育的对话与沟通

不讨论事情的原因、不鼓励质疑、过度而强烈地执迷于某些信仰,这样的教育方式被西方的学者视之为"灌输"。在他们看来,即便这些价值教育的内容是被教育者确证对孩子们的道德发展是有益的,这样的教育方式仍然是不可取的,因为灌输的教育方式非但不会使学生获得相应的道德成长,反而会禁锢学生的思想,带来道德的冷漠和虚伪顺从。在价值多元社会中,主体平等性与自主性得到了空前的高扬,这更凸显了道德教育过程中沟通与对话的重要性。对话是建立和保持师生之间关怀和亲密关系的基础,这就要求教师要以开放性对话的方式与学生探讨和解决生活、学习、社会中的各种问题,了解学生心中所想、内心所需、个性所喜,探寻共同的道德理想和价值信仰,再从学生的立场和角度出发,将满足学生的需要和价值观的引导相结合,以学生可以接受的方式进行教育。

（二）道德教育的隐秘性和生活化

中西方教育中一个显著的差异在于,西方学校鲜少有直接的价值教育课程,而是更多地隐匿在英文、历史、社会研究等人文学科当中,或是采取间接的、隐秘性课程的方式,利用"学校课外教学活动、家长联谊会、童子军等学生组织以及节假日的庆祝活动、宗教仪式等活动来完成"①,这种非直接的、生活化的教育方式对孩子道德成长所带来的影响是十分深远的,因为在教育过程中,相比空洞性的理论说教而言,间接的、隐秘性的并寓之于平实的生活之中的教育更能作用于学生的内心,启发学生自觉性和主动性,触动他们的情感和灵魂,生发出教育的真正力量。而我国当下以道德说教为主的学校道德教育方式,缺少的正是这样"润物细无声"的隐秘性教育。

---

① 赵振洲、戚万学:《现代西方道德教育策略研究》,山东人民出版社2010年版,第3页。

(三)道德教育中道德选择、判断能力和宽容精神的培养

在价值多元社会中,存在着双重甚至是多元的价值评判标准。于是"任何一种选择都有可能会获得一种价值观的文化支援,受到一种价值标准的允许或者肯定,同样又有可能会受到另一种价值标准的否定和讥评"①。道德教育试图以教师或文化的权威让学生接受特定价值标准的方式只会让学生产生逆反心理或是虚假的顺从,如果处理不当甚至会导致个体陷入自我同一性危机,产生严重的无方向感和无归属感。在这样的社会中,"价值观与行为之间一致性的发展"、形成在某种程度上比较一致的价值观对个人的道德生存至关重要。尊重个体的主体性和自主选择就必先培养个体在价值多元时代的道德生存能力和品质,使个体能够有效并正确地进行道德选择和判断,能够宽容和理解相异的价值选择,并能坚守正确的价值观选择道德的生活。因此,教育的过程不能局限于单纯的封闭和僵化的一元,教师应当向学生呈现和提供多样化的价值选择,引导学生对生活中的价值问题进行思考并进行判断和选择。当然这并不是放弃价值引导,相反的,这样的教育方式之核心在于引导学生认识在道德情境下考虑道德行为的理由相较于其他理由的优先性,促使他们发展出一套"在情理上连贯而一致的信念或者原则"②,并能够在今后的生活中将这一原则和信念作为自己选定的价值而加以遵守。呈现和提供多样化的价值选择也有益于文化多元时代下学生宽容精神的培养,最终使学生学会尊重和理解在不侵犯他人尊严和权利限度下相异的道德价值和道德行动。

---

① 余维武:《冲突与和谐——价值多元背景下的西方德育改革》,江苏教育出版社 2009 年版,第 203 页。

② [美]霍尔·戴维斯:《道德教育的理论与实践》,陆有铨译,浙江教育出版社 2003 年版,第 58 页。

第五章 改革开放以来我国高校 价值观引导的基本经验

在我国的话语语境里,价值观教育与思想政治教育、德育具有相似的意蕴,这些说法在很多场合是通用的。这与西方的情况也具有相似性。在西方话语里,价值观教育(values education)是涵盖道德教育(moral education)、公民教育(civic education 或 citizenship education)、品格教育(character education)等的外延甚广的概念。因此,可以做这样的理解,我国高校对大学生价值观的教育和引导主要通过大学生思想政治教育或德育(按照2015年教育部《关于整体规划大中小学德育体系的意见》,德育主要是对学生进行政治、思想、道德、法制、心理健康教育[①])来进行的。

我国历来重视高校思想政治工作,大学生的价值观状况及其引导历来是高校思想政治工作的核心。中华人民共和国成立初期的教育方针即已体现自觉地用马克思主义的世界观、价值观教育大学生、引领大学生。虽然曾经经历了"文化大革命"的十年浩劫,高校正常的教育教学包括价值观教育被打破,但随着"文化大革命"结束后的拨乱反正,高校教学恢复正常,以不断发展的马克思主义为指导的价值观教育持续获得改进和提升,为促进大学生的全面

---

① 教育部思想政治工作司组编:《加强和改进大学生思想政治教育重要文献选编 1978—2014》,知识产权出版社 2015 年版,第 316 页。

发展、为中国特色社会主义事业后继有人、为整个社会的稳定发展作出了重大贡献。

改革开放尤其是十三届四中全会以来,面对经济、政治、社会、文化各方面的改革变动,面对国内、国外多种思想观点和价值观念的交融交锋,面对历史、当下、未来中的各种犹疑和价值困惑,我国高校的价值观教育积累了非常丰富的经验,对当下价值多元背景下优化大学生的价值观引导大有裨益。我们认为改革开放以来高校价值观引导的基本经验有如下八条:坚持立德树人,引导学生成为社会主义合格建设者和可靠接班人;坚持以马克思主义理论武装学生、以优秀传统文化滋养学生、以世界优秀文化润泽学生;坚持正面教育,在同错误观念和思潮的斗争中弘扬社会主义主旋律;坚持以课堂教学为主渠道,不断拓展育人格局;注重科学研究,探寻规律,增强教育的科学性;坚持与时俱进,因事而化、因时而进、因势而新;坚持人才和队伍建设,为价值观教育提供师资支持;坚持党委领导下的校长负责制,为价值观教育提供体制保障。

第一节　坚持立德树人,引导学生成为社会主义合格建设者和可靠接班人

高校作为人才成长的重要平台,关乎人的全面发展;作为国家未来发展所需人才的培养重地,关乎社会持续发展;作为各种思想文化、价值观念的集散地,关乎国家政治安全。而这些攸关环节不仅取决于高校对知识生产、科技创新、产学研等的推进,更取决于高校对学生思想品德、价值观念的培育和对社会思想文化、价值观念的促进。改革开放以来,面对日益频繁的多种思想文化的交流交融交锋,我国高校秉持中国教育历来重德的传统,在"培养什么人"上逐渐把立德树人作为教育的根本任务,从关系发展中国特色社会主义教育事业的核心所在的高度,重视对学生价值观的培育,进而培养社会主义合格建设者和可靠接班人。

一、坚持立德树人，注重价值观的培育

我国高校历来对大学生的社会角色和地位抱有清晰的认知，将其看作未来各条战线的骨干力量、中国特色社会主义事业的建设力量和接班人，大学生的政治素质、价值取向和业务水平直接关系到中国社会的进步和社会主义事业的发展。因此，我国高校重视对大学生的思想政治工作，坚持立德树人的理念，注重对大学生进行价值观的培育和涵养。

新中国成立之初，在高校的教育方针中，大学生的德即被予以重视，改革开放以来这一理念得以继承和发扬。1978 年，邓小平出席全国教育工作会议，他指出："毫无疑问，学校应该永远把坚定正确的政治方向放在第一位"[1]。改革开放初期，由于十年动乱造成的"内伤"较为严重，一些学生思想上的问题比较多，在价值取向上也存在一些偏差或错位。为此，1980 年、1986 年中央有关部门针对高校学生思想政治工作发文，旗帜鲜明地指出高校的培养目标必须坚持又红又专的方向[2]，坚持德才兼备，强调学校的思想政治工作是学校教育的一个重要组成部分，必须防止和纠正忽视思想政治工作的倾向，使学校真正成为建设社会主义精神文明的坚强阵地[3]。虽然中央连续发文部署，但在特殊的历史阶段，高校彼时对思想政治工作和学生的价值观并未给予应有的重视，高校思想政治工作薄弱，最终未能抵御资产阶级自由化思潮的侵蚀、未能有效应对西方和平演变图谋，酿成了 1986 年末的学潮和 1989 年春夏之交的风波。党中央吸取教训，对大学生的价值观和思想政治工作高度重视，将

---

① 教育部社会科学司组编：《普通高校思想政治理论课文献选编 1949—2008》，中国人民大学出版社 2008 年版，第 66 页。

② 1984 年教育部、共青团中央印发《关于加强高等学校学生思想政治工作的意见》，教育部社会科学司组编：《普通高校思想政治理论课文献选编 1949—2008》，中国人民大学出版社 2008 年版，第 79 页。

③ 1986 年中共中央、国务院批转《国家教委关于加强高等学校思想政治工作的决定》，教育部思想政治工作司组编：《加强和改进大学生思想政治教育重要文献选编 1978—2014》，知识产权出版社 2015 年版，第 48 页。

其视为关系培养社会主义事业可靠接班人的战略任务。1991 年国家教育委员会发布《关于加强和改进高等学校马克思主义理论教育的若干意见》,要求高校落实党中央关于把德育放在学校工作首位的指示精神,由此基本形成了德育为先的理念,各高校也开始普遍重视教育中的立德树人。

党的十四大以来,学生思想领域和价值世界出现了一些新情况、新问题。为此,1993 年《中国教育改革和发展纲要》中将"把坚定正确的政治方向摆在首位,培养有理想、有道德、有文化、有纪律的社会主义新人"①作为"学校德育的根本任务"②,再次对立德树人在高校中的地位给予确认和强调。

党的十六大以来,随着国际国内形势的深刻、急剧变化,一些大学生不同程度地存在理想信仰与政治信念、价值取向、道德观念等方面的问题和偏差,为此,2004 年,中央发布 16 号文件③,将"学校要坚持育人为本、德育为先,把人才培养作为根本任务,把思想政治教育摆在首要位置"④作为一条重要原则。育人为本、德育为先的理念此后获得普遍认同。

党的十八大以来,以习近平同志为核心的党中央从新形势下坚持马克思主义在意识形态理论的领导地位、维护文化安全、国家安全的战略高度重视社会主义核心价值观的培育和践行,对青年的价值观养成尤其重视。习近平同志把世界观、人生观、价值观比作能帮助人们在是非、正误、主次面前,在真假、善恶、美丑面前洞若观火、清澈明了的总钥匙⑤。强调高校育人标准要坚持德

① 教育部思想政治工作司组编:《加强和改进大学生思想政治教育重要文献选编 1978—2014》,知识产权出版社 2015 年版,第 127 页。

② 教育部思想政治工作司组编:《加强和改进大学生思想政治教育重要文献选编 1978—2014》,知识产权出版社 2015 年版,第 127 页。

③ 光明网:《2004 年中共中央国务院关于进一步加强和改进大学生思想政治教育的意见》,2004 年 10 月 15 日,https://www.gmw.cn/01gmrb/2004-10/15/content_115245.htm,2017 年 7 月 10 日。

④ 教育部社会科学司组编:《普通高校思想政治理论课文献选编 1949—2008》,中国人民大学出版社 2008 年版,第 203 页。

⑤ 习近平:《青年要自觉践行社会主义核心价值观——在北京大学师生座谈会上的讲话》,《光明日报》2014 年 5 月 5 日,第 2 版。

才兼备、以德为先，"德是首要、是方向，一个人只有明大德、守公德、严私德，其才方能用得其所"①。几年来，中央紧密部署，为高校价值观教育和思想政治工作提供战略遵循。在党中央的领导下，高校将大学生的价值观教育作为思想政治工作的主题，力争将社会主义核心价值观教育贯穿到教育教学全过程。2015 年中共中央办公厅、国务院办公厅印发《关于进一步加强和改进新形势下高校宣传思想工作的意见》，将立德树人作为根本任务②。2016 年全国高校思想政治工作会议召开，习近平同志出席会议并发表重要讲话，指出高校立身之本在于立德树人。至此，价值观教育和思想政治教育理念由德育为先为首逐步发展为德育为中心和根本，在 2017 年 2 月中共中央国务院印发的《关于加强和改进新形势下高校思想政治工作的意见》中，立德树人作为教育根本的理念再次被强调，高校思想政治工作的时代地位得以进一步提升，价值观在人才培养中的根本地位得以进一步确立。

二、坚持培养中国特色社会主义合格建设者和可靠接班人

新中国成立后，我国高校即已明确我们要培养的是"有社会主义觉悟的有文化的劳动者"。改革开放之初，教育部发文继续明确"社会主义大学与资本主义大学的根本区别，就在于它培养出来的学生具有社会主义觉悟，……立志为建设社会主义现代化强国而奋斗"③。

随着改革开放的推进，1994 年《关于进一步加强和改进学校德育工作的若干意见》发布，这成为新形势下学校德育工作的纲领和指南，其中强调

---

① 习近平：《青年要自觉践行社会主义核心价值观——在北京大学师生座谈会上的讲话》，《光明日报》2014 年 5 月 5 日，第 2 版。

② 新华社，中共中央办公厅、国务院办公厅印发《关于进一步加强和改进新形势下高校宣传思想工作的意见》，2015 年 1 月 19 日，http://www.gov.cn/xinwen/2015-01/19/content_2806397.htm，2017 年 7 月 10 日。

③ 教育部社会科学司组编：《普通高校思想政治理论课文献选编 1949—2008》，中国人民大学出版社 2008 年版，第 79 页。

要关注大学生的思想动态,引导大学生确立为建设中国特色社会主义而奋斗的政治方向,各级各类学校都要努力培养德智体全面发展的"四有"新人。

以胡锦涛同志为总书记的党中央,一如既往地致力于中国特色社会主义事业建设者和接班人的培养。2004 年 16 号文件依然强调要把大学生培养成中国特色社会主义事业的建设者和接班人,通过系统、立体的思想政治教育工作,引导大学生正确认识社会发展规律、国家前途命运和自身的社会责任。之后,为贯彻落实 16 号文件精神,积极引导大学生的价值观,使其认可中国共产党、认可中国特色社会主义、拥护党、始终坚定不移地跟着党走、心中有信仰、行动有方向,高校进行了积极主动的探索。

党的十八大以来,随着全面深化改革的推进,社会思潮纷繁复杂。历史虚无主义、后现代主义、民主社会主义、新自由主义、普世价值、宪政民主等思潮都在冲击着大学生的价值观。一些信仰不坚定的大学生深受其害,其思想和行为都与社会主义方向有所偏离。以习近平同志为核心的党中央通过了《关于进一步加强和改进新形势下高校宣传思想工作的意见》,指出要紧扣时代精神,强化思想引领,把立德树人的根本任务落到实处。① 高校思想政治教育在对上述错误思潮进行批判的同时,始终坚持用社会主义核心价值体系和社会主义核心价值观加以引领,将"培养又红又专、德才兼备、全面发展的中国特色社会主义合格建设者和可靠接班人"②作为育人的根本目标,在新时期明确了"培养什么人"的大问题。

---

① 新华社:中共中央办公厅、国务院办公厅印发《关于进一步加强和改进新形势下高校宣传思想工作的意见》,2015 年 1 月 19 日,http://www.gov.cn/xinwen/2015-01/19/content_2806397.htm,2017 年 7 月 10 日。

② 人民网:中共中央国务院印发《关于加强和改进新形势下高校思想政治工作的意见》,2017 年 2 月 27 日,http://politics.people.com.cn/n1/2017/0228/c1001-29111314.html,2017 年 7 月 10 日。

第二节　坚持以马克思主义武装学生、 以中华优秀传统文化滋养学生、 以世界先进文化润泽学生

社会主义事业合格建设者和可靠接班人必须怀抱中国特色社会主义共同理想,保证社会主义的发展方向;又需具有中华文化底蕴,保持中华民族自身特色;同时兼具世界眼光和国际视野,在世界舞台中推动中国特色社会主义事业不断发展。改革开放以来,面对古今中外的多元文化和多样价值观,我国高校坚持以马克思主义理论武装学生、以中华优秀传统文化滋养学生、以世界先进文化润泽学生,助力学生的全面成长和社会的健康发展。

一、坚持以马克思主义武装学生

目前,西方资本主义国家高校价值观教育呈现出神学与科学相混杂的特点,"反观西方资本主义国家,其高校思想政治工作正在寻求科学指导思想的路上"[①]。相反,中国高校一直自觉地用马克思主义作为科学理论指导,用不断发展的马克思主义武装大学生,推进大学生价值观教育的科学化。

马克思主义是我们党和国家的指导思想和理论基础,是全党全国人民的行动指南。马克思主义又是发展的科学,其生命力在于同各个时代、各个国家的具体实际相结合从而回答实践提出的重大问题。在将马克思主义基本原理与我国的具体实践相结合的过程中,中国形成了毛泽东思想、邓小平理论、"三个代表"重要思想、科学发展观及习近平新时代中国特色社会主义思想。在历史实践中,我国高校坚持对大学生进行系统的马克思主义理论教育,用马克思主义和中国化马克思主义的理论成果武装大学生的头脑,使马克思主义

---

① "十谈"编写组:《加强和改进新形势下高校思想政治工作十谈》,人民出版社 2017 年版,第 9 页。

真正成为大学生认识世界和改造世界的思想武器,成为他们看待和思考世界、社会、人生的理论指南和方法指导。马克思主义基本原理、毛泽东思想、邓小平理论、"三个代表"重要思想、科学发展观、习近平新时代中国特色社会主义思想等内容被大学生系统学习。

新中国成立后,在新民主主义教育方针的指导下,高校即开始用马克思主义理论作指导,马克思列宁主义世界观和毛泽东思想的学习在大学生中被鼓励和提倡。1953 年在各类型高校及专修科开设"马列主义基础"课程,学习时数与"政治经济学"相同。虽然具体课程在后期几经变动,但开设马列主义理论课成为新中国高校区别于旧中国高校、社会主义大学区别于资本主义大学的一个重要标志。20 世纪 60 年代,高校把学习毛泽东思想作为必修课。十年动乱期间,由于林彪、"四人帮"的干扰破坏,马列主义、毛泽东思想被糟蹋得面目全非,马列主义课被停开 8 年,1972 年复课后又被"四人帮"利用成为篡党夺权的工具,名存实亡,声名狼藉。

改革开放之初,为了继续肃清"四人帮"的流毒,同时应对历史发展新时期出现的新情况、新问题,充分发挥理论课对转变学生思想的作用,1980 年、1984 年、1986 年、1987 年、1991 年中央宣传部及教育部、国家教育委员会等连续发布相关文件①作出一系列具体部署,强调对学生进行系统的马列主义和毛泽东思想教育,强调马列主义课只能加强,不能削弱,规定马列主义课在各类专业中都是必修课程,不能选修或免修。

在中国特色社会主义实践中,又产生了一系列马克思主义中国化的理论

---

① 1980 年教育部关于印发《改进和加强高等学校马列主义课的试行办法》的通知,1984 年中央宣传部、教育部关于印发《关于加强和改进高等院校马列主义理论教育的若干规定》的通知,1986 年国家教育委员会《关于在高等学校进一步贯彻〈中共中央关于改革学校思想品德和政治理论课程教学的通知〉的意见》,1987 年国家教育委员会关于进一步改革高等学校马克思主义理论课(公共课)教学的意见,1991 年国家教育委员会关于加强和改进高等学校马克思主义理论教育的若干意见。分别见教育部社会科学司组编:《普通高校思想政治理论课文献选编 1949—2008》,中国人民大学出版社 2008 年版,第 85—90 页、第 94—99 页、第 109—112 页、第 118—121 页、第 138—144 页。

成果,随后按照中央关于"两课"教学的相关文件精神,各高校逐步推进邓小平理论、"三个代表"重要思想、科学发展观进入教材、进入课堂、进入头脑的工作,用马克思主义中国化的成果武装大学生的头脑,帮助他们正确认识中国与世界、历史与未来、个人与社会等,提高他们的思想政治觉悟、道德发展水平和精神价值境界。

党的十八大以来,以习近平同志为核心的党中央在坚持和发展中国特色社会主义伟大实践中,形成了一系列治国理政新理念新思想新战略,为全面深化改革、全面建成小康社会、实现中华民族伟大复兴的中国梦提供了指导和遵循。高校自觉地吸取将中国化马克思主义尤其是中国特色社会主义理论体系进教材、进课堂、进头脑的成功经验,加强传播马克思主义科学理论,用习近平新时代中国特色社会主义思想武装大学生,提高他们解释世界和改造世界的能力和本领,确保其人生观、价值观的第一粒扣子不扣歪,为其一生成长奠定科学的思想基础,导航他们的健康成长和全面发展。

二、坚持以中华优秀传统文化滋养学生

中华文化源远流长、博大精深,其中不乏价值观教育的优质资源。中国优秀传统文化是我们价值世界和精神世界植根的沃土,我国高校价值观教育和思想政治教育立足于我国优秀的传统文化,坚持以传统文化为根基,从传统文化中汲取力量,将优秀的传统文化融入思想政治教育中,借助传统文化的优秀内核不断地充实、完善、提升大学生的人格和品性。

面对思想领域和道德领域的难题,在运用现代智慧和力量的同时,还需要运用人类历史上积累和储存的智慧和力量。中国传统文化中丰富的哲学思想与教化思想、浓厚的人文精神与崇高的道德理念能够为大学生认识世界和改造世界提供有益启迪。毛泽东同志很早就曾经指出:我们是马克思主义的历史主义者,不应当割断历史。从孔夫子到孙中山,我们应当给予总结,承继这一份珍贵的遗产。改革开放后,历届党中央都重视从中国优秀的传统文化中

吸收养分,汲取力量,涵育价值,陶冶情操。

邓小平同志重视精神文明建设,他强调"坚持两手抓,两手都要硬"。在精神文明建设中,他强调中国传统文化的作用。他指出不能将优秀传统文化束之高阁,也不能颂古非今,否则优秀传统文化都会丧失生命力和活力。他主张对传统文化进行马克思主义的审视,做到区分精华和糟粕,做到钻研、吸收、融化和发展。他强调中国传统文化从旧的发展模式中解放出来,与时代相结合,焕发新的生机。他主张思想道德建设中也要坚持传统文化与时代要求相结合,做出时代创新。他还特别强调通过历史教育人民、教育青年、教育下一代。

以江泽民同志为核心的党的第三代中央领导集体在精神文明建设和思想道德建设中同样强调对优秀传统文化的传承,强调用优秀的中国传统文化教育当代大学生,培育理想人格①。1994 年 8 月中共中央印发的《爱国主义教育实施纲要》和 9 月印发的《关于进一步加强和改进学校德育工作的若干意见》以及 1995 颁布的《中国普通高等学校德育大纲》中均对中华优秀文化传统和道德传统的教育予以强调,并要求将历史形成的优良道德思想和行为准则赋予新的时代内容,编纂系统的丛书,并"编写适合不同年龄层次学生的教材、读物,拍摄影视片,广泛宣传,反复教育,长期熏陶"②。党的十五大报告中指出我们要建设民族的科学的大众的社会主义文化。所谓民族的就是弘扬民族文化的优秀传统、保持民族文化特色的文化,而不是殖民文化和全盘西化;是渊源于中华民族五千年文明史和中国特色社会主义实践而非悬空的。

党的十六大以来,以胡锦涛同志为总书记的党中央继续重视以中华优秀传统文化滋养青年。在贯彻公民道德建设实施纲要的过程中,中华民族传统

---

① 教育部社会科学司组编:《普通高校思想政治理论课文献选编 1949—2008》,中国人民大学出版社 2008 年版,第 151 页。

② 教育部社会科学司组编:《普通高校思想政治理论课文献选编 1949—2008》,中国人民大学出版社 2008 年版,第 153 页。

美德被进一步弘扬。2004 年 16 号文件强调要继续深入开展中华民族优良传统和中国革命传统教育。党的十七大报告指出：“要全面认识祖国传统文化，取其精华，去其糟粕，使之与当代社会相适应，与现代文明相协调，保持民族性，体现时代性。”①在社会主义荣辱观教育中，中华传统道德文化得到更进一步的弘扬，对促进社会风尚的改进、人的精神境界的提升发挥了重要作用。2009 年教育部办公厅专门发布《关于在教育系统做好“中华诵”经典诵读工作的意见》，对国家语言文字工作委员会办公室和中央文明办调研组全面启动的“中华诵·2009 经典诵读大赛”和“中华赞·2009 诗词歌赋创作大赛”进行部署，这是对弘扬民族优秀文化传统、以传统文化培育社会主义核心价值观的重要举措。各地、各高校因地制宜地自主探索将优秀传统文化与思想政治教育、价值观教育结合的好方法、好做法，通过弘扬中华传统美德，弘扬时代新风，推动了价值观教育的进一步开展。

党的十八大以来，以习近平同志为核心的党中央将优秀传统文化看作涵养社会主义核心价值观的道德源泉。习近平强调，中华民族的优秀传统文化是我们的“根”和“魂”，已经成为中华民族的基因。中国特色社会主义道路是在对中华民族 5000 多年悠久文明的传承中走出来的，加强中华优秀传统文化教育，有利于引导学生增强民族文化自信和价值观自信。2014 年教育部印发《完善中华优秀传统文化教育指导纲要的通知》，对中华优秀传统文化教育做了总体部署，提出要以弘扬爱国主义为核心，教育重点为家国情怀教育、社会关爱教育和人格修养教育”②。习近平总书记在多个场合、从多个角度对从中国优秀传统文化中汲取道德和价值力量予以强调。在 2014 年在北京大学师生座谈会上、在纪念孔子诞辰 2565 周年国际学术研讨会暨国际儒学联合会

---

①　新华社：《胡锦涛在党的十七大上的报告》，2007 年 10 月 25 日，http://www.chinadaily.com.cn/hqzg/2007-10/25/content_6205616.htm，2017 年 7 月 10 日。

②　教育部思想政治工作司组编：《加强和改进大学生思想政治教育重要文献选编 1978—2014》，知识产权出版社 2015 年版，第 670 页。

第五届会员大会开幕会上、在 2016 年 5 月 17 日的哲学社会科学座谈会上,习近平同志的讲话均反映出他对中国传统文化及传统文化所具有的价值观培育价值的独特思考,他强调,中华优秀传统文化中一些价值观具有其鲜明的民族特色和永不褪色的时代价值,我们不能数典忘祖;中国优秀传统文化体现了在处理人与自然、人与社会、人与人之间关系的价值原则和观念,学习和掌握其中的思想精华,"古为今用、以古鉴今,坚持有鉴别的对待、有扬弃的继承"①,对树立正确的世界观、人生观、价值观很有益处。

在 2017 年中共中央、国务院印发的《关于加强和改进新形势下高校思想政治工作的意见》中,特别强调要弘扬中华优秀传统文化和革命文化、社会主义先进文化,实施中华文化传承工程,推动中华优秀传统文化融入教育教学。不少高校在将中华民族优秀传统文化与社会主义核心价值观教育结合方面取得了显著的成效。如山东师范大学依托齐鲁文化研究院(教育部人文社会科学重点研究基地),启动了山东文化世家研究书系工程,深入挖掘文化世家优良的家风、家学、家训、家规等历史文化资源,探求著名历史人物成长的家族文化因素②,为社会主义核心价值观培育提供了丰富的文化资源和历史借鉴。又如南昌航空大学连续举办了 6 届中国传统文化艺术节,该校借力传统文化艺术节,以各种赛事、阅读中华经典活动、通过学生作品拍卖筹善款等师生喜闻乐见的形式,走出了一条培育和践行社会主义核心价值观的可行之路③。

三、坚持以世界先进文化润泽学生

改革开放的过程中,中国文化必然会与西方外来文化遭遇,社会主义价值

---

① 习近平:《在纪念孔子诞辰 2565 周年国际学术研讨会暨国际儒学联合会第五届会员大会开幕会上的讲话》,《人民日报》2014 年 9 月 25 日,第 2 版。

② 教育部思想政治工作司组编:《培育践行社会主义核心价值观高校案例》,中国书籍出版社 2015 年版,第 119 页。

③ 教育部思想政治工作司组编:《培育践行社会主义核心价值观高校案例》,中国书籍出版社 2015 年版,第 116 页。

观必然会与西方资本主义价值观较量。中国共产党除了坚持用马克思主义理论武装青年学生、坚持用中国优秀传统文化滋养学生以保持主体自觉和民族个性外，还注重博采众长、以开放的态度吸取世界上其他文明的精华为我所用，用世界先进文化润泽青年学生。

改革开放之初，邓小平同志曾强调，要洋为中用，吸收外国好的东西，然后再在这个基础上创新。社会主义现代化面临的新形势要求我们必须要有开放的胸怀、开放的思维，去学习了解新鲜的东西，去接触接纳外来的东西，认真研究、努力学习，培养自己的创新思维和创新能力。在大学生思想政治教育和价值观培育中，我们也注重吸取西方文明中的先进元素，并与中国实际相结合；注重国际学术对话和交流，借鉴西方价值观教育中好的做法和经验。

党的十二大至党的十六大期间，党中央也同样强调高校应该秉持开放的原则，以我为主、以我为用，开展多种形式的对外文化交流，引导大学生从多元文化中汲取精华，努力培养学生的创新思维和创新能力，使他们具有世界眼光和国际视野，能正确看待人类社会发展规律、当前国家发展方位和自身的历史责任和担当。社会主义核心价值体系提出后，高校在价值观教育中，一方面强调培养以爱国主义为核心的民族精神，一方面强调培养以改革创新为核心的时代精神，博采众长。

党的十八大以来，面对多种文化交融交锋日益频繁和激烈的态势，习近平总书记多次强调要引导大学生以理性的态度对待外来文化，明辨是非，拓宽思维，开阔视野。面对各种文化思潮对我国青年大学生价值观的影响，高校紧密关注，批判地借鉴吸收其优秀之处，摒弃其糟粕，力争做到"为我所用"。坚持用富强、民主、文明、和谐、自由、平等、公正、法治、爱国、敬业、诚信、友善为核心的价值观统领各种文化中的价值观，引领各种社会思潮，凝聚社会思想共识，培育文化软实力。

习近平同志非常重视世界先进文化的育人作用。他认为人类文明是多样性的存在，每个文明都有其长处，各种文明间应"相互交流、相互学习、相互借鉴,而不应该相互隔膜、相互排斥、相互取代"。我们尊重、珍视本国本民族的文明成果,但这"并不是要搞自我封闭,更不是要搞唯我独尊"①,我们应该虚心学习、积极借鉴别国别民族思想文化的长处和精华。在文明借鉴中,我们要坚持从本国本民族实际出发,坚持取长补短、择善而从、去粗取精、去伪存真。

在哲学社会科学座谈会上,习近平总书记特别指出我们既要立足本国实际,又要开门搞研究,对国外的理论、概念、话语、方法,要有分析、有鉴别,适用的就拿来用,不适用的就不要生搬硬套。② 在习近平重要思想的指导下,全社会和高校遵循既有本国观照又有国际视野的基本原则,不断推进文化建设和核心价值观培育,为大学生确立起科学、正确的价值观做出了不懈的探索,取得了一系列成效,广大青年学生的制度自信、理论自信、道路自信和文化自信进一步得到提升,其思想境界、精神世界、价值世界也都得到了提升和丰富。

第三节　坚持正面教育,在同错误观念和思潮的斗争中弘扬社会主义主旋律

改革开放以来,学生的视野得到大大拓展、思想获得大大解放,但西方资产阶级的错误思想观念和价值立场也不可避免地渗透进来,因此,如何提高学生的思想政治觉悟和辨别是非的能力、如何帮助学生抵制形形色色的错误思想观念和资本主义价值观的侵蚀成为一个重要议题。我国高校坚持唯物辩证法,在多样中立主导,持续不断地通过高校思想政治理论课、大学生日常思想政治教育、社会主义核心价值观专项培育等对学生进行价值观的正面系统教育,同时对不同历史阶段出现的典型的错误思想观念和社会思潮进行有针对性的批判,在大是大非问题上掌握主动权、打好主动仗,帮助学生划清是非界

---

① 习近平:《在纪念孔子诞辰2565周年国际学术研讨会暨国际儒学联合会第五届会员大会开幕会上的讲话》,《人民日报》2014年9月25日,第2版。

② 《习近平谈治国理政》第二卷,外文出版社2017年版,第341页。

限、澄清模糊认识,弘扬起社会主义的主旋律,培育和践行着社会主义核心价值观。

改革开放之初,由于四人帮的"流毒",部分青年学生对四项基本原则产生怀疑,向往资本主义社会的自由民主和生活方式,还有个别学生攻击党的领导和社会主义制度,资产阶级自由化思潮在一定程度上存在。为此,1984年中共中央宣传部、教育部印发《关于加强和改进高等院校马列主义理论教育的若干规定》的通知,对马克思主义理论正面、系统教育进行部署,强调各级党委宣传部和相关部门必须充分认识马克思主义理论教育的重要性,"坚决纠正一切轻视马列主义理论课的错误倾向。任何把马列主义理论课看成是'可有可无',把学习马列主义理论同学习专业对立起来的观点,都是错误的"[1]。同时,为了提高大学生的思想素质、增强大学生的鉴别能力,要求高等院校逐步开设西方现代哲学思潮、经济思潮、政治思潮、文艺思潮的评论讲座。

但由于"几年来反对资产阶级自由化思潮旗帜不鲜明、态度不坚决"[2],对"散布形形色色的资产阶级和其他剥削阶级腐朽没落的思想"以及"散布对于社会主义、共产主义事业和对于共产党领导不信任情绪"的精神污染应对不力,从而造成资产阶级自由化思潮的泛滥,最终引发了波及多个城市的"八六学潮"。邓小平同志针对此次学潮,指出为维护改革开放顺利进行的稳定政治局面,"要旗帜鲜明地坚持四项基本原则,否则就是放任了资产阶级自由化"[3]。"我们讲民主,不能搬用资产阶级的民主,不能搞三权鼎立那一套"[4]。"我们执行对外开放政策,学习外国的技术,利用外资,是为了搞好社会主义

---

① 教育部社会科学司组编:《普通高校思想政治理论课文献选编 1949—2008》,中国人民大学出版社 2008 年版,第 95 页。

② 邓小平:《旗帜鲜明地反对资产阶级自由化》,《邓小平文选》第三卷,人民出版社 1993 年版,第 194—197 页。

③ 邓小平:《旗帜鲜明地反对资产阶级自由化》,《邓小平文选》第三卷,人民出版社 1993 年版,第 194—197 页。

④ 邓小平:《旗帜鲜明地反对资产阶级自由化》,《邓小平文选》第三卷,人民出版社 1993 年版,第 194—197 页。

建设,而不能离开社会主义道路。"①1987 年 1 月,中共中央专门发出《关于当前反对资产阶级自由化若干问题的通知》,对资产阶级自由化"否定社会主义制度、主张资本主义制度,核心是否定共产党的领导"②的实质予以揭露,对反对资产阶级自由化作出专项部署。随后,国家教育委员会根据上述中央文件发出通知③,要求高校深入了解资产阶级自由化思潮对学生的影响,有针对性地开展教育。国家教育委员会陆续在 1987 年 3 月、6 月、10 月和 1988 年 5 月及 1991 年 8 月发布一系列文件、意见、规定,对高等学校马克思主义理论课(公共课)、研究生马克思主义理论课(公共课)、高等学校思想教育课程(与系统的马克思主义理论课程相区别,主要规定了形势与政策、法律基础两门必修课,大学生思想修养、人生哲理、职业道德三门有选择性开设的课程)、高等学校"形势与政策"课程和高等学校马克思主义理论教育作出部署。中共中央也在 1987 年 5 月作出《关于改进和加强高等学校思想政治工作的决定》,对几年来从中央到地方在政治思想战线上存在的软弱混乱现象、对高校不同程度地削弱思想政治工作的现象、对资产阶级自由化思潮泛滥的现象进行反思,强调要通过教育增强学生对错误思潮的识别力和抵制力,提高学生的思想政治素质。自 1989 年政治风波后,高校吸取"忽视思想政治教育这一重大失误"的教训,普遍重视起对大学生进行系统的价值观培育和思想政治教育,同时注意对资产阶级自由化、民主社会主义理论观点和其他一切非马克思主义的理论观点进行批判,与之划清界限。

特别是党的十四大以来,党中央和高校采取一系列措施,加强和改进大学

---

① 邓小平:《旗帜鲜明地反对资产阶级自由化》,《邓小平文选》第三卷,人民出版社 1993 年版,第 194—197 页。

② 中国共产党新闻网:《中国共产党大事记·1987 年》,http://cpc.people.com.cn/GB/64162/64164/4416137.html,2017 年 7 月 10 日。

③ 1987 年国家教育委员会《关于在高等学校马克思主义理论课(公共课)教学中旗帜鲜明地坚持四项基本原则反对资产阶级自由化的通知》,全国普通高校"两课"教育教学调研工作领导小组组编:《普通高校思想政治教育课程文献选编(1949—2003)》,中国人民大学出版社 2003 年版,第 116—117 页。

生价值观教育和思想政治教育工作,坚持正面教育,在促进改革、发展、稳定局面和大学生健康成长方面发挥了重要作用。但由于在改革的攻坚阶段和发展的关键时期,国内社会情况发生了深刻而复杂的变化,国际上敌对势力加紧通过各种途径进行思想文化渗透,加上互联网、多媒体等现代传媒的发展带来海量信息涌入,导致鉴别是非的难度增加和行为选择上的复杂性、价值取向的多样化。一些高校忙于业务,对社会思想政治动向关注不够,高校思想政治工作存在适应性弱、覆盖不到位、针对性不强、方法手段滞后等问题。"法轮功"邪教组织乘隙而起,并在社会以及高校中蔓延,思想领域的阵地一度被非马克思主义的东西占领。1999 年,中共中央发出《关于共产党员不准修炼"法轮大法"的通知》,对全体党员进行一次集中的马克思主义唯物论和无神论教育,增强其政治敏锐性和政治鉴别力,坚定其马克思主义的信仰和共产主义的理想信念。同年,中共中央发布《关于加强和改进思想政治工作的若干意见》,进一步表现出对错误思潮的政治警觉,其中要求学校坚持社会主义办学方向,坚持以马克思主义指导教学,绝不能为错误思潮提供讲台和阵地①。2001 年中共教育部党组、共青团中央联合发布《关于在各级各类学校广泛开展"校园拒绝邪教"活动的通知》,有针对性地对学生开展唯物论和无神论教育,引导广大学生青年学生认清"法轮功"组织卖身投靠国际反华势力、企图颠覆国家政权的险恶用心和政治目的以及对学生精神和肉体的残害。同年,中共中央印发《公民道德建设实施纲要》,针对社会中存在的一些道德失范问题,提出"爱国守法、明礼诚信、团结友善、勤俭自强、敬业奉献"为主要内容的基本道德规范,以主旋律予以引导和纠正。各高校贯彻中央精神,将大学生道德建设进一步向前推进。

2002 年党的十六大胜利召开,胡锦涛同志提出社会主义荣辱观,为全社会提供了美丑、荣辱的标准和底线,以此引领社会风气。社会主义核心价值体

---

① 　教育部思想政治工作司组编:《加强和改进大学生思想政治教育重要文献选编 1978—2014》,知识产权出版社 2015 年版,第 199 页。

系被提出后,成为全民族奋发向上的精神力量和团结和睦的精神纽带。高校以社会主义核心价值体系引领各种社会思潮,巩固壮大积极健康向上的主流舆论,唱响了时代主旋律。

党的十八大以来,以习近平同志为核心的党中央把高校思想政治工作摆在突出位置,并进一步坚持正面教育原则,同时对错误思潮进行深入彻底批判。以守土有责、守土负责、守土尽责的姿态,以敢抓敢管、敢于亮剑的魄力引导大学生明辨是非。习近平同志强调宣传思想工作要坚持团结稳定鼓劲、正面宣传为主,这是对正面教育方针的又一次深化和拓展。"我们正在进行具有许多新的历史特点的伟大斗争,面临的挑战和困难前所未有,必须坚持巩固壮大主流思想舆论,弘扬主旋律,传播正能量,激发全社会团结奋进的强大力量"①。要充分发挥正面宣传鼓舞人、激励人的作用。同时,"在事关大是大非和政治原则问题上,必须增强主动性、掌握主动权、打好主动仗,帮助干部群众划清是非界限、澄清模糊认识"②。高校在中央精神的指导下,努力增强马克思主义的话语权和主导权,不断壮大主流思想舆论,将正面宣传做大做强。

面对国内外敌对势力变本加厉和花样百出的干扰以及在思想领域对青年学生的争夺,面对青年学生日益多元的思想观念、价值取向以及部分学生被错误思潮如历史虚无主义、新自由主义、宪政民主、普世价值影响从而在大是大非上犯糊涂,面对马克思主义在意识形态领域出现的失语、失声,2017 年 2月,中共中央、国务院从"建设什么样的大学、怎样建大学;为谁培养人、培养什么样的人、如何培养人"的战略高度印发了《关于加强和改进新形势下高校思想政治工作的意见》,强调高校要强化思想理论教育和价值引领。理论界和学术界加大对影响较大的错误社会思潮的研究力度,有些期刊如《思想教

---

① 《习近平在全国宣传思想工作会议上强调胸怀大局把握大势着眼大事努力把宣传思想工作做得更好》,《光明日报》2013 年 8 月 21 日,第 1 版。

② 《习近平在全国宣传思想工作会议上强调胸怀大局把握大势着眼大事努力把宣传思想工作做得更好》,《光明日报》2013 年 8 月 21 日,第 1 版。

育研究》、《思想理论教育》、《学校党建与思想教育》等专设社会思潮栏目进行重点研究,力图摸透错误思潮的理论实质和政治意图、廓清其对社会大众和青年学生的恶劣影响。高校在思想政治理论课教学、哲学社会科学教学中,在讲座、论坛等活动中也着重对各种错误观点和思潮进行辨析,帮助大学生提高是非辨别能力。

第四节　坚持以课程教学为主渠道，不断拓展育人格局

课程是教育思想、教育目标和教育内容的主要载体,是学校教育教学活动的基本依据。我国高校历来重视通过开设课程对大学生进行思想政治教育和价值观教育,改革开放以来尤其如此,课程改革被不断推进。同时,大学生思想政治素质、思想道德修养和价值观的养成是多因素综合作用的结果,改革开放以来,在历史实践中,我国高校形成了多方参与、齐心协力、互相配合的育人格局,从教书育人逐步拓展到"教书育人、科研育人、实践育人、管理育人、服务育人、文化育人、组织育人"①的大育人格局。

一、以课程教学为主渠道进行价值观引导

新中国成立后,高校即开设专门课程对大学生进行马克思主义教育和思想品德教育。这些课程在"文革"期间一度被停开,改革开放后得以恢复,并且不断走向科学化、系统化。

改革开放以来,马列主义课得以延续,共产主义思想品德课②、自然辩证

---

① 新华社:中共中央国务院印发《关于加强和改进新形势下高校思想政治工作的意见》,2017 年 2 月 27 日,http://news.xinhuanet.com/2017-02/27/c_1120538762.htm,2017 年 7 月 10 日。
② 1982 年教育部发出《关于在高等学校逐步开设共产主义思想品德课程的通知》、1984 年教育部印发《关于高等学校开设共产主义思想品德课的若干规定》。

法①、法律基础课②、形势与政策课③、大学生心理健康教育课④（最先涵盖在思想道德修养课中,后成为独立课程）等课程陆续开设,在历史发展过程中,对有些课程进行改动、整合,先后经过 1985 年方案、1998 年方案、2005 年方案后最终形成了包含思想道德修养与法律基础、马克思主义基本原理、中国近现代史纲要、毛泽东思想与中国特色社会主义理论体系概论、形势与政策等必修课程的思想政治理论课课程体系。2011 年教育部办公厅印发《普通高等学校学生心理健康教育课程教学基本要求》后,高校并开设大学生心理健康教育必修课,有的学校还配以选修课或其他校本课程,以这些课程为主渠道集中对大学生进行价值观教育和引导。除了思想政治理论课程外,哲学社会科学课程和自然科学课程的育人功能也得到开发和重视。

（一）以思想政治理论课程为主渠道

改革开放之初,教育部在拨乱反正基础上对高校思想政治理论课程进行改进和加强建设,在摸清高等学校政治理论课基本情况和存在问题的基础上,为了解决普遍存在的"教材不适应、课程不稳定、领导不重视、教师不愿教、学生不愿学"等现象,教育部强调高校各级领导要重视马克思主义理论课的建设,在实践中探索、总结、提高,充分发挥马克思主义理论教育在人才培养中的基础性作用。1980 年,教育部吸取新中国成立 30 年来正反两方面经验,制定

---

① 1981 年教育部发出《关于开设自然辩证法方面课程的意见》。

② 1986 年国家教育委员会发出《关于在高等学校开设"法律基础课"的通知》。

③ 1986 年中共中央宣传部、国家教育委员会发布《关于对高等学校学生深入进行形势政策教育的通知》、1988 年国家教育委员会发布《关于高等学校开设〈形势与政策〉课的实施意见》。

④ 2001 年教育部发布《关于加强普通高等学校大学生心理健康教育工作的意见》,2002 年教育部办公厅印发《普通高等学校大学生心理健康教育工作实施纲要（试行）的通知》,2003 年教育部办公厅发布《关于进一步加强高校学生管理工作和心理健康教育工作的通知》,2005 年教育部、卫生部、共青团发布《关于进一步加强和改进大学生心理健康教育的意见》,2011 年教育部办公厅印发《普通高等学校学生心理健康教育工作基本建设标准（试行）的通知》和《普通高等学校学生心理健康教育课程教学基本要求的通知》。

了《改进和加强高等学校马列主义课的试行办法》。通过执行该试行办法,各高校重新恢复了马列主义理论课的正常教学工作和秩序。在 20 世纪 80 年代,中共中央、教育部、国家教育委员会等陆续发布一系列文件①,对高校开设的马克思主义理论课程和课程建设进行部署,基本形成马克思主义理论课(马克思主义原理课、中国革命史、中国社会主义建设课)、思想教育课(形势与政策、法律基础两门必修课,大学生思想修养、人生哲理、职业道德三门可因校制宜有选择性地开设)为主体的课程体系。

党的十四大以来,随着改革开放的推进,为了在新形势下做好大学生价值观培育和思想政治教育工作,课程建设进一步被推进。1992 年,国家教委在总结实践经验的基础上,对有关课程进行了调整,原设的"大学生思想修养"和"人生哲理"课合并为"思想道德修养"。思想教育课逐步走向规范化、制度化。随后几年几经变化,正式形成了马克思主义理论课和思想品德课的"两课"②格局。"两课"被视为对大学生进行思想理论教育的主要渠道和主要阵

---

① 1980 年教育部印发《改进和加强高等学校马列主义课的试行办法》的通知,1981 年教育部发布《关于开设自然辩证法方面课程的意见》,1982 年教育部发出《关于在高校逐步开设共产主义思想品德课程的通知》,1984 年中央宣传部、教育部关于印发《关于加强和改进高等院校马列主义理论教育的若干规定》的通知,1984 年教育部关于印发《关于高等学校开设共产主义思想品德课的若干规定》的通知,1985 年中共中央发布《关于改革学校思想品德和政治理论课程教学的通知》,1985 年国家教育委员会发布《关于在高等学校进一步贯彻〈中共中央关于改革学校思想品德和政治理论课程教学的通知〉的意见》,1986 年国家教育委员会发布《关于在高等学校开设"法律基础课"的通知》,1986 年中共中央宣传部、国家教育委员会发布《关于对高等学校学生深入进行形势政策教育的通知》,1987 年国家教育委员会发布《关于进一步改革高等学校马克思主义理论课(公共课)教学的意见》,1987 年国家教育委员会发布《关于高等学校研究生马克思主义理论课(公共课)教学的若干规定》,1987 年国家教育委员会、总政治部发布《关于加强学生军训中思想政治工作的通知》,1987 年国家教育委员会发布《关于高等学校思想教育课程建设的意见》,1988 年国家教育委员会发布《关于高等学校开设〈形势与政策〉课的实施意见》等。

② 1993 年 8 月 13 日中共中央组织部、宣传部、国家教育委员会印发的《关于新形势下加强和改进高等学校党的建设和思想政治工作的若干意见》中正式将"马克思主义理论课和思想政治教育课"简称为"两课"。1994 年中共中央发布《关于进一步加强和改进学校德育工作的若干意见》,为新时期学校德育工作提供指南,其中将"思想政治教育课"改为"思想品德课"。为贯彻这一意见,1995 年国家教育委员会发出《关于印发〈关于高校马克思主义理论课和思想品德课教学改革的若干意见〉的通知》,正式将马克思主义理论课和思想品德课简称为"两课"。

地,高校积极采取措施,围绕"两课"教学进行了一系列改革,通过课程更好地引导和帮助学生树立起马克思主义世界观、人生观和价值观,增强和抵制错误思潮和拜金主义、享乐主义、极端个人主义等思想侵蚀的能力。1997 年党的十五大把邓小平理论确定为党的指导思想,1998 年中共中央政治局常委会专门研究了高校开设邓小平理论课和教学与改革等问题,确定了"两课"课程设置新方案①。改进后的课程方案由于与马克思主义理论科学体系相一致,能更有效地引导和帮助学生掌握马克思主义立场、观点和方法。但该方案也存在一些不足之处,主要课程在马克思主义整体性上仍不足,在中国化马克思主义理论上又缺乏整合,存在交叉重复。

党的十六大以来,面对世界范围内各种思想文化相互激荡、国际敌对势力与我争夺下一代的复杂斗争形势,面对大学生思想观念、价值观念的新特点和存在问题,面对高校思想政治理论课教学存在的薄弱环节和改革实施中的不足,为了更好地引导大学生,高校思想政治理论课课程体系又进一步被调整,从而形成了至今仍在执行的"05 方案"②。"05 方案"不仅对课程体系作了改革和调整,而且在学科方面作了调整,增设了马克思主义理论一级学科(下设五个二级学科),增列了一大批硕士点、博士点。这一次课程方案的改革配套性更强,其执行也更得力。2011 年后,高校普遍开设"大学生心理健康教育"必修课,进一步充实了课程体系,促进了大学生思想道德素质、科学文化素质和身心健康素质的协调发展,为促使学生正确认识自身与适应社会、培养他们自尊、自爱、自律、自强的优良品格以及克服困难、承受挫折的能力发挥了重要作用。

---

① 也称为"98 方案",确定高校开设马克思主义哲学原理、政治经济学原理、毛泽东思想概论、邓小平理论概论、思想道德修养、法律基础、形势与政策等,还在文科生中开设当代世界经济政治概论,在理工科类学生中则开设自然辩证法(或科技哲学)。

② "05 方案"规定高校思想政治理论课课程为:马克思主义基本原理,毛泽东思想、邓小平理论和"三个代表"重要思想概论,中国近现代史纲要,思想道德修养与法律基础。同时开设形势与政策课,另外开设当代世界经济与政治等选修课。

(二)重视其他课程中思想政治教育资源的开发

除了思想政治理论课程,哲学社会科学课程、自然科学课程等的育人功能也被认识、重视和开发。

早在1985年,中央就发文对哲学社会科学的育人功能作出指示,"设有哲学社会科学院系的高等学校应该成为马克思主义的学术研究阵地,要运用马克思主义的基本原理积极探索社会主义现代化建设中的重大理论问题和实际问题,并对国内外一些有影响的观点和思潮,做出正确的评介"[①]。1987年中共中央《关于改进和加强高等学校思想政治工作的决定》中强调"要按照各个学科的特点,……解决好为谁服务的问题"[②],"哲学社会科学和文学艺术课程,应坚持以马克思主义为指导……把思想政治教育贯穿到教学环节中去。自然科学课程的教学要注意讲述本专业在我国社会主义建设中的成就和当前要解决的重大课题"[③]。但由于当时高校对思想政治工作不够重视,这些重要思想和指示未得到有效贯彻。

党的十四大以后,为了在改革开放和社会主义现代化建设事业的新阶段有效引领大学生树立正确的世界观、人生观和价值观,中共中央在1994年发布《关于进一步加强和改进学校德育工作的意见》,指示高校应促进各类学科与德育有机结合。"高校应积极开设人文、社会科学类选修课程,与马克思主义理论课和思想品德课统筹规划,分工合作。各门课程的建设应体现社会主义的办学方向和全面发展的办学指导思想,教学大纲和教学评估标准要有正

---

① 中共中央、国务院批转《国家教委关于加强高等学校思想政治工作的决定》的通知,教育部思想政治工作司组编:《加强和改进大学生思想政治教育重要文献选编1978—2014》,知识产权出版社2015年版,第49页。

② 教育部社会科学司组编:《普通高校思想政治理论课文献选编1949—2008》,中国人民大学出版社2008年版,第124页。

③ 教育部社会科学司组编:《普通高校思想政治理论课文献选编1949—2008》,中国人民大学出版社2008年版,第124页。

确的思想导向。"①在此理念的指导下,高校思想政治工作在改进中加强,教师通过课程教学发挥着重要的育人功能。

伴随着改革开放进一步发展的是国内国际形势巨大而深刻的变化,人们的社会心态、价值取向、思维方式、思想观念、行为方式等也发生了巨大的变革,多样性凸显,西方文化思潮和价值观念对人们的冲击也加重,面对新情况,大学生思想政治教育工作还不太适应。2004年中共中央、国务院联合下发16号文件,进一步明确"高等学校哲学社会科学课程负有思想政治教育的重要职责,……要发挥哲学社会科学的优势,紧密围绕大学生普遍关心的、改革开放和现代化建设中的重大问题,做好释疑解惑和教育引导工作"②。同时进一步强调"高等学校各门课程都具有育人功能,所有教师都负有育人职责"③,"要深入发掘各类课程的思想政治教育资源,在传授专业知识的过程中加强思想政治教育"④。

在前所未有地接近全面建成小康社会、实现中华民族伟大复兴中国梦的历史阶段,西方敌对势力进一步加紧对我国进行渗透和和平演变,他们与国内一些反动势力勾结,利用全面深化改革期间的社会矛盾兴风作浪,鼓吹各种错误社会思潮,妄图取消中国共产党的执政地位,将中国引向资本主义道路从而沦落为西方资本主义附庸。这些错误社会思潮威胁着马克思主义在意识形态领域的主导地位,也使中国特色社会主义事业在思想基础上面临严峻挑战。以习近平同志为核心的党中央审时度势,把高校思想政治工作摆在突出位置,几年内连续、紧密地作出一系列重大决策部署,各地区、各高校也积极采取有

---

① 教育部社会科学司组编:《普通高校思想政治理论课文献选编 1949—2008》,中国人民大学出版社 2008 年版,第 154 页.

② 教育部社会科学司组编:《普通高校思想政治理论课文献选编 1949—2008》,中国人民大学出版社 2008 年版,第 204—205 页。

③ 教育部社会科学司组编:《普通高校思想政治理论课文献选编 1949—2008》,中国人民大学出版社 2008 年版,第 204—205 页。

④ 教育部社会科学司组编:《普通高校思想政治理论课文献选编 1949—2008》,中国人民大学出版社 2008 年版,第 204—205 页。

力有效措施并主动开展工作。但由于社会中的一些错误思潮通过网络等渠道对高校师生产生了一定影响，有些教师甚至出现挟洋自重、吡必中国的现象，部分哲学社会科学教师甚至在课堂上发表错误言论，影响恶劣。为此，2014年教育部发布《关于全面深化课程改革、落实立德树人根本任务的意见》，强调增强各门课程教师的育人意识和能力，既要发挥各学科独特育人功能，也要发挥学科间综合育人功能①。2015 年中共中央办公厅、国务院办公厅印发《关于进一步加强和改进新形势下高校宣传思想工作的意见》，进一步强调要"充分发挥高校哲学社会科学育人功能，深化哲学社会科学教育教学改革，充分挖掘哲学社会科学课程的思想政治教育资源"②。2016 年 12 月，习近平同志在全国高校思想政治工作会议上又强调指出，高校思想政治工作关系高校培养什么样的人、如何培养人以及为谁培养人这个根本问题。在教育引导学生正确认识世界和中国发展大势、正确认识中国特色和国际比较、正确认识时代责任和历史使命、正确认识远大抱负和脚踏实地中，高校所有课程都具有育人职责。除了思想政治理论课要坚持在改进中加强，"其他各门课都要守好一段渠、种好责任田，使各类课程与思想政治理论课同向同行，形成协同效应"③。为了确保高校坚持培养又红又专的中国特色社会主义合格建设者和可靠接班人的政治方向，2017 年 2 月中共中央、国务院又印发了《关于加强和改进新形势下高校思想政治工作的意见》，从"事关办什么样的大学、怎样办大学"的高度对新形势下高校的思想政治工作作出全面部署。其中进一步凸显出对哲学社会科学和各类课程育人功能和责任的重视，如"要加强哲学社

---

①　教育部思想政治工作司组编：《加强和改进大学生思想政治教育重要文献选编 1978—2014》，知识产权出版社 2015 年版，第 676 页。

②　新华社：《中共中央办公厅、国务院办公厅印发〈关于进一步加强和改进新形势下高校宣传思想工作的意见〉》，2015 年 1 月 19 日，http://www.gov.cn/xinwen/2015-01/19/content_2806397.htm，2017 年 7 月 10 日。

③　新华社：《全国高校思想政治工作会议 12 月 7 日至 8 日在北京召开》，2016 年 12 月 8日，http://www.gov.cn/xinwen/2016-12/08/content_5145253.htm#1，2017 年 11 月 21 日。

会科学学科体系建设，……强化马克思主义理论学科的引领作用"①，"充分发掘和运用各学科蕴含的思想政治教育资源，健全高校课堂教学管理办法"②，这些既是对哲学社会科学课程中存在的问题的纠偏，也是对新形势下加强哲学社会科学和其他课程育人责任的要求。

二、不断拓展育人格局，逐步构建教育合力

改革开放以来，在大学生思想政治教育中，高校一方面以课程教学为主渠道，另一方面又坚持拓展育人格局，构建教育合力，力争建立全员育人、全过程育人、全方位育人的机制。育人主体从政工干部、思想政治理论课教师拓展到所有课程教师尤其是哲学社会科学课程教师及服务、管理等岗位工作人员，从"教书育人"逐步拓展到"教书育人、科研育人、实践育人、管理育人、服务育人、文化育人、组织育人"③的大育人格局。

1980 年和 1984 年关于加强高等学校思想政治工作的中央文件中均对教师承担的教书育人职责予以重视，当时已经认识到所有教师都具有育人职责，但当时无论中央还是高校的育人思路还主要停留在通过马列主义理论教师实现教书育人上。1987 年《中共中央关于改进和加强高等学校思想政治工作的决定》中大力提倡"教书育人、服务育人"④，强调高校教师要坚持正确的政治方向，努力做到教书育人，为人师表；高等学校的职工对培养学生有着重要作

---

① 新华社：《中共中央国务院印发〈关于加强和改进新形势下高校思想政治工作的意见〉》，2017 年 2 月 27 日，http://news.xinhuanet.com/2017-02/27/c_1120538762.htm，2020 年 7 月 10 日。

② 新华社：《中共中央国务院印发〈关于加强和改进新形势下高校思想政治工作的意见〉》，2017 年 2 月 27 日，http://news.xinhuanet.com/2017-02/27/c_1120538762.htm，2020 年 7 月 10 日。

③ 新华社：《中共中央国务院印发〈关于加强和改进新形势下高校思想政治工作的意见〉》，2017 年 2 月 27 日，http://news.xinhuanet.com/2017-02/27/c_1120538762.htm，2017 年 7 月 10 日。

④ 教育部社会科学司组编：《普通高校思想政治理论课文献选编 1949—2008》，中国人民大学出版社 2008 年版，第 204—205 页。

用,要勤勤恳恳地做好本职工作,搞好服务育人。此时育人格局拓展为"教书育人、服务育人"。

随着改革开放和社会主义现代化进入新的发展阶段,思想政治教育和价值观教育面临一些新的情况,怎样在多种所有制并存、多种分配方式并存的情况下坚持社会主义意识形态的主导地位? 怎样用中国特色社会主义理论教育学生? 如怎样在开放格局中继承和发扬中华民族优秀文化传统和中国共产党领导下的革命斗争传统? 怎样在新旧体制转换过程中树立正确的世界观、人生观、价值观、培养良好的道德品质? 为了适应新形势、回答新问题,1993 年中共中央组织部、中共中央宣传部、国家教育委员会印发《关于新形势下加强和改进高等学校党的建设和思想政治工作的若干意见的通知》,其中将育人格局由"教书育人、服务育人"拓展为"教书育人、管理育人、服务育人",要求除了教师和服务人员明确自身教书育人、服务育人职责外,学校各项管理工作要明确其管理育人的职责。在 1994 年中共中央发布的《关于进一步加强和改进学校德育工作的若干意见》中除了延续教书育人、管理育人、服务育人,还出现了科研育人的萌芽,强调科研人员要深入学生实际,有针对性地发挥科研的德育功能①。

随着高校思想政治工作的开展和思想政治教育研究的深入,随着影响大学生思想政治观念、道德素质、价值取向等因素的大量增加,尤其是随着社会环境的变化和网络的普及,为了更有效地对大学生进行价值观的教育和引导,高校思想政治教育的育人格局进一步得到拓展。到 2015 年中共中央办公厅、国务院办公厅印发的《关于进一步加强和改进新形势下高校宣传思想工作的意见》中形成了"教书育人、实践育人、科研育人、管理育人、服务育人"②五育

---

①　教育部社会科学司组编:《普通高校思想政治理论课文献选编 1949—2008》,中国人民大学出版社 2008 年版,第 154 页。

②　新华社:《中共中央办公厅、国务院办公厅印发〈关于进一步加强和改进新形势下高校宣传思想工作的意见〉》,2015 年 1 月 19 日,http://www.gov.cn/xinwen/2015-01/19/content_2806397.htm,2017 年 11 月 21 日。

人的格局,高校踏上探寻"教书育人、实践育人、科研育人、管理育人、服务育人的长效机制"的历程。2016 年习近平同志在全国高校思想政治工作会议上又强调把思想政治工作贯穿教育教学全过程,做到坚持全员、全过程、全方位育人。2017 年 2 月中共中央、国务院印发《关于加强和改进新形势下高校思想政治工作的意见》,强调把思想价值引领贯穿教育教学全过程和各环节,努力"形成教书育人、科研育人、实践育人、管理育人、服务育人、文化育人、组织育人长效机制"①,至此,"教书育人、科研育人、实践育人、管理育人、服务育人、文化育人、组织育人"的七育人格局形成,这更加符合教育规律、符合思想政治工作规律、符合大学生成长规律,也必将推动大学生思想政治教育和价值观教育工作的进一步提升。

第五节 注重科学研究,探寻规律,增强教育的科学性

大学生思想政治教育和价值观教育虽是实践性很强的工作,但其中也存在不以人的意志为转移的客观规律。在把握客观规律基础上方能提高实践的自觉性和自由度。改革开放以来大学生思想政治教育和价值观教育的主题是坚持马克思主义的指导,增强中国特色社会主义的制度自信、道路自信、理论自信和文化自信,树立正确的世界观、人生观和价值观。面对当代世界和中国实践中出现的重大理论和现实问题,只有集中研究甚至协作攻关,给学生提供有说服力的材料和观点,作出马克思主义的科学的、透彻的回答,方能保证教育"入脑入心"。只有深刻把握思想教育规律和学生成长规律,也才能真正提升教育的科学性和有效性。改革开放以来,高校思想政治工作一方面在恢复

---

① 新华社:《中共中央国务院印发〈关于加强和改进新形势下高校思想政治工作的意见〉》,2017 年 2 月 27 日,http://news.xinhuanet.com/2017-02/27/c_1120538762.htm,2017 年 7 月 10 日。

和重建、改进和加强思想政治理论课的过程中,注重科学研究,提高教育质量,力争用好这一主渠道;另一方面注重加强学科建设,揭示教育规律和学生成长规律,为思想政治工作提供理论指导和学科支撑。在党中央对思想政治教育的学科地位给予肯定、对思想政治教育学科发展给予规划和支持下,理论界、学术界展开了大量的理论和实践研究,促进思想政治教育学科的蓬勃发展,逐渐深刻把握了教育规律、思想政治工作规律和大学生成长发展规律,促进了大学生思想政治教育和价值观教育的科学化发展。

一、注重对高校思想政治理论课的科学研究,提升教育质量

思想政治理论课作为对大学生进行思想政治教育的主渠道,必须保持一定的科学体系,坚持科学性和党性的统一、坚持理论与实际的结合。改革开放以来在思想政治理论课建设历程中非常强调加强科学研究,针对学生存在的深层思想问题如"人生该怎么过、国家该往何处去、历史该往哪里走",深刻阐明高尚的人生目的、中国特色社会主义道路的优越性和光明前景、共产主义的必然性以及共产党作为执政党、马克思主义作为指导思想的历史逻辑和政治结论,从而提高教育的针对性、思想性,增强亲和力、说服力,提高有效性。

党的十一届三中全会之后,高校思想政治工作面临的一项重要工作即恢复十年动乱期间一度停掉的马列主义课、恢复一度混乱的教育教学秩序。由于十年动乱期间林彪、"四人帮"将马列主义、毛泽东思想当作达成自己政治目的的工具,严重扭曲、抹黑了马列主义、毛泽东思想,还造成了"政治课里没有真理、没有科学"的恶劣印象,影响到思想政治教育的良性开展。不少教师在教学实践中深切体会到,"要搞好高校政治理论课教学,必须明确肯定每门政治理论课是一门科学"[①]。为此,1980 年,1984 年、1987 年中央有关部门对

---

① 教育部社会科学司组编:《普通高校思想政治理论课文献选编 1949—2008》,中国人民大学出版社 2008 年版,第 76 页。

马克思主义理论课的部署①中,都强调要加强科学研究,并将其视为一项基础性工作,鼓励和支持教师针对马克思主义各个学科的基本理论、社会主义现代化建设中提出的重大理论问题和实际问题、教学中的热点难点问题、教学规律和教学法、学生思想特点和发展规律等展开研究,并要求有条件的学校设立马列主义理论教育研究室、举办学术讨论会,并为科研成果提供发表园地。国家教委还分批提出科研课题,供各校教师参考选择;组织专题研讨会,推动科研工作深入发展;对优秀成果给予奖励、出版资助等;对重大综合性课题,组织各方力量协作攻关,推动了科学研究的进展。

1995 年,在总结十几年思想政治理论课教学工作经验基础上,中共中央发布《关于高校马克思主义理论课和思想品德课教学改革的若干意见》,为新时期思想政治理论课教学提供指南,其中强调要进一步加强"两课"的科学研究,要把"两课"作为高校的重点课程加以建设,把课程建设和教学中的重要理论和实际问题作为重要课题,列入国家教育科学规划和高校人文社会科学研究规划;各级教育部门对"两课"有关教学、科研活动以及参加社会调查所需的经费单设项目,列入预算,足额拨付,逐步增加。② 为了进一步提高"两课"教学的科学性和理论性,充分发挥专家学者对"两课"建设的咨询和指导作用,1997 年,国家教委普通高等学校马克思主义理论课和思想品德课教学指导委员会成立,这是新形势下加强"两课"教学和学科建设的一项重要举措。该委员会在此后的思想政治理论课教学中发挥了巨大的智囊作用,有力推动了思想政治理论课教学的科学研究和相关学科发展。

2005 年,针对思想政治理论课教学中学科建设基础薄弱、课程内容重复、

---

① 1980 年教育部印发《改进和加强高等学校马列主义课的试行办法》,1984 年中共中央宣传部、教育部印发《关于加强和改进高等院校马列主义理论教育的若干规定的通知》,1987 年国家教育委员会发布《关于进一步改革高等学校马克思主义理论课(公共课)教学的意见》。

② 教育部社会科学司组编:《普通高校思想政治理论课文献选编 1949—2008》,中国人民大学出版社 2008 年版,第 160 页。

教材质量参差不齐、优秀中青年学术带头人缺乏等问题,《关于进一步加强和改进高等学校思想政治理论课的意见》(教社政〔2005〕5 号)中强调学科建设是加强和改进思想政治理论课的基础,马克思主义理论相关学科研究能为课程建设提供学科支撑。为贯彻 5 号文件精神,2005 年马克思主义理论一级学科及所属的 5 个二级学科得以设立。在学科发展的有力支撑下,思想政治理论课教学科研突飞猛进,促进了教学质量的进一步提升。

二、大力促进学科建设,促进高校思想政治工作的科学化

思想政治教育是运用马克思主义理论与方法,专门研究人的思想品德形成、发展和思想政治教育规律,培养人们正确世界观、人生观、价值观的学科。作为一门学科,它指导着大学生思想政治工作和价值观引导工作。改革开放以来,思想政治教育学科"从无到有,从不成熟到走向成熟,跻身于学术之林;思想政治教育专业从小到大,从本科、第二学士学位到硕士点、博士点,层次、体系完备"[1],"为巩固马克思主义在意识形态领域的指导地位和道德领域突出问题的教育治理提供了重要支撑"[2],为探索思想政治教育规律和学生成长规律、为提高高校思想政治工作的科学化水平作出了巨大贡献,为大学生思想政治素质的提升和价值世界与精神世界的丰盈起到了重要作用。正是源于马克思主义理论一级学科尤其是思想政治教育二级学科的发展,结构合理、功能互补的课程体系才得以形成,科学、合理的教材得以形成,有效的教育方式方法才得以采用,教育内容才能与时俱进,人才队伍素质才能有效提高,高校思想政治工作也才能在加强中改进、在改进中提升。

毛泽东同志很早就曾指出对政治工作要加紧研究,不可或缓[3]。改革开

---

① 张耀灿:《思想政治教育学科专业创建 30 年的回顾和展望》,《思想理论教育》,2014 年第 1 期,第 26—33 页。

② 张耀灿:《思想政治教育学科专业创建 30 年的回顾和展望》,《思想理论教育》,2014 年第 1 期,第 26—33 页。

③ 《毛泽东选集》第二卷,人民出版社 1991 年版,第 554 页。

放之前,虽然思想政治工作被看作经济工作和其他一切工作的生命线,但没人把它看作是科学。1980 年 5 月,"思想政治工作科学化"这一新命题被提出并引发热烈讨论,作为讨论成果的《论思想政治工作科学化》一书于 1981 年由山西人民出版社出版。1983 年教育部召开了政工专业论证会,确定学科名称为"思想政治教育学",学科建设和人才培养所依托的专业名称为"思想政治教育专业",并初步议定专业的课程设置并决定 1984 年开始招生。

自此以后,思想政治教育学科以较快速度发展。在国家政策支持、学人刻苦探索、实践工作不断推动下,学科建设得以进一步推进。1990 年在法学门类政治学一级学科下正式增设了马克思主义理论教育、思想政治教育这两个硕士授权专业①。1994,作为新时期德育纲领的《中共中央关于进一步加强和改进学校德育工作的若干意见》中突出强调"思想政治教育是一门科学,有其特殊的规律,推动思想政治教育科研和学科建设,把思想政治教育作为人文社会科学的重点学科加强建设,把德育研究项目列入国家教育科学研究规划和国家哲学社会科学研究规划,培养和造就一批德育专家、教授和理论家"②。

1997 年专业目录调整,马克思主义理论教育和思想政治教育两个学科被合并为"马克思主义理论与思想政治教育"学科,并设立了博士点。2004 年马克思主义理论研究和建设工程启动。2005 年,马克思主义理论一级学科设立,下属的马克思主义基本原理、马克思主义发展史、马克思主义中国化研究、国外马克思主义研究、思想政治教育二级学科均可授予硕士学位和博士学位,后在 2008 年又增设一个二级学科"中国近现代基本问题研究",这一举措推动了马克思主义理论学科的跨域式发展,学科领域不断拓展、学科内涵逐渐丰富、学科特色日益鲜明、学科水平稳步提高、科研成果显著,对相关教育规律揭

---

① 1990 年国务院学位委员会第九次会议通过了《授予博士、硕士学位和培养研究生的学科、专业目录》。

② 教育部社会科学司组编:《普通高校思想政治理论课文献选编 1949—2008》,中国人民大学出版社 2008 年版,第 154—155 页。

示深刻,为推进党的理论建设、巩固马克思主义在高校教育教学中的指导地位、加强高校思想政治理论课建设、培养思想政治工作队伍提供了有力的学科支撑和理论指导。

特别是2012年国务院学位办印发《关于进一步加强高校马克思主义理论学科建设的意见》,从凝练学科研究方向、加强科学研究、提高学科队伍的整体素质、推进学位授权点、重点学科和重点基地建设、加强学科专业人才培养和加强学科交流等几个方面建设马克思主义理论学科,促进马克思主义理论研究、思想政治理论课教育教学、学科专业人才培养的进一步推进,使思想政治理论课教学和学科建设进一步相互促进、共同提高。在意识形态工作凸显极端重要性的大背景下,在马克思主义理论学科建设意见的指导下,马克思主义理论学科获得了发展的春天。继马克思主义理论研究与建设工程后,马克思主义理论学科领航计划启动,该计划将进一步增强马克思主义理论学科的引领作用,改革马克思主义理论学科评价方式,将重点建设一批马克思主义理论研究和建设创新,编写一批马克思主义理论学科研究生核心教材,培养一批马克思主义理论学科带头人,造就一批马克思主义理论教育家,重点建设一批有示范影响的马克思主义学院。目前不少工作已在推进实施,不少高校马克思主义学院入选全国重点马克思主义学院,有些入选省重点马克思主义学院,在更高的平台、依托更优质的资源进行学科建设。

第六节 坚持与时俱进,因事而化、因时而进、因势而新

"明者因时而变,知者随事而制。"我国高校坚持唯物辩证法的根本方法,解放思想、实事求是,在思想政治工作和价值观教育引导工作中与时迁移、应物变化,坚持改革创新,结合不同时期大学生的特点和社会发展需求,因事而化、因时而进、因势而新,与时俱进地优化教育内容,创新教育方式方法,注重

实效提升,力争实现"配方新颖、工艺精湛、包装时尚",既"有虚有实"、"有棱有角",又"有情有义"、"有滋有味"①,最终被学生"真心喜欢",让学生"终生受益、终身难忘"。

一、因时而进地确定教育内容

改革开放以来,高校主要通过系统的马克思主义理论教育、思想道德教育、法治教育、心理健康教育等,让大学生掌握马克思主义基本理论,树立马克思主义世界观,用马克思主义方法论看待历史、认识世界、指导人生,树立社会主义、共产主义远大理想,坚定中国特色社会主义信念;提高大学生的思想道德素质、法律素养、心理素质,引领和提升大学生的思想境界,拓展和丰富大学生的价值世界。在不同的历史时期,根据不同的社会要求和大学生思想实际,教育内容也有所侧重。

改革开放之初,为把大学生思想统一到十一届三中全会以来正确的路线、方针、政策上,爱国主义、共产主义教育是中心内容,四项基本原则的教育是教育重点。当时恢复的马克思主义理论教育中着重进行的是四项基本原则的教育,通过教育让学生正确看待党的错误,热爱、信任党并坚持党的领导;正确认识当时社会主义建设遭遇的挫折,树立资本主义必然灭亡、社会主义必然胜利的信心;正确理解解放思想和坚持四项基本原则、民主和集中、民主和法制、自由和纪律的关系;划清社会主义民主和资产阶级民主的界限,反对无政府主义和极端民主化的倾向。四项基本原则的教育实质是一种爱国主义和社会主义、共产主义教育。1983年7月中共中央宣传部、中共中央书记处研究室发布《关于加强爱国主义宣传教育的意见》,紧接着,教育部发布了《关于学习贯彻〈关于加强爱国主义宣传教育的意见〉的通知》,指导学校的思想政治教育工作,要求学校要研究和实施"如何以共产主义思想为指导,……采取多种多

---

① 陈宝生:《切实推动高校思想政治工作创新发展——深入学习贯彻习近平总书记教育工作重要讲话精神》,《光明日报》2017年8月4日,第11版。

样的形式,向青年和少年儿童广泛、深入、持久地进行爱国主义教育"①,要通过各门课程尤其是政治理论课、思想品德课、历史课、语文课、音乐美术课、自然科学和工程技术科学等课程以及丰富多彩的课外活动进行。为贯彻党的十二大关于加强共产主义思想教育的精神,1982 年和 1984 年中央发文对"共产主义思想品德课"进行安排,共产主义思想品德课逐步被开设并成为必修课,集中对大学生进行共产主义人生观和共产主义道德教育。

随着改革开放的加快,市场经济对人们的思想观念和价值观念造成一定冲击,社会主义意识形态面临一定挑战,拜金主义、享乐主义、极端个人主义抬头。此时的教育内容更多地侧重在爱国主义、集体主义、社会主义上。1994年中共中央印发《爱国主义教育实施纲要》,国家教育委员会也发出贯彻这一纲要的通知,部署高校进行系统的爱国主义教育。在社会主义和集体主义教育方面,中国特色社会主义理论是马克思主义理论教育的中心内容,社会主义道德品质、集体主义和社会主义的人生观和价值观是思想品德课的核心内容。此外,近代史、现代史、中华民族优秀文化传统、优秀革命传统、创业精神也是重要的教育内容。

党的十六大以来,国际敌对势力对我人才的争夺斗争更加复杂、西方文化思潮和价值观念对大学生的冲击更加巨大,某些腐朽没落的生活方式对大学生的影响更加强大,大学生自身感受到的压力也日益增加。部分学生出现"政治信仰迷茫、理想信念模糊、价值取向扭曲、诚信意识淡薄、社会责任感缺乏、艰苦奋斗精神弱化、团结协作观念较差、心理素质欠佳"②等问题。针对这样的形势,按照 16 号文件的意见,大学生思想政治教育紧密结合社会发展大局与大学生思想观念、价值观念和心理素质的实际,以理想信念教育为核心,

---

① 教育部思想政治工作司组编:《加强和改进大学生思想政治教育重要文献选编 1978—2014》,知识产权出版社 2015 年版,第 22 页。

② 教育部社会科学司组编:《普通高校思想政治理论课文献选编 1949—2008》,中国人民大学出版社 2008 年版,第 203 页。

促使大学生正确认识社会发展规律、认识国家的前途命运、认识自己的社会责任,树立中国特色社会主义共同理想,使一部分先进分子树立共产主义的远大理想;以爱国主义为重点,深入进行弘扬和培育民族精神、改革创新为核心的时代精神,促使大学生保持艰苦奋斗的作风和昂扬向上的精神状态;以思想道德建设为基础,深入进行公民道德教育,以为人民服务为核心,以集体主义为原则,以诚实守信为重点,引导大学生自觉遵守爱国守法、明礼诚信、团结友善、勤俭自强、敬业奉献的基本道德规范;以全面发展为目标,加强民主法制教育、人文素质和科学精神教育、集体主义和团结合作精神教育、尤其是心理健康教育(2005—2011 年中央有关部门三次发文对大学生心理健康教育进行部署)①等,促进大学生全面发展。除此之外,针对党风廉政建设和反腐败斗争的严峻性,为弱化消极腐朽的思想观念和侵害公众利益的腐败现象对学生的影响,从 2005 年下半年起,在北京、天津、上海、浙江、湖北、陕西和太原、南京、广州、深圳十个省、市的大中小学开展廉洁教育试点工作,2007 年起,在全国大中小学全面开展廉洁教育。针对社会上日益凸显的是非、善恶、美丑界限混淆问题,胡锦涛同志在 2006 年发表了关于树立社会主义荣辱观的重要讲话,社会主义荣辱观教育成为大学生价值观教育的又一重要内容。党的十七大提出"提高自主创新能力,建设创新型国家"的战略,高等学校创新创业教育此后也得以推进。

党的十八大以高举中国特色社会主义伟大旗帜、坚定不移沿着中国特色社会主义道路前进、为全面建成小康社会而奋斗为主题,凸显出对社会中质疑中国特色社会主义等杂音的最高回应。面对意识形态领域日益错综复杂的形势,这一阶段的教育把理想信念教育放在首位,着力增强中国特色社会主义道路自信、制度自信、理论自信和文化自信;大力加强社会主义核心价值观教育,巩固全国人民共同奋斗的思想道德基础,弘扬中国精神,增强文化软实力;加

---

① 见前文注释。

强国家意识、法治意识、社会责任意识教育,民族团结进步教育、国家安全教育、科学精神教育;推进中华优秀传统文化、革命文化和社会主义先进文化教育,实施中华文化传承工程,深化中国共产党史、中华人民共和国史、改革开放史和社会主义发展史学习教育。为推进教育内容实施,中央相关部门发文对"我的中国梦"主题教育活动①、进一步加强青少年学生法制教育②、各级各类学校"爱学习、爱劳动、爱祖国"教育活动③、培育和践行社会主义核心价值观④、完善中华优秀传统文化教育⑤等进行部署,保证教育内容的落实。

二、因事而化、因势而新,优化教育方式方法

改革开放以来,高校思想政治教育和价值观教育遵循马克思主义方法论,在遵循教育规律、思想政治工作规律、大学生成长规律的基础上,在教育实践中,因事而化、因势而新,形成了大学生思想政治教育和价值观教育的有效方式方法。

理论教育与实践体验的结合。我国高校在对大学生进行价值观引导的过程中,始终坚持理论教育与实践体验相结合的方式,鼓励大学生积极投身于社

---

① 2013 年中共教育部党组发出《关于在全国各级各类学校深入开展"我的中国梦"主题教育活动的通知》,教育部思想政治工作司组编:《加强和改进大学生思想政治教育重要文献选编1978—2014》,知识产权出版社 2015 年版,第 579—580 页。

② 2013 年教育部、司法部、中央综治办、共青团中央、全国普法办发布《关于进一步加强青少年学生法制教育的若干意见》,教育部思想政治工作司组编:《加强和改进大学生思想政治教育重要文献选编 1978—2014》,知识产权出版社 2015 年版,第 601—602 页。

③ 2013 年中共教育部党组发出《关于在全国各级各类学校深入开展"爱学习、爱劳动、爱祖国"教育的意见》,教育部思想政治工作司组编:《加强和改进大学生思想政治教育重要文献选编 1978—2014》,知识产权出版社 2015 年版,第 613—614 页。

④ 2013 年中共中央办公厅发布《关于培育和践行社会主义核心价值观的意见》,2014 年中共教育部党组、共青团中央发布《关于在各级各类学校推动培育和践行社会主义核心价值观长效机制建设的意见》,分别见教育部思想政治工作司组编:《加强和改进大学生思想政治教育重要文献选编 1978—2014》,知识产权出版社 2015 年版,第 644—647 页,第 681—683 页。

⑤ 2014 年教育部印发《完善中华优秀传统文化教育指导纲要的通知》,教育部思想政治工作司组编:《加强和改进大学生思想政治教育重要文献选编 1978—2014》,知识产权出版社 2015 年版,第 669—673 页。

会实践中,促进大学生在社会实践中加深对理论的理解,真正做到将理论内化为自身的态度和信念体系进而外化为自己的行为和习惯。引导青年既读有字之书,又要读无字之书,在价值观培育上"于实处用力",从知行合一上下功夫。早在 1984 年 9 月中央宣传部、教育部就发文指出:"为了提高教学效果,应该围绕教学内容,适当地组织学生参加社会活动和进行社会调查,鼓励他们在接触实践中接受教育。"①在此后历次中央相关部门关于思想政治理论课、大学生思想政治工作的部署中都对理论教育与实践体验相结合的方法予以重视。如前所述,中央相关部门发布了一系列通知、意见,指导高校价值观教育和思想政治教育。为了防止和解决教育中对实践环节的忽视,促进社会实践的深入开展,中央相关部门分别在 1992 年、1996 年、2005 年、2009 年、2012 年五次发文②对思想政治教育中的社会实践进行部署,保障实践育人作用的充分发挥。

教育与自我教育的结合。教育与自我教育相结合,是我国高校思想政治教育的基本方法,也是我们党思想政治教育的优良传统。列宁曾说过,工人阶级自身是不能形成社会主义的,他们只会形成工联主义。所以,对工人阶级的灌输是必不可少的。灌输并不是生硬地将马克思主义、社会主义强加给工人阶级,并非简单注入,灌输更多地体现教育的主导性,体现教育者相对于受教育者而言所具有的成熟性。而灌输是否有效、教育能否达成关键还要看是否

----

① 1984 年中央宣传部、教育部关于印发《关于加强和改进高等院校马列主义理论教育的若干规定》的通知,见教育部社会科学司组编:《普通高校思想政治理论课文献选编 1949—2008》,中国人民大学出版社 2008 年版,第 96 页。

② 1992 年中共中央办公厅、国务院发布关于转发中宣部、共青团中央《关于广泛深入地开展高等学校学生社会实践活动的意见》,1996 年共青团中央、中共中央宣传部、国家教育委员会发布《关于深入持久开展大学生社会实践活动的几点意见》,2005 年中共中央宣传部、中央文明办、教育部、共青团中央发布《关于进一步加强和改进大学生社会实践的意见》,2009 年教育部发布《关于深入推进学生志愿服务活动的意见》,2012 年教育部等部门发布《关于进一步加强高校实践育人工作的若干意见》,分别见教育部思想政治工作司组编:《加强和改进大学生思想政治教育重要文献选编 1978—2014》,知识产权出版社 2015 年版,第 122—124 页、第 173—174 页、第 290—292 页、第 385—386 页、第 496—498 页。

遵循学生成长规律，是否立足学生思想实际、契合学生需求、调动其自我教育的积极性和主动性。改革开放初期关于思想政治理论课和高校思想政治工作的指示性文件中除了强调教育者的教育作用，均对正确分析大学生的特点、发挥大学生自我教育的作用作出强调，如"自学、课堂讨论或小组讨论是必要的教学环节"①，"实行启发式教学，培养学生的独立思考能力，把教学变成师生一起运用马列主义的立场、观点、方法研究和讨论问题的过程，坚决克服'注入式'的教学方法"②，"注意引导学生进行自我教育……要积极运用和发展行之有效的自我教育形式，如举行专题讨论会、向先进人物学习，开展多种形式的社会实践活动等"③，"善于引导学生通过自己的学习和思考来提高认识、寻求问题的答案"④。不过，在思想政治教育的实际工作中，教育的主导性方面得到较多关注和重视，但学生的主体性发挥不够。随着社会主义市场经济的发展，人的独立性、自主性、创造性凸显，平等意识、民主意识增强。面对这一特点，1995 年《中国普通高等学校德育大纲》中将"教育与自我教育相结合"作为德育必须遵循的基本原则之一，"要发挥教育者和受教育者的两个积极性；教育者与受教育者要建立一种民主、平等、彼此尊重、相互学习的师生关系；增强学生接受教育的主动性，并不断提高自我教育的能力"⑤。这一原则在 2004 年 16 号文件中被延续和拓展，"坚持教育与自我教育相结合。既要充分发挥学校教师、党团组织的教育引导作用，又要充分调动大学生的积极性和

---

① 教育部社会科学司组编：《普通高校思想政治理论课文献选编 1949—2008》，中国人民大学出版社 2008 年版，第 73 页、第 78 页。
② 教育部社会科学司组编：《普通高校思想政治理论课文献选编 1949—2008》，中国人民大学出版社 2008 年版，第 96 页。
③ 教育部社会科学司组编：《普通高校思想政治理论课文献选编 1949—2008》，中国人民大学出版社 2008 年版，第 101 页。
④ 教育部社会科学司组编：《普通高校思想政治理论课文献选编 1949—2008》，中国人民大学出版社 2008 年版，第 107 页。
⑤ 教育部社会科学司组编：《普通高校思想政治理论课文献选编 1949—2008》，中国人民大学出版社 2008 年版，第 166 页。

主动性,引导他们自我教育、自我管理、自我服务"①。高校也因时而进,对发挥大学生自我教育的功能予以重视,很多高校在思想政治理论课教学中开展研究性学习、小组学习、课堂讨论甚至学生课堂讲解等翻转课堂的尝试,鼓励学生自我探索和发现,将课堂还给学生;在教学中注重启发引导,以培养和提高学生的道德判断和选择能力。在日常思想政治教育中,注重发挥学生组织的自我教育作用,注重发挥学生同辈群体对学生彼此的相互影响。在社会实践中,指导学生自我思考、身体力行、自我总结、自我提升。顺应互联网日益成为大学生第二生活空间的趋势,不少高校开设思想政治理论课 MOOC 等在线课程,借助网络扩大师生互动,启发学生思考;不少高校开通和建立相关部门官方微博、微信公众号,有些教师开通和建立个人微博和微信公众号,通过新媒体平台与学生"互粉",在交流讨论中促进学生的自我教育。

显性教育与隐性教育的结合。显性教育,即教师采用直接、明显的方式进行教育,帮助学生掌握马克思主义的基本理论和方法,引导学生树立起正确的世界观、人生观和价值观。隐性教育,即采用间接的方式对大学生进行价值观引导,通常是将教育内容渗透、糅合在校园文化、实践活动等载体中,寓教于乐,寓教于活,寓教于行,让教育潜移默化地发生作用,让学生在不知不觉中受到教育。改革开放以来,我国高校思想政治教育一方面坚持通过系统的思想政治理论课教学开展显性教育,一方面积极探索隐性教育,把思想政治教育渗透大学生的学习生活、校园文化建设、社会实践、党团活动等。我国价值观教育区别于西方的一大特点是我们有专门的课程对学生进行系统性、一以贯之的教育,这是我们的一大优势,保证了教育的稳定性和效果的持续性。而西方的专门课程较少,甚至对高校是否承担价值观教育的责任都存在认识分歧,西方把大学生价值观教育更多地交给社区、家庭、学生组织甚至教会,虽然高校

①　教育部社会科学司组编:《普通高校思想政治理论课文献选编 1949—2008》,中国人民大学出版社 2008 年版,第 203 页。

有些课程更多体现出价值观教育的功能,但由于缺乏统一规划,具有较强的分散性,也容易出现不连贯和不一致。21世纪不少西方国家学者开出的改进价值观教育的方案即明确高校承担的职责、开设专门课程进行系统教育。不过西方弥散性的隐性教育对改进我们的教育有借鉴意义。但并不像有些学者所认为的隐性教育似乎是西方的"特产",实际上,在中国高校的价值观培育和思想政治教育中,我们也非常重视隐性教育。20世纪80年代的"管理育人"中蕴含着隐性教育的思想,1995年《中国普通高校德育大纲》规定了德育除了通过显性的马克思主义理论和思想品德课以及日常思想政治工作进行外,还要通过教书育人、管理育人、服务育人以及社会实践、校园文化建设①来实现。2004年16号文件将课堂教学的显性教育拓展为高校思想政治理论课、形势与政策教育、哲学社会科学课程、各门课程,在隐性教育中除了延续之前的社会实践、校园文化外,还增加了人文关怀、心理疏导、网络育人和良好社会环境的支持。到2015年形成的七育人格局正是显性教育与隐性教育相结合的典型体现。

理性因素与非理性因素的协调。思想政治教育的工作对象是人,而人的思想又是世界上最复杂的东西。我国思想政治教育历来重视理性因素和非理性因素的作用,坚持理性因素与非理性因素的结合。改革开放以来,高校继承这一传统,坚持理性因素和非理性因素的协调。既充分发挥理性因素的作用,晓之以理,用科学的理论、先进的理论教育学生,用正确的行为教导学生;又注意发挥非理性因素的作用,动之以情,以情感人,在尊重学生、关心学生、理解学生、帮助学生中教育、启发、引导、塑造学生。2004年16号文件进一步强调,大学生思想政治教育要既讲道理又办实事,既以理服人又以情感人,增强思想政治教育的实际效果。在大学生思想政治教育实践中,除了一方面加强对中国特色社会主义伟大实践中出现的重大问题进行研究,通过理论讲解讲

① 教育部社会科学司组编:《普通高校思想政治理论课文献选编1949—2008》,中国人民大学出版社2008年版,第166—167页。

清、讲透,力拨大学生的"思想霾",用彻底的理论征服人,展现教育的力量;另一方面通过教师崇高的信念、浓厚的感情、真切的关怀、入心的疏导、贴心的生活扶助、学业和就业指导等多种方式调动情感的力量,增强教育的穿透力。

榜样示范与自我修养的结合。思想素质和道德提升以及价值观的养成更多地靠自身修养,但榜样的力量也是巨大的。榜样以其正面的形象、光辉的事迹显于人前,易于被人们从内心深处认可并接受,具有强大的吸引力,能够起到正面引导的积极效果。同时,榜样具有极强的号召力和感召力,易于被人们学习和模仿,促使更多的人去向他们学习,产生巨大的正面激励效果。改革开放以来,我国高校对大学生进行价值观引导中,既鼓励大学生积极进行自我修养,锤炼道德品格,注重提升个人品德;也重视榜样示范的作用,为广大青年学生对社会主义和共产主义的价值追求和信仰提供清晰的目标和外显的对象。在中国特色社会主义伟大实践中,涌现了众多的先进模范、道德楷模,他们身上承载着爱国主义、集体主义和社会主义的价值追求,他们用自己的亲身行为为人们树立了学习和效仿的标杆。众多感动中国人物、全国道德模范、思想政治理论课标兵和影响力人物、优秀教师、大学生和辅导员年度人物等都是有形的正能量,是鲜活的价值观。习近平同志多次强调:道德模范是社会道德建设的重要旗帜,因此要深入开展学习宣传道德模范活动,弘扬真善美,传播正能量,激励青年学生见贤思齐、崇德向美,提高自身思想道德修养和精神境界。2012年和2013年中央曾两次发文①分别就学习时代楷模和全国道德模范做出部署,不少高校利用校报校刊、广播电视、校园网络等宣传、学习、弘扬道德模范的感人事迹和宝贵精神品格、崇高价值追求。如中南大学每年都把"感动中国"颁奖典礼作为新学期开学第一课,2012年"全国道德模范高校巡讲活

---

① 2012年中共教育部党组《关于在教育系统广泛开展学习时代楷模活动的通知》,2013年中国教育部党组《关于在教育系统深入开展学习宣传全国道德模范活动的通知》,教育部思想政治工作司组编:《加强和改进大学生思想政治教育重要文献选编1978—2014》,知识产权出版社2015年版,第552—553页,第621页。

动"走进中南大学,他们朴素的演讲感动了800余名湘湖学子。同时学校还重视本校榜样人物的培育,如"感动中国人物"洪战辉、中国大学生年度人物李海星等,并评选中南大学"师德标兵",在学生群体中评选"道德风尚模范集体"和"道德风尚模范标兵",涌现出"中国金"守护者等道德模范集体和众多"助人为乐模范"、"见义勇为模范"、"诚实守信模范"、"笃学尚行模范"、"孝老爱亲模范"。榜样的示范导向作用被发挥,引领了校园风尚,中南大学学子也屡次因"暖新闻"被媒体报道。

第七节　坚持人才和队伍建设,为价值观教育提供师资支持

对大学生进行思想政治教育,人才储备和队伍建设是关键。改革开放以来,一方面通过思想政治教育专业的设立和马克思主义理论学科的发展培养和储备思想政治工作专门人才,另一方面加强现有队伍的建设,为价值观教育提供坚实的师资支持。

一、注重加强人才建设

改革开放以来,我国重视高校思想政治教育专业人才培养和建设。随着思想政治教育专业从无到有、从低到高,从培养本科生、第二学士学位到培养硕士研究生、博士研究生,到招收博士进入博士后流动站继续开展科研工作,一大批高素质的思想政治工作专业人才被培养出来。

自1984年始,经国家教委批准,南开大学等12所高校相继招收了思想政治教育专业本科和硕士研究生,还有一些学校招收了思想政治教育专业第二学士学位班学员或思想政治教育本科班(针对已有高等专科毕业文化程度的人开设)学员,开辟了正规化培养思想政治教育专门人才的路径。当时为应对专业人才紧缺的问题,为加快培养思想政治工作骨干力量,除了从应届高中

毕业生中培养,有的是从大一学生中挑选品学兼优、具有适合做思想政治教育素质的进行培养,有的则是针对已获得其他学位的再进行思想政治教育学习获得第二学士学位,还有的则是针对已有高等专科毕业文化程度的人进行2年本科培养。1987年又开始试办思想政治教育专业在职第二学士学位班,尽快培养思想政治工作专门人才。1989年后进一步拓展招生途径,不仅从高中,而且从中专、中师招收优秀毕业生并扩大招收在职人员,工矿企业中的优秀在职青年、成人高考中政治素质好、工作成绩突出、考试成绩优秀的考生均可入学。此外,经上级教育主管部门批准举办二年制本科班,培训本系统、本地区在职政工干部。

为进一步培养思想政治教育高层次专门人才,1987年国家教委印发《关于思想政治教育专业培养硕士研究生实施意见》,1988年思想政治教育专业开始培养硕士研究生(当时挂靠在政治学一级学科下),最先在复旦大学、南开大学、武汉大学、清华大学、西安交通大学、浙江大学、华东师范大学、华中师范大学、大连工学院、北京钢铁学院等10所高校招生,后来更多学校获得招生资格。最初的硕士生招生对象要有2年以上实践工作经验,应届生要保留学籍下基层工作实践2年后再入学。可以看出,此时的研究生招生非常重视思想政治工作实践能力,在实践经验基础上提高理论素养、优化和提升知识结构。1993年国家教育委员会发布《关于高等学校思想政治教育专业办学的意见》后,研究生招生面向高校、党政机关以及企事业单位中有一年以上思想政治教育或行政管理工作实践经验的在职干部和思想政治教育专业教师以及本科毕业后有4年以上实践经验的在职人员。后来开始招收"两课"教师,可以通过在职学习获得硕士学位。后来放开了对全日制本科毕业生实践经验的限制,大量招收本科毕业生攻读硕士学位。

1997年思想政治教育与马克思主义理论教育两个二级学科合并成为法学门类政治学一级学科下的一个二级学科,开始招收马克思主义理论与思想政治教育专业博士研究生。2005年随着马克思主义理论一级学科的设立,更多应届生和在职工作人员攻读硕士学位和博士学位,大大推动了思想政治教育高端专业人才的建设。

二、注重加强队伍建设

改革开放以来,我国注重加强高校思想政治工作队伍建设,队伍由最初的政工专职干部为主,拓展为全部教师,其中"高校党政干部和共青团干部、思想政治理论课教师和哲学社会科学课教师、辅导员班主任和心理咨询教师"①为骨干力量。或者说,高校思想政治工作队伍主要由政工口的工作人员和相关课程教学口的教师构成。在不断扩大队伍规模的同时,也注重提升队伍的思想政治素质、育人能力和科研能力,关心他们的职称评定和薪酬待遇。

20世纪80年代到90年代,思想政治工作队伍主要是专兼职政工人员和"两课"教师。80年代初,专职人员在队伍中占较大比重。当时的专职人员一般从本校教师和干部中选调,或从本校毕业生中选留,或从马列主义理论专业、思想政治教育专业和其他文科专业的毕业生中调配,同时从教师、高年级学生、研究生中挑选一些兼职做思想政治工作。当时的队伍建设中一方面对队伍的政治素质和知识水平有较高要求,另一方面关注对队伍的培训,并努力妥善解决他们的工资待遇。当时中央相关部门关于队伍建设的文件中大多提及队伍培训,1990年国家教委专门下发《关于加强高等学校专职思想政治教育工作者正规培训的通知》,系统抓专职思想政治工作者的培训和继续攻读学位的工作,提升其马克思主义理论素养和思想政治工作能力。在职称和待遇方面,1987年国家教育委员会印发通知,指出对兼任马列主义课、形势与政策课、思想品德教育、法律基础方面课程教学的现任党政干部和共青团干部,可以根据他们具备的条件,聘任为相应的教师职务,列入教师编制(思想教育教师)。1989年,首次在学生思想教育专职人员中评聘教师职务,实践证明这

---

① 新华社:《全国高校思想政治工作会议12月7日至8日在北京召开》,2016年12月8日,http://www.gov.cn/xinwen/2016-12/08/content_5145253.htm#1,2017年7月10日。

一举措对加强学生思想教育队伍建设、改进学生思想教育工作起了积极作用。自此之后,思想教育教师的职务晋升和聘任转入整个教师队伍管理的经常性工作,同其他教师的职务晋升与聘任同步进行,各项待遇也与其他教师一视同仁。

与此同时,思想政治工作队伍中又一支力量得以形成并持续凸显出重要性。如前所述,20世纪80年代到90年代,高校思想政治理论课在恢复基础上重建,到90年代末形成了"两课"格局。随着众多思想政治理论课程的相继开设,"两课"成为当时对大学生进行价值观教育和思想政治教育的主渠道,"两课"教师也被委以重任并在队伍建设中予以重视。在当时关于"两课"的诸多文件中,都将教师队伍建设独立出来加以强调和部署,在中央的支持下,通过培训、研修等,"两课"教师的马克思主义理论素养、社会主义和共产主义理想信念、思想政治教育科研能力、教学能力等都得到提高,其职务任职资格考核和评审工作也按中央规定有条不紊地进行,更多的马克思主义理论教师师资培养基地建立,更多的研究生班成立,更多"两课"教师攻读了硕士学位。

进入21世纪后,大学生思想政治教育面临着日益复杂的新形势和新挑战,这对思想政治理论课教师也提出了更高的要求。2004年中央下发的16号文件中对大学生思想政治工作队伍作出明确规定,"大学生思想政治工作队伍主体是学校党政干部和共青团干部,思想政治理论课和哲学社会科学课教师,辅导员和班主任。学校党政干部和共青团干部负责学生思想政治教育的组织、协调、实施;思想政治理论课和哲学社会科学课教师根据学科和课程的内容、特点,负责对学生进行思想理论教育、思想品德教育和人文素质教育;辅导员和班主任是大学生思想政治教育的骨干力量,辅导员按照党委的部署有针对性地开展思想政治教育活动,班主任负有在思想、学习和生活等方面指导学生的职责"①。这一意见既凸显出队伍建设的整体思路,又明确了队伍中

---

① 教育部社会科学司组编:《普通高校思想政治理论课文献选编1949—2008》,中国人民大学出版社2008年版,第207页。

各支力量的工作侧重点,成为新时期大学生思想政治教育队伍建设的指导性意见。随后的队伍建设中,重点针对思想政治理论课教师和辅导员、班主任进行了一系列部署①。

在辅导员和班主任层面,明确了他们的教师地位和管理地位(辅导员是高等学校教师队伍和管理队伍的重要组成部分②)以及他们承担的作为大学生健康成长的指导者、引路人、人生导师、知心朋友的职责,对高校辅导员的配备数量、辅导员队伍建设目标(政治强、业务精、纪律严、作风硬③)、其培训培养(中长期学习与短期培训结合,学历教育与在职培训相结合,国内培训和国外研修相结合④,建设辅导员培训和研修基地)、职务评聘、行政级别待遇、管理考核等方面作出具体部署和安排。这些举措进一步促进了辅导员的职业化和专业化,大大提升了队伍的素质和育人能力。

在思想政治理论课教师层面,师德建设和教学领军人物、中青年学术带头人和骨干教师的培养成为重点。教师是人类灵魂的工程师,是学生成长的引路人,承担着育人的神圣使命,但在市场经济和开放环境下,师德建设还存在一些不适应的方面和薄弱环节。为此,提高教师的思想政治素质、树立正确的职业理想、提高教师的职业道德水平、着力解决师德建设中的突出问题成为这一阶段师德建设的重点。此外,思想政治理论课教师还存在整体素质有待提

---

①　2005 年教育部发布《关于加强高等学校辅导员班主任队伍建设的意见》和《关于进一步加强和改进师德建设的意见》,2006 年中华人民共和国教育部令(第 24 号)发布《普通高等学校辅导员队伍建设规定》和教育部办公厅发布《关于印发〈2006—2010 年普通高等学校辅导员培训计划〉的通知》,2007 年中共中央宣传部、教育部《关于组织高校思想政治理论课骨干教师研修班的意见》,2008 年中共中央宣传部、教育部《关于进一步加强高等学校思想政治理论课教师队伍建设的意见》,2011 年教育部办公厅开展《关于开展普通高等学校辅导员队伍建设情况自查工作的通知》和《印发教育部高校辅导员培训和研修基地建设与管理办法(试行)等文件的通知》。

②　教育部思想政治工作司组编:《加强和改进大学生思想政治教育重要文献选编 1978—2014》,知识产权出版社 2015 年版,第 344 页。

③　教育部思想政治工作司组编:《加强和改进大学生思想政治教育重要文献选编 1978—2014》,知识产权出版社 2015 年版,第 347 页。

④　教育部思想政治工作司组编:《加强和改进大学生思想政治教育重要文献选编 1978—2014》,知识产权出版社 2015 年版,第 347 页。

高、数量不足、优秀中青年学术带头人缺乏、学科支撑薄弱等问题。为此,中央加强了对思想政治理论课教师的培养培训工作,中共中央宣传部、教育部有计划地组织了高校思想政治理论课骨干教师进行马克思主义理论和党的方针政策以及马克思主义理论研究和建设工程重点教材基本内容和基本精神的研修,并组织思想政治理论课教师参加暑期社会实践考察。中央支持加强马克思主义学科建设,为队伍建设提供了学科支撑;构建和完善了思想政治理论课教学测评体系,促进了队伍教学水平的提升。此外,对思想政治理论课教师的选聘配备工作也做了部署。

党的十八大以来,在意识形态工作成为极端重要工作的形势下,习近平总书记把高校思想政治工作摆在突出位置,对思想政治工作队伍建设也给予高度重视。2013 年中共教育部党组印发《普通高等学校辅导员培训规划 2013—2017 年》,在以往辅导员建设工作基础上进一步通过思想政治理论教育、专业素养提升、职业能力培养方面的培训推进队伍建设。计划稳步提升辅导员培训规模,各级培训有序展开,扩大培训覆盖面,提高培训质量,不断加强培训基础能力建设,全面提升辅导员整体素质。同年教育部办公厅发布《关于加强高校辅导员基础实践锻炼的通知》,要求一方面注重在具有基层工作经验的青年人才中选拔配备辅导员,另一方面注重在基础实践锻炼中加强辅导员培养,从而完善了辅导员选拔使用和培养锻炼机制,有利于进一步提升辅导员队伍质量。2014 年教育部又印发了《高等学校辅导员职业能力标准(暂行)》,进一步明确辅导员具有的教师和干部双重身份,提出了辅导员的职业准则——爱国守法、敬业爱生、育人为本、终身学习、为人师表[①],规定了辅导员职业知识——基础知识、专业知识、法律法规知识,划分了辅导员职业能力标准,进一步推动了辅导员队伍的专业化、职业化建设。

---

① 教育部思想政治工作司组编:《加强和改进大学生思想政治教育重要文献选编 1978—2014》,知识产权出版社 2015 年版,第 661 页。

　　同时,针对承担课程的教师群体,也下发了一些文件①以加强队伍建设。2016 年底,高校思想政治工作会议召开,习近平总书记出席并发表讲话,明确了高校思想政治工作主干队伍为"高校党政干部和共青团干部、思想政治理论课教师和哲学社会科学课教师、辅导员、班主任和心理咨询教师"②,强调要整体推进队伍建设,保证这支队伍后继有人、源源不断。其中强调教师应是先进思想文化的传播者、党执政的坚定支持者、学生健康成长的指导者和引路人。在队伍建设思路中,继续推进师德建设,实施师德"一票否决",强调教师要坚持教书和育人相统一、言传和身教相统一、潜心问道和关注社会相统一、学术自由和学术规范相统一,以德立身、以德立学、以德施教③,"传道者要先信道",提升自身的思想政治素质,增强教书育人的责任担当。同时,强调"深入推进哲学社会科学教学科研骨干和思想政治理论课骨干教师研修工作,建立中青年教师社会实践和校外挂职制度,重视在优秀青年教师中发展党员"④。"要完善教师评聘和考核机制,增加课堂教学权重,引导教师将更多精力投入到课堂教学上"⑤。这些文件精神对于新形势下统筹推进高校思想政治工作队伍建设具有重大的指导意义。

---

① 2013 年中共中央组织部、中共中央宣传部、中共教育部党组印发《关于加强和改进高校青年教师思想政治工作的意见》,2013 年教育部印发《普通高等学校思想政治理论课教师队伍培养计划 2013—2017 年》,2015 年中共中央办公厅、国务院办公厅印发《关于进一步加强和改进新形势下高校宣传思想工作的意见》,2017 年中共中央国务院印发《关于加强和改进新形势下高校思想政治工作的意见》。

② 新华社:《全国高校思想政治工作会议 12 月 7 日至 8 日在北京召开》,2016 年 12 月 8 日,http://www.gov.cn/xinwen/2016-12/08/content_5145253.htm#1,2017 年 7 月 10 日。

③ 新华社:《全国高校思想政治工作会议 12 月 7 日至 8 日在北京召开》,2016 年 12 月 8 日,http://www.gov.cn/xinwen/2016-12/08/content_5145253.htm#1,2017 年 7 月 10 日。

④ 新华社:《中共中央办公厅、国务院办公厅印发〈关于进一步加强和改进新形势下高校宣传思想工作的意见〉》,2015 年 1 月 19 日,http://news.xinhuanet.com/2015-01/19/c_1114051345.htm,2017 年 7 月 10 日。

⑤ 新华社:《中共中央国务院印发〈关于加强和改进新形势下高校思想政治工作的意见〉》,2017 年 2 月 27 日,http://news.xinhuanet.com/2017-02/27/c_1120538762.htm,2017 年 7 月 10 日。

第八节　坚持党委领导下的校长负责制，为价值观教育提供体制保障

在我国高校进行社会主义价值观教育，党的领导必不可少，合适的领导体制能保障教育的实施和效果的发挥。改革开放以来，在高校思想政治教育和价值观教育实践中，我国高校逐渐形成了党委领导下的校长负责制，从而形成了党委领导、党政有关部门齐抓共管的工作体制，为价值观教育提供了有效的体制保障。

早在新中国成立初期，高校思想政治工作即已关注到领导体制的问题。1955 年时任高等教育部副部长的刘子载就指出"必须切实加强学校对马克思列宁主义理论教育的组织领导和教学领导，校长和副校长中必须有一人亲自领导马克思列宁主义教研组的工作，……来克服目前政治理论课教研组缺乏领导和领导薄弱的现象"①。1964 年，中央以文件形式对政治理论课的领导体制问题作出规定，建议各地党委宣传（文教）部和高校党委加强对政治理论课的领导，着重抓方向、抓教学、抓队伍②。

改革开放初期，面对新的形势，在高校思想政治工作和大学生价值观引导教育工作中，继续探索有效的领导体制推进工作的有效开展。1979 年前后，不少高校的马列主义教研室都属于系（处）级编制单位，直属党委领导。随后教育部成立政治理论教育司，部分省市的教育部门开始设立相应的管理机构，各省市开始逐步设立高校政治理论课教学研究会等。1980 年教育部、共青团中央《关于加强高等学校学生思想政治工作的意见》专门对高校思想政治工

---

① 教育部社会科学司组编：《普通高校思想政治理论课文献选编 1949—2008》，中国人民大学出版社 2008 年版，第 21 页。

② 1964 年中央宣传部、高教部党组、教育部临时党组《关于改进高等学校、中等学校政治理论课的意见》，教育部社会科学司组编：《普通高校思想政治理论课文献选编 1949—2008》，中国人民大学出版社 2008 年版，第 50 页。

作的领导体制作出部署,要求学校党委加强对学生思想政治工作的领导,将之列入党委的重要议事日程;要求校系两级都要有一名副书记主管学生的思想政治工作;校党委可根据具体情况,设立学生政治思想工作的机构,如学生工作部或青年工作部,将行政、共青团、学生会、工会、教师各方面的力量统一组织起来。1984 年又下发通知强调学校党委和校长要统一领导,全面安排,齐抓共管,推进马列主义理论课和日常思想政治工作的良性开展。1985 年中共中央关于教育体制改革的决定要求高校逐步实行校长负责制,党组织要从过去那种包揽一切的状态中解脱出来,把自己的精力集中到加强党的建设和加强思想政治工作上来,并要团结广大师生,大力支持校长履行职权,保证和监督党的各项方针政策的落实和国家教育计划的实现。之后部分高校开展校长负责制的试点工作。1986 年学潮暴露出部分高校党委在思想政治工作领导责任方面出现问题,为此,1987 年中共中央《关于改进和加强高等学校思想政治工作的决定》中强调提高领导班子的思想政治水平,党委书记和校长应努力成为社会主义教育家,对于不适应此要求的领导班子,要加以提高、充实或整顿。

在总结几年来反对和平演变斗争经验教训以及校长负责制试点经验教训的基础上,中共中央于 1990 年发布《关于加强高等学校党的建设的通知》,要求除个别高校外,校长负责制的试点工作停止,明确规定高等学校的领导体制为党委领导下的校长负责制,强调坚持党委的领导地位,为保证社会主义育人方向提供组织保障和制度保障。对于个别校长负责制试点高校,"党委要发挥政治核心作用,坚持党管干部原则,全面领导学校的思想政治工作,参与对教学、科研和行政管理工作重大问题的决策"①,避免再出现淡化党的领导、削弱思想政治工作的状况。党的十四大以来,为了做好新形势下大学生思想政治工作和价值观教育引导工作,1993 年中央发文规定高等学校的领导体制原

---

① 教育部思想政治工作司组编:《加强和改进大学生思想政治教育重要文献选编 1978—2014》,知识产权出版社 2015 年版,第 100 页。

则上实行党委领导下的校长负责制①,1996 年中共中央印发《中国共产党普通高等学校基层组织工作条例》,其中明确规定高等学校实行党委领导下的校长负责制,党委是思想政治教育工作的领导者和决策者,研究思想政治教育的指导思想、工作方针、任务和重要问题,主持制定思想政治教育的总体规划和实施计划,定期分析学生的思想状况;校长根据党委统一部署和要求,协调好党委宣传部、学生工作部、思想政治理论课教学部、教务处、学工处、团委等组织思想政治教育实施的主要职能部门的关系,整合多种教育力量,把思想政治教育落实到教学、管理、服务等各个环节。自此之后,党委领导下的校长负责制被坚持和加强,为高校思想政治工作和大学生价值观教育引导工作提供了有力的保障。这一制度沿用至今,党委统一领导、党政工团齐抓共管的体制机制逐步完善。高校努力按照社会主义政治家、教育家标准,选好配强领导班子特别是党委书记和校长。高校党委书记主持党委全面工作,履行高校思想政治工作和党的建设第一责任人的职责。校长是学校的法人代表,在党委领导下组织实施党委有关决议,行使高等教育法等规定的各项职权。其他党委班子成员履行"一岗双责",结合业务分工抓好思想政治工作和党的建设工作。实践证明这一领导体制收效颇好,保证了大学生价值观的正向发展、维护了高校的意识形态安全和社会稳定。目前,从教育部长到各省、各高校领导不仅深入课堂听思政课,而且带头讲思政课,进一步加强了对高校价值观教育的领导。

---

① 中共中央组织部、中共中央宣传部、国家教育委员会《关于印发〈关于新形势下加强和改进高等学校党的建设和思想政治工作的若干意见〉的通知》,教育部社会科学司组编:《普通高校思想政治理论课文献选编 1949—2008》,中国人民大学出版社 2008 年版,第 145 页。

第六章　优化大学生价值观
引导的策略

　　立足对大学生价值观不同维度的呈现和当前高校价值观引导中存在问题的审视,在借鉴国外价值观教育实践和改革开放以来国内大学生价值观引导经验的基础上,优化高校大学生的价值观引导,需要确立在多元中立主导、在对话中谋共识、在协同中促发展、在尊重中求成长的格局与图景。需要坚持"影响侧"供给与"学习侧"需求相对接、价值性引导与自主性建构相结合、显性与隐性相结合、整体化与分众化相结合的原则。需要拓宽途径,使网下与网上并举、主渠道与微循环并重、教师引导与同伴教育并肩、社会培育与高校引导并进,共同促进大学生社会主义核心价值观的培育和践行。当前大学生价值观引导需要抓几个重要环节,一是提高教师的价值引领角色自觉和胜任力,二是加强大学生的理想信仰教育,增强对错误社会思潮的批判,三是需要综合、灵活、创新性地运用价值澄清、情感培养、实践体悟等方法,提高大学生在文化多样化的社会中的价值判断和价值选择能力,通过情感熏陶和实践体悟生成价值认同、确立价值信仰。

第一节　大学生价值观引导的格局和图景

我们今天身处一个世界多极化、经济全球化、社会信息化、文化多样化的时代,思想观点、价值观念的共存与碰撞、交融与交锋成为一种常态。然而,正如前文所述,价值多样、文化多元与价值相对、价值中立等并非硬币之一体两面,后者也并非是前者的题中应有之义,奉行价值相对和价值中立也绝不能真正彰显个人的自由精神和独立人格,价值观方面的影响和引导也绝非是对个人精神自由和权利的侵犯。相反,价值多样和文化多元的社会若要和谐有序地健康发展必然需要确立起黏合社会的价值共识,个体的自由精神和独立人格的真正形成也离不开价值观的滋养。

面对社会中多样价值观的鱼龙混杂,面对规范、意义、目的等问题上的不确定,大学生产生一些心理冲突甚至社会冲突,在价值选择和价值坚守上陷入迷茫和困顿,价值世界跌入焦虑甚至虚无。大学必须承担起价值多元境遇下的"铸魂"使命,教会学生如何思考并培养正确的价值观,"如果学生难有引路人,将是大学的巨大危机"①。

大学担起培养和引领价值观的职责、扛起构筑大学精神高地的使命,并不意味着独断式、家长式、教条式的灌输和孤立化、狭窄化的教育分工,而是秉持多元之中有砥柱、多样之中有主导、多变之中有准绳的价值理性,形成多元中立主导、对话中谋共识、协同中促发展、尊重中求成长的价值引领格局与图景。

一、多元中立主导②

如前所述,价值是表明客体属性与主体需要之间关系的范畴,价值观是人

---

① 《价值观教育缺失导致大学生迷茫》,《中国青年报》(教育科学)2012 年 3 月 29 日,第 03 版。

② 本部分曾发表在《中南大学学报》(社会科学版)2011 年第 6 期,原文为《以共识引领多样:价值多元背景下高校德育的使命》,此处略作修改。

们关于什么是价值、如何判断价值、怎样创造价值的根本观点和看法。个人价值观的形成虽受制于客观的社会经济政治发展从而呈现出客观性,但价值观又具有一定的主观性,体现出鲜明的个体差异性。对大学生进行价值观的引导并不是要去消灭个体差异,而是希望能凝聚起个体价值观之间的共识,在与"多元"、"殊异"的碰撞和相互缠斗中,生产并诠释出"恒久"和"崇高"。

高兆明曾指出,多元有"排他性多元"和"真实的多元"①,前者彼此孤立,漂泊孤离,止于多元面貌出现的杂多;后者在非排他性的独立自主活动中表现出一种生动有序性。面对价值多元,我们期望的不是杂多混乱、冲突不断的多元,而是充满活力、多元有序的多元,是能够在纷繁复杂的价值选项中析出最大公约数、析出能代表整个社会价值方向和价值追求的价值共识去统摄、整合、引领多样价值观的多元,是能使整个社会的价值体系保持内在和谐统一的多元。这是基于共同利益和共同需要基础上的求同存异,统一性中包含着差异性。"教育实践中既不能以'一'镇压'多',也不能以'多'颠覆'一',而应在'核心'与'多元'的双向互动中,建构一个超越分立的'多'的别样的'一',和特别的'一'统摄下的生动的'多'。既坚持'一'的引领,以'一'容纳、整合'多',也要吸收和凝聚'多元'的理论,使'核心'成为一种更加成熟、更为完善的价值观念。"②

在多元中立主导、以共识引领多样遭遇的第一个理论前提是价值共识是否存在? 我们认为,价值存在于自我与他者的关系中,具有一定程度上与一定范围内的共享性,多样的价值观之间并非不可通约,而是存在普遍共性的成分与因素。所谓的"差异'总是与"共性"相对而言、相对而存在的,没有"差异"便无所谓"共性",没有"共性"也无所谓"差异",所以在尊重差异的前提下,通过价值理解、交流和沟通,可以与持有不同价值观念的人共同生活,形成价值共识,正所谓"各美其美,美人之美,美美与共,天下大同"(费孝通语)。价

---

① 高兆明:《制度公正论》,上海文艺出版社 2001 年版,第 290 页。
② 石芳:《多元文化背景下的核心价值观教育》,人民出版社 2014 年版,第 5 页。

值共识是在价值多元分化基础上、在多种价值观念沟通和对话理解中形成的具有共享性的价值态度和价值关切,是可以为社会成员所共同接受和践履的普遍性价值规范。它不是一个预设性的、先验性的概念系统和理论体系,不是抽象的绝对同一的价值乌托邦,而是对现实的人的价值生活的经验总结和理论概括。它所关注的主题和内容是现代人具体的价值生活,是有关人的存在和发展的价值问题。它也是一个永远生成着的开放的精神系统,是共享文化传统、共担社会责任、共建和谐秩序、共创美好未来的价值期待和价值努力。

那么今天的中国高校又该用什么样的价值共识去引领大学生多样的价值观呢? 在当代中国,社会主义核心价值观涉及人与自然、人与社会、人与自身关系的价值理解,既是当前中国社会特有的文化、文明的精神实质和显著标志,也是社会赖以维系的精神支柱,还引导着个体的价值理想,因此它拥有最广泛的接受者和最深刻的理解力,为人们的价值评价、价值选择提供最有说服力和解释力的依据。如果说文化多元、价值多样产生了所谓"诸神之争"或"诸道冲突"从而妨碍了社会整合和价值整合,社会主义核心价值观则为我们提供了我们迫切寻求的一种新"道",用以落实和安顿我们不断强调的、对个体和集体生死攸关的"德"。对民族而言,它可以保持中华民族在现代化进程中的理性态度和清醒立场,思考自己的前途和命运;对社会而言,它协调着不同领域、不同成员间的相互关系;对个体而言,它引导与协调身心的全面健康发展。其终极的根本作用是对主体价值自觉的培养和价值选择的引导,帮助人们确定生活的方向和意义。

大学生有个性的自我及其价值追求只有在与"他者"的关系中才能得到发展和完善。这里既涉及自我与"另一个自我"的关系、个体与社会的关系,还涉及民族与世界的关系、现实与传统的关系。因此,以社会主义核心价值观作为价值共识引领多样的价值观并不是从外界强加给个体"自我",而是通过基本的社会共同价值诉求,在向"自我"提供合理的共识性价值的同时,使"自我"在生活实践中逐步实现"自我追求"与作为"他者"的社会共识的内在统一与和谐发展,在现实地调整人世间纷繁复杂的价值关系中、在历史的连续性中赋予人的生活和行为以意义。

高校德育以社会主义核心价值观引导多元价值观,通过在多元中立主导、在尊重差异中扩大共识、在包容多样中共筑和谐,从而使多元的价值资源成为引导大学生健康成长的力量,使个体在与他者的交流中摆脱他的狭隘特殊性,扩展自己的人生体验,最终使个体由"个别的偶然存在"走向"自由的全面存在"。

二、对话中谋共识①

引导大学生的价值观重在促进大学生的价值认同,价值认同中必然要面对差异性与同一性的矛盾与张力。"一方面,我们不能把价值认同理解为无条件的普遍有效的绝对真理或真理的表达形式,认为价值认同就是追求一种绝对的价值观念上的'同一'。另一方面,我们的价值认同也不是放弃一切内在规定性的无条件地对各种价值观念的接受与肯定。"②

价值观引导要谋求价值共识,因为即使"对话式"的教育引导同样需要某种统一性的设定,否则"对话"就会成为某种独断式的自言自语,因此教育者和受教育者要共享一种对某种共同视域的期待。拒绝价值共识曾在西方学校一度流行,但沉重的社会负面效应引起学者和教育界的普遍反思。曾经拒绝价值共识、强调"澄清"个人特有价值的美国著名道德教育家柯申鲍姆(H.Kirschenbaum)在后期修正了自己的观点,强调教育中的价值无涉是不可能做到的,教育者必然会带有某种价值取向,因此用某种价值共识去引领学生有其合理性。著名道德哲学家科尔伯格在晚期承认其早期对灌输的排斥是一个错误,"教育者应该是一个社会化的促进者,因此他必须去教授价值观等具体内

---

① 部分内容参见笔者的专著《思想政治教育目的研究——基于马克思主义人学的视角》,中国社会科学出版社 2011 年版,此处有所修改。

② 王啸:《价值观教育的合法性》,北京师范大学出版社 2009 年版,第 205 页。

容,而不仅仅是认知发展过程的促进者,我不再坚持过去对于灌输的消极立场,我相信,灌输应该成为指导道德教育的一种理念"①。

价值共识虽需要一定的灌输(不是方法意义上的灌输,而是秉承价值共识的理念,传承核心价值)又不可能靠强制达成,而必须将价值主体带到广泛他者的视域中进行对话和交流,通过不同意义视域相互影响、相互修正、相互补充,从而生成扩展了的、共享的意义视域。在这里,哈贝马斯的"交往理性"能给我们带来一些启迪。交往是两个或两个以上主体间的活动,差异是交流的基础,交往不是为了消除差异,而是为了更好地理解和珍视差异性。哈贝马斯把交往看成"达到理解为目标的行为"②,"……理解过程以一种意见一致为目标,……这种一致不能加于另一方,不能通过处置加于对方,明白可见地通过外在干预的产生的东西,不能算作达于意见一致"③。

价值观培育和引导的过程是教育者、受教育者之间进行精神交流和沟通的教育性的交往过程。这种交往既有人际型交往,也有公务型交往。在人际型交往中,教育者和受教育者不分高低和上下,是人格上的平等主体,他们是一种相互尊重、民主平等、情感和谐的人际关系。在公务型的交往中,交往双方在交往中的信息流主要是从教育者一方流向受教育者一方,教育者是成熟的主体,受教育者是发展中的主体,交往双方在主体性发展水平上存在差异。但这并不意味着受教育者是被教育者支配的客体,处于客体地位。因为主体地位和主体性发展水平有联系,但不等同,人的主体地位并不是由他的主体性发展水平决定的。

硬性的主—客之分思维在价值观引导中已很难奏效,特别是如今的教师已不再享有教育信息"先导权"和"支配权"的优势,已难以通过"信息过滤"

① Lawrence Kohlberg, "Moral Education Reappraised", *The Humanist*, *Humanist*(*The*)*Amherst*, *NY*, 1978, vol. 38, no. 6, pp. 13-15.

② [德]哈贝马斯:《交往与社会进化》,张树博译,重庆出版社 1989 年版,第 1 页。

③ 冯建军:《当代主体教育论》,江苏教育出版社 2002 年版,第 299 页。

方式施加"纯粹思想"的教育;而教育对象凭借其接受新事物快、创新意识强、思维活跃的优势成为教育信息的生产者、加工者和传播者。因此,价值观培育中需着眼于建立平等、合作、发展、共赢的新型师生关系,教育者要能够营造民主的讨论氛围,激发、引导学生展开讨论和对话,在平等沟通、民主讨论、互动交流中进行思想引导,通过对话明辨真理,通过争论形成共识,最终在冲突中包含统一,在变化中体现秩序,在差异中实现多样性,使师生的意义视界得以敞亮,价值世界从狭隘走向宽阔。

三、协同中促发展

人不是孤立存在的,而是社会中的存在物,人的成长、发展受周围环境的影响。因此,大学生价值观的培育和引导是一个系统工程,在学校范围内需要网上网下的协同、课上课后的协同、思想政治理论课和其他哲学社会科学课程的协同、第一课堂与第二课堂的协同、课程教育与校园文化的协同等。通过构建起整合多种教育资源、发挥教育合力的教育"场",全员育人、全过程育人、全方位育人,方能走出价值观引导单纯依靠主渠道的孤军奋战局面。

刘建军曾指出,在高校培育和践行社会主义核心价值观不是单一的任务,不是对学生的单一要求,需要学校领导和教师学习钻研和自觉认同社会主义核心价值观;需要以社会主义核心价值观的基本要求重新审视大学章程和各项规章制度,并在学校改革发展的各项举措中突出体现社会主义核心价值观的精神和要求;需要学校领导和教师在培育和践行上以身作则,做出表率;需要通过多种途径让大学生了解和理解、认同和接受社会主义核心价值观,并内化于心、外化于行。[1] 需要学校党委统一领导抓"总",思政课教学抓"精",其

---

① 刘建军:《高校培育和践行社会主义核心价值观的四个步骤》,《思想理论教育》2016年第3期,第44—47页。

他课程教育抓"辅",师德建设抓"样"①。

优化对大学生的价值观引导和教育,要力争在横向上加强各部门的协调和配合,最大限度地避免各部门间的矛盾;在纵向上,加强各部门的前后呼应,使教育引导的辐射面更广阔,影响更深远持久。总之,需要在主旋律统一的基础上,统筹整合,激发活力,充分发挥各"乐器"的作用,使"演奏"保持节奏、强度、速度等方面的同步,奏出和谐优美的旋律。除了学校内部部门、人员之间的协同,还需要学校培育与社会培育的协同。社会生活中体现出的真善美、大众媒体宣传的主旋律和呈现的正能量、家庭中的家风家教等、社区中的公益活动等都是宝贵的教育资源,都需要纳入大学生价值观培育的战略计划中。

四、尊重中求成长

按照《中共中央 国务院关于加强和改进新形势下高校思想政治工作的意见》,大学生价值观引导要充分挖掘校园中的价值观教育资源,尤其是各门课程都要守好一段渠、种好责任田,发挥其价值引领作用,承担起价值引领责任。

受科学实证和功利主义的影响,当前人文学科在学科王国中处于边缘地位。即使在今天的美国,修人文学科的同学也经常被质问:人文学科能有什么用? 在人文学科被边缘化的世界大背景下,国内的人文学科也未能幸免,存在类似的情形:工学的歧视理学的,理学的歧视人文社科的,人文社科中也有相互歧视,如经济学的鄙视管理学和社会学的,管理学的鄙视社会学的,社会学的又鄙视其他人文学科的等等。无论是相关学科研究人员、教师或是学生都能感受到这样一种学科生态。高校在学科发展规划中也偏爱能够产生"经济效益"的热门学科,冷落从事基础理论工作的冷门学科,一些学科如马克思主义理论虽在中央层面被重视并要求大学设立独立机构进行研究,却频繁被其

---

① 朱爱胜:《大学生社会主义核心价值观培育的实践与探索》,《学校党建与思想教育》2015 年第 6 期,第 29—30 页。

他学科质疑,其中一个二级学科思想政治教育至今仍被质疑其是不是一门学科,从事马克思主义研究的以及思想政治教育研究的人员、从事思想政治理论课教学的教师经常感受不到应有的学科尊严和社会认同,在高校整个科研队伍和教师队伍中也被边缘化,与之相连的则是其他学科教师对马克思主义理论学科所主要担负的价值观引领或政治教化的不屑。

人文学科关注的是人的精神之气,人文学科让大学充满"灵气",承载着学科本身之外的教育作用,可谓"学问中有人、学问中有精神、学问中有趣味"①。今天的美国无论是在硅谷还是在五角大楼,人们都逐渐意识到若要有效地解决经济和技术领域的大问题则需要依赖批判性的思考和对人文背景的把握。国内报道显示互联网产业推高哲学、历史等专业就业率②,从各地教育部门公布的 2016 年高校毕业生就业质量报告看,哲学、历史等过去冷门专业的就业率开始走高。因为互联网时代的内容编辑、精准服务需要有比较好的思维训练、较强分析能力和较宽知识面的人文学科人才,同时对科技与人文的边界、人的生活方式、人的本质属性等问题的思考已经成为日常生活的组成部分,可以预计,在未来的互联网经济时代,人文学科将大有作为。

伴随着社会对人才需求趋势的改变,我们期望在未来的价值观培育中,无论是社会学科的抑或自然学科的都能切身领悟到人文的可贵和不可或缺,摒弃对人文涵养、政治社会化、价值观培育的偏见,并自觉地意识到自身作为教师的价值引领者角色,自愿地、热情地投入到大学生价值观涵养工作中,为大学生的健康成长、社会价值秩序的有序、人类精神文明的传承尽一份师者责任。"自然科学以理论理性和工具理性为依托,开启效用之门;人文科学以实

---

① 欧兴荣、陈苑责编:《人文学科退居边缘,人文学者应走出"偏见"》,《文汇报》2016 年 12 月 16 日。

② 吴红缨编辑:《互联网产业推高哲学、历史等专业就业率》,《21 世纪经济报道》2017 年 7 月 6 日。

践理性为支撑,开启情感之门"。① 两种门类虽各有所重,但又辩证融通,共同构筑着大学精神。人文社会科学间也要打破歧视和偏见,走出自己本学科的偏见,与其他学科共融,各学科在互相尊重中共同成长,把"求真"的科学精神与"至善"的人文关怀结合起来,共同守护大学作为"智慧之府,世界之光,信仰的使者,新生文明之母"的精神,共同追求和坚守文化自觉、文化自信和创新,共同引领学生成长成才。

第二节 大学生价值观引导的原则

大学生的价值观引导要遵循教育规律、遵循学生成长规律,为此,必须坚持"影响侧"供给与"学习侧"需求相对接,坚持价值性引导与自主性建构相结合,坚持显性与隐性相结合,坚持整体化与分众化("漫灌"与"滴灌")相结合。

一、"影响侧"供给与"学习侧"需求相对接

大学生价值观的引导活动作为一种教育性活动,存在施教方与受教方或"影响侧"与"学习侧"②。这两者是辩证统一的关系,它们相互依存,相互促进。"学"是"教"指导下的"学","教"是为了"学",也只有遵循"学"的特点和规律才能真正做到"教"。同时,我们认为,在价值观引导活动中也存在着影响侧的供给与学习侧的需求,当供给能有效对接需求才能在此基础上满足需求并进一步提升需求、有效地引领需求,否则就会沦为低效或无效供给,致使教育效果受损。在当前的价值观引导工作中,比较突出的是两个环节。一

---

① 王卓君:《全球化背景下的大学精神:价值融合与使命担当》,《大学》(学术版)2013年第11期,第42—45页。

② 卢黎歌、岳潇:《着眼"学习侧"特征,提高"影响侧"活力》,《西安交通大学学报》2017年第2期,第111—115页。

是专业课教学中的供给不足,另一个则是作为价值观教育主渠道的思想政治理论课教学的供需错位。

(一)专业课教学中的"供给"不足

在笔者与学生接触中发现,不少学生曾表示,他们挺看重价值观,课题组的调查中也验证了这一发现。而且他们表示更信任专业课教师传导给他们的价值观,因为他们觉得思想政治理论课教师在其位说其话,其可信度有待进一步验证,但他们认为专业课教师不经意流露出的恰是最真实的情感和看法。但不少学生在调查中也表示,专业课教师很少对他们进行价值观方面的影响或引导,而主要是知识的传授,教师秉持一种所谓纯粹科学的价值无涉或价值中立立场,不愿意涉足价值观尤其是政治价值观这个复杂领域。更糟糕的是,有些教师甚至会贬抑中国,拿中国当靶子,甚至会流露出对思想政治理论课教师的质疑甚至鄙夷,从而让学生感到无所适从,不知道该信谁的。在这种境遇下,专业课教师不仅没起到引导作用,反而使其教学具有了反向效果。

(二)思想政治理论课教学中的供需错位

思想政治理论课由于其特殊的课程定位,是进行价值观引导和教育的主渠道。但在这一领域,供需错位的现象客观存在。一方面,思想政治理论课未能向学生讲透彻该课程与大学生成长发展的内在关联。不可否认,高校思想政治理论课有着强烈的意识形态性,它承担着增进社会共识、为中华民族伟大复兴提供思想基础的责任。它需要向学生阐释为什么必须要把马克思主义作为我们的根本指导思想,为什么必须毫不动摇地坚持走中国特色社会主义道路,怎样正确看待中国近现代历史,为什么应该树立社会主义、共产主义信仰,为什么要爱国以及怎样爱国,怎样依法治国等。而这些问题都是政治经济社会生活中的大问题,是关系到我们的道路、旗帜的根本性问题。毋庸置疑,社会层面基于意识形态安全和国家发展前途的考虑,必然对高校思想政治理论课教学有颇高期待,4门思想政治理论课也因此成为每位大学生的必修课。但同样不可否认,高校思想政治理论课也有着天然的、内在的育人性。它关涉的是决定个体生命方向、质量、状态的价值观问题,是个体的理想、追求、信仰等内在的精神生活问题,是个体如何处理与他置身其中的世界、社会、他人之间的关系问题,也是个体如何与自身达成和谐的问题。高校思想政治理论课并非只是看似外在于个体的社会宏大叙事,它同样具有内在的切己性,关乎每个微小个体的生存、生活与发展。深刻的人生哲理、贴切的生活启迪、透彻的人生感悟,动人的人生体验都应是高校思想政治理论课提供给学生的。需要注意的是,思想政治理论课的意识形态性与育人性并不决然对立。因为人是一种社会性的存在,社会是个体发展最大的保障,个体的发展与社会息息相关,个体的价值观中都含有社会因素或政治因素。实际上,笔者在课堂教学和访谈调查中都深切地感受到:大多数大学生能够理性认识社会发展对个体发展的巨大意义,他们虽然会天然地关注作为微小个体的个人发展,但同样也有着强烈的家国情怀和责任担当。但遗憾的是,有些教师在思想政治理论课教学中割裂了二者的关联,片面地强调了意识形态性从而让一些学生产生了思想政治理论课只是"政治课"的刻板印象。由于认识不到这类课程与个体成长发展的内在意义关联,大学生自然无法产生强烈的学习需求。

另一方面,思想政治理论课教学也未能充分有效地回应大学生的期待。大学生不仅对直接关涉自身成长发展的人生问题感兴趣,而且对社会宏大叙事表现出同样的热情。他们一方面执着于自我价值的确立及其实现,一方面执着于社会价值的探索与追求。面对"人生该怎么过、国家该往何处去、历史该往哪里走",他们充满困惑、怀疑和迷茫,他们渴望老师能指点迷津以"醍醐灌顶"。虽然思想政治理论课教学在改革中不断取得进步,也越来越受到大学生的认可,但在个体微小叙事和社会宏大问题方面对学生需求的关切仍不充分,仍需进一步有效回应大学生的期待。在关涉个体发展方面需要有效地让学生找到共振点产生思想上的共鸣;在意识形态问题上需要从理论上讲深讲透"大道理",从而力拨大学生的"思想霾"。因为若不不深入关切学生生活发展,不有力解释现实,就难以有效地为学生人生导航。久而久之,"所讲非所想,所教非所需",学生对该类课程就会产生离心倾向,如此,再多的供给都将沦为低效甚至无效供给,这反过来又会压抑学生有效的需求。正如目前存在的一些现象,有些学生为了拿到必修学分,心不在焉甚至心怀抵触地来到课堂;面对老师的辛苦付出,部分学生虽心有愧疚却依然自行其是;为了督促学生,老师和管理部门无奈采取考勤保证出勤率;为了提高"抬头率",有些老师甚至去迎合学生。由于部分"供给"未能有效适应学生需求而沦为低效"供给",从而压抑了学生的需求,导致学生需求不足(学习没动力、学习倦怠)的表象。因此,需要基于学生需求优化教学供给,真正走入学生中间,调动学生积极性。只有教学供给充分体现出对学生需求的尊重和对接,才有可能不再依靠规定、纪律、考试等去规约需求,高校思想政治理论课教学的诸多顽疾方有可能得到医治,良好的教学生态也才能形成。

二、价值性引导与自主性建构相结合[①]

如前所述,教育的真义在于"价值引导"和"自主建构'的统一[②]。教师的教育性影响隐含着教育者和社会的价值旨趣和价值选择,诸如什么是好的社会? 什么是合格的公民? 什么是有意义的人生? 什么是幸福的生活? 什么是崇高的境界? ……价值观引导中,教育者要有持续提供"理想意图"的政治意识、不断提供"理想力量"的动力意识和努力形成"理想效果"的质量意识[③],努力做到自觉引领、科学引领、超前引领,解决学生的"精神饥渴"和"思想骚

---

①　此部分参见曹清燕:《思想政治教育目的研究——基于马克思主义人学的视角》,中国社会科学出版社 2011 年版。此处略有修改。

②　肖川:《教育的真义:"价值引导"与"自主建构"》,《辽宁教育》1999 年第 Z1 期,第 49—51 页。

③　张国启:《论思想政治教育主体的价值引领意识及其强化维度》,《思想理论教育》2017 年第 4 期。

动",促进学生的道德自治和精神提升。但学生的精神世界又是自主建构、能动生成的,并非外界力量简单模塑而成,因此必须尊重学生建构自身意义世界和价值世界的自主性、能动性和创造性。

如前所述,在大学生价值观引导中,教师和大学生虽同为主体,但这两类主体存在一定的势差。也就是说,教育者和受教育者是有差别的,尤其在社会角色成熟度上有差异,教育性的信息总是从相对成熟的教育者流向相对未成熟的受教育者。同时,教育者是教育活动的设计者、组织者,他负有通过价值性的引导促进受教育者素质实现提升的责任,他是受教育者自我建构、自我整合、自我教育的激发者和引导者。教育者和受教育者之间的这种"势差"并不是对两者之间互动的否定,实际上,教育者影响受教育者,受教育者同样影响教育者,使教育者"教然后知不足",从而改进教育。价值观教育只有有效地调动这种"势差"互动,其目的才能得以实现。这里既包括维护势差,又包括促进势差"互动",因为只强调互动否定势差,则容易使价值引导失去其主导性和教育性;只强调势差而否定互动,则又容易导致价值观教育陷入硬性灌输的泥淖。

在价值观引导过程中,受教育者根据自己的需要、认知、情感、兴趣和价值取向对教育信息进行取舍,自主地发起对自身的教育活动,并调整活动的过程,能动地把自己的需求、知识、能力、情感、意志等本质力量表现出来。如果说教育者的价值引导是条件,受教育者的自主建构则是根本。价值观教育意味着使受教育者持续不断地"自我造就",它是对人之思想的激活、是对人之可能性的自觉引发,这种"引发"就是要让受教育者意识到"他的不可穷尽性,实现由'他人导引'向'自我导引'的转换,从而自觉地进行自我建构、自我超越"①。因此,受教育者在教育者的组织、引导、启发下的自我生成、自我建构活动直接影响到价值观教育本身的成效。尤其是随着人之主体意识的日渐觉醒和主体能力的日渐增强,我们没有理由不关注受教育者的自我建构、自我整

---

① 王啸:《教育人学———当代教育学的人学路向》,江苏教育出版社 2003 年版,第297 页。

合和自我教育能力。

由于受教育者是相对不成熟的主体,他们的自我建构和自我教育虽然充分显示了他们作为主体的本质力量,但由于这种建构具有较大的选择性、随意性,而且在建构中,陈旧的观念、落后的思维方式、不当的心理定式以及自我中心倾向等都可能使受教育者的这种自我建构、自我教育偏离正确的方向。因此,教育者需要不断加强对受教育者自我整合、自我建构的引导,从更高的层面提高受教育者的自我建构、自我教育能力。但同时更应该尊重受教育者的主体地位,尊重并鼓励他们自我建构,不断增强其主体能力,优化其接受机制,重视受教育者的反馈互动,重视与之平等交流。

三、显性与隐性相结合

无论是国外的价值观教育实践还是国内的德育实践,都不约而同认识到显性教育和隐性教育的意义,并力图将两者结合起来。西方国家的价值观教育一方面依赖于特定课程,如美国的通识教育、公民教育、历史、社会、文学等课程,新加坡的"国家教育"课程,欧洲的多元文化课程、个体的社会适应、心理健康教育、宗教教育等。另一方面则依赖于学校生活[1],包括了除课程以外的学校生活的所有侧面,涉及校风、学校的政策及规章制度、教师榜样、同辈群体的影响、学生社区等,西方称其为"隐性课程"(Hidden Curriculum)。相比较特定的显性课程,西方价值观教育中更注重隐性课程的作用。

国内价值观教育虽也强调校园文化、学生社团组织、学校规章制度、学生社会实践、特定节日或重大事件中的渗透影响,但着力点较多地放在显性课程上,特别是高校思想政治理论课教学上,对于其他课程中的价值观教育资源开发不够甚至有所疏漏,导致大学语文、大学外语、新闻传媒、政治学、公共管理、法学等领域的教学出现一些崇洋媚外、历史虚无和西化倾向,甚至一些教材也

---

[1]　Halstead, J. Mark, Taylor, J. Monica, "Learning and Teaching about Values: a Review Of Recent Research", *Cambridge Journal of Education*, 2000, vol. 30, no. 2, pp. 169-202.

出现与社会主义核心价值观的培育背道而驰、逆向而行的现象。2017年1月,中办、国办印发了《关于加强和改进新形势下大中小学教材建设的意见》,要求教材的内容始终坚持正确政治方向和价值导向,加强社会主义核心价值观教育。为贯彻落实《关于加强和改进新形势下大中小学教材建设的意见》,2017年7月6日国务院办公厅下发通知,国务院决定成立国家教材委员会,主任由中共中央政治局委员、国务院副总理刘延东担任,旨在进一步做好教材管理有关工作,审查意识形态属性较强的国家规划教材。教材委员会要求教材要服务学生德智体美全面发展,为培养中国特色社会主义事业合格建设者和可靠接班人提供有力保障。这可以看作新时期在国家层面对隐性价值观教育资源开发的重视和落实。

显性教育目标明确、规范性强、效果及时,但容易流于表面化、单一化;隐性教育作用潜在、影响广泛、效果长期、内容广泛、手段灵活,但教育预期性弱、效果难以掌控,因此,需要将有形与无形、直接与间接、注入与渗透、外显与内隐结合起来,除了进一步加强高校思想政治理论课教学以增强其亲和力和针对性、提高其有效性外,还需进一步挖掘所有课程尤其是哲学社会科学课程的价值观教育功能和资源,大力推进"课程思政"建设。此外还要特别重视对教师价值观的关注和引导,通过教师的言谈举止、态度立场等潜在地影响学生;营造和谐互动的课堂氛围,熏陶感染学生。除此之外,还要重视学校文化、校风校训、大学精神、学生社团、学生参与等环节的潜移默化的影响力,争取"让每一面墙都说话、让每一个角落都有故事",形成"人人皆教育之人、处处皆教育之地、时时皆教育之机"①的氛围。

四、整体化与分众化相结合

当代大学生作为一个群体,在近乎同样的社会大背景下长大,这注定了他

---

① 教育部思想政治工作司组编:《培育和践行社会主义核心价值观高校案例》,中国书籍出版社2015年版,第94页。

们的价值观具有某种共同性,其价值观呈现出一些共同的时代特征如重自我、重个性、重物质等。同时,他们所处的成长阶段也使他们的价值观呈现出共同的不稳定性、情绪性等特点。因此,大学生的价值观引导需要有整体化的部署,针对大学生共同关心的议题如如何与国家共存、如何与社会共处、如何与他人交往、如何度过人生等进行集中解答,对他们共同存在的价值偏差如责任意识淡薄、理想信仰缺失、人生标准功利化等进行集中引导,通过"漫灌"的方式有组织、有秩序、有系统地对他们进行引导和培育。

另外,我们的调查也显示,不同年级、专业、政治面貌、家庭所在地(政治经济地位)群组的大学生的价值观存在显著差异,这致使大学生的价值观呈现出复杂性和非均衡性。相较文史哲和社会科学类学生而言,工科生受自然科学精神的影响,实证性和批判性思维更为强烈,容易对既定的政治、社会、历史价值观产生怀疑,因此,他们对主流价值观的认同感相对要弱。而文史哲类和社会科学类的大学生对不良社会思潮有更强的辨别能力,受历史虚无主义、新自由主义和"普世"价值的影响相对较小。女生以文史哲和社会科学类专业居多,对历史、政治等人文知识的掌握要优于男生,更容易对主流价值产生积极的情感认同。相反,沿海地区和大城市是多元社会思潮的集聚地,利益诉求多元化、社会矛盾更为复杂,来自大城市的大学生有更开放的政治态度,其接受异质观点和文化的能力也相对较强,更容易受不良社会思潮的影响,对主流价值观产生怀疑。

因此,对大学生进行价值观的引导,除了要坚持整体性的教育,还要注意分众化,"精准滴灌",靶向治疗,针对不同对象分类引导,有所侧重,对症下药,增强价值观引导的针对性和实效性。例如,针对工科类学生的价值观教育应当克服"宏大叙事"和"枯燥说教"的方式,注重事理论证,通过摆事实、讲道理,从生活中生发理论,又将理论融入现实中,体现理论的价值;针对人文社会科学类学生的教育要避免重复说教,既要把道理讲透彻、讲深入,又要注重对学生情感的启迪,触及学生内心积极的认同情感;针对城市家庭学生和非党员学生的教育要引导学生认清价值观教育的重要性,增强教育的亲和力和说服力,既要注重结合实际,解决学生普遍困惑的价值问题,又要善用多样化的平台和生动的形式提升教育的趣味性,做到让学生喜欢、接受并能从中有所收获。

第三节 大学生价值观引导的途径

当前高校德育工作的亲和力不够强,"配方"比较陈旧、"工艺"比较粗糙、"包装"不那么时尚,从而损害了其有效性。为了改进高校德育工作,增强价值观教育的有效性,需要拓宽价值观引导的途径,网下与网上并举,主渠道与微循环并重,教师引导与同伴教育并肩,高校引导与社会培育并进,通过多种途径搭建起思想交流的立交桥,有效地促进学生的价值认同。

一、网下与网上并举

随着互联网在中国的发展,中国已俨然成为一个网络大国,网络日益成为思想文化的集散地、社会舆论的放大器、意识形态斗争的主战场,网上舆论生态直接影响着整个社会的心态和舆论走向。大学生作为网民中的生力军和骨干力量,是网络空间中进行个人表达的积极分子,他们一方面生产信息和舆论,另一方面却也容易被鱼龙混杂的舆论所影响。

由于历史文化传统的限制,加上现实社会体制内所提供的民意表达和利益诉求渠道不是很顺畅,今天权利意识强烈的网民自然地走向了寻求网络"救济"的道路。"在中国新媒体身上,承载了过重的舆论表达诉求,造成了新媒体表达空间的无序和扭曲"①。另一方面,互联网的匿名性极大地遮蔽了个体的识别信息,时代变迁以及网络空间伦理道德建设的滞后致使传统的价值标准和参考框架被淡化为变幻莫测的背景,网民某种程度上失去了"社会化"

---

① 张涛甫:《表达与引导》,漓江出版社 2012 年版,第 73 页。

控制,进行着"N 重自我的放肆表达"①,私密的我、夸张的我、情绪化的我、道德审判者的我都得到了酣畅淋漓的展现。"网络成为公共舆论和社会情绪的'泄洪区',这已成为中国特色的表达定势。"②自发性、多元性、偏激性、虚假性、媚俗性甚至敌对性的个人意见的"脱控"(unstricted)交往,构成了一幅散漫无序的图景,到处一片"众声喧哗"。而且,媒体有着特殊的影响力,往往成为权力或利益集团争夺的焦点,已然成为西方争夺我国青年的主阵地。

面对这样的境遇,大学生价值观的引导显然不能仅仅囿于传统的物理现实空间,而必须开辟网上阵地,建设"时时可得、处处可及"的网络教育空间。在网络空间廓清错误认知,巩固壮大主流思想舆论,弘扬主旋律,传播正能量,为广大大学生营造一个风清气正的成长空间。

目前网络空间的教育引导已有一些很好的尝试。共青团中央的官方微博和官方微信公众号在引领青年价值观上可圈可点,其官方微博的 BCI(微博传播力指数)在所有政务微博中遥遥领先,受到青年的热捧;其官方微信公众号的 WCI(微信传播力指数)也不逊色,引领着全国各省市、高校的共青团微信公众号建设,在服务青年、凝聚青年、引领青年上已形成品牌效应,深得青年喜爱和信赖。其推出的"青年网络公开课",青年之友、青年之声等栏目用青年视角讲述,用传播力打造出了对青年切实的影响力。

各个高校也展开了类似的尝试。"学生清华""红色网站""荷声藤影"等一批触网新尝试,正让优质内容焕发出新的生机活力。③ 又如中南大学积极搭建"互联网+思想政治工作"平台,让思想政治工作搭上网络快车,更好更快地融入大学生生活。诸如"中南易班"、"云麓谷"、"中国大学生社会主义核心价值践行网"、"中南小团子"、"中南大学就业网"等众多网络思想政治文化建设平台深受中南学生关注和喜爱,提升了教育效果和辐射力。自 2013 年起,

---

① 李永刚:《我们的防火墙》,广西师范大学出版社 2009 年版,第 46 页。
② 李永刚:《我们的防火墙》,广西师范大学出版社 2009 年版,第 188—189 页。
③ 《提升思想政治教育亲和力和针对性》,《光明日报》2016 年 12 月 11 日,第 1 版。

又构建了粉丝过百万的微博矩阵,通过"一事一理"、"一人一物"、"一评一议"和"一转一赞"等微话题、微方案、微直播、微公益等宣传教育和励志引领活动涵养大学生的价值观。① 同时学校也非常注重强化媒体管理,提升新媒体素养,做好网络舆情管控,探索出了特色路径,引发媒体关注。

高校思想政治理论课教学也开始将线上与线下结合,上海高校率先推行慕课,不少高校也在尝试在线教学平台的构建等,老师在课堂上解疑释惑,在课堂外让学生实践体验;老师在线上讲授基本原理,在线下与同学深入讨论交流,受到了学生的欢迎和认可。以北京工业大学沈震为代表的智慧课堂,通过开发应用于手机端的智慧教学软件平台,利用手机实现师生在线实时互动交流,以"回归课堂"、"精准教学"、"问题导向"等教学理念提升着教学效果。中国人民大学开通公众号"别笑我是思修课",定期持续推送老师的心得小品、学术普及和学生的心灵感悟,收到了很好的效果。这些尝试可使得教师、大学生、学习资源、模范教学、专业知识、拓展知识、专业学者等联系在一起,使大学生的学习不受时间空间的限制,从而全覆盖地对大学生进行价值观的正向影响。

二、主渠道与微循环并重

如前所述,当前高校的价值观引导和培育工作主要着力在主渠道思想政治理论课教学上,微循环在一定程度上被闲置②。主渠道承担的主要职责理应在加强中改进、在改进中提升,但微循环也承载着巨量的教育资源,特别是专业课程和综合素养课程中的隐性价值渗透功能十分巨大,因此应两者并重,努力实现知识传授与价值引领的有机统一,充分发挥思想政治理论课的显性

---

① 教育部思想政治工作司组编:《培育和践行社会主义核心价值观高校案例》,中国书籍出版社 2015 年版,第 292 页。

② 刘建军:《论思想政治教育的主渠道与微循环》,《思想理论教育》2014 年第 9 期,第 56—59 页。

价值引领功能与专业课程、综合素养课程的隐性价值渗透功能的协同效应，以此解决思想政治理论课教师"单兵作战"、思想政治理论课教学"孤岛化"窘境和马克思主义理论学科协同性弱、思想政治教育课程融合度低的问题，共同营造传承红色基因和讲述中国故事的"大讲堂"、传播马克思主义理论和主流意识形态的"大阵地"、培养社会主义合格建设者和可靠接班人的"大熔炉"。

上海高校的"课程思政"是将思想政治理论课教学主渠道与微循环结合起来的典范性尝试。其课程建设思路是"针对思想政治理论课、中国系列选修课程、综合素养课程和专业教育课程的不同属性，分类厘清各自功能定位，分类开展重点建设"①。除了致力于提升几门必修的思想政治理论课的教学效果，还打造"中国系列"课程如上海大学的"大国方略"、复旦大学的"治国理政"、上海交通大学的"读懂中国"、同济大学的"中国道路"、上海师范大学的"闻道中国"、华东政法大学的"法治中国"、上海对外经贸大学的"人文中国"、上海应用技术大学的"智造中国"、上海政法学院的"大国安全"等，紧扣时代发展，回应大学生关切，成为广受欢迎的热门课。② 除此之外，上海大学自创由专兼职教师联袂授课的"项链教学"模式，扩大参与价值观教育的教师和人员范围。

上海高校的课程思政在全国产生了广泛的影响力，不少高校相继探索如何聚焦课程育人整合不同课程的教育力量。还有不少高校在探索如何发挥论坛、讲座、校园文化等微循环的教育力量。如吉林大学举办"思想·理论·人生100讲"系列专题讲座，浙江建设职业技术学院举办鲁班大讲堂，河北农业大学打造"焦点时刻"平台，东南大学构建"文化名人进校园"、"高雅艺术进校园"等平台以优秀文化育人，哈尔滨工业大学以航天梦引领青年精心培育追

---

① 《上海高校推进"课程思政"经验摘编》，《中国教育报》2017年7月6日，第6版。
② 中国文明网：《上海高校相继推出"中国系列"课程，"大思政"为青年人生引航》，2017年1月3日，http://www.wenming.cn/syjj/dfcz/sh/201701/t20170103_3980723.shtml，2017年7月10日。

梦人方阵并抓住时机持续导行,南昌航空大学和山东师范大学注重优秀传统文化的传承,闽西职业技术学院充分运用红色资源强化价值认同,哈尔滨工业大学培育"七彩"毕业文化,湖北工业大学开展"感恩父母、感谢老师、感动校园"主题活动等①。

总之,把显性教育进一步强化,把隐性教育做足做深,进一步构建思想政治理论课教师、专业教师、校内外专家、学校各部门、师生协同联动的育人体系,拓展大学价值观教育的空间将是未来学校价值观培育工作的发展趋势。

三、教师引导与同伴教育并肩

大学生价值观的培育和引导中,教师作为价值引领者的角色决定了教师引导的至关重要性。但大学生的价值观形成中,同辈群体是一个不容忽视的重要因素。

美国著名心理学家尤里·布朗芬布伦纳(Urie Bronfenbrenner)提出生态系统理论(也称为背景发展理论或人际生态理论),他从心理学角度揭示出个人发展会受到5个系统的影响。这5个系统分别为微观系统(microsystem),通常指个体活动交往的直接环境,如家庭、学校、同辈群体、邻居、宗教组织等;中观系统(mesosystem),指微观系统间的相互作用;外系统(exosystem),指媒体、社区、地方政治等;宏系统(macrosystem),指社会、文化等;历时系统(chronosystem),指各个系统间相互作用随时间的改变。② 可见,同伴或同辈群体以及与同辈群体的互动影响着人的价值观形成。西方基于此认识,重视同伴教育(peer education)在道德教育中的运用,通过同伴和朋辈群体间分享信息、行为技能和观念等,达到道德教育和价值观教育的目标。随着信息化的普及,现

---

① 教育部思想政治工作司组编:《培育和践行社会主义核心价值观高校案例》,中国书籍出版社2015年版,第18—128页。

② Bronfenbrenner,Urie,"Ecological systems theory",in R.Vasta,ed.,*Six theories of child development:Revised formulations and current issues*,1992,pp.187-249,pp.619-647.

代社会进入米德所言的后喻社会,同辈群体的影响可以匹敌甚至超越传统的文化传递①。

大学生群体间相同的年龄特征、相同的受教育水平、相似的生活环境使得他们更容易沟通和对话,其思想观念和行为也更容易受到同伴的影响(同伴压力)。国内有学者通过实证研究,揭示出群体亚文化、群体类型、群体时空优势及群体价值感是影响当代大学生价值观形成和变化的主要因素②。因此,在保证教师主导性的价值引导的同时,要考虑充分发挥同辈群体间的相互影响和教育,可通过合作学习、小组实践、同伴榜样、群体讨论、学生自主性的活动、学生自创平台等方式,促进大学生同伴群体的和谐共进。

不少高校都注意挖掘青春榜样如道德标榜、自强之星、青春领袖等对同辈群体产生影响,如中南大学现不仅评出"孝老爱亲"、"自强不息"、"见义勇为"、"诚实守信"、"笃学尚行"6 类道德模范个人和集体,还组织了优秀大学生事迹报告团和巡回报告,使广大学生在平常生活中感受到榜样的真实力量。徐本禹志愿服务团队的榜样作用很好地得到发挥,习近平总书记在给这个团队的回信中提到"学习雷锋人人可学,志愿服务处处可为",这样的同辈群体中的榜样极大了激活了青春力量。此外,不少高校自觉搭建起学生讲坛进行价值观培育,如西安交通大学充分发挥高校学生理论社团学习、传播和践行社会主义核心价值观,中国地质大学(武汉)学生社会自主组建"红色之声"宣讲团,用青年大学生自己的声音培育和传播核心价值观,中山大学打造"中山大学学生马克思主义理论研修班",扩大了社会主义核心价值观对青年大学生的感召力。

---

① [美]M.米德:《文化与承诺》,河北人民出版社 1998 年版,第 51 页。
② 伍志燕:《同辈群体与当代大学生价值观的相关性研究——基于贵州六所高校的实证调查》,《学校党建与思想教育》2011 年第 7 期,第 43—45 页。

四、高校引导与社会培育并进

如前所述,人的价值观是在特定社会生活实践中不断形成和发展的。社会系统是由众多子系统组成的立体网络结构,社会有机体的发展是多种因素立体交叉的辩证运动,这就决定了人的发展必定受多种因素影响和制约。因此,需要借助系统分析方法,从整体出发,着眼于整体与部分、系统与环境等的相互联系和相互作用,引导和培育大学生的价值观。

高校是社会大系统中的一个子系统,有其功能发挥的边界。社会政治、经济、文化等系统是高校教育进行的环境,制约着高校德育和价值观教育的功能、价值的实现。"思想政治教育处于复杂多变的社会物质、精神环境之中,这种环境决定着有效的思想政治教育的发展形态及运作状态。"[1]邱柏生教授曾从生态学角度指出思想政治教育受到经济生态环境、政治性生态环境、社会心理生态环境和社会意识生态环境的影响。[2] 另外,高校教育也对系统外的政治、经济、文化系统产生影响。因此,只有当高校的价值观引导系统与社会的政治、经济、文化系统保持良好互动的时候,价值观培育方能产生实效。因此,大学生价值观引导除了要抓好学校系统,还必须对学校体系之外的各种社会力量给予应有的关注和重视。

我们从调查中得知,目前部分学生坦言学校教的与他们从社会中感知到的存在偏差,从而感到无所适从、矛盾困惑。这一方面源于社会问题和社会矛盾的多发引发的一些负面现象,另一方面却是大众传媒聚焦负面现象的夸大效应,加上各种反华、反共势力的鼓噪,资本驱动下的媒体用黑色阴影笼罩中国社会。因此,一方面需要对现实存在的社会问题以妥善解决,改善民生,增进人民的获得感和幸福感,增进大学生对社会主义核心价值观的认同;另一方

---

① 沈壮海:《思想政治教育有效性研究》,武汉大学出版社 2001 年版,第 170 页。
② 邱柏生:《充分认识高校思想政治教育的生态关系》,《思想理论教育》2008 年第 15 期,第 28—32 页。

面则需要建设风清气正的文化空间,规范媒体的传播,高扬社会主义主旋律,以正面宣传为主,激发与传播正能量。

西方社会在进行核心价值观建设和传播过程中,非常重视媒体的作用,也非常强调正面宣传。以美国媒体为代表的西方新闻界虽然一直标榜"去政治化"和"价值中立"(value-free),但却始终承担着维系与传播核心价值观的使命①。民族优越感、利他的民主、负责任的资本主义、小城镇田园主义、个人主义、温和主义、社会秩序与国家领导权等是其维系和传播的核心价值观②。自2012年以来,一些美国颇具影响的传统媒体和新媒体纷纷争做"正面新闻"③,美国广播公司(ABC)的"美国坚强"(America Strong)系列节目传播自由、独立、进取、爱国等主流核心价值观,美国有线电视新闻网(CNN)"CNN英雄"(CNN Heroes)聚焦英雄传播能量,作为新闻博客聚合网站的赫芬顿邮报将"好消息"栏目与时政、财经、体育等传统报道题材并列。

除了要加强社会问题的解决、加强对媒体的管理、打造健康主流向上的媒体环境,还需要重视家训家风,注重家校联动,用中国优秀的传统文化、用中国独特的方式释放价值观培育的力量。

第四节　大学生价值观引导的重点环节

结合当代大学生价值观中存在的突出问题以及当前高校在价值观引导方面存在的薄弱环节,我们认为,当前和今后一段时期,大学生的价值观引导需要在以下几个环节着力。在引导主体层面,要提高教师的价值引领角色自觉

---

① 史安斌、廖鲽尔:《"去政治化""去意识形态化"的神话——美国媒体价值观传播的历史脉络与实践经验》,《新闻记者》2016年第3期,第4—9页。

② [美]赫伯特·甘斯:《什么在决定新闻》,石琳、李红涛译,北京大学出版社2009年版,第52—65页。

③ 史安斌、廖鲽尔:《西方媒体争做"好新闻"的启示——新媒体语境下"正面报道"的社会功能与商业价值》,《青年记者》2014年第34期,第76—77页。

和胜任力;在引导内容方面,需要重点加强理想信仰教育和对社会错误思潮的批判;在引导方法方面,需要在提升大学生价值观引导的亲和力、时尚感的基础上,尊重学生成长规律,用好和创新理论澄清、情感陶冶、实践体悟、信仰生成等方法。

一、提高教师的价值引领角色自觉和胜任力

杜威曾言:我认为教师总是真正上帝的代言者,真正天国的引路人。教育是饱含价值性关怀的实践活动,教师若放弃引导等于放弃教育本身。我国大学以立德树人为中心环节,这是高校立身之本。而立德树人首先是立师德,这是高校思想政治工作的"最先一公里"。"教师是人类灵魂的工程师,承担着神圣使命。传道者自己首先要明道、信道。"①由此可见,教师担任着价值引领者的角色,教师应是先进思想文化的传播者、党执政的坚定支持者、学生健康成长的指导者,也是学生锤炼品格的引路人、学习知识的引路人、创新思维的引路人、奉献祖国的引路人。

在前文的访谈中,我们能感受到部分高校教师对自身作为价值引领者的角色没有清醒的认识,或者认识到该角色但不太认同该角色,因而也不太乐意进行价值观尤其是政治价值观的引导。因此,首要工作是加强对教师的思想政治教育,让他们自觉意识到其承担的价值引领者角色,自觉地意识到作为教师有责任把学生培养成理解和拥有人类基本价值、社会核心价值的品性优良之人,有责任去守护和传承文明和价值,有责任将大学生的人生"导向美好生活"②。在当前社会功利化背景下、在哲学社会科学淡化马克思主义指导、马克思主义在一定程度上存在"失语"、"失踪"、"失声"的境遇下,更需要教师

---

① 《习近平在全国高校思想政治工作会议上强调:把思想政治工作贯穿教育教学全过程 开创我国高等教育事业发展新局面》,《光明日报》2016年12月9日,第1版。

② 黎琼锋:《导向美好生活——教学过程的价值追寻》,博士学位论文,华中师范大学, 2008年,第155页。

对学生道德成长和价值取向自觉而审慎地关注,自觉接受社会期待的角色,并创造性地完善和提高社会期待角色,增强立德树人、教书育人的荣誉感和责任感。

因此,要引导教师自觉按照习近平总书记在 2014 年北京师范大学座谈会上对好老师的要求,做到有理想信念、有道德情操、有扎实学识、有仁爱之心,自觉"坚持教书和育人相统一,坚持言传和身教相统一,坚持潜心问道和关注社会相统一,坚持学术自由和学术规范相统一"①,以德立身、以德立学、以德施教,做有理论的实践者、会实践的思考者,不断提高价值引领者的角色践行水平。要"用自己的学识、阅历、经验点燃学生对真善美的向往,使社会主义核心价值观润物细无声地浸润学生的心田、转化为日常行为,增强学生的价值判断能力、价值选择能力、价值塑造能力,引领学生健康成长"。②

面对当前要教育引导学生正确认识世界和中国发展大势、正确认识中国特色和国际比较、正确认识时代责任和历史使命、正确认识远大抱负和脚踏实地的任务,教师要探索用娴熟的话语、透彻的思想、圆融的思维③,依靠清醒的价值意识、坚定的价值立场、理性的价值判断④,明晰自己的价值取向以及需要传递给学生的价值观。通过理性引导、行为引导、言传身教、亲身示范等方式把真善美的种子播撒在学生中间,启迪、敞开学生的意义世界,开拓其价值实现路径,让学生在开放的社会生活空间中从容建构起个人的价值世界⑤,靠着守土有责、守土负责、守土尽责的信念,引领学生树立起共产主义远大理想

①　《习近平在全国高校思想政治工作会议上强调:把思想政治工作贯穿教育教学全过程开创我国高等教育事业发展新局面》,《光明日报》2016 年 12 月 9 日,第 1 版。

②　习近平:《做党和人民满意的好老师——同北京师范大学师生代表座谈时的讲话》,《人民日报》2014 年 9 月 9 日,第 2 版。

③　刘建军:《思想政治教育话语转换的三重基础》,《思想理论教育导刊》2016 年第 5 期,第 120—123 页。

④　姚林群:《课堂中的价值观教学》,博士学位论文,华中师范大学,2011 年。

⑤　唐凯麟、刘铁芳:《价值启蒙与生活养成——开放社会中的德性养成教育》,《教育科学研究》2005 年第 2 期,第 53—55 页,第 58 页。

和中国特色社会主义共同理想,坚定学生中国特色社会主义制度自信、道路自信、理论自信和文化自信,引领学生勇敢地承担起历史和时代赋予的责任和使命。

面对高校纷繁复杂的意识形态形势,高校要把教师尤其是思想政治理论课教师、学校党政干部和共青团干部、哲学社会科学教师、辅导员、班主任等的素质提升和角色胜任力作为重中之重,加强高校思想政治工作队伍建设,"着力于立足思想引领,塑造队伍精神新风貌;补齐能力短板,提升队伍水平新境界;采取有力措施,增强队伍管理新能量;完善评价机制,激发队伍干事新动力"①。笔者所在高校已经重点规范师德行为,一方面通过树立师德典型正向激励,另一方面通过规章制约,如要求所有教师在课堂上都要涵育社会主义核心价值观,并作为学生评价教师的一个重要指标。除此之外,还要加强人文关怀,营造尊师重教的社会氛围;强化实践锻炼,锤炼教师作风;搭建平台,促进教师国际和国内交流,开拓老师视野等。

二、有针对性地进行理想信念教育和社会思潮的批判

在我们的调查中发现,大学生的理想信念问题比较突出,中国特色社会主义理想、共产主义理想不够坚定,马克思主义信仰缺失。同时他们的价值观受社会思潮影响较大,虽然其政治认同水平普遍较高,但其中存在的薄弱环节或偏差不是来源于对共产党执政绩效的不认同,而主要来源于错误社会思潮的迷惑和蒙蔽。因此,当前要把大学生的理想信念教育放在首位,将对错误社会思潮的批判作为重点。

(一)加强大学生的理想信念教育

2017 年,中共中央、国务院《关于加强和改进新形势下高校思想政治工

---

① 黄蓉生:《加强高校思想政治工作队伍建设》,《中国高校社会科学》2017 年第 2 期,第20—26 页。

作的意见》指出,要把理想信念教育放在首位。这一部署是对当前大学生价值观领域理想信念不坚定、马克思主义信仰缺失的回应,是及时的、意义非凡的。

"中国特色社会主义是在经济文化比较落后的基础上形成和发展的,它所面临的许多理论和实践问题,是马克思主义经典著作中没有的,也是社会主义发展史上罕见的。"①这在某种程度上决定了中国特色社会主义共同理想和共产主义远大理想的树立并非易事,因为我们需要超前性地描绘社会发展前景并让学生相信这一前景。同时,整个世界范围内社会主义处于低潮,西方发达资本主义国家经济、科技、军事方面具有暂时的对比优势,西方在维护资本主义在世界范围内的统治特别是美国维护其全球霸权的利益驱动下,不遗余力、千方百计地输出其核心价值观,对中国青年和下一代进行意识形态渗透和文化殖民。国内的反动势力和一些公知、大 V 沦为西方的第五纵队,质疑中国共产党的执政地位,质疑中国走社会主义道路的必然性,质疑共产主义实现的可能性。社会主义过时论、共产主义渺茫论等在社会蔓延,这些都影响着大学生理想信念的树立,部分学生确实对社会主义和共产主义存在一些错误认知,对社会主义未来发展前途与命运的信心程度较低。

马克思主义是不断发展的关于人类社会发展一般规律的科学,也是无产阶级实现自身解放和全人类解放的思想武器。辩证唯物主义和历史唯物主义的世界观和方法论体现了其根本理论特征;实现物质财富极大丰富、人民精神境界极大提高、每个人自由而全面发展的共产主义社会蕴含了最崇高的社会理想;致力于实现最广大人民的根本利益体现了其最鲜明的政治立场;坚持一切从实际出发、理论联系实际、实事求是,在实践中检验真理和发展真理是其最重要的理论品质。马克思主义的这些特征注定其是中国特色社会主义的根本指导思想,指引着我们的前进道路。然而,当前马克思主义话语旁落,马克

---

① 中共中央宣传部:《中国特色社会主义学习读本》,学习出版社 2013 年版,第 160 页。

思主义被边缘化,大学生也深受影响,树立起马克思主义信仰的学生寥寥,不少学生不仅没有马克思主义信仰,而且根本没有任何信仰。人民有信仰,民族才有希望,国家才有力量。放弃马克思主义信仰的大学生将难以肩负起推进中国特色社会主义建设事业的历史重任。

面对这样的境况,必须把社会主义、共产主义理想信念和马克思主义信仰教育作为首要任务,将理想信仰教育植根于中华民族源远流长的历史和璀璨的传统文化中,置于与时俱进、蓬勃开展的科学社会主义实践中,置于中国特色社会主义的伟大发展历程中。要从我们党探索中国特色社会主义历史发展和伟大实践中,引导学生认识和把握中国特色社会主义的历史必然性,不断树立为共产主义远大理想和中国特色社会主义共同理想而奋斗的信念和信心。通过真理的力量解释、阐释马克思主义信仰的科学性、共产主义的必然性,通过课堂教学、社科论坛、课外实践等方式引导学生用马克思主义方法和情怀看待世界、看待社会、看待人生,为大学生提供源源不断的精神动力和浩然正气,让其得以保持持续不断的高尚追求。

(二)增强对错误社会思潮的批判

当前思想界几种错误社会思潮影响甚广,诸如主观随意剪裁历史、抽掉共产党执政、中国特色社会主义道路的历史依据的历史虚无主义思潮,盲目追求市场化、私有化、自由化的新自由主义思潮,将西式自由、民主、人权包装成超越社会、超越阶级的"普世价值"思潮,解构权威、否定理性、怎样都行的后现代主义思潮,宣扬西方宪政的"宪政"思潮等。这些思潮动摇着社会主义意识形态的主导地位,威胁着国家意识形态安全。

我们的调查显示,部分大学生受社会思潮影响明显,特别是历史虚无主义、新自由主义、普世价值、后现代主义等对大学生的影响较大。如大学生对历史虚无主义思潮总体上比较困惑,难以分辨其对错,同时在某些方面又表现出鲜明的赞同,如对历史虚无主义关于为历史反面人物"正名"的主张(主观歪曲论)、对西方列强对中国的侵略帮助了中国发展(侵略有功论)的观点表现出了较为明显的赞同态度,其中的"主观歪曲论"显著负向影响着大学生的政治认同水平。部分大学生支持新自由主义所宣扬和叫嚣的"军队国家化"、"国有企业应该私有化"、"新闻自由"、"淡化意识形态"等观点,在对中国根本政治经济文化制度的理解上出现偏差。部分大学生对社会主义核心价值观存在误解,落入了西方宣扬的"普世价值"的认识圈套。还有部分大学生秉持价值中立,否定权威,嘲笑理想和崇高。

尽管当代大学生的价值选择更理性、自主,但处在特定年龄阶段的他们还未能建立起成熟、稳定的价值判断体系,对社会中诸多负面现象不能理性和全面地分析,加之大学的开放性和包容性,大学生因此也成为社会思潮重点侵扰的人群。面对错误社会思潮"形式更加多元、目的更加趋利、内容更加政治性和学术性、手段更加隐蔽、态势更加不均衡、危害更加严重"[1]的现状,我们的教育应对还存在不足,教师对社会思潮敏感性不够强、批判意识不够强和引领能力不够强。针对这些问题,一方面,学界应当要增强对新自由主义、历史虚无主义、"普世"价值等社会思潮的理论批判,总结其主要观点,揭示其理论实质和政治图谋;另一方面,理论研究的成果要融入大学课堂,去分析大学生普遍关心和困惑的问题,重点回答"为什么我们的指导思想不能多元化"、"为什么不能全面私有化"、"对待历史应当持以什么样的态度和立场"、"西方国家所宣扬的自由、民主与我国社会核心价值观的本质区别"等核心问题,澄清理论误解,矫正认知偏差,增强大学生的是非判断能力。

三、优化大学生价值观引导的具体方法

当前高校思想政治工作存在的突出问题是亲和力和针对性不够,"配方"比较陈旧、"工艺"比较粗糙、"包装"不那么时尚(陈宝生语),因此在"入眼"、

---

① 金伟、张思嘉:《当前我国非主流意识形态的传播途径与发展特点》,《学校党建与思想教育》2017 年第 3 期,第 49—51 页。

"悦耳"、"合意"、"走心"上还有一定差距,从而难以有效地让大学生产生价值认同。而要解决这一问题,除了在内容、途径等方面结合大学生特点和需求创新外,还要求在方法层面能因事而化、因时而进、因势而新。

大学生的道德学习和价值认同是多因素综合作用的结果。需要是第一原动力,因此,所有教育引导因素都要与学生的需要对接,努力解学生的思想之惑、文化之渴、生活之困、心理之压等。此外,认知也起着重要作用,大学生会对接受客体进行认知判断和价值判断,从而在内心决定是否接受以及接受多少,此谓"理性认同律"。大学生对思想理论、政治观点、道德规范与价值的认同除了知性的理解,还需要情感的吸引与推动,其学习不仅包括认知学习、行为学习,还包括情感学习,此谓"情感驱动律"。大学生在"教"的影响下会对思想理论、政治观点、道德规范和价值产生理论层面的认同,但这种认同需要实际的行为去固化,在不断地内化为内在品德、外化为具体行为、进一步强化内在认同的内化与外化综合作用下形成稳定的品德结构和行为习惯,此谓"内化外化律"。

知、情、意、信、行等诸因素综合作用决定了欲对大学生产生有效的教育性影响,就应该着力探索遵循大学生理论学习特点和规律的引导方法。基于理性认同律,优化"价值澄清法";基于情感认同律,优化"情感熏陶法";基于内化外化律,优化"实践体悟法"等。

(一)价值澄清

在西方曾经风靡一时后又饱受非议的价值澄清学派在价值观教育方法上仍具有重要参考价值。价值澄清的方法旨在培养大学生在复杂多样的道德情境中进行价值判断和价值选择的能力,通过培养和提升大学生的理性认知进而达到价值自觉。

"价值观教育指涉一系列广泛的学习活动,包括生理健康、心理健康、礼仪举止、合适的亲社会行为、公民权利与义务的训练,甚至还包括审美和宗教训练。对某些人来讲,价值观教育只意味着发展起合适的行为、形成合适的习惯。然而,与之相反的是,价值观教育具有不容忽视的认知成分。事实上,基于理性做出的道德判断是价值观教育应自觉地培育的重要目标。"[1]而根据马克思主义原理,虽然意识受物质生活条件决定,但意识具有能动的反作用,因此,认知在价值观教育中无疑是重要的。

当前人的自主性的扩张、网络化的生活、碎片化的阅读、众声喧哗的舆论考验着人的道德判断、价值判断与道德选择、价值选择。因此,必须顺应时势,以理论澄清、比较澄清、自省澄清、讨论澄清等方式让学生经过一个明智的过程来获得相应价值。

(二)情感培养

如前所述,价值观的学习和培育离不开情感的作用。英国彼得·麦克菲尔(Peter McPhail)及其同事提出的道德教育体谅模式非常强调培育学生的道德情感,他们认为道德情感生成的过程乃价值观念产生的过程。他们编制了教材"生命线"(lifetime)丛书(《设身处地》《证明规则》《你会怎么办》)和教科书《学会关心》(learning to care)致力于培养学生的道德情感。"一个无法争辩的事实是,愉快、好感、关心、期望等情感需要自然地流露,而失去热情的青年人在道德学习中是根本无法完成教育理想的"。[2] 他们认为人有追求幸福、快乐、满足的渴望,建立在满足自我情感需要基础上,他们认为学会关心是社会化的重要方式,因为在利他(altruism)行为中人能满足自身需要的情感,用体谅的方式对待他人,人会获得回报性的快乐。

培养道德情感在价值观培育中不可或缺,无论是国家层面的价值观,还社

---

① Dr.Das Mridula, "A comparative study on Value Education among Primary and Secondary school Teacher", *International Journal of Research in Economics and Social Sciences*, 2016, vol.6, no,2, pp.289-299.

② Peter McPhail, J.R.Ungoed Thomas, Hilary Chapman, *Moral Education In The Secondary School*, London: Longman, 1972, p.22.

会层面的价值观,抑或是个体层面的价值观都离不开情感的激发和共鸣。如果大学生内心充满爱,对这个国家和社会饱含深情,其国家认同、民族认同和文化认同则更容易建立起来。因此,在大学生价值观引导中,不仅要动之以情,以情导之,注重诱发进而促进大学生对感动和道德现象的情感体验;更要通过现实关怀、实践体验等方式培养大学生丰沛的情感,进而培养大学生真善美的心灵。

(三)实践体悟

价值观教育离不开知识传授,但仅有知识传授却远远不够。亚里士多德曾在《尼各马可伦理学》中将德性分为理智德性和道德德性,前者主要通过教导而发生和发展,后者则主要通过习惯养成。[①] 其实,同样的道理孔子也早已讲过。子曰:"吾十有五而志于学,三十而立,四十不惑,五十而知天命,六十而耳顺,七十而从心所欲,不逾矩。"[②]

我国教育家陶行知先生强调道德教育要坚持知行合一,尤其强调"行",通过"行"促进"知"。西方价值观教育中的社会行动模式着重学生实施行动所需的技能训练,强调通过让学生主动参与民主过程去影响公共政策、影响周围环境,从而养成和强化其价值观。"体悟"即对事物的体验与感悟,是人把握自己与周围世界关系的重要手段。实践体悟即通过社会实践的方式领悟内蕴于知识之中的生命及其意义,建立自我与他者之间的共同意义,建立对核心价值观的认同。

如前所述,我国在理念上向来重视通过开展社会实践进行思想政治教育,中央有关部门也曾发布一系列文件进行部署,除了要求高校把社会实践纳入

---

① [古希腊]亚里士多德:《尼各马可伦理学》,廖申白译,商务印书馆2003年版,第35页。
② 杨伯峻:《论语译注》,中华书局1980年版,第12页.

学校教育教学总体规划和教学大纲①，从本科思想政治理论课现有学分中划出 2 个学分、从专科思想政治理论课现有学分中划出 1 个学分开展本专科思想政治理论课实践教学②外，2012 年教育部等部门还专门发布《关于进一步加强高校实践育人工作的若干意见》进行专项部署。

　　西方价值观教育中同样非常强调社会实践的作用。早在 20 世纪 80 年代服务学习（service learning）在美国学校被发起并日益流行，超过 500 所不同类型的高校都参与到这一运动中。服务学习被看作"通过精心组织的服务（活动）让学生学习和发展的方式"，这种服务活动需要符合社区需求，并在社会中展开，学校会给予配合并开展合作；这种服务活动必须有助于培养公民责任感；服务活动必须整合到学生所修课程中并要促进学生的学术学习；为学生提供反思服务经验的结构化、制度化的时间。③ 服务学习大大拓展了学生道德学习的渠道，也拓展了公民教育的途径，证明了正规、传统的课堂教育并非唯一有效的培养合格公民的渠道，并被认为"通过打通教室与社区从而更新了美国高等学校的面貌"④。进入 21 世纪之后，立足培养合格公民的诉求，局限于社区的服务学习理念拓展为全球性的服务学习（international service learning）⑤，将多学科的专业学习、公民参与、文化浸润三者结合起来，方便学生更深入地理解社会，更好地感知世界，提升其批判性思维和解决现实问题的能

---

　　① 中共中央国务院发出《关于进一步加强和改进大学生思想政治教育的意见》，《人民日报》2004 年 10 月 15 日，第 1 版。

　　② 中共中央宣传部、教育部《关于进一步加强高等学校思想政治理论课教师队伍建设的意见》，2008 年 9 月 25 日，http://old.moe.gov.cn/publicfiles/business/htmlfiles/moe/moe_772/201001/xxgk_80380.html，2017 年 7 月 10 日。

　　③ J.Kirby Donald, *Compass For Uncharted Lives：a Model For Values Education*，New York：Syracuse University Press，2007，p.44.

　　④ Zlotkowski，Edward，" Mapping New Terrain：Service-Learning across the Disciplines"，*Change*，Jan-Feb 2001，vol.33，no.1，pp.24–33.

　　⑤ Anitsal，M.Meral，Anitsal，Ismet，Barger，Bonita，and Fidan，Ismail，"Service Learning Across Disciplines and Countries"，*Atlantic Marketing Journal*，2014，vol.3，no.2，pp.129–142.

力。美国服务学习的核心学习目的并不聚焦于慈善而是公民素养①,是通过服务学习提升作为公民的参与性和责任感。这种模式具有很强的实践性,学生更多的时候不是作为知识的消费者(knowledge consumers)去学习知识,而是作为知识的生产者(knowledge producers)去引发行动(knowledge to action)。服务学习的地域性扩展在某种程度上显示了这一模式对促进公民参与、提升公民素养的积极效应。

放眼全国,虽然大学生价值观教育在实践层面取得了很大突破,如北大、人大、清华的学生与社区签志愿服务协议形成了长效机制。但目前实践育人仍然进展不够,距离"开创新局面"的要求还有差距。当前我国大学生价值观引导中,要进一步拓展和落实实践教学,多方面整合实践育人资源,力争形成实践育人合力,并要探索实践育人的长效机制,通过更加丰富多彩的实践活动,让大学生在真实的社会环境中观察、体验、反思、行动,最终促进核心价值观的养成。

① J.Kirby Donald, *Compass For Uncharted Lives : a Model For Values Education*, New York : Syracuse University Press, 2007, p. 47.

结　语

　　改革开放以来,社会成员的价值取向和价值观念日益多元化,用价值共识引领价值多样直接关系到国家软实力的提升和民族凝聚力的增强。虽然培育和践行社会主义核心价值观早已成为国家层面的战略安排,但在高校,面对价值多元的背景,在教师教学中应不应该涉足价值观、对已为成人的学生进行价值观的影响是否有必要、在大学阶段对学生进行价值观教育是否有效果等问题上却仍面临一些分歧与误解。

　　从理论上看,价值观对个人成长具有重要意义,它既定向和调节着人的态度和行为,更是人的精神生活的主导性力量和核心。面对价值多元,科学、明确的价值观可以帮助人在自身、他人、社会间求得和谐、帮助个体在嘈杂的价值世界中找到主旋律、在多元的外界喧嚣中安顿自己的内心,从而走出认同的危机、意义的危机和信仰的危机,缓解自身精神世界的焦虑,重塑精神世界的崇高。就大学生价值观的形成而言,诸多道德发展理论、人格发展理论、自我发展理论等均认为大学阶段是价值观形成的关键时期,适当的教育影响对于价值观的形成和定型至关重要。因此作为培养高层次人才摇篮的大学固然要传递知识和技能,但更要培育价值观,这种价值诉求和价值承诺是教育最深层的超越性情怀,体现出圣洁、纯粹、优雅之"象牙塔"引导学子求真、向善、臻美的内在意蕴。据此,价值观教育在大学中不仅不能缺少,而且应是大学立身之本,大学注定要去启迪智慧、引领价值、滋养生命。

而从实践来看,奉行价值中立、价值相对立场的价值澄清模式曾在西方流行,但最终这种"道德放任"造成了社会难以承受的"恶果",反社会行为的增加促使西方对价值中立、价值相对、价值无涉的立场进行反思,不少学者和教育界人士对这种主张进行抨击,认为它破坏了社会赖以生存的道德语言,并声称教学不仅仅涉及学生的认知获取,更涉及学生伦理道德方面的成就获得,是一个关乎一系列优先价值探求的实践活动。随后,在世界范围内,不少西方国家开始重新探求用明确的价值导向影响青年和下一代,谋求在多元的价值选项中析出共识,用社会赖以存在和发展的核心价值观引领下一代,核心价值观教育从学者的主张走向政府的议程和大学中的现实。

因此,对于我国高校而言,今天着实不该再抱着价值中立的立场将价值观拒斥在教学和课堂之外,也不应该将价值观教育的艰难完全推诿给"学生价值观已定型"的自我假定,而应勇敢承担起社会主义核心价值观培育和促进学生道德成长的使命,将立德树人作为根本任务并落到实处。

当代大学生以"95后"为主体,他们自出生就被投入一个价值多元的背景中,面对多样的价值选择,他们的价值世界又是怎样? 我们的调查发现,当代大学生在自然价值观、历史价值观、社会价值观、人生价值观等领域存在一些价值信仰缺失、价值取向偏离、价值标准模糊、价值实现动力不足等问题,尤其是诸如历史虚无主义、西方普世价值、新自由主义等错误思潮或潜或显地对大学生产生着或大或小的影响。当前高校价值观引导工作虽取得很多显著成绩,但依然存在一些问题和短板:价值观引导在高校教学中存在一定程度上的迷失,在"应不应该"对大学生进行价值观的引导上仍然存在认识分歧,在"愿不愿意"对大学生进行价值观引导上存在矛盾纠结等不同心境,在"去不去"对大学生进行价值观引导上存在被动选择从而虚化引导,在"会不会"对大学生进行价值观引导上存在本领欠缺和恐慌。在价值观引导上的协同乏力,国家层面的要求与学校的重视和落实间的"上"与"下"不同步,主渠道超载与微循环不畅通,线下与线上失衡阻隔,理论与实践相脱节等。作为引导主体的部分教师势弱,学生对承担显性价值观引导职责的思想政治理论课程仍存在一定程度的抵触和学习倦怠。

面对这样的现实,在中国特色社会主义新时代,我们该如何优化大学生价值观引导工作?事实上,我国自改革开放尤其是十三届四中全会以来,面对经济、政治、社会、文化各方面的改革变动,面对国内、国外多种思想观点和价值观念的交融交锋,面对历史、当下、未来中的各种犹疑和价值困惑,高校的价值观教育也积累了非常丰富的经验,诸如坚持立德树人,引导学生成为社会主义合格建设者和可靠接班人;坚持以马克思主义理论武装学生、以优秀传统文化滋养学生、以世界先进文化润泽学生;坚持正面教育,在同错误观念和思潮的斗争中弘扬社会主义主旋律;坚持以课堂教学为主渠道,不断拓展育人格局;注重科学研究,探寻规律,增强教育的科学性;坚持与时俱进,因事而化、因时而进、因势而新;坚持人才和队伍建设,为价值观教育提供师资支持;坚持党委领导下的校长负责制,为价值观教育提供体制保障。今天认真审视这些经验并从中汲取营养对优化大学生的价值观引导大有裨益。

同时,面对新时代的社会需要和青年大学生成长成才需要,大学生价值观引导工作需要首先明确在多元中立主导、在对话中谋共识、在协同中促发展、在尊重中求成长的格局与图景;需要坚持"影响侧"供给与"学习侧"需求相对接、价值性引导与自主性建构相结合、显性与隐性相结合、"漫灌"与"滴灌"相结合的原则;需要进一步拓宽途径,使网下与网上并举、主渠道与微循环并重、教师引导与同伴教育并肩、社会培育与高校引导并进,共同促进大学生社会主义核心价值观的培育和践行;需要抓几个重要环节:诸如提高教师的价值引领角色自觉和胜任力;加强大学生的理想信仰教育,强化对错误社会思潮的批判;综合、灵活、创新性地运用价值澄清、情感培养、实践体悟等方法,最终提高大学生在文化多样社会中的价值判断和价值选择能力,通过情感熏陶和实践体悟生成价值认同、确立价值信仰。

参考文献

一、中文文献

（一）著作类

[1]马克思恩格斯全集.第46卷(上)[M].北京:人民出版社,1979.

[2]马克思恩格斯全集.第40卷[M].北京:人民出版社,1982.

[3]马克思恩格斯全集.第25卷(下)[M].北京:人民出版社,1974.

[4]马克思恩格斯全集.第42卷[M].北京:人民出版社,1979.

[5]马克思恩格斯选集.第1卷[M].北京:人民出版社,1995.

[6]马克思恩格斯全集.第3卷[M].北京:人民出版社,1960.

[7]马克思.1844年经济学哲学手稿[M].北京:人民出版社,2000.

[8]列宁选集.第39卷[M].北京:人民出版社,2012.

[9]毛泽东选集.第4卷[M].北京:人民出版社,1991.

[10]毛泽东文集.第7卷[M].北京:人民出版社,1999.

[11]习近平谈治国理政[M].北京:外文出版社,2014.

[12]教育部思想政治工作司组编.加强和改进大学生思想政治教育重要文献选编1978-2014[M].北京:知识产权出版社,2015.

[13]教育部社会科学司组编.普通高校思想政治理论课文献选编1949-2008[M].北京:中国人民大学出版社,2008.

[14]教育部思想政治工作司组编.培育和践行社会主义核心价值观高校案例.北京:中国书籍出版社,2015.

[15]罗国杰.马克思主义价值观研究[M].北京:人民出版社,2013.

［16］袁贵仁.价值观的理论与实践:价值观若干问题的思考［M］.北京:北京师范大学出版社,2006.

［17］韩震.社会主义核心价值体系研究［M］.北京:人民出版社,2007.

［18］韩震等.中国的价值观［M］.北京:中国社会科学出版社,2016.

［19］陈先达.坚持马克思主义在意识形态领域指导地位研究［M］.北京:经济科学出版社,2015.

［20］冯刚.新形势下意识形态相关问题研究［M］.北京:光明日报出版社,2014.

［21］郑永廷等.主导德育论——大学生思想政治教育一元主导与多样发展研究［M］.北京:人民出版社,2008.

［22］吴潜涛,艾四林.社会主义核心价值观研究前沿问题聚焦［M］.北京:人民出版社,2017.

［23］刘书林.社会思潮与青年教育研究［M］.北京:高等教育出版社,2010.

［24］沈壮海.兴国之魂:社会主义核心价值体系释讲［M］.武汉:湖北教育出版社,2015.

［25］沈壮海.文化软实力及其价值之轴［M］.北京:中华书局,2013.

［26］沈壮海.思想政治教育有效性研究［M］.武汉:武汉大学出版社,2001.

［27］杨晓慧.当代大学生成长规律研究［M］.北京:人民出版社,2010.

［28］梅荣政.用马克思主义引领社会思潮［M］.武汉:武汉大学出版社,2008.

［29］梅荣政,杨军.理论是非辨:用社会主义核心价值体系引领多样化社会思潮［M］.北京:中国社会科学出版社,2013.

［30］张澍军.德育哲学引论［M］.北京:人民出版社,2002.

［31］佘双好.当代社会思潮对高校师生的影响及对策研究［M］.北京:中央编译出版社,2012.

［32］李建华.多元文化时代的价值引领:社会主义核心价值体系建设与社会思潮有效引领研究［M］.北京:人民出版社,2012.

［33］《十谈》编写组.加强和改进新形势下高校思想政治工作十谈［M］.北京:人民出版社,2017.

［34］石书臣.现代思想政治教育主导性研究［M］.上海:学林出版社,2004.

［35］孙正聿.属人的世界［M］.长春:吉林人民出版社,2007.

［36］许纪霖.当代中国人的精神生活.唐晋.高端讲坛·大国软实力［M］.北京:华文出版社,2009.

［37］袁银传.价值观　核心价值观　核心价值体系［M］.武汉:武汉大学出版

社,2014.

[38]文崇一.中国人的价值观[M].台北:东大图书股份有限公司,1980.

[39]龚群.当代中国社会价值观调查研究[M].北京:北京师范大学出版社,2012.

[40]樊浩.中国伦理道德报告[M].北京:中国社会科学出版社,2012.

[41]樊浩.中国大众意识形态报告[M].北京:中国社会科学出版社,2012.

[42]侯惠勤等.冲突与整合[M].北京:中国人民大学出版社,2004.

[43]戚万学.冲突与融合——20世纪西方道德教育理论[M].济南:山东教育出版社,1995.

[44]赵振洲,戚万学.现代西方道德教育策略研究[M].山东:山东人民出版社,2010.

[45]檀传宝等.公民教育引论——国际经验、历史变迁与中国公民教育的选择[M].北京:人民出版社,2011.

[46]檀传宝.中国公民教育评论[M].北京:社会科学文献出版社,2016.

[47]余维武.冲突与和谐——价值多元背景下的西方德育改革[M].江苏:江苏教育出版,2009.

[48]刘次林.教育幸福论[M].南京:南京师范大学出版社,1999.

[49]冯建军.当代主体教育论[M].南京:江苏教育出版社,2002.

[50]冯建军.差异与共生——多元文化下学生生活方式与价值观教育[M].成都:四川教育出版社,2010.

[51]杜时忠,卢旭.多元化背景下的德育课程建设[M].南京:江苏教育出版社,2009.

[52]黄书光.价值观念变迁中的中国德育改革[M].南京:江苏教育出版社,2008.

[53]王啸.教育人学——当代教育学的人学路向[M].南京:江苏教育出版社,2003.

[54]郑富兴.现代性视角下的美国新品格教育[M].北京:人民大学出版社,2006.

[55]张治库.人的存在与发展[M].北京:中央编译出版社,2005.

[56]高兆明.制度公正论[M].上海:上海文艺出版社,2001.

[57]李文成.追寻精神的家园——人类精神生产活动研究[M].北京:北京师范大学出版社,2007.

[58]谭德礼.当代大学生思想特点及成长成才规律研究[M].北京:人民出版社,2012.

[59]张艳涛.知识与信仰:当代大学生精神世界研究[M].北京:中国文史出版

社,2014.

[60]沈虹.移动中的90后——90后大学生媒介接触行为、生活形态与价值观研究[M].北京:机械工业出版社,2014.

[61]王玉樑.当代中国价值哲学[M].北京:人民出版社,2004.

[62]郑卫东.上海当代青年调查:工作、生活与价值观[M].上海:上海人民出版社,2011.

[63]郭维平.社会主义核心价值观生成与认同研究[M].北京:学习出版社,2016.

[64]王虎学.社会转型期价值观的分化与整合[M].北京:人民出版社,2016.

[65]张学森.核心价值观的历史演进与当代构建[M].北京:人民出版社,2014.

[66]韩丽颖.当代大学生核心价值观研究[M].北京:人民出版社,2014.

[67]李亚员.社会主义核心价值体系引领大学生思潮研究[M].北京:人民出版社,2015.

[68]黄传新.社会主义意识形态的吸引力和凝聚力研究[M].北京:学习出版社,2013.

[69]王葎.价值观教育的合法性[M].北京:北京师范大学出版社,2009.

[70]林岳新.新媒体背景下青少年价值观引导研究[M].北京:中国社会科学出版社,2016.

[71]陈伟军.社会思潮传播与核心价值引领[M].北京:人民出版社,2015.

[72]杨昕.中国共产党意识形态话语权研究[M].北京:社会科学文献出版社,2015.

[73]杨河.当代中国意识形态问题研究[M].北京:北京大学出版社,2015.

[74]朱孔军.高校意识形态工作研究[M].广州:中山大学出版社,2015.

[75]石芳.多元文化背景下的核心价值观教育[M].北京:人民出版社,2014.

[76]喻发胜.文化安全——基于社会核心价值观的嬗变与传播的视角[M].武汉:华中师范大学出版社,2010.

[77]聂立清.我国当代主流意识形态认同研究[M].北京:人民出版社,2010.

[78]张彦.价值排序与伦理风险[M].北京:人民出版社,2011.

[79]郑承军.理想信念的引领与建构——当代大学生的社会主义核心价值观研究[M].北京:清华大学出版社,2010.

[80]谢宏忠.大学生价值观导向:基于多元文化视野的分析[M]北京:社会科学文献出版社,2010.

[81]杨业华.当代中国大学生核心价值观研究[M]北京:人民出版社,2011.

[82]薛海鸣.新时期大学生核心价值观教育研究[M].北京:中国书籍出版社,2013.

[83]邱吉,王易,王伟玮.轨迹:当代中国青年价值观变迁研究[M].北京:人民出版社,2012.

[84]刘明君等.多元文化冲突与主流意识形态建构[M].北京:中国社会科学出版社,2008.

[85]王凯.教学作为德性实践:价值多元背景下的思考[M].南京:江苏教育出版社,2009.

[86]廖小平.代际互动:未成年人道德建设的代际维度[M].北京:人民出版社,2009.

[87]廖小平.价值观变迁与核心价值体系的解构和建构[M].北京:中国社会科学出版社,2013.

[88]林晖.断裂与共识:网络时代中国主流媒体与主流价值观构建[M].上海:复旦大学出版社,2013.

[89]裴德海.从一般价值到核心价值——社会主义核心价值观培育与践行的双重逻辑[M].合肥:安徽教育出版社,2012.

[90]周文华.美国核心价值观建设及启示[M].北京:知识产权出版社,2014.

[91]陈赟.现时代的精神生活[M].北京:新星出版社,2008.

[92]邓金洲.多元文化教育[M].天津:天津教育出版社,2004.

[93]梅萍.当代大学生生命价值观教育研究[M].北京:中国社会科学出版社,2009.

[94]童建军,许文贤.价值教育合德性研究[M].北京:人民出版社,2014.

[95]曹清燕.思想政治教育目的研究[M].北京:中国社会科学出版社,2011.

[96]陈立思.社会思潮与青年教育[M].北京:北京大学出版社,2011.

[97]杨耕.马克思主义历史观研究[M].北京:北京师范大学出版社,2012.

[98]孙伟平.价值哲学方法论[M].北京:中国社会科学出版社,2008.

[99]张海洋.中国的多元文化与中国人的认同[M].北京:民族出版社,2006

[100]李丽娜.全球化背景下的文化焦虑与探寻[M].北京:社科文献出版社,2013.

[101]刘森林.物与无:物化逻辑与虚无主义[M].南京:江苏人民出版社,2013.

[102]杨金华.历史虚无主义的生成机理及其克服[M].北京:中国社会科学出版社,2015.

[103]张涛甫.表达与引导[M].桂林:漓江出版社,2012.

[104]李永刚.我们的防火墙[M].南宁:广西师范大学出版社,2009.

[105]李从军.谁能引领现代舆论场[M].北京:人民出版社,2014.

[106]王菊芳.BBC之道:BBC的价值观与全球化战略[M].北京:生活·读书·新知三联书店,2013.

[107]于建嵘.变话——引导舆论新方式[M].北京:世界图书出版公司,2010.

[108][俄]B.N.托尔斯特赫等.精神生产——精神活动问题的社会哲学观[M].安起民,译.北京:北京师范大学出版社,1988.

[109][美]贝克.优化学校教育——一种价值的观点[M].戚万学,等译.上海:华东师范大学出版社,2003.

[110][美]诺丁斯.21世纪的教育与民主[M].陈彦旭,韩丽颖,译.北京:人民出版社,2015.

[111][美]诺丁斯.学会关心——教育的另一种模式[M].于天龙,译.北京:教育科学出版社,2003.

[112][美]欧立希,[美]欧内斯廷·付.公民参与公民教育——两代人对公共服务的反思[M].蒋菲,高地,译.北京:人民出版社,2015.

[113][美]英格尔哈特.发达工业社会的文化转型[M].张秀琴,译.北京:社会科学文献出版社,2013.

[114]卢春龙.英格尔哈特:政治文化复兴运动的主要推动者[M].北京:社会科学文献出版社,2013.

[115][美]英格尔哈特.静悄悄的革命——西方民众变动中的价值与政治方式[M].叶娟丽,韩瑞波,等译.上海:上海人民出版社,2016.

[116][德]布雷钦卡.信仰、道德和教育:规范哲学的考察[M].彭正梅,等译.上海:华东师范大学出版社,2008.

[117][美]里克纳.美式课堂——品质教育学校方略[M].刘冰,等译.海南:海南出版社,2001.

[118][美]布鲁贝克.高等教育哲学[M].王承绪,译.杭州:浙江教育出版社,2001.

[119][美]贝尔.后工业社会的来临[M].高铦,等译.北京:商务印书馆,1984.

[120][德]韦伯.学术与政治[M].冯克利,译.北京:生活·读书·新知三联书店,2016.

[121][美]科尔伯格.道德教育的哲学[M].魏贤超,译.浙江:浙江教育出版社,2000.

[122][美]拉思斯.价值与教学[M].谭松贤,译.杭州:浙江大学出版社,2003.

[123][美]科尔伯格.道德发展心理学:道德阶段的本质与确证[M].郭本禹,译.上海:华东师范大学出版社,2004.

[124][美]里奇,[美]戴维提斯.道德发展的理论[M].姜飞月,译.哈尔滨:黑龙江人民出版社,2003.

[125][美]赫尔德.关怀伦理学[M].苑莉均,译.北京:商务印书馆,2014.

[126][德]哈贝马斯,曹卫东.包容他者[M].上海:上海人民出版社,2002.

[127][美]赫斯利普.美国人的道德教育[M].王邦虎,译.北京:人民教育出版社,2003.

[128][美]利科纳.培养品格——让孩子呈现最好的一面[M].施李华,译.北京:中国社会出版社,2005.

[129][美]墨菲.美国"蓝带学校"的品性教育——应对挑战的最佳实践[M].周玲,等译.北京:中国轻工业出版社,2002.

[130][古希腊]亚里士多德.尼各马可伦理学[M].廖申白,译注.北京:商务印书馆,2003.

[131][加拿大]金里卡.少数的权利——民族主义、多元文化和公民[M].邓红风,等译.上海:上海世纪出版集团,2005.

[132][奥]茨达齐尔.教育人类学原理[M].李其龙,译.上海:上海教育出版社,2001.

[133][英]德波顿.身份的焦虑[M].陈广兴,南治国,译.上海:上海译文出版社,2015.

[134][英]希尔弗曼(Silverman,D.).如何做质性研究[M].李雪,张劼颖,译.重庆:重庆人民出版社,2009.

[135][美]布拉德伯恩,[美]萨德曼,[美]万辛克.问卷设计手册[M].赵锋,译.重庆:重庆大学出版社,2011.

[136][美]吉鲁.教育与公共价值的危机:驳斥新自由主义对教师、学生和公立教育的攻击[M].吴万伟,译.北京:中国人民大学出版社,2016.

[137]李志辉,罗平.SPSS常用统计分析教程(SPSS 22.0中英文版).北京:电子工业出版社,2015.

（二）期刊类

[1]李德顺.从价值观到公民道德[J].理论学刊,2012(9):58-61.

［2］李德顺.谈谈当前的价值观念变革［J］.学习与研究,1993(8):6-8.

［3］李德顺.价值观教育的哲学理路［J］.中国德育,2015(9):26-32.

［4］李德顺.学习和应用价值理论——价值论与思想政治工作漫谈［J］.思想政治工作研究,1989(1):26-32.

［5］李德顺.多元化与统一意志——价值论与思想工作漫谈之三［J］.思想政治工作研究,1989(4):37-39.

［6］李德顺.重视主导价值观的建设［J］.理论前沿,1996(14):5-7.

［7］郑永廷,任志锋.社会主义意识形态领导权和主导权研究［J］.教学与研究,2013(7):46-51.

［8］沈壮海.九十年代大学生人生价值观分析［J］.中国青年政治学院学报,1995,14(4):8-14.

［9］刘建军."社会主义核心价值观"的三种区分［J］.思想理论教育导刊,2015(2):70-73.

［10］刘建军.论思想政治教育的主渠道与微循环［J］.思想理论教育,2014(9):56-59.

［11］刘建军.高校培育和践行社会主义核心价值观的四个步骤［J］.思想理论教育.2016(3):44-47.

［12］刘建军.思想政治教育话语转换的三重基础［J］.思想理论教育导刊,2016(5):120-123.

［13］张耀灿.思想政治教育学科专业创建30年的回顾和展望［J］.思想理论教育,2014(1):26-33.

［14］付安玲,张耀灿.大学生社会主义核心价值观的隐性培育初探［J］.思想理论教育导刊,2016(4):88-91.

［15］黄蓉生.加强高校思想政治工作队伍建设［J］.中国高校社会科学,2017(2):20-26.

［16］卢黎歌,岳潇.着眼"学习侧"特征,提高"影响侧"活力——对提高思想政治教育实效性的思考［J］.西安交通大学学报,2017(2):111-115.

［17］孙其昂,韩兴雨."去政治化",抑或"再政治化"?——关于思想政治教育内容现代转型的理性思考［J］.理论导刊,2013(12):37-40.

［18］邱柏生.充分认识高校思想政治教育的生态关系［J］.思想理论教育,2008(8):28-32.

［19］万美容.论高校思想政治工作的科学发展［J］.中国青年社会科学,2017(4):

17-24.

[20]郝德永.人的存在方式与教育的乌托邦品质[J].高等教育研究,2004(4):7-11.

[21]周玉荣,董幼鸿.加强大学生社会主义核心价值观教育[J].党政论坛,2012(4):52-53.

[22]郑先如.价值观研究的心理学探讨[J].龙岩学院学报,2011(2):101-105.

[23]唐凯麟,刘铁芳.价值启蒙与生活养成——开放社会中的德性养成教育[J].教育科学研究,2005(2):53-55+58.

[24]王娜,侯静.大学生核心价值观教育的问题及路径探析[J],东北师大学报(哲学社会科学版),2016(1):187-191.

[25]成敏.网络舆情对大学生价值观的影响与对策[J].思想理论教育导刊,2016(5):141-143.

[26]王秀彦,阚和庆.当代社会思潮对大学生价值观的影响与对策[J].中国高等教育,2016(8):13-15.

[27]曾楠.青年学生政治认同教育的时代审视[J].中国青年社会科学,2016,35(1):47-52.

[28]邱伟光.培育大学生社会主义核心价值观认同机制探析[J].思想政治课研究,2014(1):6-9.

[29]任志锋.大学生社会主义核心价值观认同的日常生活维度[J].教学与研究,2016(12):86-91.

[30]张立,赵艳斌.大学生社会主义核心价值观践行能力的培育[J].思想教育研究,2016(9):101-103.

[31]褚凤英.也谈思想政治教育中的主客体问题[J].思想理论教育,2015(1)1:57-61.

[32]蔡瑶,刘夏蓓.隐形化与国家在场:美国大学价值观教育的实践模式与本质[J].当代中国价值观研究,2016(1):111-119.

[33]李辽宁.多学科视角下的"去政治化"话语评析——兼论人文社会科学与政治的关系[J].海南大学学报人文社会科学版,2014(4):56-61.

[34]陈奎庆,黄明理.马克思主义哲学魅力弱化之反思——兼论哲学去意识形态化倾向[J].南京社会科学,2009(10):20-24.

[35]刘五景."泛政治化""去政治化"抑或"中性化"——对政治与教育关系的再思考[J].河南师范大学学报(哲学社会科学版),2009(10):20-24.

［36］孙宗伟,岳从欣.高校思想政治理论课没有正当性吗？——对几种质疑的评析［J］.思想理论教育导刊,2016(6):99-104.

［37］魏宏聚,金保华.价值教育——一个命题的诠释［J］.教育理论与实践,2010,30(4):33-36.

［38］曹亚楠.价值多元时代道德教育如何"求同"［J］.中国成人教育,2014(12):50-53.

［39］朱爱胜.大学生社会主义核心价值观培育的实践与探索［J］.学校党建与思想教育,2015(6):29-30.

［40］王卓君.全球化背景下的大学精神:价值融合与使命担当［J］.大学(学术版),2013(11):42-45.

［41］肖川.教育的真义:"价值引导"与"自主建构"［J］.上海教育科研,1999(3):12-14+19.

［42］张国启.论思想政治教育主体的价值引领意识及其强化维度［J］.思想理论教育,2017(4):23-27.

［43］伍志燕.同辈群体与当代大学生价值观的相关性研究——基于贵州六所高校的实证调查［J］,2011(3):43-46.

［44］史安斌,廖鲽尔."去政治化""去意识形态化"的神话——美国媒体价值观传播的历史脉络与实践经验［J］.新闻记者,2016(3):4-9.

［45］史安斌,廖鲽尔.西方媒体争做"好新闻"的启示——新媒体语境下"正面报道"的社会功能与商业价值［J］.青年记者,2014(34):76-77.

［46］金伟,张思嘉.当前我国非主流意识形态的传播途径与发展特点［J］.学校党建与思想教育.2017(3):49-51.

（三）学位论文类

［1］丁燕.公民核心价值观教育研究［D］.济南:山东大学,2015.

［2］黄颖娜.论价值观教育与青年健康心理人格的塑造［D］.北京:清华大学,2015.

［3］胡咚.当代大学生人生价值观教育创新研究［D］.武汉:华中师范大学,2015.

［4］陈华文.立德树人维度下的大学生社会主义核心价值观教育研究［D］.武汉:中国地质大学,2016.

［5］郭朝辉.大学生社会主义核心价值观的培育和践行研究［D］.徐州:中国矿业大学,2015.

［6］姚林群.课堂中的价值观教学［D］.武汉:华中师范大学,2011.

［7］韩迎春.非智力因素与思想政治教育［D］.武汉:华中师范大学,2006.

［8］吴新颖.当代青年价值观构建与培育［D］.长沙:湖南师范大学,2009.

［9］董文萍.对西方相对主义道德教育观之基础的反思——基于文化人类学的视角分析［D］.北京:中央民族大学,2010.

［10］赵雪霞.西方道德教育模式比较——正义与关怀［D］.长春:东北师范大学,2008.

［11］曾昭皓.德育动力机制研究［D］.西安:陕西师范大学,2012.

［12］黎琼锋.导向美好生活——教学过程的价值追寻［D］.武汉:华中师范大学,2008.

（四）报纸和网页文本类

［1］为什么我的大学越上越迷茫［N］.中国青年报,2012-01-07.

［2］一个大学生的忙与盲［N］.中国青年报,2012-01-07.

［3］习近平在全国高校思想政治工作会议上强调:把思想政治工作贯穿教育教学全过程 开创我国高等教育事业发展新局面［N］.人民日报,2016-12-09.

［4］我国高等教育事业发展新局面［N］.人民日报,2016-12-09.

［5］习近平在全国高校思想政治工作会议上的重要讲话［N］.新华网,2016-12-08.

［6］中共中央国务院印发《关于加强和改进新形势下高校思想政治工作的意见》［N］.人民日报.2017-02-28.

［7］高校教师须守好三条底线,决不许教师在课堂发牢骚［N］.京华时报.2015-01-30.

［8］胡锦涛在党的十七大上的报告［N］.新华社.2007-10-24.

［9］习近平在纪念孔子诞辰2565周年国际学术研讨会暨国际儒学联合会第五届会员大会开幕会上的讲话［N］.人民日报.2014-9-24.

［10］习近平在哲学社会科学工作座谈会上的讲话［N］.人民日报.2016-5-17.

［11］陈宝生.切实推动高校思想政治工作创新发展——深入学习贯彻习近平总书记教育工作重要讲话精神［N］.光明日报.2017-08-07.

［12］价值观教育缺失导致大学生迷茫［N］.中国青年报,2012-03-29.

［13］人文学科退居边缘,人文学者应走出"偏见"［N］.文汇报,2016-12-16.

[14]互联网产业推高哲学、历史等专业就业率[N].21 世纪经济报道,2017-07-06.

[15]提升思想政治教育亲和力和针对性[N].光明日报,2016-12-11.

[16]上海高校推进"课程思政"经验摘编[N].中国教育报,2017-07-06.

[17]上海师范大学:15 门课首试"课程思政"[N].中国教育报,2017-04-21.

[18]习近平在全国高校思想政治工作会议上强调:把思想政治工作贯穿教育教学全过程开创我国高等教育事业发展新局面[N].光明日报,2016-12-09.

[19]习近平做党和人民满意的好老师——同北京师范大学师生代表座谈时的讲话[N].人民日报,2013-09-10.

[20]中共中央国务院发出《关于进一步加强和改进大学生思想政治教育的意见》[N].人民日报.2004-10-15.

(5)电子资源类

[1]老师,请不要这样讲中国——致高校哲学社会科学老师的一封公开信.[EB/OL].(2014-10-21)[2014-11-14]http://www.guancha.cn/LiaoNingRiBao/2014_11_14_286323_2.shtml.

[2]中国互联网络信息中心.第 39 次中国互联网络发展状况统计报告[R/OL].(2017-01-22)[2017-05-20]http://www.cac.gov.cn/2017-01/22/c_1120352022.htm/39CNNIC.pdf.

[3]新华网.关于进一步加强和改进新形势下高校宣传思想工作的意见[EB/OL].(2015-01-19)[2015-07-28]http://www.gov.cn/xinwen/2015-01/19/content_2806397.htm.

[4]新华网.中共中央国务院印发《关于加强和改进新形势下高校思想政治工作的意见》.(2017-02-27)[]http://news.xinhuanet.com/2017-02/27/c_1120538762.htm

[5]新华网.习近平:意识形态工作是党的一项极端重要的工作.(2013-08-20)[2014-05-21].http://news.xinhuanet.com/politics/2013-08/20/c_117021464_2.htm.

[6]中共中央宣传部、教育部关于进一步加强高等学校思想政治理论课教师队伍建设的意见[EB/OL].(2016-01-04)[2016-06-25].http://govinfo.nlc.cn/hnsfz/xxgk/hnjyzww/hnjyzww_tzgg/201601/t20160104_10050623.shtml? classid=596.

[7]上海高校相继推出"中国系列"课程,"大思政"为青年人生引航[EB/OL].(2017-01-03)[2017-03-05]http://www.wenming.cn/syjj/dfcz/sh/201701/t20170103_3980723.shtml.

二、外文文献

[1]Kirby Donald J.Compass For Uncharted Lives:a Model For Values Education[M]. New York:Syracuse University Press,2007.

[2]Lewis,Harry.R.Excellence Without a Soul:How a Great University Forgot Education [M].New York:Public Affairs,2006.

[3]William K.Cummings,S.Gopinathan,Yasumasa Tomoda.The Revival of Values Education in Asia and the West[M].Oxford:Pergamon,2014.

[4]Tate.Spiritual and Moral Aspects of the Curriculum[M].London:SCAA,1996.

[5]SCAA.Spiritual and Moral Development[M].London:SCAA,1995;SCAA.Consultation of Values in Education and the Community[M].London:SCAA,1996.

[6]HEIKI Haljasorg,LAUR Lilleoja.How could Students Become Loyal Citizens? Basic Values,Value Education,and National Attitudes Among 10th-GRADERS in Estonia[J]. TRAMES:A Journal of the Humanities & Social Sciences,2016,20(2):99-114.

[7]Chapin,J.R..Elementary Social Studies:a Practical Guide[M].New Jersey:Perason Education,Inc,2009.

[8]Zihni Merey,Zafer Kuş,Kadir Karatek 0 rı2 Comparison of Elementary Social Studies Curricula of Turkey and the United States on Values Education[J].Educational Sciences:Theory & Practice.2012,2[Supplementary Special Issue].Spring:1627-1632.

[9]John Ainley,Wolfram Schulz,Tim Friedman.ICCS 2009 Encyclopedia:Approaches to Civic and Citizenship Education Around the World[R].2013.

[10]Perry,B.R.General Theory of Value[M].Mass:Harvard University Press,1926.

[11]Allport G W,Vernon P E,Lindzey G.A Study of Values[M].Boston:Houghton Mifflin,1960.

[12]Kluckhohn,Strodtbeck.Variations in Value Orientations[M].Evanston,IL:Row, Peterson,1961.

[13]Rokeach,M..The Nature of Human Values[M].New York:Free Press,1973.

[14]Schwartz S H,Bilsky W.Toward a Universal Psychological Structure of Human Values[J].Journal of Personality and Social Psychology,1987,53(3):550-562.

[15]Schwartz,S.H..Are there universal aspects in the content and structure of values?

[J].Journal of Social Issues,1994,50(4):19-45.

[16]Schwartz,S.H.,Bilsky,W..Toward a theory of the universal content and structure of values:Extensions and cross-cultural replications[J].Journal of Personality and Social Psychology,1990,58(5):878-891.

[17]Schwartz,S.H.,Cieciuch,J.,Vecchione,M.,et al.Refining the theory of basic individual values.Journal of Personality and Social Psychology[J],2012,103(4):663-688.

[18]Karin Sporre,Jan Mannberg.Values,Religions and Education in Changing Societies [M].Springer Netherlands,2010.

[19]Musiał,Kazimierz.On Some Trends of the Nordic Higher Education Facing the Contemporary Social Change.Contributions to Humanities[J].2011(1):11-22.

[20]Matthew Davidson, Vladimir Khmelkov, Kyle Baker, et al. Values education:The Power2Achieve Approach For Building Sustainability And Enduring Impact[J].International Journal of Educational Research,2011,50(3):190-197.

[21] DEVECI, Handan. Value Education Through Distance Learning: Opinions of Students Who Already Completed Value Education[J].Turkish Online Journal of Distance Education,2015,16(1):112-126.

[22]Lovat,Terence.Values Education As Good Practice Pedagogy:Evidence From Australian Empirical Research[J].Journal of Moral Education,2017,46(1):88-96.

[23]Dereli-Iman,E.The Effect of the Values Education Programme on 5.5-6 Year old Children's Social Development:Social Skills,Psycho-social Development and Social Problem Solving Skills[J].Educational Sciences:Theory & Practice,2014,14(1):262-268.

[24]Samta P.Pandya.Spirituality and Values Education in Elementary School:Understanding Views of Teachers[J].Children & Schools,2017,39(1):33-42.

[25]Dr.Verma Snehlata,Ms Kaur Harminder.Value Education:Reflections Through Social Studies Textbooks Of Secondary Schools[J].International Journal of Physical and Social Sciences,2014,4(12):373-393.

[26]Joanne Lunn Brownlee,Laura Scholes,Sue Walker,et al.Critical Values Education In The Early Years:Alignment Of Teachers's Personal Epistemologies And Practices For Active Citizenship[J].Teaching and Teacher Education,2016,59(2016):261-273.

[27]Ingibjorg Sigurdardottir,Johanna Einarsdottir.An Action Research Study in an Icelandic Preschool:Developing Consensus about Values and Values Education[J].IJEC,2016, 48:161-177.

[28] Javier Paez Gallego. Methodology and Axiological Content of Values Education Programs[J]. Foro de Educación,2016,14(21):217-226.

[29] Berit Zachrisen. The Contribution of Different Patterns of Teachers' Interactions to Young Children's Experiences of Democratic Values during Play [J]. IJEC, 2016, 48: 179-192.

[30] Iscan,CD. Values Education and Some Suggestions to Teachers[J]. Hacettere Universitesi Egitim Fakultesi-Hacettepe University Journal Of Sducation,2011,40:245-255.

[31] Deniz Tonga. Transforming Values into Behaviors: A Study on the Application of Values Education to Families in Turkey [J]. Journal of Education and Learning, 2016, 5 (2):24.

[32] Veronica E. Scaffolding Peer Collaboration through Values Education: Social and Reflective Practices from a Primary Classroom[J]. Australian Journal of Teacher Education, 2016,41(1):81-99.

[33] Sinem Ergün Kaplan,Bülent Dilmaç. Examination The Effect of Values Education Which is Given Adolescents on Self-Regulation Strategies[J]. Mevlana International Journal of Education,2015,5(1):1-9.

[34] J Zajda. Globalisation and Values Education in the History/Social Studies Classroom[J]. Educational Practice and Theory,2012,34(1):25-39.

[35] Bromley,Patricia. Multiculturalism and Human Rights in Civic Education: the Case of British Columbia,Canada[J]. Educational Research,2011,53(2):151-164.

[36] Francisco Riosa, Susan Markusb. Multicultural Education as a Human Right: Framing Multicultural Education for Citizenship in a Global Age[J]. Multicultural Education Review,2011,3(2):1-35.

[37] Raymond B. Blake. A New Canadian Dynamism? From Multiculturalism And Diversity To History And Core Values [J]. British Journal of Canadian Studies, 2013, 26(1): 79-103.

[38] Thornberg,Robert. Values Education in Nordic Preschools: A Commentary[J]. International Journal of Early Childhood,2016,48(2):241-257.

[39] Thornberg,Robert. Values Education in Nordic Preschools: A Commentary[J]. International Journal of Early Childhood,2016,48(2):241-257.

[40] Philip Cam. Philosophy for Children, Values Education and the Inquiring Society [J]. Educational Philosophy and Theory,2014,46(11):1203-1211.

[41]Paola Cubas-Barragán.Does Values Education Make a Difference on Well-Being? A Case Study of Primary Education in Chiapas[M]//Mariano Rojas.Handbook of Happiness Research in Latin America,Springer,2016:443-462.

[42]Encarnación Soriano,Clemente Franco,Christine Sleeter.The Impact of a Values Education Programme For Adolescent Romanies In Spain On Their Feelings of Self-Realisation[J].Journal of Moral Education,2011,40(2):217-235.

[43]Terence Lovat,Neville Clement,Kerry Dally,et al.The Impact of Values Education On School Ambience and Academic Diligence[J].International Journal of Educational Research,2011,50(3):166-170.

[44]Janine Brown.The Role of Values Education in Primary School Bullying Prevention and Mediation[D].Sydney:University of Note Dame Australia,2014.

[45]DEVECI,Handan.Value Education Through Distance Learning:Opinions of Students who already Completed Value Education[J].Turkish Online Journal of Distance Education,2015,16(1):112-126.

[46]Vefa Taşdelen.Oral Tradition and Values Education:A Case Study Dede Korkut Stories[J].International Online Journal of Educational Sciences,2015,7(1):219-229.

[47]Md.Nijairul Islam.Value Education For a Better Democracy[J].Review of Research,2013,2(4):230.

[48]Joseph Zajda,Holger Daun.Global Values Education:Teaching Democracy And Peace[M].Springer,2012.

[49]Robert Thornberga;Ebru Oğuzb.Moral And Citizenship Educational Goals In Values Education:A Cross-Cultural Study Of Swedish And Turkish Student Teachers' Preferences[J].Teaching and Teacher Education,2016,55:110-121.

[50]Ingibjorg Sigurdardottir,Johanna Einarsdottir.An Action Research Study in an Icelandic Preschool:Developing Consensus about Values and Values Education[J].IJEC,2016,48:161-178.

[51]Berit Zachrisen.The Contribution of Different Patterns of Teachers Interactions to Young Children's Experiences of Democratic Values during Play[J].IJEC,2016,48:179-192.

[52]Bas Verplanken,Rob W Holland.Motivated Decision Making:Effects Of Activation And Self-Centrality Of Values On Choices And Behavior[J].Journal of Personality and Social Psychology,2002,82(3):434-447.

[53] Feather, N.T..From values to actions: Recent applications of the expectancy-value model[J].Australian Journal of Psychology, 1988,40(2):105-124.

[54] William Damon, ed.Bringing in a New Era in Character Education[M].Hoover Institution Press, 2002.

[55] Daniel Bell. The Reforming of General Education: The Columbia College Experience in Its National Setting[M].New York: Columbia University Press, 1966.

[56] Gunnel Colnerud.Moral Dimensions Of Teaching: An Essay Review Of Exploring The Moral Heart Of Teaching.Towards a Teacher's Creed.(David T.Hansen, Teachers College Press, New York, 2001)[J].Teaching and Teacher Education, 2003, 19(5):559-561.

[57] Robert V.Bullough Jr.Ethical And Moral Matters In Teaching And Teacher Education[J].Teaching and Teacher Education, 2011, 27(1):21-28.

[58] Margit Sutrop. Can Values Be Taught? The Myth of Value-Free Education[J].TRAMES, 2015, 19(69/64)(2):189-202.

[59] Terence Lovat, Neville Clement, Kerry Dally, et al.The Impact of Values Education On School Ambience and Academic Diligence[J].International Journal of Educational Research, 2011, 50(3):166-170.

[60] Morrison, Toni.How Can Values Be Taught in the University? [J].Michigan Quarterly Review, 2001, XL(2):1-16.

[61] Warr P B.The Measurement of Well-being and Other Aspects of Mental Health[J].Journal of Occupational Psychology, 1990, 63(3):193-210.

[62] Doef M D, Maes S.Teacher-specific Quality of Work Versus General Quality of Work Assessment: a Comparison of Their Validity Regarding Burnout, Psychosomatic Well-being and Job Satisfaction[J].Anxiety, Stress and Coping, 2002, 15(4):327-344.

[63] Joan E.van Horn, Toon W.Taris, Wilmar B.Schaufeli, et al.The Structure of Occupational Well-being: A Study among Dutch Teachers[J].Journal of Occupational and Organizational Psychology, 2004, 77:365-375.

[64] Nel Noddings.The Challenge to Care in Schools[M].New York: Teachers College Press, 1992..

[65] William Kilpatrick.Why Johnny Can't Tell Right from Wrong[M].New York: Simon & Schuster, 1993.

[66] Ivor A.pritchard.Character Education: Research, Prospects and problems[J].American Journal of Education, 1988, 96(4):469-495.

［67］Edward F. DeRoche, Marry M. Williams. Character Education: A Guide for School Administrators［M］. California: Corwin Press, Inc, 2001.

［68］William. Damon. The Moral Child［M］. New York: Free Press, 1990.

［69］Cary Buzzelli, Johnston Bill. Authority, Power, and Morality in Classroom Discourse ［J］. Teaching and Teacher Education, 2001, 17(8): 873-884.

［70］Jacques S. Benninga. The Fundamental Connection Between Education for Democracy and Character Education［J］. KJEP Special Issue, 2013: 135-139.

［71］Avril Keating. Education for Citizenship in Europe: European Policies, National Adaptations and Young People's Attitudes［M］. London: Palgrave Macmillan, 2014.

［72］Sigauke, A. T. Citizenship Education in the Social Science Subjects: An Analysis of the Teacher Education Curriculum for secondary schools［J］. Australian Journal of Teacher Education, 2013, 38(11): 126-139.

［73］Anikó Zsolnai, Márta Lesznyák. Pluralism and Values in Education in Hungary-Changes Between 1990 and 2012［J］. Journal of Beliefs and Values, 2015, 36(2): 142-155.

［74］J. Mark Halstead, Monica T Taylor. Learning and Teaching about Values: a Review of Recent Research［J］. Cambridge Journal of Education, 2000, 30(2): 169-202.

［75］Robert Thornberg, Ebru Og Oyžź. Teachers'Views On Values Education: A Qualitative Study In Sweden and Turkey［J］. International Journal of Educational Research, 2013, 59: 49-56.

［76］Heiki Haljasorg, Laur Lilleoja. How Could Students Become Loyal Citizens? Basic Values, Value Education, And National Attitudes Among 10th-Graders In Estonia［J］, TrAMES, 2016, 20(70/65), 2: 99-114.

［77］L. Alison Molina-Girón. Civics Is Largely About Politics: The Possibilities and Challenges of a Citizenship Education Pedagogy that Embraces Democratic Politics and Recognizes Diversity ［J］. International Journal of Multicultural Education, 2016, 18(1): 142-157.

［78］Diana Hess, Paula McAvoy. The Political Classroom: Evidence and Ethics in Democratic Education［M］. Routledge, 2015.

［79］Patricia Bromley. Multiculturalism and Human Rights in Civic Education: The Case of British Columbia, Canada［J］. Educational Research, 2011, 53(2): 151-164.

［80］Judith Suissa. Character Education and the Disappearance of the Political ［J］. Ethics and Education, 2015, 10(1): 105-117.

［81］Yvonne Haigh,Karen Murcia,Lindy Norris.Citizenship,Civic Education and Poli-tics:The Education Policy Context For Young Australian Citizens［J］.Journal of Education Policy,2014,29(5):598-616.

［82］Bloom,A.The Closing of the American Mind:How higher education has failed de-mocracy and impoverished the souls of today's students［M］. New York:Simon & Schuster.1987.

［83］Allport,G.W.Pattern and Growth In Personality［M］.New York:Holt,Rinehart,& Winston,1961.

［84］E.Erikson.Identity,Youth,and Crisis［M］.New York:Norton,1968.

［85］Lawrence Kohlberg.The Psychology of Moral Development［M］.San Francisco:Harper&Row,1984.

［86］William Perry,Jr..Forms of Intellectual and Ethical Development in the College Years［M］.New York:Holt,Rinehart,and Winston,1968.

［87］J.Loevinger.Ego Development［M］.San Francisco:Jossey-Bass,1976.

［88］Yiouli Papadiamantaki.Active Citizenship in University Education:Lessons Learnt in Times of Crisis［J］.Journal of Social Science Education,2014,13(3) Fall:90-97.

［89］Melina Porto,Michael Byram.A Curriculum For Action In The Community And In-tercultural Citizenship In Higher Education［J］.Language,Culture and Curriculum,2015,28(3):226-242.

［90］Sujay Ghosh.Learning From Community:Agenda For Citizenship Education［J］.Ed-ucation,Citizenship and Social Justice.2015,10(1):21 - 36.

［91］MD.Nijairul Islam.Values Education For a Better Democracy［J］.Review of Re-search,2013,2(4):1-7.

［92］Brighouse.On education［M］.London and New York:Routledge,2006.

［93］Yusef Waghid.Cultivating Responsibility And Humanity In Public Schools Through Democratic Citizenship Education ［J］,Africa Education Review,2015,12(2):253-265.

［94］M.Yates,J.Youniss.The Roots of Civic Identity［M］.New York:Cambridge Univer-sity Press,1997.

［95］Bronfenbrenner,Urie.Developmental Ecology Through Space And Time:A Future Perspective［M］// P.Moen,G.H.Elder,et al.Examining Lives In Context:Perspectives on the ecology of human development,American Psychological Association,1995.

［96］Dr. Das Mridula. A Comparative Study On Value Education Among Primary and

Secondary School Teacher[J].International Journal of Research in Economics and Social Sciences,2016,6(2):289-299.

[97]Zlotkowski,Edward.Mapping New Terrain:Service-Learning Across the Disciplines [J].Change,2001,33(1):24-33.

[98]M.Meral Anitsal,Ismet Anitsal,Bonita Barger,et al.Service Learning Across Disciplines and Countries[J].Atlantic Marketing Journal,2014,3,2:130-142.

[99]Ersoy,A.F..Active and Democratic Citizenship Education and Its Challenges In Social Studies Classroom[J].Eurasian Journal of Educational Research,2014,55:1-20.

[100]Libby Tudball.Citizenship Education Research In Varied Contexts:Reflections And Future Possibilities.A Review Essay[J].Research in Comparative &International Education,2015,10(1):151-163.

[101]Peter Levine.We Are the Ones We Have Been Waiting For:The Promise of Civic Renewal in America[M].New York:Oxford University Press,2013.

[102]Nuraan Davids,Yusef Waghid.Higher Education As a Pedagogical Site For Citizenship Education[J].Education,Citizenship and Social Justice,2016,11(1):34-43.

[103]Wolf,Stephen Macedo.Educating Citizens:International Perspectives On Civic Values and School Choice[M].Brookings Institution Press,2004.

[104]Mal Leicester,Celia Modgil,Sohan Modgil.Moral Education and Pluralism[M]. New York:Falmer Press,2000.

[105]Terry Lovat,Ron Toomey.Values Education and Quality Teaching[M].Springer Science+Business Media B.V.2009.

附　　录

一、当代大学生价值观现状调查问卷

问卷编号：＿＿＿＿＿＿＿＿＿

当代大学生价值观调查问卷

亲爱的同学：

您好！我们因承担了国家一项关于大学生价值观的课题,特组织了此次调查。

经过抽样,您被选为我们的访问对象。请您根据问卷中的题目和访问员的要求,逐项认真回答。此次调查采取匿名方式,所有数据仅用于课题研究。您的回答无所谓对错,请您根据自身的真实情况和想法作答。我们郑重承诺,将遵循《中华人民共和国统计法》,对您的回答严格保密。

对于您的合作与支持,我们表示衷心的感谢!

"价值多元背景下大学生价值观引导"课题组

2016 年 2 月

（一）个人信息（请在符合您的情况的选项前划"√"）

1.性别:①男②女

2.民族:①汉族　②回族　③土家族　④苗族　⑤维吾尔族　⑥壮族

　　　　⑦藏族　⑧满族　⑨彝族　⑩蒙古族　⑪朝鲜族　⑫瑶族

　　　　⑬傣族　⑭其他民族_____

3.专业:①理学类②工学类　③文史哲学类　④社会科学类

4.年级:①大一　②大二　③大三　④大四及以上

5.政治面貌:①共产党员(含预备　②其他党派党员(含预备)

　　　　　　③共青团员　④其他_____

6.家庭所在地:①大城市　②中小城市　③县城、乡镇　④农村_____

7.学校类别:①985工程院校　②211工程院校　③其他部属本科院校

　　　　　　④省属本科院校　⑤其他_____

8.信仰:①佛教　②基督教　③伊斯兰教　④其他宗教　⑤马克思主义

　　　　⑥无信仰　⑦其他_____

9.毕业去向:①还没有明确想法　②有,是坚持自己的梦想

　　　　　　③有,是父母的期望、安排　④有,根据社会需求做出的安排

　　　　　　⑤有,各方条件权衡取舍的结果　⑥说不清楚

(二)针对下列说法,请根据您的真实想法在空格内相应数字上划"√"

【说明】:1 代表"非常不同意",2 代表"比较不同意",3 代表"不确定",4 代表"比较同意",5 代表"非常同意"	非常不同意	比较不同意	不确定	比较同意	非常同意
1.我知道这是一个研究项目,答卷是匿名的,所以不会为我带来任何不良影响,我会完全按照自己的真实情况填写	1	2	3	4	5
2.我认为价值观非常重要	1	2	3	4	5
3.价值观的培育是教育的首要任务	1	2	3	4	5
4.价值观具有共同性	1	2	3	4	5

续表

【说明】:1 代表"非常不同意",2 代表"比较不同意",3 代表"不确定",4 代表"比较同意",5 代表"非常同意"	非常不同意	比较不同意	不确定	比较同意	非常同意
5.特定历史条件下,价值观的对错有统一的标准	1	2	3	4	5
6.个人有能力形成适合自己的价值观,外界引导是多余的	1	2	3	4	5
7.选择什么样的价值观是个人的自由,他人无须试图干涉	1	2	3	4	5
8.社会中存在的负面现象让我对主流价值观产生了怀疑	1	2	3	4	5
9.社会中多样的价值观让我感觉无所适从	1	2	3	4	5
10.社会中的错误思潮和观点对我的价值观造成了冲击	1	2	3	4	5

【说明】:1 代表"非常不同意",2 代表"比较不同意",3 代表"不确定",4 代表"比较同意",5 代表"非常同意"	非常不同意	比较不同意	不确定	比较同意	非常同意
1.我知道这是一个研究项目,答卷是匿名的,所以不会为我带来任何不良影响,我会完全按照自己的真实情况填写	1	2	3	4	5
2.人依存于自然	1	2	3	4	5
3.人是自然界系统中的一个子系统	1	2	3	4	5
4.人需要改造自然	1	2	3	4	5
5.人在改造自然中获得了力量	1	2	3	4	5
6.人对自然的改造展示了人的力量和伟大	1	2	3	4	5
7.自然界的价值是人赋予的	1	2	3	4	5
8.自然界的价值与能否满足人类的需要无关	1	2	3	4	5
9.应树立人与自然和谐相处的观点	1	2	3	4	5
10.人对自然的改造应该坚持可持续、绿色发展理念	1	2	3	4	5

【说明】:1 代表"非常不同意",2 代表"比较不同意",3 代表"不确定",4 代表"比较同意",5 代表"非常同意"	非常 不同意	比较 不同意	不确定	比较 同意	非常 同意
1.我知道这是一个研究项目,答卷是匿名的,所以不会为我带来任何不良影响,我会完全按照自己的真实情况填写	1	2	3	4	5
2.社会历史有其客观发展规律	1	2	3	4	5
3.历史"没有对错,只有成败"	1	2	3	4	5
4.对历史的解读应该坚持人民立场、进步立场	1	2	3	4	5
5.历史是胜利者的言说,没有客观真实性可言	1	2	3	4	5
6.唯物史观应成为理解历史的理论指导或依据	1	2	3	4	5
7.近代西方列强侵略带来了西方文明,帮助了中国发展	1	2	3	4	5
8.近现代历史对一些人物(如李鸿章)的评价存在歪曲,应为其"平反"	1	2	3	4	5
9.近现代历史对共产党抗日存在共产党的主观歪曲,应在反思的基础上重写	1	2	3	4	5
10.近代中国社会是一个半殖民地半封建社会	1	2	3	4	5
11.中国近代历史证明了中国走上社会主义道路是必然的	1	2	3	4	5
12.近代以来中国革命造成流血牺牲、社会动荡、经济停滞,只起破坏性作用	1	2	3	4	5
13.近代中国如果走上资本主义道路能更好地实现发展	1	2	3	4	5
14.当看到"揭秘"、重评近现代历史等观点时,会不由自主地相信	1	2	3	4	5
15.资本主义制度是迄今为止最好的制度	1	2	3	4	5
16.社会主义与资本主义可以永远并驾齐驱,各自发展	1	2	3	4	5

续表

【说明】:1 代表"非常不同意",2 代表"比较不同意",3 代表"不确定",4 代表"比较同意",5 代表"非常同意"	非常不同意	比较不同意	不确定	比较同意	非常同意
17.社会主义国家和资本主义国家将来都差不多	1	2	3	4	5
18.社会主义必然战胜资本主义	1	2	3	4	5
19.中国今天的发展显示出社会主义相对于资本主义的优越性	1	2	3	4	5
20.共产主义必然会实现	1	2	3	4	5

【说明】:1 代表"非常不同意",2 代表"比较不同意",3 代表"不确定",4 代表"比较同意",5 代表"非常同意"	非常不同意	比较不同意	不确定	比较同意	非常同意
1.我知道这是一个研究项目,答卷是匿名的,所以不会为我带来任何不良影响,我会完全按照自己的真实情况填写	1	2	3	4	5
2.中国特色社会主义事业的前途是光明的	1	2	3	4	5
3.实现中国现代化必须继续走中国特色社会主义道路	1	2	3	4	5
4.中国特色社会主义与资本主义有着本质区别	1	2	3	4	5
5.中国特色社会主义追求的是人民幸福安康	1	2	3	4	5
6.中国发展必须以社会主义、共产主义理想引领	1	2	3	4	5
7.有过对社会主义或中国特色社会主义道路的怀疑	1	2	3	4	5
8.共产党是中华民族的先锋队	1	2	3	4	5
9.共产党的领导是历史和人民的选择	1	2	3	4	5
10.共产党的利益和人民的利益在根本上是一致的	1	2	3	4	5

【说明】:1 代表"非常不同意",2 代表"比较不同意",3 代表"不确定",4 代表"比较同意",5 代表"非常同意"	非常不同意	比较不同意	不确定	比较同意	非常同意
11.有共产党的正确领导,中华民族一定会实现伟大复兴	1	2	3	4	5
12.共产党有反腐倡廉的决心和能力	1	2	3	4	5
13.必须坚持共产党对军队的绝对领导	1	2	3	4	5
14.共产党能够把自身建设好	1	2	3	4	5
15.共产党能够带领全国人民走向共同富裕	1	2	3	4	5
16.只有共产党才能领导人民发展中国、捍卫中国	1	2	3	4	5
17.基于对共产党执政理念的认同递交过入党申请书	1	2	3	4	5
18.马克思主义是指导无产阶级获得解放的学说	1	2	3	4	5
19.马克思主义揭示了社会发展的客观规律	1	2	3	4	5
20.马克思主义产生于 19 世纪,如今已过时	1	2	3	4	5
21.马克思主义离我的日常生活比较遥远	1	2	3	4	5
22.不能因为马克思主义者的错误就否定马克思主义本身	1	2	3	4	5
23.实现中华民族的复兴必须把马克思主义作为根本指导思想	1	2	3	4	5
24.中国贪腐的根源在于中国的政党制度	1	2	3	4	5
25.军队不属于共产党,应该国家化	1	2	3	4	5
26.中国实现民主法治必须走中国特色社会主义法治道路	1	2	3	4	5
27.中国依宪(法)治国、依宪(法)执政不等于"宪政"	1	2	3	4	5
28.公有制没有出路	1	2	3	4	5
29.国有企业应该私有化	1	2	3	4	5
30.中国今天的发展显示出中国治理相对于西方治理的优势	1	2	3	4	5

续表

【说明】:1 代表"非常不同意",2 代表"比较不同意",3 代表"不确定",4 代表"比较同意",5 代表"非常同意"	非常不同意	比较不同意	不确定	比较同意	非常同意
31.西方自由、平等、人权、博爱是人类的普世价值(反)	1	2	3	4	5
32.民主、自由、法治成为社会主义核心价值观的内容体现出中国开始向资本主义文明靠拢	1	2	3	4	5
33.大学课堂不应使用宣扬西方(资本主义)价值观念的教材	1	2	3	4	5
34.媒体须坚持"党性"原则	1	2	3	4	5
35.只要老百姓日子过得好,姓"资"姓"社"的问题不重要	1	2	3	4	5
36.中国进行社会主义意识形态宣传没多大必要	1	2	3	4	5

【说明】:1 代表"非常不同意",2 代表"比较不同意",3 代表"不确定",4 代表"比较同意",5 代表"非常同意"	非常不同意	比较不同意	不确定	比较同意	非常同意
1.我知道这是一个研究项目,答卷是匿名的,所以不会为我带来任何不良影响,我会完全按照自己的真实情况填写	1	2	3	4	5
2.虽然未来遥不可知,但生活仍需有目标和规划	1	2	3	4	5
3.只要自己生活幸福,国家如何发展对个体而言不是太重要	1	2	3	4	5
4.个人理想应融入社会理想中	1	2	3	4	5
5.帮助别人的前提是不损害自身利益	1	2	3	4	5
6.国家兴亡,匹夫有责	1	2	3	4	5
7.最大程度地贡献社会是我的人生目标	1	2	3	4	5
8.比较关心熟悉的人,对与自己无关的人的苦难不太关心	1	2	3	4	5
9.人生应认真积极、乐观进取	1	2	3	4	5
10.生活终究会让人趋于平庸	1	2	3	4	5
11.生命的本质在于不断创造和超越	1	2	3	4	5

【说明】:1 代表"非常不同意",2 代表"比较不同意",3 代表"不确定",4 代表"比较同意",5 代表"非常同意"	非常不同意	比较不同意	不确定	比较同意	非常同意
12.有过"生活没意思"或"生活很痛苦"的想法	1	2	3	4	5
13.对生活总体是积极乐观的	1	2	3	4	5
14.曾克服了生活的困难坚强地走下去	1	2	3	4	5
15.对未来生活充满了迷茫和困惑	1	2	3	4	5
16.总能看到生活和社会中的正能量	1	2	3	4	5
17.现在的努力是为了以后能享受荣华富贵	1	2	3	4	5
18.钱乃身外之物,不必太看重	1	2	3	4	5
19.比起物质的富足,精神的丰富更珍贵	1	2	3	4	5
20.清贫的一生无论如何不能算是成功的一生	1	2	3	4	5
21.官位在身让人有优越感	1	2	3	4	5
22.人生价值在于奉献	1	2	3	4	5
23.人生的幸福和金钱的多少成正比关系	1	2	3	4	5
24.会完全出于善念做公益,尽管可能会使我受到一些损失	1	2	3	4	5
25.不管是否有旁证,看到老人摔倒都会主动上前搀扶	1	2	3	4	5
26.选择工作看得最重的因素是工资待遇	1	2	3	4	5
27.人生价值只有在集体中才能得到更好的实现	1	2	3	4	5
28.干得好不如嫁得好	1	2	3	4	5
29.帮助别人是一种快乐	1	2	3	4	5
30.美好未来靠自己打拼	1	2	3	4	5
31.有钱、有权、有背景的人更容易成功	1	2	3	4	5
32.参加过志愿服务类活动	1	2	3	4	5
33.献过血或捐过款	1	2	3	4	5
34.纵然现实"骨感",仍需理想和信仰来引领和支撑	1	2	3	4	5
35.有过对社会主义、共产主义的向往	1	2	3	4	5

续表

【说明】:1 代表"非常不同意",2 代表"比较不同意",3 代表"不确定",4 代表"比较同意",5 代表"非常同意"	非常不同意	比较不同意	不确定	比较同意	非常同意
36.树立或坚定了马克思主义信仰	1	2	3	4	5

二、关于大学生价值观引导的教师访谈情况及访谈提纲

（一）访谈概况及访谈对象编号

访谈对象分布:共计 28 名,其中思想政治理论课教师 13 名,工学和理学专业课教师 7 名,哲学社会科学专业课教师 3 名,政工人员 5 名;男性 17 名,女性 11 名;教授 8 名,副教授 10 名,讲师 10 名;平均教龄为 10.2 年。

访谈时间:30—90 分钟/人次。

访谈对象具体信息及编号:

访谈对象一:思想政治理论课教师,女,某重点大学副教授,教授马克思主义基本原理,教龄 11 年,编号为 sf1

访谈对象二:哲学社会科学专业课教师,女,某重点大学讲师,教授公共关系学,教龄 15 年,编号为 zf1

访谈对象三:工学专业课教师,男,某重点大学教授,教授"交通工程",教龄 12 年,编号为 gm1

访谈对象四:工学专业课教师,男,某重点大学教授,教授"电化学原理",教龄 14 年,编号为 gm3

访谈对象五:工学专业课教师,男,某重点大学副教授,教授"测绘工程",教龄 7 年,编号为 gm6

访谈对象六:辅导员,男,某重点大学讲师,工龄 2 年,编号为 fm1

访谈对象七:思想政治理论课教师,女,某重点大学讲师,教授《思想道德

修养与法律基础》,教龄 2 年,编号为 sf2

访谈对象八:理学专业教师,男,某重点大学教授,教授"大学物理"等课程,教龄 19 年,编号为 lm1

访谈对象九:工科专业课教师,男,某重点大学教授,教授"工程测量",教龄 14 年,编号为 gm2

访谈对象十:思想政治理论课教师,男,某重点大学副教授,教授"中国近现代史纲要",教龄 9 年,编号为 sm1

访谈对象十一:思想政治理论课教师,女,某重点大学副教授,教授"毛泽东思想与中国特色社会主义理论体系概论",教龄 9 年,编号为 sf3

访谈对象十二:工科专业课教师,男,某重点大学副教授,教授"测绘工程",教龄 8 年,编号为 gm5

访谈对象十三:思想政治理论课教师,女,某重点大学讲师,教授马克思主义基本原理,教龄 2 年,编号为 sf4

访谈对象十四:思想政治理论课教师,女,某重点大学讲师,教授思想道德修养与法律基础,教龄 1 年,编号为 sf7

访谈对象十五:工科专业课教师,男,某重点大学副教授,教授"有机化学",教龄 9 年,编号为 gm4

访谈对象十六:思想政治理论课教师,男,某重点大学讲师,教授"思想道德修养与法律基础",教龄 4 年,编号为 sm2

访谈对象十七:思想政治理论课教师,女,某重点大学副教授,教授"思想道德修养与法律基础",教龄 15 年,编号为 sf5

访谈对象十八:思想政治理论课教师,男,某重点大学教授,教授"思想道德修养与法律基础",教龄 21 年,编号为 sm3

访谈对象十九:思想政治理论课教师,男,某重点大学教授,教授"毛泽东思想与中国特色社会主义理论体系概论",教龄 17 年,编号为 sm5

访谈对象二十:思想政治理论课教师,男,某重点大学副教授,教授"思想

道德修养与法律基础",教龄 19 年,编号为 sm4

访谈对象二十一:思想政治理论课教师,女,某重点大学副教授,教授"思想道德修养与法律基础",教龄 16 年,编号为 sf6

访谈对象二十二:哲学社会科学专业课教师,男,某重点大学教授,教龄 20 年,编号为 zm1

访谈对象二十三:哲学社会科学专业课教师,男,某重点大学教授,教龄 11 年,编号为 zm2

访谈对象二十四:思想政治理论课教师,女,某重点大学副教授,教授思想道德修养与法律基础,教龄 7 年,编号为 sf8

访谈对象二十五:辅导员,男,某重点大学讲师,工龄 6 年,编号为 fm2

访谈对象二十六:党务副书记,女,某重点大学讲师,工龄 6 年,编号为 ff1

访谈对象二十七:辅导员,女,某重点大学讲师,工龄 4 年,编号为 ff2

访谈对象二十八:辅导员,男,某重点大学讲师,工龄 6 年,编号为 fm3

(二)访谈提纲

1.您是如何理解价值观的?（What do you mean by values?）

2.您认为价值观重要吗？为什么？（Do you consider values as important? Why?）

3.在高等教育中,您认为价值观教育应处于什么地位?（What do you think about the role of values education in higher education?）

4.有种观点认为,专业课教师应进行知识传授和技能培养,无须对学生的价值观进行引导和干预,您是否赞同？为什么？（Do you agree with the view that major-teachers should impart knowledge and cultivate skills rather than guide and shape the values of students? Why?）

5.您在上课过程中是否会有意地对学生的价值观进行影响或引导？（Do you attempt, consciously, to influence the values of students when you give them classes or lectures？）

6.您在上课过程中是否会无意间地对学生的价值观进行影响或引导？（Do you actually attempt，unconsciously，to influence the values of students when you give them classes or lectures？）

7.您认为哪些价值观对学生而言是重要的，您会选择什么样的价值观去影响学生？（What values do you think as important four students？What values do you choose to influence students？）

8.您通过什么样的方式去影响学生的价值观？（How to influence students in regard to values in your practice？）

9.您基于什么对学生进行价值观的影响，比如个人经验（家庭影响，个人成长经历，个人认知等）、道德理论、基本共识？（What is your practice in values guidance based on？For instance，personal experiences，moral theories or common good？）

10.您在价值观教育方面的立场和行为主要受哪些因素影响？（What influence your thinking and practicing in values education or values guidance？）

11.对承担价值观引导重要职责的思想政治理论课，您对课程本身的态度以及该课程的教学效果的看法是什么？（What is your attitude towards Theoretical and Ideological courses？What do you think of the effect of those curricula on students？）

12.对专业课程、人文素质课程、哲学社会科学课程等，在价值观引导或关涉方面，您的看法是什么？（What's your opinion towards professional courses，humanistic curriculum，philosophy and social science curriculum in terms of values guidance？）

13.针对社会主义核心价值观，富强、民主、文明、和谐、自由、平等、公正、法治、爱国、敬业、诚信、友善，您认为哪些价值观条目是最重要的？请按照重要性程度给出 6 个选项。（Among the core socialist values：prosperity， democracy, civilization, harmony, freedom, equality, justice, the rule of law, patriotism, professionalism, honesty and friendship, please choose the top 6 in importance according to your judgement.)

14.您认为当代大学生在价值观方面存在的主要问题是什么？（In your opinion, what are the main problems in contemporary undergraduates' values?）

后 记

　　本书是我承担的国家社科基金青年项目的研究成果,成稿历时 6 年,期间我经历怀孕生育、抚养幼儿、北京高校思想政治理论课骨干教师培训学习、湖南省哲学社会科学青年骨干培训学习、广州外语外贸大学外语进修、出国赴澳大利亚访学等重要事件。在此过程中,我深刻体会到繁重的思想政治理论课教学与科学研究之间的时间冲突,亦深刻体会到作为教师的职业身份与作为母亲的家庭身份间的精力冲突。所幸的是,我最终得以完成相应研究。该书稿获得了华中师范大学"张耀灿思想政治教育学术研究基金"的资助,并获得了人民出版社的支持,如此方得以付梓。

　　在该书相应研究和成稿过程中,张耀灿教授、万美容教授给了我一如既往的提点和支持。我的同学王升臻老师和我的硕士高燕婷、张欣、向东旭做出一定贡献。我的同事季娇博士在实证研究方面给了我专业性的帮助。我的众多同门、朋友甚至未曾谋面的同行在调查研究中都给予我极大的帮助和无私的支持。此外,我的硕士生吴园、肖劲峰、吕瑾等在文稿校对方面给予了支持。在此一并向所有给与我帮助的人致以真诚的感谢!

　　本书在付梓之前,还获得了一些匿名专家的建议。我也针对专家意见进行了相应修改。由于无法当面致谢,借此机会表达我真挚的谢意!

由于该书出版时项目已结题 2 年,有些最新动态未能纳入。加上本人学识和能力有限,书中定有许多疏漏或不足之处,请前辈同人批评指正。

曹清燕

2020 年 9 月于长沙岳麓山

责任编辑：马长虹

封面设计：徐　晖

图书在版编目（CIP）数据

价值多元背景下大学生价值观引导研究/曹清燕 著. —北京：人民出版社，
　2021.9

ISBN 978－7－01－023057－3

Ⅰ.①价… Ⅱ.①曹… Ⅲ.①大学生-思想政治教育-研究-中国
　Ⅳ.①G641

中国版本图书馆 CIP 数据核字（2021）第 013451 号

价值多元背景下大学生价值观引导研究

JIAZHI DUOYUAN BEIJING XIA DAXUESHENG JIAZHIGUAN YINDAO YANJIU

曹清燕　著

人民出版社 出版发行

（100706　北京市东城区隆福寺街 99 号）

中煤（北京）印务有限公司印刷　新华书店经销

2021 年 9 月第 1 版　2021 年 9 月北京第 1 次印刷
开本：710 毫米×1000 毫米 1/16　印张：25.75
字数：370 千字　印数：0,001-3,000 册

ISBN 978－7－01－023057－3　定价：68.00 元

邮购地址 100706　北京市东城区隆福寺街 99 号
人民东方图书销售中心　电话 （010）65250042　65289539